原始瓷起源研究论文集

浙江省文物考古研究所　编
沈岳明　郑建明　主编

文物出版社

责任编辑：王　媛
封面设计：程星涛
责任印制：张　丽
责任校对：崔　华

图书在版编目（CIP）数据

原始瓷起源研究论文集 / 浙江省文物考古研究所编；沈岳明，郑建明主编. —北京：文物出版社，2015.4
ISBN 978-7-5010-4232-6

Ⅰ. ①原…　Ⅱ. ①浙… ②沈… ③郑…　Ⅲ. ①原始瓷器-中国-文集　Ⅳ. ①K876.34-53

中国版本图书馆 CIP 数据核字（2015）第 032144 号

原始瓷起源研究论文集

浙江省文物考古研究所　编
沈岳明　郑建明　主编
文 物 出 版 社 出 版 发 行
（北京市东直门内北小街 2 号楼）
http：//www.wenwu.com
E-mail：web@wenwu.com
北京宝蕾元科技发展有限责任公司制版
北 京 鹏 润 伟 业 印 刷 有 限 公 司 印 刷
新华书店经销
787×1092　1/16　印张：17.5　插页：1
2015 年 4 月第 1 版　　2015 年 4 月第 1 次印刷
ISBN 978-7-5010-4232-6　定价：120.00 元

《原始瓷起源研究论文集》是浙江省文物考古研究所承担的指南针计划“运用现代科学技术开展原始瓷起源及先秦原始瓷制作技术发展综合研究”项目的研究成果汇编，收集了课题组成员的各项研究成果，内容涉及原始瓷起源的考古学研究、现代物理学与化学研究、实验考古研究、现代地质研究等内容。通过以上的综合研究，课题组认为原始瓷起源于夏代，成熟于商代早期，浙江北部的东苕溪流域是其最重要的起源地。

目　录

“瓷之源”课题与瓷器起源研究的重大进展

“瓷之源”课题组

“瓷之源”课题组是由浙江省文物考古研究所为主体，联合德清县博物馆、湖州市博物馆等相关文博单位，以探索瓷器起源为主要目的，于2009年成立的。2012年，课题组又加入中国科学院高能物理研究所、复旦大学现代物理研究所、北京大学考古文博学院、浙江大学文博系、浙江工业大学之江学院等单位的相关专家进行瓷器起源的多学科研究。课题的设计包括两大内容：原始瓷的起源及其发展过程，成熟青瓷的起源及其发展过程。课题组成立至今主要集中于原始瓷起源方面的调查研究及探索，对成熟青瓷起源的探索是下一步工作的重点。

一　课题缘起及历年的工作回顾

“瓷之源”课题的确立，需追溯至德清原始瓷窑址的发现及早年取得的成果。20世纪80年代初文物普查工作开展以后，德清县的文物工作者先后发现多处先秦时期的原始瓷窑址。随着文物工作的深入进行、材料的积累，朱建明首先对德清原始瓷窑址采集的标本进行了系统、全面地梳理、介绍与研究，将已经发现的原始瓷窑址分为三类，并基本构建了德清原始瓷发展的年代大框架。

正式的考古发掘则始于2007年的火烧山窑址。火烧山窑址是一处西周末期至春秋时期烧造原始青瓷的古窑遗址，2007年3～5月，浙江省文物考古研究所、故宫博物院、德清县博物馆组成联合考古队，对窑址进行了抢救性发掘，发现了窑炉、灰坑、柱洞等一大批遗迹及包括鼎、罐、卣、尊、碗、盘等器物在内的大量精美标本。该窑址堆积极厚，地层叠压关系明显，器物早晚变化清晰，一方面从地层学上印证了原有学者所作的排序和器物分期断代，另一方面在之前的基础上进一步细化，基本建立了自西周晚期至春秋晚期的年代标尺。同时，火烧山窑址的产品极其丰富，出土了一大批包括卣、鼎、簋在内的仿青铜礼器产品，为江南大型土墩墓中出土的此类器物找到了原产地。从窑业技术上看，该窑址出土的西周晚期至春秋早期的器物器形巨大，胎釉质量上佳，装饰繁缛而精美，此类大型青瓷器的烧造成功，是制瓷技术的一次重大飞跃（彩图一，1）[①]。

---

① 浙江省文物考古研究所等：《德清火烧山——原始瓷窑址发掘报告》，文物出版社，2008年。

2007年9月~2008年4月，带着探索原始瓷礼乐器产地这一学术问题，浙江省文物考古研究所会同德清县博物馆对亭子桥窑址进行了发掘①，此次发掘收获主要有以下三个方面：首先，就整个南方地区乃至全国来说，德清亭子桥窑址是首次发现的烧造高档次仿青铜原始青瓷礼器与乐器的窑场，这在全国瓷窑址考古上是一次极其重大的发现；其次，此次发掘的德清亭子桥窑址所见产品器类，几乎囊括了这些年江浙地区大型越国贵族墓中已出土的各类原始青瓷礼器与乐器，因此，亭子桥窑址的发掘，为这些年江浙地区越国贵族墓葬中出土的一大批仿青铜原始青瓷礼器与乐器找到了明确的原产地和窑口，同时也表明，亭子桥窑址是一处专门为越国王室和上层贵族烧造高档次生活与丧葬用瓷的窑场，它在很大程度上可能已具有了早期官窑的性质；第三，亭子桥窑址出土的原始青瓷器，许多产品烧成温度很高，胎质细腻坚致，釉面匀净明亮，釉色泛青、泛绿，胎釉结合良好，产品质量几乎达到了成熟青瓷的水平，对于重新认识战国原始青瓷在成熟青瓷出现过程中的重要地位与作用，对于研究中国陶瓷发展史、特别是有关中国成熟青瓷的起源，有着极其重要的学术意义（彩图一，2）。

2008年12月~2009年1月，浙江省文物考古研究所与德清县博物馆对邻近的长山战国原始瓷窑址进行了抢救性发掘，揭露近400平方米，清理窑炉两处四条，出土大量的精美标本。原始瓷产品绝大多数质量上乘，胎质细腻坚致，胎釉结合极佳，施釉均匀，釉色青翠或青色，玻璃质感强，无论是胎或釉，几近晚期的成熟青瓷。器形除作为实用器的碗外，还有相当数量的礼乐器，包括鼎、瓿、罐、甬钟、錞于、句鑃等。

在火烧山、亭子桥两窑址发掘取得重大学术成果的基础上，2008年4月28~30日，浙江省文物考古研究所、故宫博物院、中国古陶瓷学会、德清县人民政府在德清共同主办了“瓷之源——原始瓷与德清窑学术研讨会”，来自全国各地及日本、韩国等国家的专家学者围绕火烧山、亭子桥原始瓷窑址考古成果进行了周密的论证与研讨，一致认为德清县具有悠久的制瓷历史，早在商周时期就是原始瓷器的诞生地及中心产地，至战国时期，其原始瓷烧造工艺达到了当时的最高水平，在中国陶瓷史上占有重要地位。充分证明了以德清为中心、包括湖州市区南部地区在内的东苕溪流域在中国瓷器起源研究中的特殊地位，誉之为“瓷之源”可谓实至名归。

通过三次发掘及第一届“瓷之源”会议上专家的研讨，浙江省文物考古研究所充分认识到了“瓷之源”研究的重要性，经过所学术委员会的讨论，于2009年成立了以省考古所研究人员为主、包括相关地县干部在内的“瓷之源——浙江早期瓷窑址考古调查、发掘与研究”课题组，重点探索中国瓷器的起源问题，包括原始瓷起源与成熟青瓷的起

① 浙江省文物考古研究所等：《德清亭子桥——战国原始瓷窑址发掘报告》，文物出版社，2011年。

源两方面，前期重点开展以德清为中心、包括湖州市区南部地区在内的浙北东苕溪流域先秦时期原始瓷窑址的调查与研究。浙江省文物考古研究所主要抽调瓷窑址考古与先秦考古研究人员参加，主要包括沈岳明、陈元甫、徐军、郑建明等人，由郑建明负责，德清博物馆朱建明、周建忠以及湖州博物馆陈云共同参与。

2009年3~6月，"瓷之源"课题组对德清龙山地区窑址进行了第一次专题调查，范围主要是德清龙山窑址群的核心地区，西起火烧山、东至冯家山、北自跳板山、南及鸡笼山，调查取得了丰硕成果。

首先，新发现大量窑址，德清地区的窑址数量超过了70多处。窑址的分布十分密集，集中在面积约10平方公里的范围内，其中最密集的亭子桥、下漾山、窑坞里、下南山等区域整体面积仅5平方公里左右。众多窑址的发现，基本建立了从商代至战国时期更为完整的年代序列，为进一步深入探索青瓷起源提供了大量的标本材料。

其次，在德清地区首次发现商代窑址数处。本流域商代窑址原先仅在湖州南郊的黄梅山等地有少量发现，此次又在德清发现，并且在数量上有较大突破，达到了近十处地点。两地窑址在产品上有较大的区别，黄梅山窑址产品以原始瓷为主，器形主要有豆、罐、钵等；德清地区的商代窑址产品以印纹硬陶为主，主要是器形巨大的坛、瓮等，另有少量原始瓷，器形主要是豆。该发现是商代原始瓷考古上的重大突破。

第三，数量最庞大的战国原始瓷窑址，不同的窑址间无论是器形、器类还是装饰风格，均存在着一定的差异，为战国原始瓷的分期研究提供了可能。

在本次调查成果的基础上，由浙江省文物局、德清县人民政府主办，浙江省文物考古研究所、浙江省博物馆、德清县文化广电新闻出版局承办的"浙江德清第二届瓷之源学术研讨会"于2009年9月28~30日在德清县召开。与会专家多数认为德清地区是商周时期的制瓷中心，是中国瓷器重要的发源地。

同时，由浙江省博物馆、浙江省文物考古研究所、德清县人民政府主办的"瓷之源——德清原始瓷窑址考古成果暨原始瓷精品展"于2009年9月~2010年2月在浙江省博物馆举行，这是国内首次举行大规模的原始瓷精品展览。

2010年3~10月，浙江省文物考古研究所与湖州市博物馆对湖州南郊的南山窑址进行了抢救性发掘。这是商代一处几乎纯烧原始瓷的窑场，时代可到商代早期甚至更早。窑址地层堆积丰富、窑炉保存完整、瓷土作胎、人工施釉痕迹明显、制作装烧工艺较为成熟，是当时已发掘时代最早的原始瓷窑址。此次发掘对于探索中国瓷器的起源、初步建立太湖地区商代原始瓷编年、深入研究江南商代考古学文化及北方出土原始瓷产地等问题具有重要意义（插图一、二）。

2010年11月~2011年7月，"瓷之源"课题组对湖州南部、主要是南山窑址所在的

插图一　湖州南山窑址商代龙窑炉遗迹

插图二　湖州南山商代窑址出土原始瓷

青山地区及其与德清龙山地区之间的东苕溪沿岸进行了先秦时期原始瓷窑址的专题调查，这也是课题组对该流域进行的第二次专题调查。

2011 年 4 月 25 ~27 日，由浙江省文物考古研究所、湖州市文广新局、吴兴区人民政府主办，湖州市博物馆、德清县博物馆承办的“浙江湖州·东苕溪流域商代原始瓷窑址考古成果研讨会”召开。与会专家首先对东苕溪流域商代窑址群的发现及南山窑址的发掘成果给予了充分的肯定和高度的评价，认为这些发现和成果在探索瓷器起源、研究北方出土原始瓷产地、建立太湖地区商代原始瓷详细编年等方面均具有重要意义。这是有关原始瓷的第三次学术会议。

2011 年 10 月，由故宫博物院、浙江省文物考古研究所、德清县人民政府主办，德清县博物馆、绍兴县博物馆承办的“浙江原始青瓷及德清火烧山等窑址考古成果汇报展”在故宫博物院举办，此次展览汇集了德清地区先秦窑址、土墩墓中出土的原始瓷精品及绍兴地区战国原始瓷精品，是浙江地区原始瓷的集中代表。展览期间还举行了一次小型学术研讨会，会议期间，2011 年初在龙山窑址群东部边缘新发现的夏及夏商之际的瓢山等窑址材料引起了学者们的高度关注。学者们认为这一发现在时代上将南山的商代早期上推了一个阶段，瓢山等窑址的性状较南山窑址早期更为原始，对于探索瓷器起源具有相当重要的意义。这是有关原始瓷的第四次学术会议。

2012 年 3 ~6 月，“瓷之源”课题组对德清境内龙山窑址群外围地区进行了调查，新发现窑址 20 多处，使整个窑址群的数量达到了 134 处。此次调查基本弄清了龙山窑址群的分布情况，其西起于武康镇东北的后山窑址，东止于洛舍镇的砂村青龙山一带，基本沿东苕溪狭长分布，以与湖州的界山龙山南坡为主，北坡有少量分布，主要集中在龙胜、龙山、砂村三个村之内。同时，此次调查还有两个重要的发现。一是在武康城西的城山东麓发现了以烧造原始瓷为主的南山类型商代窑址，证明该类型的窑址不仅限于湖州的南部地区，在德清地区亦有分布。由于这一带的系统调查工作尚未展开，因此具体的数量尚不清楚。二是在尼姑山发现一种新的类型的商代窑址，称为尼姑山类型，使商代窑址类型达到了 3 处。该类型窑址的基本特征是产品包括印纹硬陶与“硬陶”（或原始瓷?）。印纹硬陶纹饰以云雷纹为主，较为粗大，但较规整，少量曲折纹，器形主要是高领罐。“硬陶”（或原始瓷?）素面，胎呈土黄色或砖红色，质较松，表面光洁，局部可见有极薄的青灰色点状凝釉。从纹饰等分析，该类型的窑址时代可能较水洞坞类型为早。

2012 年 5 ~6 月、7 ~8 月分别对湖州瓢山窑址和德清尼姑山窑址进行了抢救性发掘，不仅揭露了窑炉等遗迹现象、出土了丰富的产品标本，而且在调查成果的基础上全面系统地揭示了窑址的内涵。瓢山窑址的发现与发掘，以及周边北家山等窑址的发现，是原始瓷起源研究的又一重大进展。瓢山窑址的产品主要是硬陶，胎质较粗而疏松，胎色极深，呈紫红、深灰、深黑、青灰、灰白等色，多数器物通体拍印粗大的曲折纹，仅在少量素面器物的局部、主要是朝向火膛一侧的局部范围内有黑褐色的釉，釉色深、釉层薄、施釉不均、分布范围不大。从胎、釉种种迹象分析，这应该是一种处于初始阶段的釉，是否为人工釉尚未能确定，但从此类器物与大多数拍印纹饰的印纹硬陶作法明显有别来看，即使不是人工釉，此时也已开始有意识地烧造此种带釉的效果。可以说，此类窑址真正处于瓷器的源头。除此类极原始的带釉类器物窑址外，还发现了共存有南山窑址类型产品的窑址，初步分析其处于早期的带釉产品窑址向南山窑址过渡的时期，如果此判断成立，则有关原始瓷的起源研究将迎来重大的突破。

2013 年 9 ~ 11 月、2014 年 3 ~ 4 月，对德清乾元镇一带东苕溪沿岸进行调查，新发现窑址 10 多处，整个窑址群数量达到了 150 多处。

至此，东苕溪流域先秦时期原始瓷窑址的分布范围及其面貌基本清晰。窑址主要分布于东苕溪的中下游地区，沿东苕溪西岸分两个集群分布，以德清龙山窑址群为主体（占窑址的绝大多数），湖州青山窑址群亦有一定的数量与密度。整个窑址群具有出现时间早、持续时间长，窑址密集、生产规模大，产品种类丰富，产品质量高，龙窑成熟，窑具形态各异、装烧工艺成熟，独立窑区形成等特征。

从 2010 年起，德清博物馆就对原城关镇的老馆进行了全面的修整，以作为“瓷之源”研究的工作场所，2012 年 6 月 6 日，由省文物局批准，浙江省文物考古研究所与德清县博物馆共建的“浙江原始瓷考古研究中心”与“浙江省文物考古研究所德清工作站”正式在老馆挂牌。原始瓷研究中心不仅是“瓷之源”课题组的研究场所和原始瓷窑址标本的展示中心，也为国内外学者提供了一个开放的研究平台。

2012 年另外一个大事是“瓷之源”作为一个项目正式列入国家指南针计划。“运用现代科学技术开展原始瓷起源及先秦原始瓷制作技术发展综合研究”项目由浙江省文物考古研究所主持，中国科学院、北京大学、复旦大学、浙江大学、浙江工业大学、德清县博物馆、湖州市博物馆共同参与，进行瓷器起源的多学科综合研究。

“瓷之源”课题从启动到项目的顺利推进，得到了国家文物局、故宫博物院、浙江省文物局、德清县人民政府、湖州市吴兴区人民政府、湖州市文广新局、德清县文广新局、吴兴区文广新局、洛舍镇人民政府、东林镇人民政府等各级机构的高度重视与大力支持。文化部郑欣淼副部长与浙江省文物局鲍贤伦局长等还到工地考察，体验野外工作的艰苦生活，对考古人员进行了亲切慰问。张忠培、李伯谦、徐天进、赵辉、吴小红、孙新民、张敏、宋建、丁金龙、栗建安等考古学家，耿宝昌、王莉英、陈克伦、吕成龙、王光尧、李刚、沈琼华等古陶瓷学家先后到发掘、调查现场指导相关工作。德清县博物馆、湖州市博物馆为调查发掘工作做了大量的协调工作，付出了艰辛的努力。浙江省文物考古研究所的大力支持是“瓷之源”课题得以设立和大步推进的根本，所领导对“瓷之源”课题的进展随时予以关注，所里的老一代瓷窑址考古专家朱伯谦、任世龙先生多次到现场指导发掘工作，任世龙先生还对课题的规划与设置提出了许多建议与意见。

二 调查发掘中的多学科合作

“瓷之源”课题在实施过程中积极与其他学科、特别是自然科学进行密切合作，以推动课题的更深入研究。

窑址的年代确立，是本课题面临的重大难点问题之一，窑址地层中碳样的获取相当困难。在此种情况下，北京大学考古实验室吴小红主任和崔剑峰先生在2010年冬冒着鹅毛大雪在冰天雪地的现场取样和浮选，其工作精神感动了在场的所有人，在此表示由衷的敬意，而此次取样的测试结果是目前确定窑址年代的最可靠依据；中国科学院高能物理研究所冯松林先生多次专程到现场取样，他的研究成果是本课题得以推进不可或缺的部分；南京师范大学师生也对湖州南山窑址周边环境进行了采样分析。此外，相关测试研究还得到了复旦大学、上海博物馆等单位的支持。

三 东苕溪流域先秦时期原始瓷窑址分布

通过多年的考古调查与发掘工作，以德清为中心、包括湖州市区南部地区在内的东苕溪流域先秦时期原始瓷窑址分布与特征已初步显露。

目前已初步完成对东苕溪流域中下游的考古调查工作，确定窑址近150处，从分布上来看，可以分成两个窑址群：德清龙山窑址群与湖州青山窑址群。龙山窑址群目前发现120多处窑址（龙山窑址群的核心地点有很多早晚不同时期的窑址堆积叠压，现一个地点仅算一处窑址，如果不同时期窑址堆积分开计算，则该片区窑址数量更大）、青山窑址群目前发现20多处窑址。其中以德清龙山窑址群为主体，窑址数量多、规模庞大、持续时期长、产品质量高（插图三）。

德清龙山窑址群位于德清县东北部，以原先的龙山乡为中心，因此名之，其区域主体位于今天德清县武康镇的东北部，同时包括洛舍镇西部边缘和湖州市埭溪镇的南部边缘。窑址核心主要分布在武康镇龙胜村境内，北到泉源坞、南到火烧山、西到塘坞、东到安全山共分布着120多处窑址。这里地处东苕溪西岸，是西部高大的天目山脉向东部广阔的杭嘉湖河网平原过渡的丘陵地带，区域内低山起伏，河湖纵横，几乎每一个窑址都有古河道与之相通，因此运输相当便利。德清龙山窑址群时代从夏代开始，历经商、西周、春秋、战国各个时期，延绵不绝，基本不曾间断。这是目前已知窑址出现时间最早、持续时间最长、序列最完整的原始瓷窑址群（插图四）。

从夏代原始瓷出现开始，礼器即已成为其产品的主要门类，商代各种类型的豆更是占了绝大多数。经历了西周早中期与西周末至春秋早期两个大的发展时期以后，原始瓷在战国早中期迎来了其发展的顶峰，器物种类极其丰富，除一般的碗、盘、杯、盅、盂、钵、盒、碟等日用器外，还生产大量的仿青铜礼器和乐器以及少量的兵器与工具。礼器

插图四　德清龙山片区窑址群远眺

器形有鼎、豆、尊、簋、盆、盘、甗、提梁壶、提梁盉、镂孔长颈瓶、罍、罐、壶、钫、鉴、冰酒器、温酒器、烤炉、镇、匜等；乐器有甬钟、钮钟、镈、錞于、句鑃、缶、悬鼓座、钲、磬等；兵器有戈、矛、斧、钺等；工具有锛、凿等。而且同一种器类往往有多种器形，造型丰富多彩，极富变化。这一时期的器物多体形硕大厚重，造型工整端庄，做工精巧细致，无论是成型工艺和烧成技术，还是产品质量，都堪称原始青瓷中的精品。

湖州青山窑址群位于德清龙山窑址群的下游，两地直线距离不足10公里。这里地处湖州市南郊原青山乡范围内，因此名之，今隶属于湖州市吴兴区东林镇。窑址的主体位于现在的青山、南山、青莲诸村之内，有窑址20多处，按产品差异分为两种类型：一类接近于龙山类型，以印纹硬陶为主，器形主要是大型罐或坛类器物，但胎质多呈橘红色，云雷纹方正规则，排列整齐。另一类几乎纯烧原始瓷，称为青山类型，产品主要有豆、罐及盖、尊等，豆既有宽沿、深腹、足端带三个半圆形缺口的早期形态，也有敛口高圈足的中间形态与直口高圈足的晚期形态。窑址年代初步判定均为商代：最早从商代早期开始，甚至夏商之际开始，一直延续到商代晚期。

四　东苕溪流域先秦时期原始瓷窑址的基本特征及其学术意义

以德清为中心的东苕溪流域先秦时期原始瓷窑址群具有以下几个方面的特征：

首先是出现时间早、持续时间长。本窑区从夏代开始出现窑址，历经商、西周、春秋，至战国时期，延绵不绝，基本不曾间断，是目前国内已知出现时间最早、持续时间最长的先秦时期窑区。目前发现的年代最早的夏商时期原始瓷窑址均集中在这一流域。在浙江周边福建、江西、广东等省也有商周时期窑址发现，但数量少、规模小、出现时

间晚、年代序列不完整，其重要性非东苕溪流域原始瓷窑址群所能比。

其次是窑址密集、生产规模大。从目前已掌握的材料来看，这一地区的窑址已发现150多处，数量相当庞大，这是其他任何一个地区所无法比拟的。而且许多窑址，如德清亭子桥窑址，分布面积超过1500平方米，堆积层厚，出现了晚期窑址中常见的纯瓷片层堆积，产品产量已达到了相当的规模（彩图一，3）。

第三是产品种类丰富。除生产日用的碗、盘、碟类器物外，还大量烧造象征身份与地位、具有特殊意义的仿青铜礼器和乐器，这些礼乐器包括作为礼器的鼎、卣、簋、豆、壶、罍、罐、瓿、盘、盆、鉴、三足盘、镂孔瓶、提梁壶、提梁盉、匜、钵、镇和作为乐器的甬钟、句鑃、錞于、悬鼓座。而这些大型礼乐器的生产，目前仅见于东苕溪流域。

第四是产品质量高。原始瓷的发展有几个里程碑式的跃进：第一个跃进发生在夏商时期。原始瓷在陶器发展了几千年的基础上终于发明成功，并且一出现即体现了强大的生命力，但这一时期的原始瓷无论是胎还是釉均不是十分稳定，处于发展的初期。第二个跃进是西周时期。这一时期的原始瓷不仅胎釉完全成熟、胎质较细、施釉均匀、玻璃质感强，而且迎来了发展的第一个高峰，出现了大量各种形态的礼器与日用器，包括盉、尊、罐、盂、瓶、盘、碟等。第三个跃进是战国早中期。这一时期的许多原始瓷产品体形硕大、制作规整、胎质坚致细腻、施釉均匀、釉色青翠匀润、玻璃质感强，几乎可以与东汉以来的青瓷相媲美，标志着原始瓷已完全成熟，这也是原始瓷发展的最高峰。

第五是烧造瓷器的龙窑的起源与成熟。东苕溪流域是烧造瓷器的龙窑起源与成熟的地区。在夏商时期，瓢山与南山窑址出现最早烧造瓷器的龙窑，但尚具有相当的原始性，处于龙窑发展的起源阶段，其中南山窑址保存较好：窑炉整体较短，仅7米左右；坡度达到20多度；底部不铺砂而较为不平；火膛几乎占据了窑炉的三分之一左右。其形状呈长条形，并且位于山坡上，有一定的坡度，具备了龙窑的基本特征，是目前已知最早的烧造原始瓷器的龙窑。经过西周春秋时期的发展，到了战国时期的亭子桥窑址，龙窑已完全成熟：长近10米；坡度为10多度，并且为了更好地利用窑温而前后坡度有一定的差异；窑底铺很厚的细砂层；火膛作横长方形，宽不足1米，与窑床的比例相当合理。

第六是窑具形态各异，装烧工艺成熟。春秋时期大量出现作为间隔具的托珠，形体小、制作精细，可有效地保护釉面。战国时期则大量涌现各种支烧具，有直筒形、喇叭形、托盘形和浅盘形等多种形式。窑具的胎泥和制作有精粗之分，精者为瓷土制成，胎质细腻，制作规整，表面平整光洁；粗者一般为黏土制成，胎泥中夹有粗砂，器形不甚规整，表面显得粗糙。不同的器物使用不同的窑具，成功解决了甬钟、句鑃类器物的装烧，工艺相当成熟。

第七是独立窑区的出现。自夏代开始，本地区即形成独立的窑区，而不再依托于生活遗址，并且已有相当的规模，说明制瓷业已完全作为一个独立的手工业门类存在。进入西周晚期，各窑址基本纯烧原始瓷，这也是目前其他同时期的窑区所无法比拟的。

以德清为中心、包括湖州市区南部地区在内的东苕溪流域先秦时期窑址群，无论是从生产时间、窑址规模，还是窑址产品种类、产品质量、装烧工艺等方面，在全国都是独一无二、一枝独秀的，这是中国制瓷史上的第一个高峰，为汉代成熟青瓷的出现打下了坚实的技术基础，在中国陶瓷史上有非常重要的地位。因此本地区是研究原始瓷起源、探索“瓷之源”的最理想区域，这也是探索成熟青瓷起源的先决条件，其至少在以下几个方面具有重要意义：

1. 瓷器的起源以及制瓷技术的演进

东苕溪流域先秦时期原始瓷窑址群最早可到夏代。这一时期的窑址无论是产品的胎、釉、成型技术，还是窑炉的装烧工艺，既有原始性，又有成熟性，具有瓷器早期形态的特征，是真正意义上的“原始”瓷，为探索瓷器起源和中国瓷器发展史提供了重要的实物资料。从商代开始，经过西周与春秋时期，东苕溪流域原始瓷窑址在战国时期迎来了发展的高峰，其制瓷技术虽然有短暂的反复，但总的趋势是不断向前的。原始瓷制瓷技术的发展与成熟过程，也是中国早期瓷器的发展与成熟过程，是探索中国瓷器早期发展历史的重要内容。

2. 原始瓷详细的编年体系

原始瓷是越文化最具特征的文化因素之一，而江南地区原始瓷主要出土于土墩墓中。由于土墩墓位于山脊或山顶上，单独成墩，很少有叠压打破关系，更多是孤立的器物单独成组，其年代的确定主要依靠类型学的排比，较少地层学上的证据。而东苕溪流域先秦时期窑址群中不少窑址，如湖州南山商代窑址、德清火烧山西周春秋时期窑址等，可以根据地层学分别建立各自详细的编年体系。此外，战国等时期的窑址年代跨度虽然较小，但数量众多，是江南地区最丰富、集中、全面的原始瓷材料，对于分期具有重要的意义。

3. 原始瓷的衰落、成熟青瓷的出现及窑场在东汉时期的转移

先秦时期的原始瓷制瓷技术发展到战国时期达到了一个顶峰：胎质细腻坚致，瓷土的淘洗技术达到了新的高度；施釉均匀，胎釉结合好，基本不见生烧与完全剥釉现象，釉色青翠，玻璃质感强；器物种类丰富多样，大量的器形一直延续至汉代；装烧技术成熟，窑具大量出现，在支烧具方面，汉代所有的器类此时已基本出现。所有这些，均为汉代制瓷业的跃进打下了坚实的基础。然而鼎盛时期的原始瓷并没有直接演变为成熟青瓷，而是在战国中晚期随着越国的式微而迅速走向衰落。从原始瓷的衰落到东汉晚期成熟青瓷的出现之间有一个漫长的“空白期”，而探索这一段“空白期”的窑业发展状况，

对于探索原始瓷与成熟青瓷的转承具有重要的意义。本区域内除大量战国中晚期窑址外，还有一定数量的西汉至东汉早期窑址。过去许多学者将本地区西汉至东汉早中期的瓷器称为“高温釉陶”，认为其与先秦时期的原始瓷窑业在技术上关系不大，属于另外一种技术传统。然而根据最近几年本区域内的调查发掘材料来看，高温釉陶独具特色的施釉技术在战国中晚期的原始瓷上即已出现，两者具有明显的承袭关系，从而否定了两者分属不同技术体系的说法。

先秦时期，中国制瓷业的中心地区，无疑是以德清为中心、包括湖州市区南部地区在内的东苕溪流域。东汉晚期的成熟青瓷虽然在本区域内仍然继续生产，但其中心产区已转移至以上虞为中心的曹娥江流域，这种瓷业中心产区大规模转移背后的深层原因值得深入地探讨。

4. 越文化研究的切入口

使用原始瓷礼器而非青铜器随葬是越文化墓葬的最重要特征之一，因此原始瓷在越文化中具有极其重要的地位，其作为瓷器的早期形态，与陶器有着重大的区别，它的发明和利用，不仅是一种技术上的重大突破，同时也可能反映了社会结构的变化。原始瓷自出现伊始，除一部分日用器外，即有礼器的存在，这种礼器类器物的意义类似于本地区内良渚文化的玉器、中原地区夏商周时期的青铜器，是一种象征尊贵身份与显赫地位的物品，也是社会复杂化进程的重要物化形态。这种物品的生产需要大量的劳动投入和特别精细的技艺，只有贵族才能支撑其所需的专职匠人和生产设施，因此它们的出现是社会分化的重要象征。东南地区原始瓷的发展，明显经历了西周早中期、西周末期至春秋早期、战国早中期三个大的发展时期。大量体形硕大、造型复杂、纹饰繁缛、工艺精美的礼乐器的存在，不仅说明越文化有自身独特的礼仪制度，同时可能分别代表了东南地区先秦时期文化发展的几个高峰，社会的复杂化进程不断提高，直至在战国时期进入了高度发达的国家阶段。

5. 南北文化交流的重要载体

原始瓷器虽然是越文化最具特征的文化因素，然而无论是器形还是纹饰，均与中原地区有着千丝万缕的关系，并且越到后来这种联系越明显，战国时期的许多器物不仅是造型和纹饰，而且其组合也直接仿自中原的青铜器。

以河南为中心，包括陕西、山东、河北、山西等省在内的北方地区，是先秦时期除以浙江为中心的江南地区以外原始瓷的重要分布区，这一地区从商代即开始出现原始瓷，一般持续到西周早期，西周中期以后很少见或基本不见。总体上看，北方地区出土原始瓷数量并不是很多，且主要出土于高等级的墓葬和殷墟、周原等都城遗址中。北方地区至今未发现原始瓷窑址，关于其区域内发现的原始瓷产地，历来就有北方生产说与南方生产说两种说法，以往所作的测试分析亦未能形成统一的认识。从器形上看，北方地区的许多原始瓷器物与南方原始瓷极其相似，如商代殷墟地区出土的罐、豆等器物，无论是器形还是胎、釉等特征，均与湖州南山窑址产品十分相近，很可能是南山窑址或东苕溪流域内其他窑址的产品；而西周时期的原始瓷，几乎均可以在江南土墩墓中找到相同的器物。因此从现有材料来看，北方地区多数原始瓷当从南方地区输入，原始瓷是先秦时期南北文化交流的重要载体。

执　笔：沈岳明　陈元甫　郑建明

原始瓷的起源

“瓷之源”课题组

一　考古学上原始瓷起源的过程

处于起源阶段的原始瓷，在考古学上，目前至少有三个类型，即瓢山类型、北家山类型与南山类型。从掌握的考古材料来看，这三种类型原始瓷的胎、釉、器形、成型、装烧等工艺可能构成了一个连续的发展脉络，其中瓢山最早，南山早期最晚，北家山介于两者之间，具有承上启下的桥梁作用。

产品器类上：瓢山窑址兼烧原始瓷与印纹硬陶，两者基本相似，比例基本相等。原始瓷以长颈罐、钵与豆等为主，豆基本为粗柄，细柄豆之柄壁亦较细薄，偶见云雷纹装饰，云雷纹转角较为圆转。印纹硬陶则主要是长颈与束颈曲折纹罐，偶见云雷纹，纹饰粗大豪放。北家山窑址虽然兼烧原始瓷与印纹硬陶，但原始瓷占据了主导地位。原始瓷粗柄豆不见，细柄豆则胎壁较厚、足端偶见带有三个半圆形小缺口；钵仍有一定数量。印纹硬陶除与北家山类似的深色胎外，出现少量的与原始瓷浅灰胎接近的胎色，纹饰中云雷纹的比例增加，粗大豪放而较为杂乱，器形主要是长颈侈口罐。南山窑址早期原始瓷占绝对主流，另有少量的印纹硬陶。原始瓷器形仍主要是豆与钵两种，其中又以豆占绝大多数，器形与北家山的细柄厚胎豆基本一致，但足端带缺口的装饰则成为了最具特色和最普遍的装饰，几乎每器必有；钵的器形种类较北家山有所增加，但仅存在细微处的变化，其器形不变，仍为敛口、深弧腹斜收、平底。印纹硬陶不见深色胎（浅色原始瓷从北家山窑址出现后便成为主流），纹饰由北家山即已出现的浅胎硬陶上的云雷纹成为主体，偶见其他的纹饰如方格纹等（方格纹在瓢山时期即已出现，瓢山窑址带方格纹拍的出现即是明证），器形仍主要是长颈侈口罐与翻折沿束颈罐。

产品器胎上：瓢山窑址原始瓷与印纹硬陶基本一致，无论是胎质还是胎色均十分相似，以灰黑色胎为主，胎色不纯，通常胎心呈灰黑色，内外表呈浅灰色或灰白色，少量为紫红色胎；胎质较细，但普遍疏松，常见大量的气孔（彩图二，1）。似乎原始瓷与印纹硬陶在胎质上尚未分化。北家山窑址仍保留了少量瓢山类型的胎质，但新出现浅灰或灰白色胎，胎质较细，气孔明显较灰黑色胎为少而致密，此类胎质迅速取代瓢山类型的黑灰色胎成为主流，但胎中仍普遍见有黑色的斑点（彩图二，2）。说明此时原始瓷与印纹陶在胎质上开始分野，逐渐形成真正意义上的瓷胎。南山窑址早期，瓢山窑址作为主体、北家山窑址仍有少量保留的灰黑色胎几乎完全不见，而为浅色的灰白与浅灰色胎所取代，胎色较纯而稳定，胎质更加细腻坚致，虽与北家山类似，仍有相当比例的器物胎中夹杂有黑色斑点，但斑点的个体明显较北家山为小而少（彩图二，3）。这种胎色由深变浅以及胎质由粗变细、由多气孔变致密的过程，一方面与胎土的选择密不可分，另一方面可能与火候的提高有关。瓢山时期虽然绝大多数器物胎色灰黑，但许多仅有胎心灰黑，而内外表皮则呈较浅灰白色，胎表的气温当较胎心为高，是否可证明此类器物在火候提高的情况下，亦可呈现较浅的颜色呢？

原始瓷釉色上：瓢山窑址原始瓷釉层分布范围极小，一般仅在罐类器物的肩部与口沿局部，且施釉线不清晰，釉色多呈酱褐色或黑褐色，仅小范围内釉层厚、玻璃质感强；器表施深色陶衣者占多数（彩图二，4）。北家山窑址除一部分器物的釉仍与瓢山接近外，大部分器物，主要是豆，在青釉上明显进步，豆盘内腹满釉，釉层厚，玻璃质感强，釉色青绿，胎釉结合较好；与瓢山窑址接近的深色釉比例较小，且基本不见深色的陶衣；胎与釉之间存在着一定的对应关系，胎色越浅，胎质越致密，则釉层厚而满、釉色青翠（彩图二，5）。南山窑址早期则完全不见了北家山时期的深色釉，青绿色釉的比例大大增加，豆盘内多施满釉而均匀，釉层厚，少见仅一侧局部施釉的现象；一部分釉色较差，呈棕色的薄衣状，不见玻璃光泽，较瓢山、北家山的薄衣颜色明显为浅（彩图二，6）。

成型工艺上：瓢山窑址主要是手制结合轮修、轮制结合手工修整等，大型的罐类器物可能是手制成型为主要工艺，结合口沿部位的轮修；小型的钵类器物则以轮制为主，外下腹部与底部结合手工修刮；豆由于柄较粗大，基本以轮制为主，豆柄与豆盘分段拼接。这种成型技术为北家山窑址与南山窑址早期所沿用，大型罐类器物，无论是原始瓷还是印纹硬陶，均为手制结合轮修，而小型的钵类器则以轮制结合手工修整，唯一变化比较大的是豆的制作。由于从北家山窑址开始，豆柄变粗、胎壁变厚，因此豆盘轮制，外下腹则用片状工具手工纵向修刮，豆柄的外腹亦与此相同，留有片状修刮痕迹，而内腹则多用片状工具旋挖而成。

装烧工艺上：瓢山窑址原始瓷似乎均是单件器物直接置于窑床上烧造，而印纹硬陶可能是对口扣置叠烧，这种情况可能延续至北家山窑址。到了南山早期，豆亦开始叠烧，这是瓷器烧造史上的一个较大的改变，不仅提高了原始瓷产品的产量，更重要的是可能意识到了叠烧时釉的黏结性并成功地给予了解决。这种不使用间隔具而直接叠烧的方式，延续的时间相当久远，从这一时期确定其出现后，几乎延续至明清时期，虽然间隔具及涩圈的选择使用可以使釉面更加完整，但在许多晚期的低档产品中，直接叠烧仍不失是一个增加产量和降低成本的好方法。

纹样装饰上：三个类型窑址的产品，无论是原始瓷还是印纹硬陶，面貌均接近并有一定的历时性，但原始瓷与印纹硬陶在装饰上完全分野。原始瓷均以素面为主，偶见少量的刻划纹饰，几乎不使用拍印的印纹硬陶技法；纹饰内容多是一些刻划的直条纹构成的简单图案，如水波纹、叶脉纹、网格纹、直条纹组等。印纹硬陶的装饰，瓢山窑址流行曲折纹，北家山窑址出现云雷纹，南山窑址早期则不见了曲折纹，以拍印的云雷纹占据主体，偶见方格纹，而后者在瓢山时期即已使用；纹饰的总体风格粗放豪迈，与原始瓷上细密刻划的图案风格迥异。

归纳起来，瓢山、北家山、南山三个类型窑址的产品类型由原始瓷与印纹硬陶合烧、比例相当，逐渐过渡为以原始瓷为主、偶见印纹硬陶；胎从灰黑色、较疏松为主，逐渐胎色变浅、胎质致密，最后以浅灰或青灰色细密胎为主；釉以深色局部有釉为主，过渡为以青色满釉为主，最后为基本不见深色的釉；成型上，以轮制与手工修整相结合或以手工制作结合轮修为主发展成以轮制为主；装烧上，早期在印纹硬陶上叠烧以增加产量，而到了南山早期则解决了釉的黏结问题，在原始瓷上亦使用多件叠烧工艺以提高产量；装饰上，原始瓷与印纹硬陶无论是纹饰内容还是装饰技法均有本质的区别。

二　理化测试上原始瓷起源的过程

从考古发掘看，先秦时期东苕溪流域原始瓷生产规模大，窑业发展序列完整，产品种类多、质量高，是研究原始瓷起源的最理想区域。本项目涉及的瓢山、北家山和南山三种类型的器物既有差异性又有连续性，是研究原始瓷起源问题的关键材料。原始瓷作为上承陶器下启瓷器的重要过渡，研究它的起源首先要明确传统陶与瓷的定义，即明确原始瓷或瓷区别于陶的基本特征是什么，以此为依据就可以进行更加有效的科学分析和合理的讨论研究。在过去人们对中国传统陶瓷的认知和研究的基础上，我们确定从三个方面界定早期样品，探索“瓷之源”问题。1）原料的选择：以硅酸盐类黏土为主要原料；2）胎体的物相构成：胎体中有莫来石高温相的出现和一定量的玻璃相；3）釉的使用：使用人工高温钙釉作为装饰。

本项目开展了一系列科学分析来研究东苕溪流域原始瓷的发展变化过程，下面分别介绍三个方面的分析结果。

1. 原料的选择

所有的原始瓷样品胎料都以硅酸铝盐为主，SiO_2/Al_2O_3的比值都在3以上，呈现高硅低铝的特性，推测应是以瓷土为主要原料。瓢山样品的含铁量普遍偏高，平均值约5%，与生土样和窑壁土相近；北家山样品含铁量的变化范围较大，为2.3%～5.7%；南山及火烧山等样品的含铁量比较低，平均值在1%～2%范围内，与后期成熟青瓷相近。比较后可以发现原始瓷胎料的含铁量有一个逐渐降低的变化过程。推测古代先人制作原始瓷类器物时，为了胎体呈色或釉的效果，南山窑时期在制胎原料的选择或加工上人为进行了适当的变化或改进。

2. 胎体的物相构成

对原始瓷胎料采用X射线衍射法分析了其物相构成特点。为了进行比较，我们同时采集了部分良渚陶器、唐三彩、萧山墓葬印纹硬陶、东汉上虞越窑青瓷和定窑白瓷样品。胎体物相分析的结果表明，原始瓷、越窑青瓷、定窑白瓷的胎中都有明显的莫来石高温相和玻璃相，与印纹硬陶相似，不同器物类型之间的物相含量存在差别；而良渚陶器和唐三彩中都没有莫来石相，说明这些器物没有经过上千度高温的烧造。由于陶瓷样品的玻璃相定量方法并不完善，所以本项目中未对玻璃相含量进行定量分析，但比较玻璃相所在的15°～30°之间的鼓包后发现，良渚陶器的玻璃相很少或者几乎没有，而其他类型的样品都有一定的玻璃相。可见，低温陶器和高温瓷器在胎体的物相构成上有明显的区别。

3. 釉的使用

对原始瓷样品表面的X射线荧光数据结果进行分析后，发现南山及更晚的火烧山等窑址出土的样品釉层中CaO的含量大都较高，一些样品可以达到10%以上，属于我国传统陶瓷中常见的一种高温钙釉。分析瓢山和北家山的样品数据，发现除北家山少数样品表面有高钙釉层外，大部分北家山样品与瓢山样品外表面的CaO含量要高于胎和内表面。通过显微观察发现，瓢山和北家山少量样品表面似乎有釉覆盖，但釉剥落现象严重，器物表面只剩少量釉斑；部分样品表面有覆盖层，但表层很薄，约几十个微米，并且分布很不均匀。利用Fe元素吸收谱精细结构分析发现，瓢山和北家山样品表面不同位置Fe元素的化学总态存在差别，而火烧山样品的成熟釉层则没有这种不均匀性，推测应与早期样品表面覆盖层不均匀有关。为了保证数据的准确性，对样品进行切片，利用电子探针在电镜下观察样品切面，同时利用仪器配置的波散型光谱仪对表层进行微区成分分析。电镜成像显示，五个瓢山样品中三个表面未发现高钙釉层、两个有较薄的高钙釉层，三个北家山样品都覆盖有较薄的高钙釉层，覆盖层在显微镜下观察不连续，推测其与胎体结合效果不好。成分分析结果表明瓢山和北家山样品表面覆盖的高钙层成分都与后期釉层相近。对比原始瓷釉层与窑汗表面成分，发现窑汗中CaO含量与胎土相近，而K_2O含量都在8%以上，呈现高钾低钙的特点，明显区别于南山及更晚期窑址出土的原始瓷釉层，与瓢山和北家山不成熟釉斑或釉层的成分也存在差别。因此与玻璃质的窑汗不同，东苕溪流域原始瓷的高温钙釉应是人工施釉，但瓢山与北家山时期技术不成熟、样品釉层效果不理想，至南山时期才逐渐成熟。

综上所述，瓢山样品表面施釉的样品数量较少，北家山施釉样品数量比例增加，但表面釉层薄且连续性差，两个窑址出土样品表面成釉效果都不理想，且两个窑址样品的胎料含铁量大都高于后期样品；南山样品与后期窑址的原始瓷差别不大。从三个界定标准来看，无论是瓢山和北家山类型还是南山类型都同时满足以硅酸盐类黏土为主要原料、胎体中有莫来石高温相和一定量的玻璃相、使用人工高温钙釉作为装饰。因此我们认为从理化特性来看，三个窑址原始瓷类型样品可以视作一个连续的发展过程，瓢山和北家山样品应是原始瓷的早期形态，到南山窑址时制作工艺发展的已经比较成熟。

三　原始瓷的起源时间

1. 瓢山窑址的年代

夏代窑址可对比的材料极少，在马桥遗址马桥文化层中出土的有少量几件曲折纹器物，修复器形均为盆，器形、纹饰与瓢山下文化层出土的产品标本相似，时代为马桥遗址第一、二阶段，约相当于中原地区二里头文化的二至四期左右。

此外，此种曲折纹在南方地区出现得较早，是最早的拍印纹饰之一。在广东地区，新石器时代晚期到先秦时期的文化可以分成三个大的时期，即曲折纹陶文化、夔纹陶文化、米字纹陶文化。曲折纹陶是广东及包括周边的闽南、赣南、桂东等在内的广大地区新石器时代晚期至相当于中原地区夏商之际的最主要纹饰。典型的遗址有佛山河宕[1]，东莞村头[2]、圆洲[3]，南海鱿鱼岗遗址二期[4]、灶岗[5]，三水银洲遗址二期[6]，香港涌浪[7]，增城金兰寺[8]，珠海棱角咀[9]、宝镜湾[10]、后沙湾[11]、棠下环[12]、草堂湾[13]、南沙湾[14]、东澳湾[15]，龙川荷树排[16]，潮阳左宣恭山[17]、葫芦山与走水岭山[18]，清远西山[19]，普宁虎头埔[20]，

① 广东省博物馆等：《佛山河宕遗址——1977 年冬至 1978 年夏发掘报告》，广东人民出版社，2006 年。

② 邱立诚等：《东莞村头遗址发掘的初步收获》，《广东省博物馆馆刊》1991 年第 2 期；广东省文物考古研究所等：《东莞村头遗址第二次发掘简报》，《文物》2000 年第 9 期。

③ 广东省文物考古研究所等：《广东东莞市圆洲贝丘遗址的发掘》，《考古》2000 年第 6 期。

④ 广东省文物考古研究所等：《广东南海市鱿鱼岗贝丘遗址的发掘》，《考古》1997 年第 6 期。

⑤ 广东省博物馆：《广东南海县灶岗贝丘遗址发掘简报》，《考古》1984 年第 3 期。

⑥ 广东省文物考古研究所：《广东三水市银洲贝丘遗址发掘简报》，《考古》2000 年第 6 期。

⑦ 香港古物古迹办事处：《香港涌浪新石器时代遗址发掘简报》，《考古》1997 年第 6 期。

⑧ 莫稚：《广东考古调查发掘的新收获》，《考古》1961 年 12 期。

⑨ 广东省文物考古研究所等：《香洲区棱角咀遗址发掘》，见珠海市博物馆等：《珠海考古发现与研究》，广东人民出版社，1991 年。

⑩ 广东省文物考古研究所等：《珠海宝镜湾》，科学出版社，2004 年。

⑪ 李子文：《淇澳岛后沙湾遗址发掘》，见珠海市博物馆等：《珠海考古发现与研究》，广东人民出版社，1991 年。

⑫ 古运泉等：《珠海平沙棠下环遗址发掘简报》，《文物》1998 年第 7 期。

⑬ 梁振兴：《三灶岛草堂湾遗址发掘》，见珠海市博物馆等：《珠海考古发现与研究》，广东人民出版社，1991 年。

⑭ 赵善德：《前山镇南沙湾遗址发掘》，见珠海市博物馆等：《珠海考古发现与研究》，广东人民出版社，1991 年。

⑮ 广东省博物馆等：《广东珠海市淇澳岛东澳湾遗址发掘简报》，《考古》1990 年第 9 期。

⑯ 广东省文物考古研究所：《广东龙川荷树排遗址发掘简报》，见广州市文物考古研究所等：《华南考古 2》，文物出版社，2008 年。

⑰ 吴春明：《粤东闽南早期古文化的初步分析》，见厦门大学历史系考古教研室：《东南考古研究（第一辑）》，厦门大学出版社，1996 年。

⑱ 广东省文物管理委员会：《广东潮阳新石器时代遗址调查简报》，《考古通讯》1956 年第 4 期。

⑲ 莫稚：《广东清远县潖江河支流新石器时代遗址调查发掘简报》，《文物参考资料》1956 年第 11 期。

⑳ 广东省博物馆等《广东普宁虎头埔古窑发掘简报》，《文物》1984 年第 12 期；揭阳考古队《普宁市虎头埔新石器时代遗址发掘报告》，《揭阳考古》，科学出版社，2005 年。

河源龙祖山，梅县罗屋岭[①]，曲江石峡[②]、鲶鱼转[③]等。

以佛山河宕遗址为例，从第③、②两层的泥质印纹陶纹饰统计表中可以看出（表1、2），曲折纹占各种纹饰的绝大多数。夹砂陶情况与此类似，曲折纹占绝大多数，只不过夹砂陶中传统的绳纹比例也比较高，两者数量基本相当，各占20%多。

表1　河宕遗址甲区T1、T2、T10、T11第③层印纹陶片纹饰统计表

陶系	纹饰	数量（片）	百分比（%）	合计（片）	百分比（%）
泥质印纹软陶	条纹	129	3.42	3772	35.58
	曲折纹	1321	35.02		
	云雷曲折纹	322	8.55		
	方格纹	184	4.88		
	纺织纹	57	1.51		
	梯子形格纹	41	1.14		
	叶脉纹	123	3.17		
	鱼鳞纹	12	0.32		
	凸弦纹	5	0.13		
	附加堆纹	18	0.48		
	镂孔	10	0.26		
	纹饰不明及素面的口沿肩部和圈足	1550	41.09		
泥质印纹硬陶	条纹	226	8.93	2530	23.87
	曲折纹	895	35.38		
	云雷曲折纹	140	5.53		
	小方格纹	141	5.57		
	梯子形格纹	152	6.01		
	对叶纹	24	0.95		
	编织纹	24	0.95		
	叶脉编织组合纹	147	5.81		
	圆圈组合纹	13	0.15		
	复线方格凸点纹	9	0.36		
	鱼鳞纹	11	0.43		
	凸弦纹	18	0.71		

① 广东省博物馆：《广东东部地区新石器时代遗存》，《考古》1961年第12期；黄玉质等：《广东梅县大埔县考古调查》，《考古》1965年第4期。

② 广东省文物考古研究所等：《石峡遗址——1973～1978年考古发掘报告》，文物出版社，2011年。

③ 广东省文物管理委员会等：《广东曲江鲶鱼转、马蹄坪和韶关走马冈遗址》，《考古》1964年第7期。

续表 1

陶系	纹饰	数量（片）	百分比（%）	合计（片）	百分比（%）
泥质印纹硬陶	附加堆纹	52	2.06	2530	23.87
	划纹	23	0.91		
	镂孔	6	0.24		
	纹饰不明及素面的口沿肩部和圈足	649	25.65		

表 2　河宕遗址甲区 T1、T2、T10、T11 第②层印纹陶片纹饰统计表

陶系	纹饰	数量（片）	百分比（%）	合计（片）	百分比（%）
泥质印纹软陶	条纹	60	1.53	3917	57.15
	曲折纹	1491	38.06		
	云雷曲折纹	340	8.68		
	小方格纹	87	2.22		
	纺织纹	30	0.77		
	梯子形格纹	20	0.51		
	叶脉纹	35	0.89		
	鱼鳞纹	20	0.51		
	附加堆纹	13	0.33		
	纹饰不明及素面的口沿肩部和圈足	1821	46.49		
泥质印纹硬陶	条纹	65	6.67	974	14.21
	曲折纹	355	36.45		
	云雷曲折纹	88	9.03		
	小方格纹	38	3.90		
	梯子形格纹	26	2.67		
	对叶纹	2	0.21		
	编织纹	15	1.54		
	叶脉编织组合纹	26	2.67		
	复线方格凸点纹	5	0.51		
	鱼鳞纹	6	0.62		
	附加堆纹	13	1.32		
	划纹	2	0.21		
	纹饰不明及素面的口沿肩部和圈足	333	34.19		

有学者认为，陶器上曲折纹、长方格纹基本上是仿照竹编器而来①，因此曲折纹是印

① 李岩：《对石峡文化的若干再认识》，《文物》2011 年第 5 期。

纹陶里面较早出现的纹样，从目前的考古材料来看，流行于新石器时代晚期至相当于中原的夏商之际。

因此我们认为瓢山窑址的年代约在夏代晚期。

2. 南山窑址的年代

北方地区出土的原始瓷，大致可分成早晚两个时期：早期以郑州商城为代表，器类较为单一，主要是大口尊类器物，此类器物在东苕溪流域至今没有发现，而东苕溪大量流行的豆郑州商城亦不见。晚期以殷墟为代表，器物种类较为丰富，有豆、罐、尊、壶、器盖等。其中豆有三种形制，第一种是子母口，浅弧腹，高喇叭形圈足；第二种为直口或微敞，中部折腹，下腹弧收，喇叭形圈足略高；第三种为微敞口，上腹折腹，下腹弧收较深，喇叭形圈足较矮。第一种类型的豆与南山窑址第四、五期流行的BⅢ式豆极其相似。第二种豆与南山窑址Ea型豆较为接近，但前者胎壁更厚，流行弦纹装饰；后者胎壁较厚，素面，在器形、釉等方面更加原始。殷墟此种类型的豆在南北方墓葬中均较为多见，北方如前掌大墓地、北窑西周墓地等，南方如安吉上马山墓地等，时代一般为商末周初。第三种豆也是同时期南北方墓葬中常见的器物。殷墟后两种豆在最晚一期的帝乙帝辛时出现，南山Ea型豆应该较之略早。这样，通过与殷墟出土原始瓷相比较，可以确定南山窑址第四、五期时代约相当于中原的商代晚期。

除原始瓷外，殷墟出土的部分印纹硬陶与南山窑址亦具有相当的相似性。南山窑址印纹硬陶纹饰，第四期主要流行席纹，较为细密规则，第五期除席纹外，主要流行重菱形纹；器形主要是直口短颈罐。妇好墓中出土有一件印纹硬陶罐①，直口，短颈，通体拍印席纹，与南山窑址第四期流行的同类型罐接近；刘家庄出土一件罐（简报称为瓷器）②，矮领，沿面有一周凹槽，广肩，肩部有三个小耳，球形腹，凹底，颈饰阴弦纹四周，通体饰菱形回纹，时代为殷墟文化第四期，无论是纹饰还是器形，均与南山窑址第五期同类型罐接近。

因此，根据与殷墟出土原始瓷与印纹硬陶的比较，南山窑址第四、五两期的时代约相当于商代晚期，最晚阶段可能早于帝乙帝辛时期。

马桥遗址的原始瓷出土不多，报告公布的四件原始瓷器均为第三阶段的豆，豆柄较高，其中三件豆柄有弦纹装饰、两件有“之”字形镂孔、两件有宽扁耳装饰，整体上装饰较为粗犷③。

南山窑址出土原始瓷以素面为主，少量有纹样装饰，其中第一、二期有少量的刻划，

① 中国社会科学院考古研究所：《殷墟妇好墓》，文物出版社，1980年。
② 安阳市文物工作队：《1983～1986年安阳刘家庄殷代墓葬发掘报告》，《华夏考古》1997年第2期。
③ 上海市文物管理委员会：《马桥》，上海古籍出版社，2002年。

细阴线，纹饰细密，内容有叶脉纹、“人”字形纹、不规则水波纹及几何形纹饰等，总体风格规则、严谨；第三期在豆柄上出现刻划弦纹与镂孔装饰，弦纹多不甚规则，镂孔多为圆形与三角形，刻划纹饰有粗大的云雷纹等，总体装饰风格较为粗犷；第四、五两期装饰更加少见且简单，偶见有“+”字形等刻划符号。

南山窑址在少量器物上有宽扁的耳装饰，其中在第一、二两期较宽大，多置于器物的肩部，具有器耳实用功能；从第三期开始，耳变小而平，逐渐粘贴于器物的表面；到第四、五两期几乎完全与器壁相黏结，丧失实用功能而仅具有装饰性。而马桥遗址出土第三阶段的原始瓷器耳，则兼具实用与装饰性。

因此从风格上看，南山窑址第三期原始瓷与马桥第三阶段原始瓷较为接近，时代当在商代前期。

此次发掘我们请北京大学加速器质谱实验室测定了5个碳-14测年数据（表3），最早的第一期有两个数据，分别为公元前1560年与公元前1500年；第二期一个数据，为公元前1450年；第四期两个数据，为公元前1270年与公元前1300年。

表3　北京大学加速器质谱（AMS）碳-14测试报告

Lab 编号	样品	样品原编号	出土地点	碳-14年代（BP）	树轮校正后年代（BC）	
					1σ（68.2%）	2σ（95.4%）
BA110581	炭屑	湖·南Ⅰ T402⑮	湖州南山遗址	3230±30	1525BC（68.2%）1450BC	1610BC（7.2%）1570BC 1560BC（88.2%）1430BC
BA110580	炭屑	湖·南Ⅰ T402⑬	湖州南山遗址	3135±35	1450BC（66.7%）1380BC 1330BC（1.5%）1320BC	1500BC（95.4%）1310BC
BA10885	炭屑	湖·南Ⅰ T402⑫	湖州南山遗址	3115±30	1430BC（58.0%）1370BC 1340BC（10.2%）1320BC	1450BC（95.4%）1300BC
BA10886	炭屑	湖·南Ⅰ T402⑦	湖州南山遗址	2940±35	1260BC（7.1%）1230BC 1220BC（53.6%）1110BC 1100BC（5.5%）1080BC 1070BC（2.1%）1050BC	1270BC（95.4%）1020BC
BA10887	炭屑	湖·南Ⅰ T402⑤	湖州南山遗址	2940±45	1260BC（7.4%）1230BC 1220BC（60.8%）1050BC	1300BC（95.4%）1000BC

注：所用碳-14半衰期为5568年，BP为距1950年的年代。

树轮校正所用曲线为IntCal04①，所用程序为OxCal v3.10②。

① Reimer PJ, MGL Baillie, E Bard, A Bayliss, JW Beck, C Bertrand, PG Blackwell, CE Buck, G Burr, KB Cutler, PE Damon, RL Edwards, RG Fairbanks, M Friedrich, TP Guilderson, KA Hughen, B Kromer, FG McCormac, S Manning, C Bronk Ramsey, RW Reimer, S Remmele, JR Southon, M Stuiver, S Talamo, FW Taylor, J van der Plicht, and CE Weyhenmeyer. 2004 *Radiocarbon* 46: 1029-1058.

② Christopher Bronk Ramsey 2005, www.rlaha.ox.ac.uk/orau/oxcal.html

根据南山窑址产品标本与殷墟及马桥遗址出土器物的比较及碳－14 测年数据，判定南山窑址五期年代大致如下：

第一期，约相当于夏商之际或商代初期；第二期，约相当于商代前期早段；第三期，约相当于中原商代前期后段；第四期，约相当于中原商代晚期前段；第五期，约相当于中原商代晚期后段。

3. 原始瓷起源的时间

瓢山、北家山、南山三个窑址类型在考古上是一个连续的发展过程，其中瓢山窑址类型的时代约在夏代晚期、南山窑址类型的时代可上溯至商代早期或夏商之际，因此处于两者之间的北家山窑址时代约为夏代末期或夏商之际。

综上，原始瓷最早的起源时期约在夏代晚期，由于烧造温度的提高，胎质变硬并且出现了釉；到了夏商之际，胎与釉的质量均有了较大的提高，灰白色的瓷胎与青色的釉出现，但仍不太稳定；到了商代早期，胎与釉完全稳定并成熟，尤其是胎，已经接近于两周时期的原始瓷胎。

执　笔：郑建明　沈岳明　陈元甫　冯松林　承焕生　闫灵通　张　斌

夏商原始瓷起源的动力因素

郑建明

环太湖地区史前文化在聚落形态、墓葬形式、仪式性建筑、房屋结构等方面从早到晚发生了巨大的变化，这种变化最明显的转折时期是在崧泽文化的晚期。

在马家浜文化与崧泽文化早期，聚落规模较大，数量较少，密度较稀，聚落内功能分区不明显，遗址与遗址之间看不出明显的分化；墓葬一部分散布在生活区内，也有一部分紧临生活区形成了大型的墓地，墓葬基本为单人仰身直肢葬，也有少量同性合葬，随葬品较少且平均，主要是日常的陶器与作为生产工具的石器，墓地内看不出墓葬之间的组合关系；尚不见仪式性建筑，在遗址生活区内发现了少量的非实用性的艺术品，可能与当时的某种仪式性活动有关，表明当时的仪式性活动还是一种家庭性质的小规模活动；在较大规模的遗址中，房屋主要是一种类似于印第安人或中国西南少数民族聚落中的“长房子”，反映了一种聚众而居的群体生活。

从崧泽文化晚期开始，遗址的数量明显增多，密度增大，逐步形成了大的遗址群，遗址群内的遗址与遗址之间、单个遗址的内部形成了明显的功能分区，有专门的手工业作坊、墓地、生活区、仪式性活动区等，手工业作坊除了制作石器与陶器的，还出现了制作玉器等显赫物品的，遗址群与遗址群之间、遗址群内部的遗址之间，等级分化明显。墓葬开始出现专门的家族墓地，虽然仍为单人仰身直肢葬，但是许多墓地内可看到明显的两两组合的现象，在修筑方式、墓葬规模、随葬品等方面差别巨大，形成了大型、中型、小型墓葬的分化。大型墓葬往往修筑有高大的土台，墓坑往往是小型墓的几倍，随葬品主要是大量的玉礼器，这些玉礼器完全具备了作为“显赫物品”的功能，最高级别的墓葬还有祭坛；小型墓平地挖坑掩埋，大小仅容尸骨，随葬少量的陶器与石器，部分墓葬甚至无随葬品；中型墓介于两者之间，随葬一定数量的玉器。出现了修筑庞大的仪式性建筑，一种是类似于瑶山、汇观山的金字塔形的祭坛，另一种是大观山与姚家墩之类的大型宫殿型建筑，表明这一时期的仪式性活动不再是家庭性小规模活动，而是整个社群的一种大规模集体活动。居住形态从“长房子”演变成小型的多间结构，表明社会形态从聚族而居的家族形态演变成了核心家庭形态，私有财产、个人权力等观念因核心家庭的出现而形成。

环太湖地区社会复杂化的物化形态的演变表明，这一地区的社会复杂化程度在崧泽文化晚期开始有了巨大的提高：人口增加，社群规模扩大，社群内等级分化形成，整个社会从平等社会进入了等级社会——复杂的酋邦。

到了良渚文化的中晚期，整个社会成为一种神权社会，贵族与普通民众的社会差距加大。修筑土墩与制作玉器等工程的资源和劳力投入日渐增大，对经济基础产生持续的压力，而过于特化了的神权社会又逐渐失去较为弹性的适应机制。当整个社会的能量向非生产性的宗教活动倾斜，并且这种压力积累到了一定的程度，加上距今4000多年前气候的变化等外因的刺激，导致良渚社会无法再承受如此重担，人口锐减、复杂社会完全崩溃。社会又进入了一个相对比较平等的状态，这就是钱山漾文化。

钱山漾文化①（广富林文化②）与良渚文化相比，最明显的是遗址数量锐减。钱山漾类型文化目前发现或重新识别出来的仅数处，遗址与遗址之间看不出明显的功能分化，单个遗址内部等级分化亦不明显。墓葬建筑极其简陋，多分布于遗址区内，普遍为规模极小的竖穴浅坑墓，许多仅容一人而无随葬品。不见良渚文化时期为墓地而专门修筑的大型土台，随葬品不仅不见精美的玉器，而且随葬的陶器与石器亦多为实用型器，制作粗糙，远非良渚文化大中型墓葬中的陶石器制作精美。从复杂化的物化形态来看，这一时期社会复杂化程度不仅不能与良渚文化时期相比，甚至不及崧泽文化中晚期的水平，而更接近于马家浜文化时期，是一种平等部落社会。

进入到相当于中原地区夏商时期的马桥文化时期，环太湖地区的社会复杂化进程明显加速。钱山漾文化之后、越国之前的文化中心，逐步形成于今天的东苕溪中下游地区，表现在大型遗址群的出现、城址的出现、围绕城址与遗址的专门手工业区——原始瓷窑址群的出现、独具特色的埋葬形式——土墩墓的形成等方面。

一 大型聚落的形成

从目前调查的材料来看，浙江北部的苕溪中下游尤其是东苕溪中下游包括湖州市区、余杭西南部、德清、长兴东南部等在内的地区，是马桥文化时期至西周、春秋时期遗址最密集的分布区之一，目前能确认的遗址当在30处以上。2010～2011年配合“瓷之源”课题进行的东苕溪两岸狭窄范围内考古调查过程中，新发现这一时期遗址多处，并且在这一带的山坡几乎均可采集到零星的印纹陶与原始瓷片，说明这一时期该地区的人类活动相当频繁。

---

① 浙江省文物管理委员会：《吴兴钱山漾遗址第一、二次发掘报告》，《考古学报》1960年第2期；浙江省文物考古研究所等：《浙江湖州钱山漾遗址第三次发掘简报》，《文物》2010年第7期。

② 上海市文物保管委员会：《上海市松江县广富林新石器时代遗址试掘》，《考古》1962年第9期；上海博物馆考古研究部：《上海松江区广富林遗址1999～2000年发掘简报》，《考古》2002年第10期。

2000 年以来经过发掘的大型马桥文化时期的遗址主要有三处，即昆山①、钱山漾②、塔地③，均集中在湖州市区南部的东苕溪下游一带。这些遗址面积庞大，都在数万平方米左右，除出土包括石器、玉器、绿松石器、陶器、原始瓷器等在内的大量遗物外，还揭露了房址、排水沟、灰坑、水井、大型灰沟等丰富的遗迹。其中石器延续史前时期的主要有锛、斧、刀、镞、犁、破土器等，新出现戈、凹槽锛、半月形石刀等；陶器主要有夹砂红陶鼎、甗、鬲，泥质灰陶豆、盘、盆、觚、觯等，成套的觚、觯等酒器不见于史前时期，而与中原地区有密切联系，新出现的印纹硬陶瓮、罐、尊、鸭形壶与原始瓷豆、罐等器物独具本地特色。此外在昆山遗址还采集到青铜尊、鼎、铙、戈等的残片以及卜骨、卜甲和玉斧、玉璧等，其中青铜礼器与卜骨、卜甲、玉璧仅见于昆山遗址。昆山遗址位于湖州市郊昆山周边，于 1957 年发现，是包括邱家墩、陆家湾、山西头、状元头、曹家会等村诸多地点的大型遗址，2004 年进行了两次大规模的发掘。出土的青铜器、卜骨、玉器等遗物及遗址的大型规模，均暗示着这是一处马桥文化时期具有较高等级、相当重要的遗址（插图一）。

插图一　昆山遗址发掘现场

（此图转引自浙江省文物考古研究所等：《昆山》，文物出版社，2006 年）

① 浙江省文物考古研究所等：《昆山》，文物出版社，2006 年。

② 浙江省文物考古研究所等：《浙江湖州钱山漾遗址第三次发掘简报》，《文物》2010 年第 7 期。

③ 塔地考古队：《浙江湖州塔地遗址发掘获丰硕成果》，《中国文物报》2005 年 2 月 9 日第 1 版。

调查发现同类型遗址还有湖州基山、西山等多处地点。从整个太湖地区来看，这一带不仅遗址数量多、分布密集，而且等级高，因此苕溪中下游地区是马桥文化时期至西周时期遗址的中心分布区。

二　大型城址的出现

浙江西北部尤其是东苕溪流域有不少以城命名的地点，如下菰城、小古城①、邱城②、花城、洪城、安吉古城等。这些地点均发现有古代的遗存，部分明确为古代的城址，时代从史前一直延续到先秦时期，反映这一地区有发达的史前及先秦时期的文明。如余杭小古城有至少从良渚文化时期至马桥文化时期的文化堆积；邱城遗址从马家浜文化开始，历良渚文化，延至春秋时期；花城遗址从清理的一座木构窖穴情况来看，时代处于良渚文化至马桥文化时期。21 世纪以来，在安吉古城进行了钻探与试掘工作，初步的考古成果表明这是一处春秋至西晋时期的城址，主体为汉六朝堆积。遗址地表尚存土筑城墙及护城河遗迹，城墙东西长600 米、南北宽550 米、残高6 米左右，包括护城河总面积约 0.5 平方公里。结合周边龙山、笔架山越国墓群资料分析，安吉古城遗址应该是越国的重镇、秦汉时期的鄣郡。除此之外，近年来新发现的良渚古城，是目前中国已知规模最大的史前城址之一。从良渚古城之后，到春秋战国之前，这一地区明确的城址一直缺失，下菰城夏商时期城址的确定，是这一地区先秦时期城址考古的重大突破。

下菰城，位于湖州市南郊10 多公里处云巢乡窑头村一个自北向南倾斜的山坡上，北靠和尚山，东南临东苕溪。现存内外两重城垣，平面不规则，近圆角三角形，内城位于外城的南侧中部，并利用外城南城墙中段作为南城墙。城墙保存基本完好，一般墙高在9米、上部宽5 ~6 米、底部宽30 米左右，城墙外有护城河，南城墙外较宽，近30 米左右，东西两城墙无论是内城墙还是外城墙，仅在南半边有保留，北半边情况不明（插图二）。城址总面积约68 万平方米，其中内城面积约18 万平方米。内城南低北高，南边低洼处约占面积三分之一，北边为高台地，低地与高地落差在1 米左右。

宋人叶廷珪《海录碎事・地部・菰城》：“乌程县乃古菰城，楚以封春申君，今俗呼下菰城，而旧经谓之五菰城。”《太平寰宇记》等亦有类似记载。此一说法几乎沿袭至今，而少有人怀疑。《史记・春申君列传》对于春申君的封地有很明确的记载：“考烈王元年，以黄歇为相，封为春申君，赐淮北地十二县。后十五岁，黄歇言之楚王曰：

---

① 《余杭文物志》编纂委员会：《余杭文物志》，中华书局，2000 年。

② 芮国耀：《湖州市邱城马家浜文化与马桥文化遗址》，见中国考古学会：《中国考古学年鉴・1993》，文物出版社，1995 年。

插图二　下菰城内城西城墙中部

淮北地边齐，其事急，请以为郡便，因并献淮北十二县，请封于江东。考烈王许之，春申君因城故吴墟，以自为都邑。”关于这一点乾隆《浙江通志·古迹·湖州府》条下亦考证认为：“因城吴故墟以为都邑，在今姑胥城内西北隅，吴兴非所封。”此言甚确。因此根据《史记》的记载可以确定春申君的都邑在吴故都即今苏州一带，下菰城当另有人所居。

2010 年，浙江省文物考古研究所“瓷之源”课题组在邻近的南山窑址发掘之际，对下菰城进行调查，在内城采集到的标本均为商代的印纹陶与夹砂陶、泥质陶片，而基本不见春秋战国时期的标本，因此怀疑此城的时代可能比较早。2011 年，“瓷之源”课题组借东苕溪流域古窑址调查之机，对下菰城城址进行了复查和内城小范围的勘探，取得重要成果。

村民在内城墙东南角挖开一个狭窄的缺口，以作为由城外向城内水田引水灌溉的渠道，断面基本横贯墙底，形成一个理想的地层剖面，以此为基础，略作清理，结合南边的小范围钻探与试掘，初步理清了城墙结构和城内地层。

内城东南角缺口处城墙主体分成两部分，中心人字形部分以大量直径约 10 厘米左右的鹅卵石为主体堆筑而成，斜坡状人字形，底部较平坦并有一薄层红烧土块层，石块层上作纯净的黏土堆筑。从城内解剖部分来看，堆筑层自石块层底缘开始，宽超过 10 米，厚超过 2 米，硬质黄色黏土层纯净而有极强的黏性，按土质土色的细微差别共可分成 5

层，堆积厚度不一，并由东向西呈倾斜状。土层中夹杂有少量红烧土粒、陶片、原始瓷片及石器，数量不多。陶片主要为印纹硬陶、夹砂红陶和泥质灰陶等，印纹硬陶片纹饰有长方格纹、梯格纹、菱形状云雷纹、席纹和折线纹等，器形主要为罐。一件修复器物为敞口，球腹，凹底，通体拍印菱形状云雷纹。原始瓷主要是豆与罐。豆为敛口状，浅盘，喇叭形高把，足尖无缺口（彩图三，1）。夹砂红陶有鼎、三足浅盘、袋足鬶等。泥质灰陶有罐和圈足器。石器有小型石锛等。根据陶片与原始瓷的器形、纹饰，可判定其时代为夏商时期。城墙的外侧未作相关工作，具体情况不明。

在此剖面及试掘点南面约20米处的城墙顶部，有一因开垦形成的沿城墙方向的横向断面，在此剖面上城墙修筑痕迹清晰可见。城墙为分段板筑，每段长约2.4米，夯土层厚薄不一，分层清晰可见，这种分层现象在北边城墙上亦存在。

在内城西墙中部略偏南有一个村民进出的豁口，底部有大量的鹅卵石，大小与东城部试掘处中心部位的石块层相近，其分布铺满村民行走的小径，因此性质应该与石块层相似，是城墙的中心部分。

根据三个地点的调查，可以初步判定内城墙的修筑方法基本是一致的，即底部是石块层，其上用纯净的黄色黏土分段夯筑。从底部大量红烧土存在的情况分析，在筑城时可能举行过某种仪式。

内城有丰富的堆积与遗迹存在。在西南部剖面上可以看到大面积的堆积层；中南部低洼地通过钻探也可以确定地层的存在；中北部采集到同一时期的标本；东南部近城墙断面处小试掘沟内地层不厚，约30厘米左右，但遗迹相当丰富，密布大小不一的灰坑。城内无论是采集还是试掘出土的标本与城墙内出土标本一致，为同一时期的遗物。

无论是内城城墙还是城内地层中出土的陶片，其时代没有晚于商代的，因此可以初步判定下菰城开始使用的年代不会晚于商代。

在城外高地上分布着几个包含有先秦时期遗存的遗址，有高岭、戈山、东头山、吴坟墩等，可能与城址有较紧密的联系。从整个区域来看，紧邻下菰城东北面是钱山漾、基山、昆山等大型遗址，东边开阔的河网区有大量的中小型遗址，西南边不远处是青山原始瓷窑址群，而苕溪西岸的低山上分布着大量的土墩墓。下菰城几乎处于区域内各种类型遗址的中心位置，不同区域按其地理环境而有不同的功能，这种功能分区显然是经过精心规划并严格布局的。

下菰城在许多方面与处于东苕溪中上游的良渚古城具有相似性：两城均处于东苕溪畔，紧邻苕溪布局；两城规模均处于同一地区遗址规模的顶端，并处于同一地区遗址群的中心位置；周边分布着密集的遗址、墓葬等遗迹，其密度与等级均超过周边地区。良渚古城是公认的整个良渚文明的政治中心，是良渚文明发展的最高成就，而下菰城可能具有相似的政治地位。

三　土墩墓的出现及墓葬群的形成

“七十年代末，在江山峡口肩头弄和王村地山岗等地的清理，拉开了土墩墓探索的序幕。本所（浙江省文物考古研究所，本文作者注）建立后，将土墩墓作为探索浙江商周时期文化面貌的主要突破口，相继开展了较大规模的调查与发掘。”[①] 土墩墓考古一直是浙江先秦时期考古的重点课题，也是目前材料最丰富、最卓有成效的考古工作。从历年的发掘情况来看，浙江先秦时期土墩墓基本遍及全省各地，通过长兴便山、石狮[②]以及德清独仓山[③]等墓地的发掘，基本建立了从西周早期到战国早期的较完整编年序列。

2000年以来，土墩墓发掘工作仍主要集中在浙江北部的长兴、德清与安吉一带。长兴在配合合溪水库的建设中清理了一批土墩墓[④]，包括抛渎岗、窑岗岭、西山头等地点，时代从西周早期开始，一直延续到春秋战国时期，墓葬类型多样，其时代、类型、出土器物与1982年发掘的长兴便山土墩墓群近似[⑤]。这一时期较重要的收获为德清小紫山土墩墓群的清理发掘。

德清小紫山土墩墓群位于武康镇三桥村光华小区的北边东西向小紫山上，山势不高，西边1号墩所在位置最高，海拔44.4米，其余由西向东依次缓慢下降。此次发掘共清理先秦时期土墩14座共计50多座墓葬，除第13号墩外，其余土墩均位于小紫山的东西向山脊线上，排列相当密集。出土大量各种类型的原始瓷与印纹硬陶等遗物。

马桥时期土墩墓及商代中晚期墓葬的发现，是此次考古发掘的最重大收获。以往的考古发掘资料表明，富有南方特色的土墩墓出现在西周早期，清理过的零星商代末期墓葬中，一般仅随葬少量的泥质陶、印纹硬陶或夹砂陶，独立的商代土墩则尚未发现过。此次考古发掘集中清理了一批商代墓葬，其中夏商时期马桥文化墓葬2座（插图三），商代中晚期墓葬9座，并明确了商代土墩的存在。马桥文化时期的两座墓葬均在基岩上开凿而成，长方形竖穴岩坑，规模较小，型制规整，随葬少量陶器，胎质较硬，介于硬陶与

---

① 陈元甫：《二十年来浙江商周时期考古工作的主要收获》，见浙江省文物考古研究所：《纪念浙江省文物考古研究所建所二十周年论文集》，西泠印社，1999年。

② 浙江省文物考古研究所：《浙江长兴县便山土墩墓发掘报告》，《浙江省文物考古研究所学刊（1980～1990）》，科学出版社，1993年。

③ 浙江省文物考古研究所等：《独仓山与南王山——土墩墓发掘报告》，科学出版社，2007年。

④ 孟国平：《长兴县西山头商周汉六朝时期土墩遗址》，见中国考古学会：《中国考古学年鉴·2008》，文物出版社，2009年。

⑤ 浙江省文物考古研究所：《浙江长兴县便山土墩墓发掘报告》，《浙江省文物考古研究所学刊（1980～1990）》，科学出版社，1993年。

软陶之间，处于硬陶的起源阶段，具有相当的原始性。9座商代中晚期墓葬有两种型制，一种是传统的土墩墓，不挖坑，平地掩埋；另外一种沿袭商代早期的型制，在基岩上开凿长方形竖穴墓坑。随葬品也有两种类型，一种仅随葬原始瓷，一种仅随葬印纹硬陶，分别与湖州青山商代窑址群与德清龙山商代窑址群的产品相当。这是首次在商代土墩墓中正式发掘出土原始瓷器。小紫山商代土墩墓为目前南方正式发掘的年代最早的土墩墓，处于土墩墓的早期阶段，为探索土墩墓的起源提供了重要资料。德清与湖州所在的东苕溪流域，是中国原始瓷窑址的最重要分布区，其产品可分成德清龙山类型与湖州青山类型两种。而此次发掘不仅两种类型产品均有出土，且与窑址相应独立地存在，这对于探索商代原始瓷窑址产品流向、原始瓷的使用均具有十分重要的价值。

插图三　德清小紫山马桥文化时期墓葬

小紫山土墩墓群墓葬结构相当丰富，有土墩墓、石室土墩墓、石床型土墩墓、土坑墓、岩坑墓等。墓葬型制可分为平地掩埋型与土坑型。不挖坑而平地掩埋的墓葬形式被认为是江南先秦时期土墩墓的最主要特征之一，而此次发掘不仅发现了商代土墩墓中挖坑埋葬的岩（土）坑墓形式，且此种葬式完全与土墩墓相始终，西周、春秋、战国各个时期的土墩墓除在土墩外围有器物平地掩埋外，在土墩的中部普遍发现有长方形的基岩坑。如此普遍地挖坑埋葬的现象，在两周时期的浙江土墩墓考古发掘中尚属首次。部分西周土坑墓发现于堆筑的商代熟土墩上，亦为其他地区所少见。这对于更全面的认识土墩墓的墓葬型制具有重要价值。因此，商周时期土坑型土墩墓的普遍发现是此次考古发掘的第二大收获。

小紫山土墩墓群不仅出现时期早，而且延续时间相当长。从夏商时期开始，历商代中晚期和西周、春秋、战国的各个时期，序列相当完整。部分土墩规模庞大，埋葬有各个时期的墓葬，延续时间相当长。如 D4 共埋葬 12 座墓，其中商代墓葬 5 座（3 座为平地掩埋，2 座为岩坑墓）、西周墓葬 4 座、春秋墓葬 2 座、战国墓葬 1 座，基本上纵跨整个商周时期。为探索土墩墓演变提供了宝贵材料。

小紫山土墩墓群规模大小不一，少量墓葬规模庞大，构筑考究，建筑费时费工，多数墓葬规模小，结构简单，显示社会分化到了较高的程度。大型土墩如 D1 为石室土墩，长近 16 米，高 2 米多，均用大块石块砌筑而成，部分条石重量超过 1 吨，高耸于小紫山之巅，颇为壮观。D13M1 为长方形岩坑墓，墓室长 5 米，墓道长 6 米，在深近 2 米的基岩坑内再用石块构筑石室，巨石盖顶与封门，墓道填白膏泥。

随葬器物以富有江南商周特色的原始瓷与印纹硬陶占绝大多数，每个土墩均有原始瓷器出土（彩图三，2～4）。原始瓷主要以豆为主，包括罐、尊、盂、碟、碗等，许多器物器形大、质量高，胎质细腻坚致，青釉极佳，施釉均匀，胎釉结合好，玻璃质感强。印纹硬陶以罐、坛类大型器物为主，纹饰繁缛，装饰复杂，通体拍印云雷纹、回字纹、曲折纹、方格纹等。

小紫山土墩墓群出现时期早、年代跨度大、墓葬结构复杂、随葬器物丰富多样，特别是夏商时期墓葬、商代原始瓷随葬品、商周诸时期土（岩）坑墓葬的发现，对于探索商周时期江南土墩的起源、墓葬制度的发展、原始瓷与印纹硬陶的制作工艺等方面具有重要意义。

苕溪中下游地区处于东部一马平川的环太湖河网平原与西部高峻的莫干山脉的过渡地带，其流经的区域既有连绵起伏的低缓山丘，也有较开阔的水田与纵横的河流，是古代人类理想的栖息之地。从历年调查材料来看，这一带是先秦时期土墩墓最重要的分布区之一，其数量庞大、分布密集，仅在长兴县一地目前即已发现 329 个地点共计 2840 多座土墩①，在苕溪两岸的许多低缓山头上，均可见隆起的土墩墓封土；出现时期早、序列完整、种类齐全，最早从夏商之际的马桥文化时期出现，历商代晚期和西周、春秋、战国的各个时期，包括平地掩埋型、土坑型、石床型、石圹型、石室型等所有类型的土墩墓。从目前的材料来看，这一带应该是江南土墩墓的起源地和中心分布区。

---

① 李刚：《长兴县土墩墓调查报告》，见林华东、季承人：《中国柯桥——越国文化高峰论坛文集》，浙江人民出版社，2011 年。

四 原始瓷窑址群的形成

原始瓷窑址考古进展与收获是21世纪以来浙江先秦时期考古上的重大突破。

浙江是瓷窑址最重要的分布省份之一，中国先秦原始瓷与汉六朝成熟青瓷窑址几乎都集中在浙江。浙江瓷窑址的出现最早可以上溯至夏商时期，延续至明清，其整个发展过程可以划分成四个大的阶段：先秦时期的原始瓷、汉六朝时期的成熟瓷器、唐宋时期的越窑、宋元明时期的龙泉窑。其中制瓷史上两个里程碑式的技术跃进，原始瓷的起源与成熟青瓷的出现，均发生在浙江。浙江不仅在夏商时期发明了原始瓷，而且在东汉时期成功烧造出了成熟青瓷，这一伟大的技术成果造就了先秦与汉六朝时期浙江在全国乃至全世界制瓷中心的地位，而唐代至明代，其制瓷技术亦处于全国的领先水平。因此浙江先秦及汉六朝时期的瓷窑址考古也是解决世界瓷器起源与早期发展史的重要手段。探索瓷器的起源尤其是先秦原始瓷的起源及其发展与成熟的“瓷之源”课题，是浙江省文物考古研究所21世纪以来重点实施的课题之一。2007年以来，“瓷之源”课题组先后对德清火烧山西周至春秋时期窑址①、德清亭子桥②及长山战国时期窑址、湖州南山及瓢山③夏商时期窑址进行了发掘，并完成了对东苕溪中游两岸窑址的初步调查工作，取得了丰硕的成果：新发现大量的窑址，将原始瓷最早出现时间上溯至夏商时期，并建立了从夏商时期到战国时期基本完整的原始瓷起源与发展序列；出土大量的原始瓷标本，揭露了丰富的窑炉、作坊等遗迹，为恢复先秦时期窑业积累了大量的资料；确立了以德清为中心的东苕溪流域在中国瓷器起源史上的重要地位。

除原始瓷以外，印纹硬陶的生产与使用也是本地区最具特色的文化因素，其出现的时间可能较原始瓷还要早。在昆山遗址第三阶段（夏末至商中期）有大量的窑址废弃物堆积，主要是大量的窑渣块，也有少量的硬陶片，器形基本为高领罐与鸭形壶两大类，但未见窑炉等遗迹现象。从窑址位于遗址区的情况来看，这一时期印纹硬陶的生产尚处于较低的发展层次。

纵观印纹硬陶的整个使用过程，西周早中期是其发展的最高峰，产品种类最丰富，有大量的礼器，器形巨大、制作规整、纹饰复杂多样，包括精美的云雷纹等。通过多年的野外努力，我们在长兴牌坊沟发现了这一时期的窑址，这也是浙江先秦时期考古的另外一大突破④。

牌坊沟窑址位于林城镇石英村牌坊沟自然村，龙山东北坡，地面有明显的隆起，从

---

① 浙江省文物考古研究所等：《德清火烧山原始瓷窑址发掘报告》，文物出版社，2008年。

② 浙江省文物考古研究所等：《德清亭子桥战国原始瓷窑址发掘报告》，文物出版社，2011年。

③ 郑建明等：《浙江东苕溪中游商代原始瓷窑址群的调查与发掘》，《考古》2011年第7期。

④ 郑建明等：《浙江长兴发现龙山西周早期印纹陶礼器窑址》，《中国文物报》2010年12月17日第4版。

雨水冲刷出的水沟剖面来看，隆起部分为大量的陶片与红烧土块等窑址废品堆积，在堆积的上方，陶片明显较少而红烧土块更加密集，推测为窑炉所在。从陶片的散落及隆起的分布来看，窑址面积当在2500平方米以上。从试掘情况来看，本窑址文化层丰厚，最厚处超过1米，地层叠压清晰，至少可分成四个大的文化层。各个文化层印纹陶胎基本一致，以紫红色与深灰色为主，部分胎心呈紫红色，内外表呈青灰色，偶见少量生烧呈土黄色的陶片。器形、纹饰差别较大。第四文化层也即最底下一层器形主要是坛与罐两类器物。坛多为直口或侈口高领，平底但底腹间转角呈圆角状。罐器形较小，大平底外凸，部分呈极矮的圈足状，印纹单一，以回字纹占绝大多数，少量为曲折纹。回字纹细密、浅平，回字的内外框基本平齐，部分呈菱形状，拍印较杂乱；曲折纹亦细、浅，排列杂乱。第三文化层器多呈红褐色，陶片不多，说明这一时期产量仍旧不高；产品单一，仍旧以坛与罐两类器物为主，口沿外侈，底与第一期相似，包括平底圆角与大平底外凸两种，已不见浅圈足器物。纹饰仍旧以回字纹为主，少量为曲折纹，但发生明显变化：回字纹不见菱形状，均为方正的回字形，内框外凸，外框弱化而明显低于内框，纹饰较粗大，排列整齐；曲折纹亦变得粗大整齐。第二文化层为红褐色土，夹杂有大量的陶片与红烧土块，几乎接近于纯陶片堆积，说明产量在这一时期有巨大的提高；器形、纹饰丰富多样，达到了印纹硬陶的鼎盛时期。器形以坛、罐、瓿类器物为主，包括少量的尊、瓮、罍等，纹饰粗大清晰，排列整齐，主要有回字纹、云雷纹、叶脉纹、重菱形纹、曲折纹，流行回字纹上间以一道或几道粗大的云雷纹或重菱形纹等纹饰。多数器物体形巨大、造型矩整、纹饰繁缛，代表了印纹硬陶制作的最高水平。在这一文化层中还发现了少量的原始瓷残片，器形主要为豆，灰白色胎质细腻坚致，通体施釉，青釉均匀，胎釉结合好，玻璃质感强。这是西周早期为数不多的几处烧造原始瓷的窑址之一。第一文化层器类又回归单一，以小型罐为主，纹饰基本为回字纹。回字内外框平齐，线条较细而浅，但单个纹饰较第四文化层为粗大，排列更加整齐规则。常见在肩部饰一条菱形纹带。

结合江南地区土墩墓的分期及本窑址的地层叠压关系，牌坊沟窑址的时代为商代晚期至西周中晚期，其中西周早中期为鼎盛时期，它代表了印纹陶制作的最高水平，也是越地印纹陶文化的集中代表。江南地区包括浙江、江苏、安徽等地土墩墓出土的器物无论是器形还是纹饰均与本窑址产品十分接近或完全一致，许多器物可以确定是本窑址的产品。西周印纹陶的编年，更多是依据土墩墓中出土器物的类型学排比，而缺少地层学上的依据，本窑址的地层堆积一方面验证了原先的分期，另一方面作了进一步的细化，在商周之际建立了过渡期别，使其文化序列更加完善。

综合近几年来遗址、城址、土墩墓、窑址等的考古新进展，东苕溪流域的考古面貌已较为清晰。结合环太湖地区的考古基本情况，可以初步确定这一带是良渚文化之后、越国形成之前，包括钱山漾文化时期、马桥文化（或高祭台文化）时期以及西周时期诸文化的中心分布区，其政治中心很可能在下菰城一带，其邻近及东部的河网平原是生活与生产区域，西南青山一带的低山缓坡上是最具本地特色、具有显赫物品特征的原始瓷生产区，而苕溪两岸的低缓山坡则是墓葬区。苕溪作为沟通南北的大动脉，孕育了从史前开始的灿烂文明。这一阶段文化地位的确立，对于探索本区域内良渚文化的去向、越国的形成具有重要的学术价值，是构建浙江先秦时期历史的重要一环，具有承上启下的重要意义。

东苕流域商代窑址群主要分成两种类型，即以南山窑址为代表、以生产原始瓷为主的青山窑址群和以水洞坞为代表、以生产印纹硬陶为主的龙山窑址群。其中青山窑址群离下菰城仅数公里，周边分布有下沈等一批重要遗址，其产品普遍见于下菰城址及周边的遗址中，但数量均不多。青山窑址群应该是以下菰城为政治中心而布局的一个重要手工业区。

青山窑址群的时代从商代早期开始，延续至商代晚期，而以水洞坞为代表的龙山商代窑址群时代可能为商代中晚期，晚于青山窑址群。在昆山遗址中发现有较多的窑业废品堆积，包括窑渣及黏结有烧结块的产品废片，基本为印纹硬陶而不见原始瓷[①]。也就是说，商代以前印纹硬陶的生产仍限于居住区内，而独立生产区域的形成则要晚至商代中晚期。德清尼姑山类型商代窑址的情况亦大致如此。

本地区的文化经历了良渚文化的高度发达及钱山漾文化的低谷，原始瓷烧造成了商代中期以前独立于居址之外的重要手工业门类，其重要意义可见一斑。

有学者将整个人类的技术划分成实用技术与显赫技术两类[②]。实用技术指用于解决生存与基本的舒适等现实问题的技术，包括用于砍伐树木（斧、锹、锯等）、搬运物品（篮子、网、盒等）、建筑居所（皮革、帐篷、树皮屋顶建筑、冰屋等）及其他与获得食物、免受自然或他人攻击的相关技术。实用技术是对环境压力的一种反应，在大多数情况下直接与日常生产与生活相关。显赫技术的目的则不是为了日常生活，而是为了展示身份、财富、成功或权力，是与某些政治、经济或宗教的社会活动相关。因此，制造显赫物品的动机与策略与制造实用物品是有根本区别的。显赫技术不可能出现在平等的社会中，而只会在复杂狩猎采集社会或等级化了的社会中出现，它的出现往往传递了某种信息或表现出某种象征性，是等级社会中社会精英实现权力与利益的重要手段。因此这种显赫技术的出现往往与社会复杂化和等级化相伴，形成中的贵族阶层对专业化生产的控制使得显赫产品的生产成为政治经济活动的一部分。显赫物品具有以下特征：材料珍贵、神秘或是外来的，制作过程需要特殊的技术和投入大量的劳动，器物具有装饰繁缛或某种

① 浙江省文物考古研究所等：《昆山》，文物出版社，2006 年。

② Hayden, B. , Practical and prestige technologies: The evolution of material systems. *Journal of Archaeological Method and Theory*, 1998, 5 (1): 1 -55.

特殊光泽，与直接的生产活动无关①。

夏商时期的原始瓷在当时的技术条件下无疑是一种重大的发明，只能掌握在少数人的手里，具有投入大、不易掌握、与直接的生活活动无关等特点，且其制作的豆、戈类器物属于礼器的范畴，因此完全具备显赫物品的基本特征。而从本地区自史前以来的社会发展轨迹来看，夏商时期又处于社会再次复杂化的上升阶段。因此，夏商时期原始瓷的烧造是伴随着环太湖地区社会再次复杂化的进程作为显赫物品而出现的。

① a. Schortman, E. M. and Urban P. A., Modeling the roles of craft production in ancient political economies. *Journal of Archaeological Research*. 2004, 12 (2): 185 – 226; b. Peregrine, P., Some political aspects if craft specialization. *World Archaeology*. 1991, 23 (1): 1 – 11.

浙江地区战国原始瓷生产高度发展原因探析

陈元甫

浙江地区在东汉时期发明了成熟瓷器，取得了饮誉世界的辉煌业绩，在世界陶瓷史和物质文明史上谱写了绚丽的篇章。这种划时代的成就，有赖于商周以来生活在这里的于越先民在印纹硬陶和原始瓷生产上的独特创造，尤其是战国时期大量制作精美的原始青瓷，不仅满足了贵族阶层以及普通百姓日常生活所需和丧葬礼仪之用，而且在生产技艺上为成熟青瓷的出现奠定了扎实的基础。现有原始瓷窑址考古成果充分表明，浙江地区不仅是中国原始瓷的起源地，而且是商周原始瓷的烧造中心，浙江地区的商周原始瓷生产在我国原始瓷的起源和发展中具有独一无二的重要地位。原始瓷自夏代开始产生后①，经过商、西周、春秋一千多年的漫长发展历程，至战国时期终于达到巅峰，出现了空前发展的盛况。本文旨在对浙江地区战国原始瓷生产高度发展的主要表现作一概述的基础上，重点分析和探讨这种高度发展现象产生背后的原因。

一　浙江地区战国原始瓷生产高度发展的主要表现

资料表明，原始瓷生产在战国时期得到了前所未有的大发展，其空前繁荣的景象和高度发展的盛况，使商周原始瓷生产达到了巅峰。

这种高度发展首先表现在窑址大量增加，窑区增多，烧造规模扩大。

在浙北东苕溪中游发现的150多处商周原始瓷窑址中，属于战国的窑址就有四五十处之多，占了总量的三分之一，窑址的数量超过了此前任何一个时期。同时，窑业产区开始增多，分布区域扩大。春秋晚期之前，钱塘江以北的东苕溪中游地区一直是原始瓷的集中产地和唯一窑区，而从春秋晚期开始到战国时期，除了东苕溪中游仍然是主要产区之外，钱塘江以南越都所在的绍兴、诸暨及萧山一带也出现了不少烧造原始瓷的窑场。很显然，新兴窑区的出现并非是对原先窑区的更替，或者说是窑业中心的易地转移，而是窑场的异地增建与窑业规模的扩大，是此时原始瓷生产在社会需求扩大背景下高度发展的一种表现。

---

① 浙江省文物考古研究所：《东苕溪夏商原始瓷窑址调查发掘报告》，待刊。

其次表现在产品器类大幅增加和大量仿铜制品的出现，尤其大量烧造仿铜制品是以往未曾出现的窑业盛况。

仿铜制品中既有大量品类繁多的礼器，又有丰富多彩的各种乐器，同时还有一些兵器、农具和工具，甚至还出现了一些代表财富的器物，几乎涉及社会生活各个领域，除了众多实际生活中可使用的器物外，还出现了大量无实用价值、专门用于陪葬的器类。仿铜制品新品种、新器形大量出现，在器物形态上，不仅整体造型和个体大小上与青铜器一致或基本一致，连青铜器上的附件（兽首流、兽面耳、铺首衔环、环、提梁）和纹饰等也进行刻意的仿制。仿铜器物形象逼真，令人叫绝，在模仿青铜器方面达到了登峰造极的地步。

礼器是战国仿铜原始瓷制品中最为重要和多见的一类产品。仿铜原始瓷礼器虽在西周和春秋早中期曾有少量出现，但此时不论是数量还是器类都大大超过了以往，品种的多样性和形式的丰富程度是以往无可相比的。礼器制品涉及很多方面的用途，其器类和组合与青铜礼器基本相一致，具体可分为食器、酒器、水器和卫生用器等。主要器形有盆形鼎、甗形鼎、盖鼎、兽面鼎、盖豆、小豆、鼓腹壶、垂腹壶、扁腹壶、提梁壶、提梁盉、盒、平底盆、三足盆、平底盘、三足盘、平底鉴、三足鉴、匜、罍、瓿、平底罐、三足罐、簋、尊、烤炉、钵、镇、镂孔长颈瓶（香熏）、温酒器、冰酒器、酒杯等。从形态和功能上考察，此类仿铜礼器中有一部分肯定不可实际使用，如烤炉等，不具实际使用价值的器物显然是专门烧造的明器。

乐器是战国仿铜原始瓷制品中新出现的一类器种，虽在数量上不及礼器，但也是最为重要的器种，更是原始瓷仿铜制品中最为耀眼的亮点。仿铜的陶质礼器虽不是越人的首创，但用原始瓷仿制青铜礼器则是越国的一大特色，而用原始瓷仿制乐器更是越人的一大独创。仿铜原始瓷乐器既有甬钟、镈钟、编磬、句鑃等编悬乐器，也有錞于、振铎、丁宁等军旅乐器，其他还有缶和鼓座等。这些仿铜乐器大多制作精美、造型更为规范，基本都是对青铜器一比一的模仿。可以肯定的是，此类仿铜乐器并不具备实际使用功能，应该是一类完全用于陪葬的青铜器替代品。

除了礼器和乐器外，此时仿铜原始瓷制品的范围还拓展到了农具、工具和兵器等其他领域，器形有锸、镰刀、斧、锛、凿、勺和矛等，这些制品锋刃锐利，棱脊清晰，其逼真程度着实让人惊叹。另外，此时还新出现了象征财富的仿铜制的璧和角形器等。很显然，从使用功能上考察，这些器物更像是专用于墓葬的明器。

再次表现在技术和工艺的提高。

手工业的进步主要体现在技术的创新与工艺的提高，商周原始瓷的生产在春秋中晚期开始出现先进的快轮技术，但开始时由于技术上的不成熟和成型上的难度，只局限在一些小件器物的制作上，很少应用到大件器物的制作。进入战国时期，快轮技术得到快速发展和提高，除了一些特殊器物（如呈合瓦形的编钟、句鑃等）外，不论是小型器还是大件器物，都运用了快轮成型的方法。快轮技术的熟练运用，为大量仿铜制品的烧造提供了技术保证。毫无疑问，战国时期大量体形硕大的仿铜原始瓷制品的出现，应与快轮技术的成熟直接相关。由于快轮技术已相当成熟，包括众多大型器在内的各种原始瓷器物均显得体形规整匀称、胎壁厚薄均匀，尤以罐、瓿、罍、鉴、盆、盘等大型仿铜器物最具代表，此类大型器物虽体大厚重，但造型工整端庄、做工精巧细致，它们的制作成功集中代表了原始瓷成型工艺的最高水平。因此，快轮技术的普遍运用为原始瓷产品的质量提高提供了重要的技术支撑，成为战国原始瓷生产高度发展的重要标志之一。

在快轮技术广泛运用的同时，装烧工艺也有了突破性的创新与提高，创造使用了用以抬高坯件窑位的大件支烧窑具，开我国支烧窑具之先河，成功解决了大件器物的装烧难题①。在一般小型器物继续沿用单件着地装烧或多件着地叠烧这种传统方法的同时，大型器物开始使用支烧具单件支烧，根据不同的器物配置不同的支烧具，反映出装烧技术上的成熟。以往被认为到东汉时期才开始出现的各种支烧窑具，实际上在战国时期已基本出现和使用，所见支烧具有喇叭形、直腹圆筒形、束腰形、倒置直筒形、托形、覆盘形、圈足形等，形式丰富多样。众所周知，龙窑窑室内各部位的温差较大，特别是窑室底部的温度偏低，战国之前，窑工们还不知道使用窑具把坯体垫高，而是将坯体直接放在窑底上烧，因而造成较多产品的底部严重生烧。支烧具可用于支垫起坯件，使坯件离开窑底抬高窑位，这样有利于坯件在窑内煅烧过程中整体充分受火，避免因着地装烧而产生的底部甚至下腹部生烧或欠烧现象，是减少废次品，提高产品质量和成品率的创新之举，反映出窑工们认知上的提高。支烧方法对于大件器物的烧造显得尤为重要和必要，它为大件器物的成功烧制提供了必要的技术保障。可以认为，支烧方法是伴随着大件器物的制作需要而创造发明的新技术，战国时期大批高质量大型仿铜礼乐器的烧制成功，支烧具的创造使用无疑起到了至关重要的作用。根据德清、绍兴、萧山等地的调查发掘材料，战国之前的原始瓷窑址中还不见有支烧窑具，使用的不过是一些不甚规整的小泥饼和小泥珠之类的叠烧间隔具②。因此，战国时期各类大件支烧具的出现与使用，实系装烧工艺上的一大进步和质的提高，是中国陶瓷发展史上一项开拓性的发明与创造，具有划时代的意义。它反映了此时制瓷工艺的成熟，是战国原始瓷生产高度发展、产品质量空前提高的重要技术因素。

---

① 浙江省文物考古研究所、德清县博物馆：《德清亭子桥——原始瓷窑址发掘报告》，文物出版社，2011 年。

② 浙江省文物考古研究所等：《德清火烧山——原始瓷窑址发掘报告》，文物出版社，2008 年；浙江省文物考古研究所等：《萧山前山窑址发掘简报》，《文物》2005 年第 5 期。

工艺技术的创新与提高也伴随着窑炉技术的进步，此时的龙窑结构也有了相应的改进，更显合理与科学。龙窑的倾斜度已经形成比较稳定的数值，有利于火焰在窑内上温快，提高窑温，烧造温度也得到了很好的控制与提升。同时根据烧造大件仿铜制品的需要，窑炉的宽度也有所加大。经过发掘的德清亭子桥战国窑址，通斜长 8.7 米，窑床宽达 3.32 ~3.54 米①，比此前的窑炉要宽得多。从目前窑址发掘资料看，战国时期窑场中开始出现纯粹的废品堆积层，像德清亭子桥战国窑址就发现有一层厚50 厘米左右、都是由废品和窑具构成的比较纯净的废品堆积，堆积层中基本不含窑壁窑顶坍塌块。这种废品堆积与此前窑址中看到的废品往往与大量窑壁坍塌块、窑灰、红烧土、窑渣以及泥土混杂堆积的状况明显不同，而与汉代以后窑址废品堆积状况基本一致。纯净废品堆积层的出现，说明此时所建龙窑的牢固程度有很大增强，窑炉的使用寿命大大延长，倒塌和重修、重建的频率大为降低，反映出窑炉构筑技术的进步与提高。

最后表现在产品质量的提高。

烧制技术的全面提高与成熟，带来了产品质量的大幅提升。此时原始瓷的胎质已很显细腻，胎色多呈灰白色和灰黄色，少量呈青灰色。烧成温度已普遍超过商、西周和春秋时期，多数在 1100℃ ~1250℃之间，有的甚至已达到或超过 1300℃，烧结程度高，质地十分坚致，吸水率很低。施釉薄而均匀，釉面匀净明亮，胎釉结合紧密，基本无脱釉现象。产品质量已接近成熟青瓷的水平，原始瓷生产发展到了巅峰阶段，成熟青瓷的曙光即将到来。

二　浙江地区战国原始瓷生产高度发展的原因探析

手工业的产生和发展无疑是以社会需求为前提。随着历史的演进，原始瓷生产技术的进步与提高符合诸多手工业的一般发展规律，生活用瓷的大量烧造也与越人对原始瓷的情有独钟以及人口的增长密不可分，使用的普遍化和社会化无疑是战国原始瓷高度发展的基本原因和力量源泉。然而，在生产规模扩大、大量仿铜礼乐器的烧造、制作技术与烧造工艺的创新、龙窑结构的改进、产品质量的提高等诸多战国原始瓷生产高度发展的特征中，数量众多、门类广泛、形式丰富、制作精湛的大批仿铜礼乐器的出现，无疑是最为突出的。其实，从整个原始瓷的发展历程看，自夏代开始产生，至战国时期的高度发展和成熟，经历了商、西周和春秋长达一千多年的漫长岁月，原始瓷的发展并不迅速。仿铜礼器在西周至春秋早、中期也曾一度出现，但数量少、规模小，影响并不深远，而且也没有仿铜乐器，与战国时期不能相比。我们甚至有理由可以认为，战国时期原始瓷生产规模的迅速扩大、制作技术的大幅提升、装烧方法的改革创新、窑炉结构的合理改进等等，都是围绕大量烧造仿铜礼乐器的需要而出现，都是以高质量地烧出大件仿铜礼乐器为主要目的的。

① 浙江省文物考古研究、德清县博物馆：《德清亭子桥——原始瓷窑址发掘报告》，文物出版社，2011 年。

那么，为何在战国时期会突然出现如此众多的各种仿铜制品呢？促使战国时期原始瓷生产得到高度发展的主要原因又是什么呢？笔者认为主要有以下三方面原因。

1. 对用仿铜原始瓷礼器替代青铜礼器随葬这一民族传统的坚守与强化

先秦时期生活在浙江地区的于越人，是南方百越民族中最为悠久和强大的一支，由于特定的地理和文化生态环境，造就了他们许多与众不同的独特民风和习俗，如断发文身、赤身跣足、使用原始瓷和印纹硬陶等等，都具有鲜明的地区和民族文化特色。这其中，贵族阶层不用青铜礼乐器随葬是于越民族特色文化中的重要一项，他们用原始瓷仿制青铜器随葬来象征生前的身份与地位，并始终坚守着这一特有的传统。

商周时期，浙江包括杭嘉湖、宁绍和金衢在内的大部分地区是于越族的分布区域。迄今在这一于越族分布区内经发掘的商周土墩墓（包括石室土墩墓）已达数百座之多，其中有不少是规模巨大的贵族墓，但这数百座大大小小的土墩墓都没有出土青铜礼乐器，甚至连一般的青铜兵器或工具也鲜有发现，一部分高规格的大型土墩墓则随葬有尊、鼎、卣、筒形罐、簋等制作精良的仿铜原始瓷礼器。如长兴石狮 D4M6 春秋早期墓，出土的 42 件随葬品全为原始瓷和印纹硬陶，原始瓷中有尊和筒形罐等大型仿铜礼器①。德清皇坟堆土墩墓出土的 27 件原始瓷器中，则主要是以鼎、尊、簋、卣、筒形罐等为主的仿青铜礼器②。德清三合塔山石室土墩墓出土的随葬器物，也仅见原始瓷的鼎、尊、卣、盘、羊角形把杯等仿铜礼器和碗、盂等日用器，同样不见青铜器③。德清独仓山 D2M1 出土的 27 件器物全为原始瓷器，其中有仿青铜的 2 件尊以及 1 件内置 8 只小碟的托盘等礼器④。此类墓例举不胜举，说明于越民族早在战国之前的商至春秋时期就不用青铜礼器随葬，用仿铜的原始瓷礼器替代青铜礼器随葬早已成为他们特有的埋葬习俗和传统。浙北东苕溪中游的德清和湖州境内，就发现了不少商至春秋时期烧造此类仿铜原始瓷礼器的窑场。

有学者可能会注意到浙江商周土墩墓中有个别出土青铜礼乐器的实例，如黄岩小人尖和瓯海杨府山西周土墩墓。黄岩小人尖土墩墓除出土有戈、剑等青铜兵器外，还有尊等青铜礼器⑤。瓯海杨府山土墩墓出土的铜器中，既有一大批戈、剑、矛和镞等兵器，更有鼎、簋、大铙等 3 件大型青铜礼乐器⑥。这两座墓例看似说明西周时期越地土墩墓中有随葬青铜礼乐器的现象，与上述观点不符，但实际并非如此。黄岩小人尖和瓯海杨

---

① 浙江省文物考古研究所：《浙江长兴县石狮土墩墓发掘简报》，《浙江省文物考古研究所学刊（1980～1990）》，科学出版社，1993 年。

② 姚仲源：《浙江德清出土的原始青瓷器》，《文物》1982 年第 4 期。

③ 朱建明：《浙江德清三合塔山土墩墓》，《东南文化》2003 年第 3 期。

④ 浙江省文物考古研究所、德清县博物馆：《独仓山与南王山——土墩墓发掘报告》，科学出版社，2007 年。

⑤ 浙江省文物考古研究所等：《黄岩小人尖西周时期土墩墓》，《浙江省文物考古研究所学刊（1980～1990）》，科学出版社，1993 年。

⑥ 浙江省文物考古研究所等：《浙江瓯海杨府山西周土墩墓发掘简报》，《文物》2007 年第 11 期。

府山西周土墩墓分布在浙南的台州和温州沿海地区，它们也恰恰是浙南地区目前发现的仅有的两座土墩墓。从文献和考古学文化上考察，在商周时期，包括黄岩、温州和丽水在内的浙南沿海地区以及与之相邻的闽北地区是瓯越族的分布区域，这里的墓主人应是瓯越人而非于越人。瓯越族也是百越的一支，与于越相邻，同属百越文化系统，考古材料显示其文化面貌与于越相似，但也有其比较明显的自身特点。在浙南地区比较流行的商周石棚墓中也有随葬青铜器的现象，同样可说明于越族与瓯越族葬俗之间所存在的差别①。因此，黄岩小人尖和瓯海杨府山西周土墩墓实际上应是瓯越族的墓葬，墓内出土青铜礼乐器的现象不能视作西周时期于越人有实际随葬青铜礼乐器的现象来认识，更不能代表于越族的葬俗特点。

实际上从考古材料看，在于越族分布区周围与浙南相邻的闽北、与浙西相邻的皖南和与浙北相邻的苏南地区同时代土墩墓中，墓主身份较高者普遍有用青铜礼乐器随葬的现象，与于越族葬俗明显有别。2006 年，福建省考古研究所在浦城管九村发掘的 33 座夏商至春秋时期土墩墓中②，不少墓葬除了有印纹硬陶和原始瓷外，还随葬有青铜器，器形既有剑、短剑、矛、戈、匕首、箭镞、锛、刮刀等兵器工具，也有尊、盘、杯形器等礼器，明显反映出与于越族土墩墓内涵的不同，而与黄岩小人尖和瓯海杨府山西周土墩墓相似。1959～1975 年间，安徽南部的屯溪弈棋先后发掘 8 座大型西周土墩墓③，随葬品除陶器、几何印纹陶和原始青瓷外，还有大量青铜器，器形主要为鼎、簋、盂、卣、盘、盉、五柱器、觯、缶等大件的青铜礼乐器，其他还有剑、戈、矛、斧、刀、镞、匕等兵器，也明显有别于浙江杭嘉湖、宁绍和金衢地区的土墩墓。皖南地区商周时期是吴文化的分布区，这些土墩墓应是吴人的墓葬。而在与浙北相邻的苏南地区同时代吴国墓葬中，一些高级别的大型土墩墓或深土坑木椁墓中更普遍出土有青铜礼乐器，如丹徒烟墩山西周墓④、丹徒荞麦山母子墩西周墓⑤、两周之际的丹徒磨盘墩墓⑥以及春秋晚期的丹徒北山顶春秋墓⑦、丹徒王家山春秋墓⑧、丹徒青龙山春秋墓⑨和安徽繁昌汤家山春秋墓⑩等，说明吴国与中原及其

① 浙江省文物考古研究所：《瑞安岱石山“石棚”和大石盖墓发掘报告》，《浙江省文物考古研究所学刊》，长征出版社，1997 年。

② 福建省博物院、福建闽越王城博物馆：《福建蒲城县管九村土墩墓群》，《考古》2007 年第 7 期。

③ 李国良：《屯溪土墩墓发掘报告》，安徽人民出版社，2006 年。

④ 江苏省丹徒考古队：《江苏丹徒大港土墩墓发掘报告》，《文物》1987 年第 5 期。

⑤ 镇江博物馆、丹徒县文管会：《江苏丹徒大港母子墩西周铜器墓发掘简报》，《文物》1984 年第 5 期。

⑥ 南京博物院等：《江苏丹徒磨盘墩周墓发掘简报》，《考古》1985 年第 11 期。

⑦ 江苏省丹徒考古队：《江苏丹徒北山顶春秋墓发掘报告》，《东南文化》1988 年 3、4 期。

⑧ 镇江博物馆：《江苏镇江谏壁王家山东周墓》，《文物》1987 年第 12 期。

⑨ 丹徒考古队：《丹徒青龙山春秋大墓及附葬墓发掘报告》，见徐湖平：《东方文明之韵——吴文化国际学术研讨会论文集》，岭南美术出版社，2000 年。

⑩ 安徽省文物工作队等：《安徽繁昌出土一批春秋青铜器》，《文物》1982 年第 12 期。

他诸侯国一样，贵族墓中都流行用青铜重器随葬，与越地墓葬有明显区别。可见，只有分布在太湖南岸的于越人，一直独树一帜的流行着完全用仿铜原始瓷礼器替代青铜器随葬这样一种特殊葬俗。

春秋末至战国早期，越国强大，灭吴称霸，会盟徐州，徙都琅琊，“诸侯毕贺，号称霸主”。勾践去世后，子孙代代相传，霸业仍然持续，直至越王无彊为楚所败。在长达一个多世纪的时间里，越国一直称霸中原，号称天下强国，势力十分强大。国家强大之后，虽在墓葬形制上产生了重大变化，由传统的土墩墓变为中原式的深土坑木椁墓，但在埋葬习俗上却仍然坚守着不用青铜礼乐器随葬的民族传统，甚至在很大程度上有了进一步的强化，表现得更为突出和强烈。至今浙江地区已发掘的战国墓达一百多座，不少是规格较高甚至很高的大、中型贵族墓，这其中除了从现有材料看确不应是越墓的绍兴306号墓随葬有一批青铜礼器外①，其他墓葬均无青铜礼乐器发现，极少量墓葬可见一些剑、戈、矛等青铜兵器。特别是像东阳前山②、长兴鼻子山③、嵊州小黄山④、德清梁山⑤、上虞蒿坝董村牛山⑥、绍兴凤凰山M3⑦、杭州半山石塘⑧、海盐黄家山⑨、安吉垅坝D14M5⑩、绍兴上灶大校场⑪、余杭崇贤⑫等一批未经盗掘的越国贵族墓，都没有出土青铜礼乐器。更有甚者，像身份很高的江苏无锡鸿山邱承墩等越国贵族大墓⑬，同样不见有青铜礼乐器出土，随葬的只是大量仿铜原始瓷或硬陶礼乐器。这些墓

① 浙江省文物管理委员会等：《绍兴306号战国墓发掘简报》，《文物》1984年第1期；曹锦炎：《绍兴坡塘出土徐器铭文及其相关问题》，《文物》1984年第1期；林华东：《绍兴306号“越墓”辨》，《考古与文物》1985年第4期；董楚平：《绍兴306号墓国属问题研究——兼及浙江徐偃王传说》，《绍兴文理学院学报》2006年第6期；陈元甫：《越国贵族墓随葬陶瓷礼乐器葬俗探论》，《文物》2011年第4期；陈元甫：《越国贵族葬制葬俗的初步研究》，《东南文化》2010年第1期；郎剑锋：《绍兴306号墓探研》，《浙江省文物考古研究所学刊（第九辑）》，科学出版社，2009年。

② 浙江省文物考古研究所、东阳市博物馆：《浙江东阳前山越国贵族墓》，《文物》2008年第7期。浙江省文物考古研究所等：《浙江越墓》，文物出版社，2009年。

③ 浙江省文物考古研究所、长兴县博物馆：《浙江长兴鼻子山越国贵族墓》，《文物》2007年第1期；浙江省文物考古研究所等：《浙江越墓》，文物出版社，2009年。

④ 浙江省文物考古研究所2006年发掘资料。

⑤ 浙江省文物考古研究所2008年发掘资料。

⑥ 王晓红：《上虞董村牛山战国墓清理》，《东方博物》第36辑。

⑦ 绍兴县文物保护管理所：《浙江绍兴凤凰山战国木椁墓》，《文物》2002年第2期。

⑧ 余杭文物志编纂委员会：《余杭文物志》，中华书局，2000年；马时雍：《杭州的考古》，杭州出版社，2004年。

⑨ 浙江省文物考古研究所、海盐县博物馆：《浙江海盐出土原始瓷乐器》，《文物》1985年第8期。

⑩ 周意群：《安吉垅坝战国墓发掘报告》，《东方博物》第48辑。

⑪ 周燕儿、符杏华：《浙江绍兴县出土一批原始青瓷器》，《江西文物》1990年第1期。

⑫ 余杭县文物管理委员会：《浙江省余杭崇贤战国墓》，《东南文化》1989年第6期。

⑬ 南京博物院、江苏省考古研究所、无锡市锡山区文物管理委员会：《鸿山越墓发掘报告》，文物出版社，2007年。

葬资料足以说明，到了国家强大后的战国时期，越国仍一如既往地实行着用仿铜原始瓷礼乐器完全替代青铜礼乐器随葬的葬制葬俗，而且随葬仿铜礼乐器的数量大为增加，使用更为普遍。温岭大溪发现的一座汉初东瓯国贵族墓①，从封土、墓葬形制和内涵特征看，均强烈表现出越式贵族墓的特点，是一座被楚击败后南逃的越王勾践后裔的墓葬，墓中没有发现青铜礼乐器，只是在墓外器物坑中随葬了一大批仿青铜的镈钟、句鑃、錞于和磬等陶质乐器。这既可认为是越国灭亡之后包括葬制葬俗在内的越国文化在异地的延续，也足以佐证战国时期越国贵族墓仍不随葬青铜礼乐器的客观事实。丧葬习俗是一个社会政治、宗教、经济、文化的折射，是民族文化的重要组成部分。墓葬材料表明，具有强烈地域特征的于越文化，在历史和文化最为辉煌的战国时期，除了选择性地积极吸收融合中原文化，也在不断延续着自身的民风习俗。

学者们普遍认为，战国时期越国贵族不同中原和其他诸侯国贵族一样使用青铜礼乐器随葬的原因，是因为越国地处东南沿海荒蛮之地，经济落后，国家较穷，加之越地青铜资源稀缺，战事的频繁迫使他们只能将青铜原料主要用于制造兵器和生产工具，无力铸造青铜礼乐器用于陪葬②。笔者并不赞同这种观点③，因为事实上越在灭吴之后已将原先吴国丰富的矿产资源据为己有，国家的强大使贵族阶层完全具备了随葬青铜礼乐器的经济实力。而从整体情况看，未随葬青铜礼乐器不是某一历史时段的暂时现象，而是整个越国存续期间的一贯做法，这也更加降低了由经济实力和战争因素导致越国贵族无法随葬青铜礼乐器的可能性。越国确是精于制作兵器和工具，但并非没有条件制作和随葬青铜礼乐器。所以，越国贵族这种随葬习俗，并不是战国时期才出现的一种新的文化现象，更非因矿源缺乏和战争频繁或者是某一时期国力不支等所作的权宜之计，而是一种丧葬礼仪制度上的主观所为，是越人有意选择的结果。战国时期越国贵族不随葬青铜礼乐器的真正原因，应该是对本民族埋葬习俗和文化传统的遵循与坚守。

因此，在国家强大、经济繁荣、人口增长、礼制兴盛的战国时期，是越国贵族坚定地沿用仿铜原始瓷礼乐器替代青铜器随葬的埋葬习俗，才使仿铜原始瓷制品的需求量空前增长，出现大量烧造仿铜原始瓷礼乐器的盛况。越国贵族对本民族葬俗传统的坚守与强化，无疑是推动战国原始瓷高度发展的首要原因。

2. 对中原礼乐制度的推崇与模仿，越国礼制的发展与健全

商周时期是礼制发展和盛行的时期，礼制成为维系奴隶制等级观念的规范，是奴隶

---

① 浙江省文物考古研究所、温岭市文化广电新闻出版局：《浙江温岭市塘山西汉东瓯贵族墓》，《考古》2007 年第 11 期；浙江省文物考古研究所等：《浙江越墓》，文物出版社，2009 年；陈元甫：《东瓯国文化中的于越文化因素考略》，见温州市文化广电新闻出版局：《东瓯文化学术研讨会论文集》，浙江古籍出版社，2013 年。

② 郑小炉：《吴越和百越地区周代青铜器研究》，科学出版社，2007 年。

③ 陈元甫：《越国贵族墓随葬陶瓷礼乐器葬俗探论》，《文物》2011 年第 4 期。

主阶级借以巩固其统治地位的重要手段。礼制的实质是等级制度，礼制是礼的基础内容，礼仪和礼器是礼制直观的表现，礼制通过礼仪和礼器得到实施与强化。因此，作为礼制的物质载体，礼器的制作与使用是直接反映一个社会或国家礼制发展程度的重要方面。商周时期的大量青铜礼乐器，往往承载着使用者的身份地位和权力等重要内涵，直接体现着当时社会严格的等级制度。贵族阶层在举行祭祀、宴飨、朝聘、婚冠、征伐等礼仪和政治活动时，常常使用这种代表等级和权力的器物，在丧葬时也会根据死者生前不同的地位和身份，按照等级制度的规定随葬数量不等的青铜礼乐器。

早在商代时期，中原地区的礼制与礼制文化就开始影响地处东南沿海的越地，刚刚出现的原始瓷在被用作生活器皿的同时也被用作了礼仪器皿，具有实用性与礼制性的双重功能。西周之后，伴随着中原礼制文化对南方地区广泛而持久的渗透，越地开始了原始瓷仿制青铜礼器的尝试，器物模仿中原青铜鼎、卣、尊、簋等的造型和纹饰，并初步形成实用器与礼器的分化。这些仿铜原始瓷礼器也成为青铜礼器的替代品被应用到了丧葬礼制当中，随葬到了贵族墓内，只是这种现象在春秋晚期出现了短暂的消停。到了战国时期，面对大国争霸、社会大变革的时代背景，灭吴称霸后地域辽阔的越国，出于称霸中原、建构社会伦理秩序、巩固统治地位以及获得与华夏各族一致的文化认同的需要，势必会以开放的心态大力学习、吸收和推崇中原国家的先进制度与文化。这其中，作为维系尊卑等级、维护统治秩序、巩固统治地位重要手段的礼乐制度，必然是越国统治者最为迫切需要吸收和推崇的内容。而丧葬制度是礼乐制度中非常重要的组成部分，随着礼乐制度的建立和完善，丧葬礼制也相应地得到健全与规范。无锡鸿山越国贵族墓群的发掘资料①，就清楚地反映出当时越国在中原礼制文化的影响下，确已建立起了严格的等级制度，贵族之间形成不同的阶层，不可僭越，社会复杂化程度已有很大提高。

因此，战国时期的越国，一方面在大力建构社会伦理秩序以及为获得华夏各族文化认同的背景下，对中原礼制进行极力的模仿与推崇，建立起严格复杂的等级制度，各阶层贵族不但在生前要使用大量礼乐器，而且死后也都要陪葬众多代表其生前身份与地位的礼乐器；另一方面又不愿意轻易放弃本民族长期以来形成的不用青铜礼乐器随葬的葬俗传统。这样就导致使用原始瓷仿制青铜礼乐器随葬之风在经历春秋晚期的短暂消停之后再度兴起，并出现迅猛发展之势。较之西周与春秋时期，战国时期的越国在丧葬替代品上不但需要礼器，还新增了对乐器的需求，对青铜器品类的仿制范围进一步扩大，数量和种类大幅增加。仿铜礼器中既有一些越系礼器，又有大量中原式礼器。新出现仿铜的甬钟、镈钟、句鑃、编磬等大型编悬乐器和錞于、丁宁、振铎等军旅乐器，且数量、编

---

① 南京博物院、江苏省考古研究所、无锡市锡山区文物管理委员会：《鸿山越墓发掘报告》，文物出版社，2007年。

列、组合方式与中原礼乐制度主体相符，器物装饰和部分器类则具有越国的地域特色。众多仿铜原始瓷礼乐器的集合，充分体现出越地礼乐制度与中原礼制文化的融合，特别是编钟、编磬等仿铜乐器的出现与随葬，更体现出此时越国对中原礼制文化的全面吸收，是主动模仿与推崇中原礼乐制度和文化的结果，这是以往任何时期都未曾出现的新气象。仿铜的原始瓷礼乐器替代了青铜礼乐器的意义与作用，代表了死者生前身份的不同与地位的高低，是一种具有象征意义的显赫物品，随葬仿铜原始瓷礼乐器既是礼制的需要，又是尊贵等级的体现，也就成为贵族阶层死后随葬的必需品。而从浙江地区出土青铜礼器极少、仿铜原始瓷礼器多而精良的情况来看，许多仿铜的原始瓷礼器在社会生活中可能还承担了部分青铜礼器的实际功能。也就是说，战国时期越地的原始瓷生产除了有一般社会大众的生活需求外，还必须生产出大量的仿铜制品来满足大批贵族祭祀或日常生活以及死后的陪葬之需，加之国家强大后地域扩大和人口增长，使这种青铜替代品的需求量十分巨大。战国时期，形式多样的仿铜原始瓷礼器大量出现，并开始对乐器进行成组成编列的模仿制作，原始瓷对青铜器的仿制达到登峰造极的地步，而这种前所未有的原始瓷生产盛况，正是在上述背景下产生的。由此可见，对中原礼乐制度的推崇与模仿以及越国礼制的健全与发展，无疑也是推动战国原始瓷生产高度发展的主要原因。

3. 厚葬之风的盛行

战国时期既是大国争霸、礼崩乐坏之时，又是厚葬风盛行之期。据现有的考古发掘资料和研究成果可知，东周时期各诸侯国的贵族都崇尚厚葬，为了让生前的荣华富贵永远陪伴自己并带到另一个世界，都使用大量青铜礼乐器以及生活资料与珍奇好玩之物随葬。厚葬之风是以繁荣发展的社会经济为基础的，在厚葬之风盛行的诸多原因中，社会经济发达便是其中最重要的一点。经济发达后上层贵族便有了崇尚奢侈之风的条件和基础，并必然会深刻影响到埋葬制度。越国在灭吴之后称霸长达一个多世纪，面对国家强大、经济发展、社会相对安定的大好局面，越国的埋葬制度也势必深受崇尚厚葬大环境的影响，在日渐追求奢华生活的同时，厚葬也开始在上层贵族中提倡和实行，然后上行下效，很快蔓延到中下层贵族，厚葬之风随之在全社会盛行。各级贵族在坚守不随葬青铜礼乐器这一葬俗传统的前提下，争相随葬大量作为替代品的仿铜原始瓷制品来彰显自己生前的身份地位和拥有的财富。而此时“礼崩乐坏”时代大背景下出现的竞相攀比甚至不遵制度的越制因素，又对厚葬之风起到了推波助澜的作用，导致厚葬风愈演愈烈，陪葬品数量是以往任何时期不可比拟的。无锡鸿山越国贵族墓群的发掘材料，既反映了越国贵族的奢华生活，更是越国厚葬之风盛行的最好例证①。作为第一等级的邱承墩大

① 南京博物院、江苏省考古研究所、无锡市锡山区文物管理委员会：《鸿山越墓发掘报告》，文物出版社，2007 年。

墓，随葬器物竟多达千余件，内有大量的佩玉和葬玉、成组成套的仿铜原始瓷礼乐器、罕见的琉璃釉盘蛇玲珑球形器等，其中仿铜原始瓷礼乐器就多达500多件。第二等级的老虎墩，虽然被盗，但出土和采集到的随葬器物也多达367件，主要为原始瓷或硬陶的仿铜礼乐器，其中原始瓷礼乐器153件、硬陶礼乐器186件。第三等级的万家坟，残存随葬器物519件，也主要为硬陶与泥质陶的仿铜礼器与乐器。第四等级的曹家坟和杜家坟，随葬器物分别有93件和74件。第五等级的老坟墩和邹家墩，随葬器物分别为52件和46件。浙江安吉龙山发掘清理的龙D141M1①，尽管盗掘十分严重，但留存在墓内的随葬器物仍有近百件之多，而墓外发现的陪葬器物坑，虽大部分器物已被破坏，但仍出土原始瓷、印纹硬陶等170件，估计坑内原存器物数量可达数百件。出土的原始瓷，除了生活日用品外，也有鉴、盘、炉等仿铜礼器。长兴鼻子山战国墓，墓内出土器物60件，墓外器物坑出土仿铜原始瓷礼乐器47件②。由此可见，战国时期的越国贵族墓普遍实行厚葬，而随葬的最基本最重要的物品便是大量的仿铜原始瓷礼乐器，因为在越国葬制葬俗中，这种仿铜原始瓷或硬陶礼乐器与青铜礼乐器有着相同的意义，同样是权力、身份和地位的象征，同样蕴含着等级礼制的丰富内涵。因此，厚葬之风的盛行无疑使作为青铜礼乐器替代品的仿铜原始瓷制品更为大行其道，增加了其发展生产的空间，成为促使战国原始瓷生产高度发展的重要因素。

总之，用仿铜原始瓷礼乐器替代青铜礼乐器随葬这一文化传统的坚守与强化、对中原礼乐制度的推崇与模仿以及厚葬之风的盛行，是促使战国时期越地原始瓷生产高度发展的几个主要因素。战国中期以后，伴随着楚败越、秦灭越的政治背景，越地欣欣向荣的原始瓷生产出现了迅速衰落的现象，这充分说明战国早中期越地原始瓷生产的高度发展与于越民族独特的民族文化与习俗、与越国国家制度层面上的提倡与推崇是紧密相关的。

---

① 浙江省文物考古研究所、安吉县博物馆：《浙江安吉龙山越国贵族墓》，《南方文物》2008年第3期；浙江省文物考古研究所等：《浙江越墓》，文物出版社，2009年。

② 浙江省文物考古研究所、长兴县博物馆：《浙江长兴鼻子山越国贵族墓》，《文物》2007年第1期；浙江省文物考古研究所等：《浙江越墓》，文物出版社，2009年。

中国最早的高温釉瓷：商周时期浙江原始瓷成分分析

殷　敏　Thilo Rehren　郑建明

一　前言

中国的制瓷历史源远流长，特别在制作高温釉瓷方面一直居于世界领先地位，而中国的商周时代（约前 1700 ~ 前 221 年）则是低温陶器生产向高温釉瓷生产过渡的一个重要时期。原始瓷器①则是这一时期出现的早期高温釉瓷②。

原始瓷器最早于 1929 年在河南安阳殷墟遗址出土③。那时，此类出土的器物被统称为“釉陶”，直到 20 世纪 50 年代在河南郑州二里岗遗址出土了大量的原始瓷器，此类器物才引起学者们的注意，他们开始意识到，中国的高温釉瓷可能在商周时代就已经出现。1960 年，安金槐第一次将二里岗出土的这些高温釉瓷称为“原始瓷器”④。通常，原始瓷器被认为是由印纹硬陶发展而来的。

由于中国学者较易获取原始材料，加上原始瓷器的研究对中国考古学具有里程碑意义，因此到目前为止，对于原始瓷器和印纹硬陶的研究，特别是对早期瓷釉技术发展的研究主要都是由中国学者主持的。此类研究大多集中于编年和类型学，且研究的对象也多为墓葬和居址出土的较为精美的器物⑤，因此，根据第一手考古材料而对其制作技术所展开的科技研究十分有限。

---

① 对此类早期瓷器中文有固定名词，称为原始瓷器。但是在英文中，对此类器物的名称则有多种，比如 early glazed stoneware，primitive celadon 或是 proto-porcelain，为了与中文名称保持一致，本文一律使用原始瓷器或是 proto-porcelain 来称呼。

② a. 罗宏杰、李家治：《试论原始瓷的定义》，《考古》1998 年第 7 期；b. 李家治：《中国科学技术史陶瓷卷》，科学出版社，1998 年；c. Kerr, R. , and Wood, N. , 2004. *Science and Civilisation in China*, vol. 5, Chemistry and Chemical Technology, part XII: Ceramic Technology. Cambridge: Cambridge University Press.

③ 余祖球：《瓷石中国瓷器发明的物质基础》，《江苏陶瓷》1996 年第 29 期；王睿：《原始瓷问题再探讨》，《中国文物报》2008 年 9 月 17 日。

④ 安金槐：《谈谈郑州商代瓷器的几个问题》，《文物》1960 年第 8、9 期。

⑤ Yuba T. , 2001. The development of the precursor of the porcelain and the rise of celadon: a re-examination of the problems concerning the dating and areas of the production. *Transactions of the Oriental Ceramic Society* 1999 - 2000, 51 - 62.

对于原始瓷产地的探索是最先开始尝试的一项科技研究，主要通过南方和北方各地出土收集的原始瓷化学成分对比来确定产地，但是仍然集中于墓葬和居址出土的器物。近年来，科技研究主要用于解决器物产地和器物断代或真伪问题，对原始瓷的科技研究范围也因此多有局限。

本文尝试通过科学技术手段，对浙江北部德清地区2007年挖掘的原始瓷窑址出土的原始瓷和其他相关窑炉样品进行研究，从而帮助我们对瓷器生产中原料的选取、制釉技术的形成发展以及烧造技术的进步程度有更多的认识和了解。其中，我们特别针对瓷釉的形成机制及其与之后石灰釉出现的关联做了进一步的探究和论述。

二　瓷土和石灰釉

中国高温釉瓷的出现主要得益于丰富的制瓷原料，这种原料含有较多的高岭矿物，主要由含丰富长石物质的岩石风化形成，含铁量、含铝量和含钙量都相对较低①。根据目前掌握的南北方高温釉瓷的科技研究成果②，我们可以得出这样一个结论，那就是中国瓷器主要是由两种截然不同的原料烧制而成的，这样的不同主要是由中国南北方不同的地质环境所造成的，以南山秦岭分界线为界，一分为二，这也成为中国制瓷业一个独特且显著的特质（插图一）。中国北方的制瓷原料是在沉积地质环境下形成的，因此黏土含量较高，其中的含铝量可高达40%左右，因此，这类原料可塑性和耐火性都较高③；而南方的制瓷原料则由火成岩转化而成，因此黏土含量较低，石英和钾云母含量较高④，含铝量在20%左右，这种原料的可塑性和耐火性相对较差⑤，习惯上被称为“瓷石”。

---

① Rhodes, D. , 1973. *Clay and Glazes for the Potter* (*Second Edition*) . Philadelphia: Chilton Books.

② a. Sundius, N. , and Steger, W. 1963. The constitution and manufacture of Chinese ceramics from Sung and earlier times. In: N. Palmgren, N. Sundius and W. Steger (eds), *Sung Sherds*. Stockholm: Almqvist and Wiksell, Stockholm, 375 – 505; b. Tite, M. S. , Freestone, I. C. , and Bimson, M. , 1984. A technological study of Chinese porcelain of the Yuan Dynasty. *Archaeometry* 26: 139 – 154; c. Pollard, A. M. , and Hatcher, H. , 1986. The chemical analysis of oriental ceramic body compositions: Part 2 – Greenwares. *Journal of Archaeological Science* 13: 261 – 287; d. Guo, Y. Y. , 1987. Raw materials for making porcelain and the characteristics of porcelain wares in north and south China in ancient times. *Archaeometry* 29: 3 – 19; e. Pollard, A. M. , and Hatcher, H. , 1994. The chemical analysis of oriental ceramic body compositions: Part 1: Wares from North China. *Archaeometry* 36: 41 – 62; f. Yap, C. T. , and Hua, Y. , 1994. A study of Chinese porcelain raw materials for Ding, Xing, Gongxian and Dehua Wares. *Archaeometry* 36: 63 – 76.

③ Guo, Y. Y. , 1987. Raw materials for making porcelain and the characteristics of porcelain wares in north and south China in ancient times. *Archaeometry* 29: 3 – 19.

④ Wood, N. , 1999. *Chinese Glazes: Their Origins, Chemistry and Recreation*. London: A&C Black Publishers Ltd.

⑤ a. Guo, Y. Y. , 1987. Raw materials for making porcelain and the characteristics of porcelain wares in north and south China in ancient times. *Archaeometry* 29: 3 – 19; b. Harrison-Hall, J. , 1997. Ding and other whitewares of northern China. In: I. Freestone and D. Gaimster ed. , *Pottery in the Making: World Ceramic Traditions*. London: British Museum Press, 182 – 187; c. Freestone, I. , and Gaimster, D. R. M. , 1997. *Pottery in the Making: World Ceramic Traditions*. London: British Museum Press. d. Tite, M. S. , 2008. Ceramic production, provenance and use-a review. *Archaeometry* 50: 216 – 231.

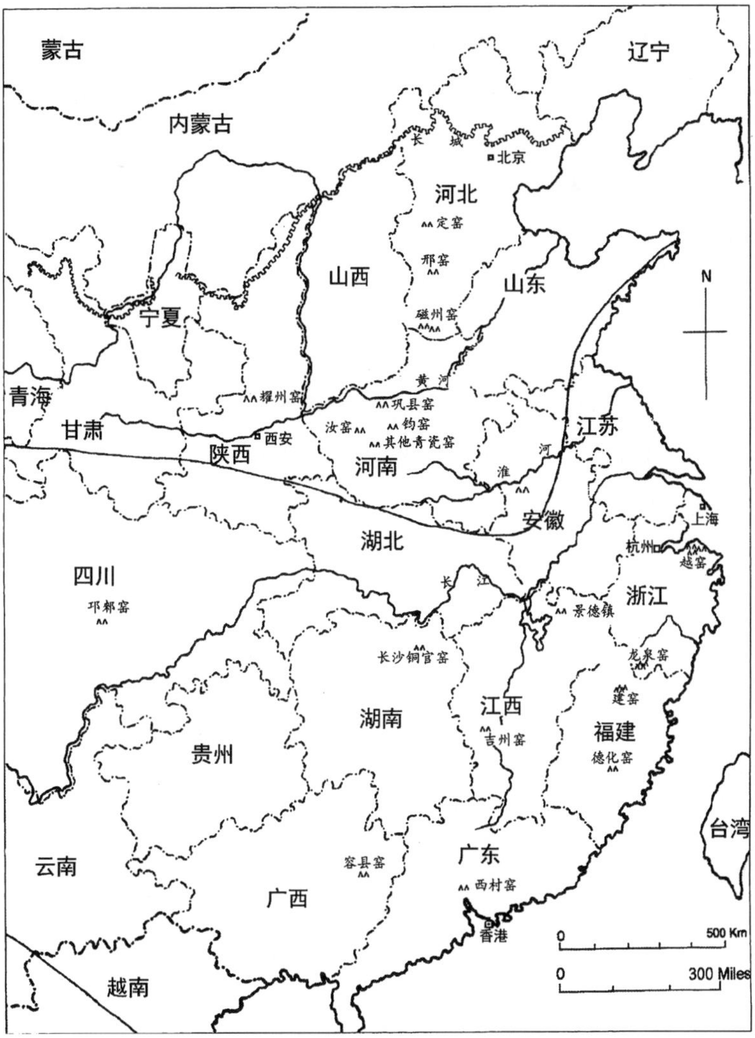

插图一　南山秦岭分界线①

中国制釉技术的起源最早可以追溯到夏代晚期，在中国南方出土的夏商时期某些器物的表面已覆盖有一层黄绿色薄薄的釉层②。这些釉由低碱高钙物质所形成，与西亚地区同时代的釉有显著区别。这类釉中含有较多气泡，也较易剥落③。有学者认为此类釉的出

① Wood, N., 1999. *Chinese Glazes: Their Origins, Chemistry and Recreation.* London: A&C Black Publishers Ltd.

② Zhang, F. K., 1986. The origin of high-fired glazes in China. In: Shanghai Institute of Ceramics ed., *Scientific and Technological Insights on Ancient Chinese Pottery and Porcelain.* Beijing: Science Press, 40－45.

③ Li, J. Z., 1985. The evolution of Chinese pottery and porcelain technology. In: W. D. Kingery ed. *Ceramic and Civilization Vol. I: Ancient Technology to Modern Science.* Columbus: The American Ceramic Society, 135－162.

现和形成可能出于偶然。当窑温超过1150 ℃时，窑炉中木材燃烧形成草木灰并飘散在窑炉内，草木灰中CaO含量较高，与含硅量丰富的瓷胎结合，就使得瓷器的表面自然形成一层“窑汗”①。因此，本文对原始瓷以及其他窑炉制品的研究旨在探究中国早期窑匠对制瓷原料的运用，并希望揭开中国最早成熟制釉技术的形成机制。

三 取样和分析方法

本文研究的对象主要取自浙江省德清县的八个窑址（插图二），总共采集了72件样品（表1）。在这八个窑址中，商代的南山窑（NS）距离其他窑址最远，在靠近北部的东岩山旁；其他的七个窑址都相距较近，并散布在靠近东苕溪边的谷坡上。其中年代最近的三个窑址，亭子桥（TZQ）、下漾山（XYS）和弯头山（WTS）都靠近凤凰山，其余的几个窑址则位于西南部，靠近如今的一条铁轨旁。这八个窑址所在的区域正是前文提到的南北分界线以南，因此瓷石应该是当地制瓷的主要原料。

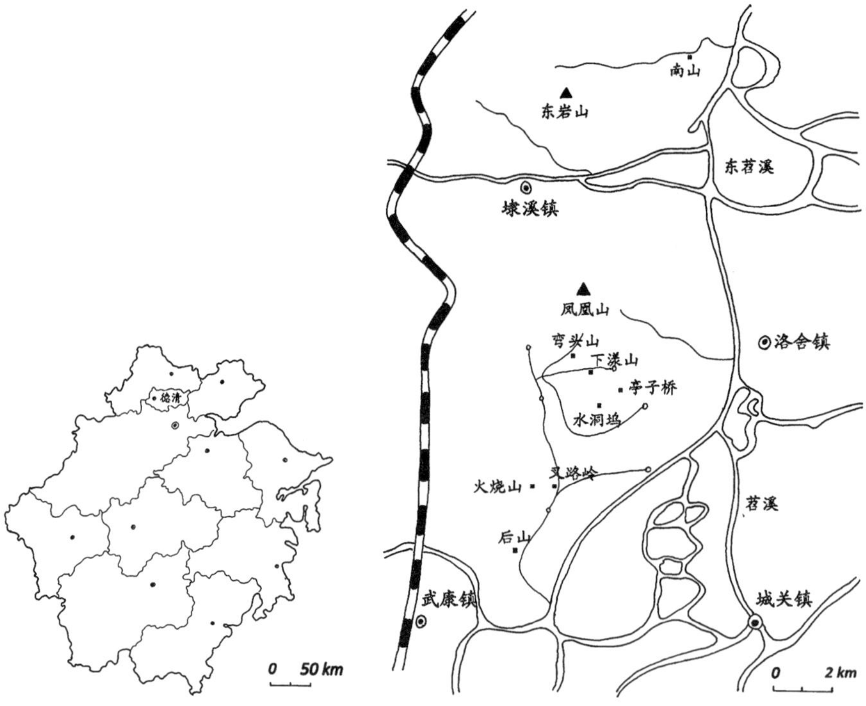

插图二　原始瓷样品出土采集窑址位置以及德清县的地理位置

① Kerr, R., and Wood, N., 2004. *Science and Civilisation in China*, vol. 5, Chemistry and Chemical Technology, part XII: Ceramic Technology. Cambridge: Cambridge University Press.

表1　浙江德清地区八个窑址的基本情况

窑址	时间	样品	来源
下漾山（XYS）	商代	2片印纹硬陶片	表面采集
南山（NS）	商代	5片原始瓷片	挖掘采集
水洞坞（SDW）	商代	4片原始瓷片；1块窑炉壁	表面采集
火烧山（HSS）	春秋时代早期	6片原始瓷片；4个间隔器；2块窑炉壁	挖掘和表面采集
后山（HS）	春秋时代早期	4片原始瓷片；3块窑炉壁	挖掘和表面采集
叉路岭（CLL）	春秋时代晚期	9片原始瓷片	表面采集
亭子桥（TZQ）	战国时代	4片原始瓷片	表面采集
下漾山（XYS）	战国时代	4片原始瓷片；4块窑炉壁；2块窑具	表面采集
弯头山（WTS）	战国时代	18片原始瓷片	挖掘采集

根据肉眼观察，大多数瓷片的横切面都呈均匀的浅灰色。通常，在氧化气氛下烧制而成的瓷胎呈黄色、浅棕色或红色，而在还原气氛下烧制而成的瓷胎就会呈现浅蓝色、灰色或是黑色①。据此推定，这些瓷片都是在还原气氛下烧制形成的。

根据样品形态，可将其分为三大类：带釉原始瓷片、印纹硬陶片和窑具以及表面带玻璃质层的窑炉壁残块。窑炉样品均在窑址附近采集，其余样品均为考古发掘或表面采集所得，因此样品年代均为已知。

每件样品都被切下一小块，并镶制在环氧树脂中，经过打磨和抛光，露出胎体和釉层，以备检测。样品先经过光学显微镜观察，之后运用电子微探针中的波谱测定仪（EP-MA－WDS）进行化学成分分析。所运用的设备均位于伦敦大学考古研究所 Wolfson 科技考古实验室。

四　分析结果

表2～5是德清地区不同窑址出土或收集的原始瓷和其他相关样品胎釉的平均值。为了方便比较，同时将胎体的气孔率考虑在内，所有的氧化物都归正为100%，但是测试数据的总量仍保留原始值以便参考。所有的样品都根据年代和出土地点排列。

1. 瓷胎

原始瓷胎体的主要组成部分是 SiO_2（75%～80%）和 Al_2O_3（15%～18%），其中含有少量的 K_2O 和 Fe_2O_3（各2%左右）。TiO_2、Na_2O、MgO 和 CaO 含量则只在0.5%～1%左右。这样的成分组成是典型以瓷石为原料所制成陶瓷器的成分，同时也和南方的地质

① Rice, P. M., 1987. *Pottery Analysis: A Source Book*. The University of Chicago Press, Chicago.

环境相吻合。在所检测的54件原始瓷胎体样品中，只有极少数一些例外情况，比如商代水洞坞遗址出土的瓷片 Fe_2O_3 含量相对较高；商代南山遗址中瓷片的 CaO、Al_2O_3 和 K_2O 含量高出平均值，而 TiO_2 含量则偏低。这说明此批原始瓷样品的制瓷原料存在某种程度的差异，尤其南山遗址的地理位置远离其他遗址，也在一定程度上印证了原料存在差异的可能性。

表2　电子微探针对原始瓷的胎体测试结果（wt%）

窑址	时代	n1	n2	SiO_2	Al_2O_3	CaO	MgO	K_2O	Na_2O	Fe_2O_3	TiO_2	P_2O_5	MnO	Cr_2O_3	BaO	总量
NS	商	5	50	74.22	17.52	0.47	0.52	2.75	1.14	2.53	0.82	0.03	0.04	0.09	0.10	92.79
SDW	商	4	35	75.40	16.09	0.51	0.80	1.53	0.54	4.24	0.98	0.09	0.05	0.15	0.06	85.46
HSS	春秋早期	6	60	76.64	16.00	0.42	0.54	1.98	0.62	2.72	0.97	0.11	0.04	0.14	0.07	83.45
HS	春秋早期	4	40	76.23	16.28	0.44	0.57	2.14	0.63	2.72	0.91	0.10	0.04	0.09	0.05	84.16
CLL	春秋晚期	9	90	76.69	16.11	0.47	0.51	2.10	0.74	2.43	0.90	0.06	0.02	0.06	0.06	88.92
TZQ	战国早期	4	40	77.47	15.91	0.41	0.62	1.89	0.61	2.03	0.98	0.05	0.02	0.06	0.06	94.19
XYS	战国早期	4	40	77.05	16.03	0.35	0.58	1.85	0.49	2.61	1.03	0.06	0.03	0.06	0.05	94.81
WTS	战国	18	180	77.99	15.47	0.33	0.60	1.98	0.64	2.02	0.93	0.03	0.03	0.06	0.06	93.91

n1：每个窑址所检测的样品数；n2：使用电子微探针所测试的点数总和。

表3　电子微探针对印纹硬陶和窑壁的胎体测试结果（wt%）

样品	时代	n	SiO_2	Al_2O_3	CaO	MgO	K_2O	Na_2O	Fe_2O_3	TiO_2	P_2O_5	MnO	Cr_2O_3	BaO	总量
XYS - Stpd 1	商	5	71.49	18.20	0.64	0.91	1.48	0.51	5.96	0.99	0.12	0.03	0.09	0.08	81.86
XYS - Stpd 2	商	5	69.37	19.94	0.57	0.95	1.78	0.54	6.12	1.06	0.09	0.03	0.06	0.03	92.26
SDW - KW1	商	6	79.70	11.72	0.46	0.52	2.28	0.33	3.82	0.93	0.33	0.12	0.11	0.07	87.19
HSS - KW2	春秋早期	3	67.16	19.20	0.15	0.93	2.21	0.26	9.48	1.18	0.10	0.06	0.25	0.03	92.85
HSS - Stpd	春秋早期	5	77.27	15.61	0.42	0.61	2.36	0.61	1.88	1.11	0.05	0.07	0.06	0.09	92.44
HS - KW1	春秋早期	5	76.22	14.41	0.21	0.61	1.65	0.13	5.76	1.13	0.20	0.04	0.04	0.08	92.68
XYS - KW1	战国	5	79.06	10.99	0.28	0.47	2.31	0.27	5.81	0.99	0.30	0.10	0.03	0.03	90.95
XYS - KW2	战国	5	77.39	12.98	0.29	0.47	1.53	0.23	5.96	1.36	0.28	0.09	0.04	0.01	80.92
XYS - KW3	战国	5	81.22	10.62	0.33	0.47	2.14	0.23	4.01	0.96	0.21	0.08	0.03	0.04	87.51
XYS - KW4	战国	5	79.71	11.99	0.18	0.29	0.75	0.12	6.10	1.05	0.17	0.15	0.05	0.01	81.01

n：每个窑址所检测的样品数；Stpd：印纹硬陶；KW：窑壁。

表 4　电子微探针对原始瓷的瓷釉测试结果（wt%）

窑址	时代	n1	n2	SiO_2	Al_2O_3	CaO	MgO	K_2O	Na_2O	Fe_2O_3	TiO_2	P_2O_5	MnO	Cr_2O_3	BaO	总量
NS	商	5	5	61.40	15.59	13.77	1.36	2.31	1.31	2.68	0.84	0.54	0.20	0.01	0.16	97.34
SDW	商	4	9	69.39	14.30	5.26	1.38	3.87	0.97	3.79	0.93	0.21	0.13	0.02	0.07	94.91
HSS	春秋早期	6	63	64.58	13.81	12.23	1.72	2.47	0.88	2.80	0.71	0.77	0.09	0.01	0.12	98.64
HS	春秋早期	4	21	64.29	14.53	12.10	1.64	2.65	0.89	2.75	0.70	0.46	0.12	0.01	0.09	96.09
CLL	春秋晚期	9	92	65.48	14.15	11.23	2.04	2.08	1.00	2.35	0.78	0.86	0.09	0.01	0.10	98.09
TZQ	战国早期	4	25	61.49	11.82	16.56	2.94	1.37	0.70	2.20	0.81	1.66	0.42	0.01	0.15	96.98
XYS	战国早期	4	20	61.73	12.27	15.18	3.37	1.44	0.61	2.30	0.89	1.59	0.61	0.01	0.15	98.71
WTS	战国	18	173	62.68	12.51	15.42	2.68	1.60	0.75	1.91	0.86	1.12	0.45	0.01	0.13	97.02

n1：每个窑址所检测的样品数；n2：使用电子微探针所测试的点数总和。

表 5　电子微探针对窑壁表面的玻璃物质测试结果（wt%）

样品	时代	n	SiO_2	Al_2O_3	CaO	MgO	K_2O	Na_2O	Fe_2O_3	TiO_2	P_2O_5	MnO	Cr_2O_3	BaO	总量
SDW－KW1	商	7	71.39	10.35	0.56	0.77	10.16	1.45	4.68	0.95	0.23	0.12	0.21	0.06	96.43
HSS－KW1	春秋早期	5	69.19	14.85	1.58	0.99	5.70	0.57	6.93	1.04	0.11	0.17	0.05	0.06	97.71
HSS－KW2	春秋早期	3	70.32	15.17	0.57	1.29	3.19	0.32	9.49	1.11	0.15	0.08	0.02	0.03	97.13
HS－KW1	春秋早期	6	69.75	13.83	1.11	1.04	4.51	0.40	9.81	0.97	0.17	0.11	nd	0.08	97.59
XYS－KW1	战国	5	70.69	11.90	0.07	0.38	10.96	2.02	3.32	0.94	0.25	0.12	nd	0.10	95.18
XYS－KW2	战国	5	73.67	15.50	0.98	0.90	6.77	0.93	5.70	0.87	0.21	0.33	nd	0.09	97.25
XYS－KW3	战国	5	73.64	12.47	0.34	0.78	7.18	0.91	4.04	0.94	0.16	0.16	0.01	0.05	96.39
XYS－KW4	战国	5	65.83	14.21	1.94	0.98	7.46	1.05	8.36	1.03	0.24	0.27	nd	0.11	95.86

n：每个窑址所检测的样品数；nd：未检测到含量。

同时，我们还测试了两件商代印纹硬陶碎片，它们的 Al_2O_3 含量和原始瓷样品很接近，SiO_2 含量较低（79%）而 Fe_2O_3 含量较高（5.5%）。其他一些窑炉样品胎体的 Al_2O_3 含量显著较低，大约在 10%～15% 左右，但是 SiO_2（80%）和 Fe_2O_3（5% 左右）含量则相对较高。

总体来说，在研究区域范围内，原始瓷的制作倾向于运用含铁量较低的原料，而对于其他的窑炉材料来说，原料的使用就比较随意，通常含硅量和含铁量都相对较高。这种原料上含铁量的区别是比较容易通过肉眼来识别的。有意思的是，除了地理位置较为偏远的南山遗址以外，其他遗址瓷片中的铁含量都随着时间的推移不断下降，从商代时期的 4% 下降到战国时期的 2%。

2. 瓷釉

瓷釉的 CaO 含量非常高（10%～20%），但同时碱性物质含量又较低（2%～3% 的

K_2O 和 1% 的 Na_2O）；SiO_2（60% ~70%）和 Al_2O_3（15% 左右）的含量也很高，但与瓷胎相比则要低一些；MgO（1% ~3%）和 P_2O_5（1% 左右）的含量比瓷胎要高一些。瓷釉所呈现的浅绿色泽跟其中的铁含量有关。瓷釉的这种化学成分跟中国南方的瓷釉成分非常相似①，这说明本次所检测的样品属于南方制瓷大范围中的一类。此外，这批样品有一个年代上的显著区别：春秋时期之前的瓷釉，MnO 和 P_2O_5 含量较低，分别为 0.1% 和 0.6% 左右；但是战国时期的瓷釉中，这两种元素的含量上升为 0.5% 和 1.5%。

除了原始瓷表面的釉之外，窑炉壁上也有一层玻璃物质层（彩图四）。要说这一层玻璃物质层是有意施釉的结果，就有些说不通了。这一层玻璃物质层可以看成是窑炉在烧造瓷器的过程中自然形成的，因此对于这一层玻璃物质层的检测可以让我们更多地了解它和瓷釉之间的区别。检测结果也表明，这一层玻璃质与瓷釉的成分完全不同，其中的 CaO 含量低于 1%、K_2O 含量则高达 5% ~10%。

五　讨论

除了制瓷原料的化学成分之外，陶瓷器最后的成分和特征还受到许多因素的影响，比如原料颗粒的大小、烧成温度、烧成气氛、使用和废弃的情况等等。因此，在一个地质成分比较稳定的地区，即使原料的化学成分没有什么变化，陶瓷器的成分也会随着科学技术的发展而有所改变②。本次研究中所有的样品都来自一个地质情况稳定和相似的地区，且该地区出产丰富的制瓷原料——瓷石，因此我们有理由相信，窑匠们应该是就地取材使用当地的瓷石来制作原始瓷。因此，在这些检测样品中所表现出来的一些不同，可能是由于当地地质情况的微小差异、窑匠们有意识的选择以及在制作过程中的不同处理方式所造成的。

1. 瓷胎的原料

在所有检测的样品中，SiO_2 的含量均在 70% ~80%，Al_2O_3 的含量则在 10% ~20%。这与中国南方地区的制瓷原料瓷石的成分基本吻合。这两种氧化物通常占瓷胎所有成分总和的 90% 以上，因此形成明显的反比关系，而石英含量的多少决定了瓷胎中 SiO_2 和 Al_2O_3 的比值从 3.7 ~6.3 不等。位于整个窑址群东北面的南山窑址，由于与其他窑址处于不同的地理位置，所以在接下来的讨论中将不做重点介绍。Fe_2O_3 的含量在非原始瓷样品的胎体中含量较高，在原始瓷样品的胎体中含量则相对比较低，而且随着时代的推移还在逐渐降低。造成这一现象的原因大概与原料的选择有关：早期的

① Wood, N., 1999. *Chinese Glazes: Their Origins, Chemistry and Recreation.* London: A&C Black Publishers Ltd.

② Heimann, R. B., 1988. Ceramic enquiries-a random walk in time. *In*: The 89th General Meeting of the Archaeological Institute of America. *American Journal of Archaeology*, 92: 267.

窑匠开采了当地的瓷石，选取其中耐火性比较高、比较细腻（低碱高铝）、看上去颜色较浅（低铁）的原料用来制作原始瓷胎，而那些质地相似但颜色较深（高铁）的原料则用来制作印纹硬陶。

而窑匠也可能并不是一开始就知道要对原料进行筛选，而是在之后的实践操作中慢慢领悟到的。比如商代水洞坞窑址中的样品，含铁量就较高。从春秋早期开始，对原料的选择开始比较有规律，所选取的原料含铁量通常都在2.0% ~2.5%，而含碱（钾、钠）量则在3%左右，只有少数几个样品在这些范围之外。到了战国早期，含铁量就降低到了1.5% ~2.0%之间，含碱量则降低到2.5%左右，只有下漾山窑址还在使用含铁量相对较高的原料（插图三）。

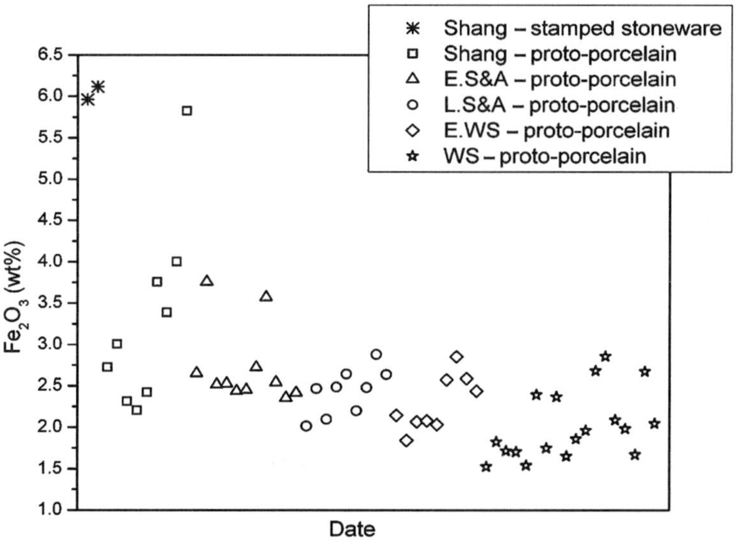

插图三　原始瓷和印纹硬陶中 Fe_2O_3 含量随时代的变化

（proto-porcelain：原始瓷；stamped stoneware：印纹硬陶；Shang：商代；E. S&A：春秋早期；L. S&A：春秋晚期；E. WS：战国早期；WS：战国，下同）

2. 文献数据

从已经发表的文献中我们可以看到，中国的南方地区一向都以盛产硅含量丰富的瓷石而闻名，而瓷石一直以来就是瓷胎和瓷釉生产的主要原料①。中国的南方是一个在地质上相对

---

① a. Guo, Y. Y. , 1987. Raw materials for making porcelain and the characteristics of porcelain wares in north and south China in ancient times. *Archaeometry* 29: 3 – 19; b. 罗宏杰、李家治：《试论原始瓷的定义》,《考古》1998 年第7 期; c. Kerr, R. , and Wood, N. , 2004. *Science and Civilisation in China*, vol. 5, Chemistry and Chemical Technology, part XII: Ceramic Technology. Cambridge: Cambridge University Press; d. Wood, N. , 2009. Some implications of the use of wood ash in Chinese stoneware glazes of the 9th – 12th centuries. In: A. Shortland, I. C. Freestone, and Th. Rehren, ed. , *From Mine to Microscope: Advances in the Study of Ancient Technology*. Oxford: Oxbow Books, 51 – 59.

单一的地区，浙江、江西、福建、江苏和安徽南部都蕴藏有丰富的瓷石资源（插图四）。表6列出了现代制瓷业中所使用的一些瓷石原料成分，再次表明中国南方地质情况的统一。

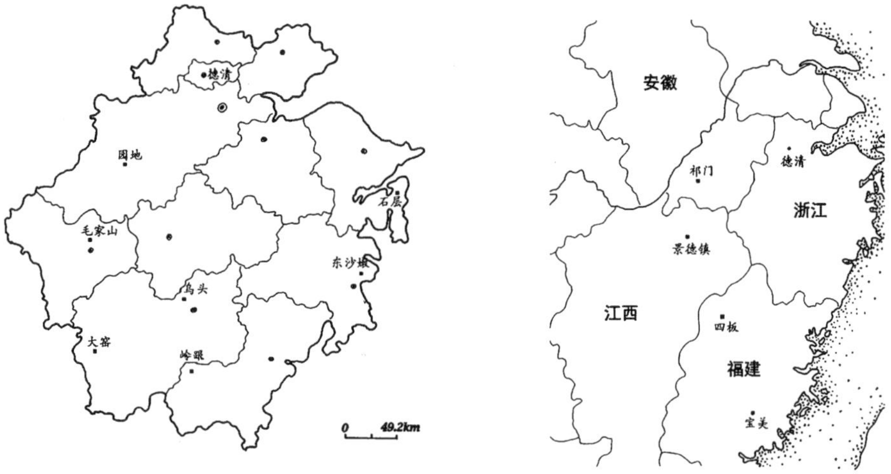

插图四　浙江地区的瓷石产地（左）以及临近各省的瓷石产地

表6　现代瓷器生产中一些典型瓷石的化学成分①（wt%）

地点	SiO_2	Al_2O_3	CaO	MgO	K_2O	Na_2O	Fe_2O_3	TiO_2	MnO	烧失	总量
浙江龙泉市石层	73.16	17.10	0.75	0.45	4.22	0.46	0.48	nd	nd	3.81	100.52
浙江宁波乌头	71.82	17.41	nd	0.22	3.87	0.28	1.21	nd	0.08	4.66	99.58
浙江衢州毛家山	76.60	15.33	0.14	0.66	4.39	0.20	0.54	nd	0.07	2.16	99.69
浙江园地	76.11	14.90	0.60	0.03	1.85	0.70	1.05	nd	0.04	4.65	100.23
浙江龙泉大窑	71.66	17.96	0.01	0.22	2.13	0.16	1.45	nd	0.02	6.06	99.85
浙江东沙嫩	76.11	14.84	nd	0.08	4.42	0.18	1.00	nd	0.04	3.32	99.99
浙江岭跟	74.95	16.21	nd	0.16	3.04	0.25	0.31	nd	0.03	4.69	99.64
安徽祁门	73.05	15.61	1.82	0.31	3.75	0.58	0.56	0.09	0.02	3.87	99.69
景德镇三宝蓬	73.70	15.34	0.70	0.16	4.13	3.79	0.70	nd	0.04	1.13	99.69
景德镇南岗	76.12	14.97	1.45	nd	2.77	0.42	0.76	nd	0.06	3.71	100.26
福建南平四板	75.91	15.30	0.04	0.05	2.51	0.05	0.62	0.10	0.06	4.88	99.49
福建宝美	78.61	12.95	0.07	0.07	5.89	0.16	0.31	0.09	0.07	2.30	100.52

nd：未检测到含量。

现代瓷石原料中的 SiO_2 和 Al_2O_3 含量和原始瓷胎体的含量十分接近（插图五），但是在其他一些次要元素上则显示出与原始瓷胎不同的特性，特别是 K_2O、Fe_2O_3 和 TiO_2 的含量（插图六）。这既反映出在现代陶瓷业中对原料筛选的进一步控制，也从另一个角度验

① Guo, Y. Y., 1987. Raw materials for making porcelain and the characteristics of porcelain wares in north and south China in ancient times. *Archaeometry* 29: 3－19.

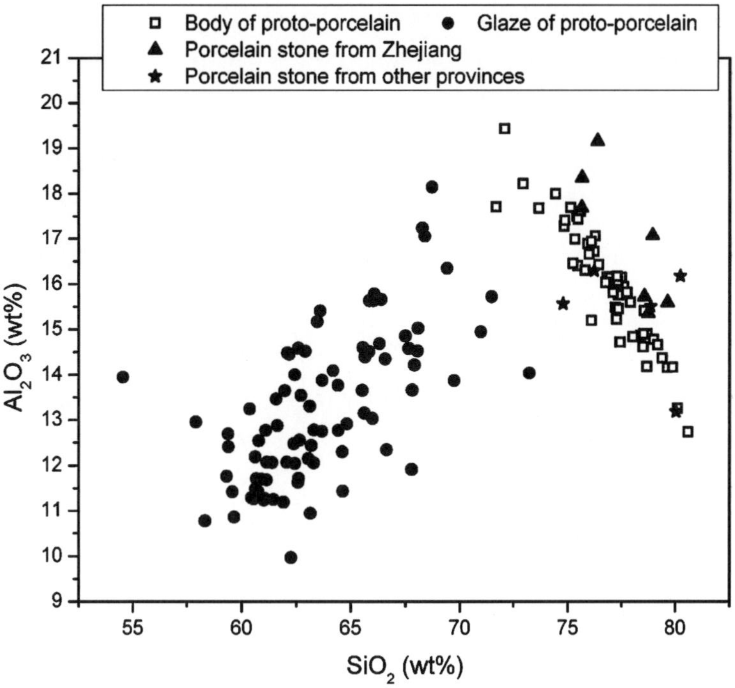

插图五　原始瓷胎、原始瓷釉和瓷石中 SiO_2 和 Al_2O_3 含量比值图

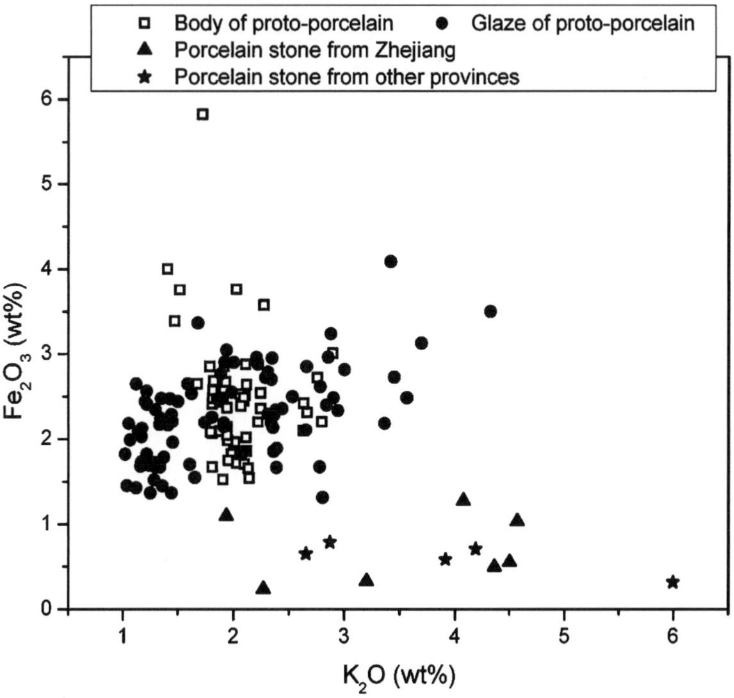

插图六　原始瓷胎、原始瓷釉和瓷石中 K_2O 和 Fe_2O_3 含量比值图

证我们之前的结论，即浙江及其周边地区的制瓷原料比较相似，但是质量各有不同（尤其表现在不同的氧化铁含量上）。

3. 制釉技术

大部分原始瓷样品表面都有一层非常薄的绿色釉层。由于这些原始瓷样品的年代始于公元前 17 世纪的商代，因此这些瓷釉层被认为是越窑青瓷釉的前身，也是中国地区到目前为止已知年代最早的高温釉。研究这些釉层的形成有助于我们更多地了解中国制瓷技术中石灰釉的形成和发展。

众所周知，中国的瓷釉主要是由富 SiO_2 和 Al_2O_3 的瓷土与含钙量丰富的原料混合而成①。但是，很少有人知道具体的制釉技术以及这些原料间的化学反应。这些制釉原料到底是事先混合备用，还是单单将含钙物质直接置于胎体表面，都是值得探讨的问题。这里，我们将根据瓷釉形成过程中低共熔现象的产生（eutectic melt formation）来探讨制釉技术并给出一个可能的解释。

之前我们已经提过，在瓷胎中，SiO_2 和 Al_2O_3 含量成反比，同时硅铝比值也有一个变化的区间，这极有可能是由于原料中石英含量的不同所造成的（插图七），当有些比较大

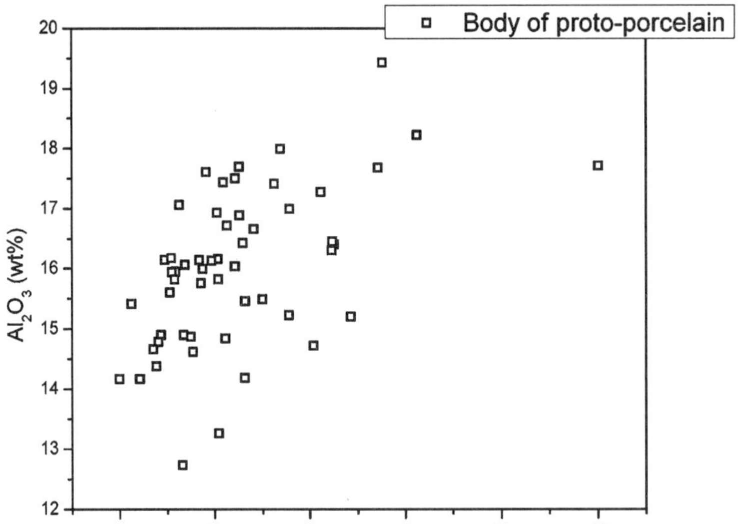

插图七　原始瓷胎中 Al_2O_3 和其他碱元素氧化物含量的比值图

① a. Pollard, A. M. , and Hatcher, H. , 1994. The chemical analysis of oriental ceramic body compositions: Part 1: Wares from North China. *Archaeometry* 36: 41 –62; b. 罗宏杰、李家治：《试论原始瓷的定义》，《考古》1998 年第 7 期；c. Kerr, R. , and Wood, N. , 2004. *Science and Civilisation in China*, vol. 5, Chemistry and Chemical Technology, part XII: Ceramic Technology. Cambridge: Cambridge University Press.

颗的石英被计入瓷胎总量时，就从一定程度上“稀释”了其他元素的含量。与瓷胎形成鲜明对比的是，在瓷釉中 SiO_2 和 Al_2O_3 成正比，硅铝的比值则从 6 到 4 不等（插图八）。SiO_2 和 Al_2O_3 总体含量的降低是由于钙含量的增大，而钙是釉层形成过程中主要的催化剂，但是硅铝比值和钙等其他元素的氧化物含量成正比（插图九），说明钙含量增大并不是致使硅铝含量在瓷釉中成正比的主要原因。如果仅仅是由于钙含量增大，那么在瓷胎中成反比的硅铝含量在瓷釉中仍然将保持反比的关系，而现在它们却显示出正比关系。

这种在正反比关系上的变化可能来自于几种可能性，比如釉层采用了一种不同的原料，其中的硅铝比值不同于之前的瓷胎；或者原料的处理方法发生了变化，比如窑匠事先筛出了原料中较大颗粒的石英，从而改变了硅铝的比例。但是综合分析，上述几种可能性并不足以解释瓷釉中的硅铝正比关系。比如说，筛出一些石英颗粒确实可以使得硅铝比值从 6 降低到 4，但是却无法解释为何硅铝含量变成正比关系；简单的硅铝钙三者反应可能会稀释原来的硅铝含量，却不能将它们之间的反比关系变成正比。而选取不同原料的说法也无法成立，因为如果使用了不同的原料施于胎体表面，那么胎釉之间应该能看出分界线（因为成分不同）。但是通过观察，样品的胎釉之间过渡自然，不见任何明显的分界线（插图一〇），这反而从反面说明釉可能就是在瓷胎的基础上反应形成的，也就是说，含钙物质被直接放置于胎体表面，在高温下与胎体表面的硅铝反应形成釉层。但是，这又如何解释瓷釉中硅铝的正比关系呢？

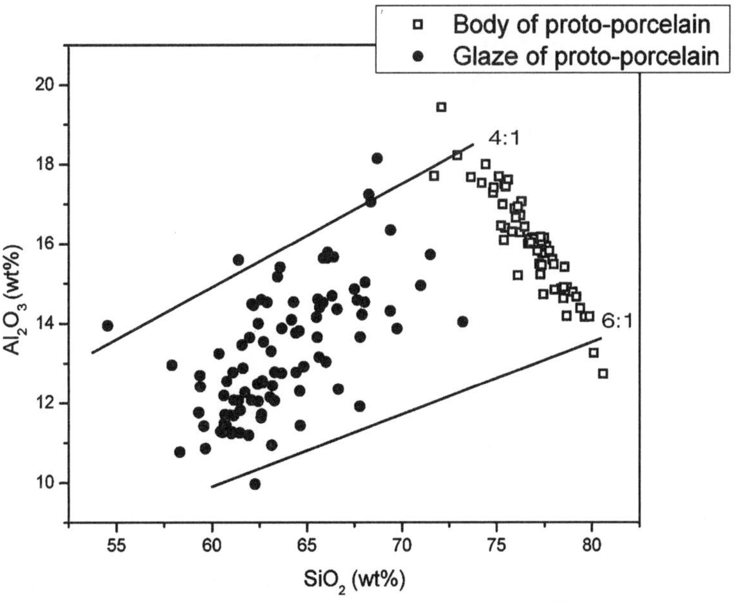

插图八　原始瓷胎和瓷釉中 SiO_2 和 Al_2O_3 含量的比值图

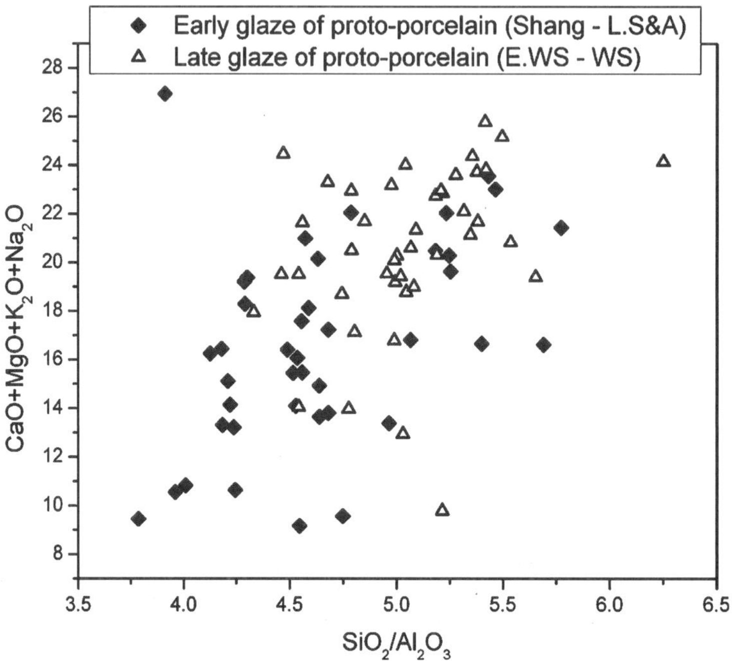

插图九　原始瓷釉中 SiO_2/Al_2O_2 比值和其他催化元素总和的比值图

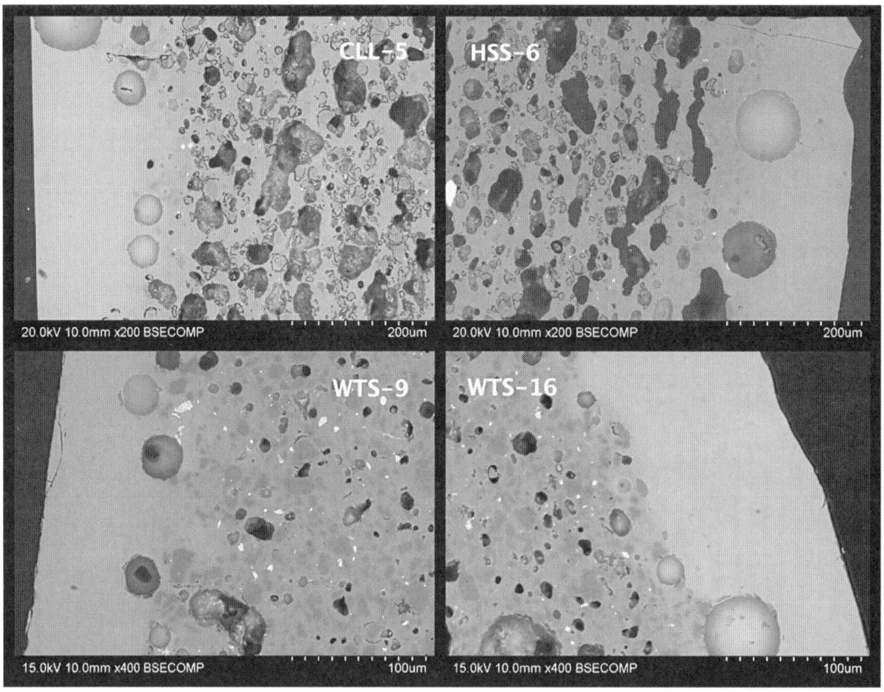

插图一〇　扫描电子显微镜背反射图像显示的样品胎釉间结构
（放大比率分别为200倍和400倍）

要解释以上关系，就必须用到三相图（ternary diagram）。在现实情况下，瓷器制作中的各类化学反应要比仅仅由三种元素组成的三相图复杂得多，因此我们可以将化学性质比较接近的元素集中放在一起进行讨论，并利用三相图表示出来①。

4. 石灰釉的低共熔（eutectic melts）

由插图一一中可以看到，除了少数的一些例外情况，大多数表示胎釉成分的点都位于三相图上两个不同的区域，而且每个区域内分布都比较紧密。三相图显示，瓷胎即使是在很高的温度下也不会烧熔，而瓷釉就与之不同，所有表示瓷釉的点都集中在这个三相图的低熔点区域，形成一个槽型的区间，从共晶点温度（1170℃）区域一直到右上方熔点较高的区域（大约 1350 ℃）。表示瓷釉成分的点紧密地分布在槽型区域，说明瓷釉成分的形成可能并不是由于使用了什么特殊的原料配方或是采用了特定的原料，而主要是由温度系统自动控制的。

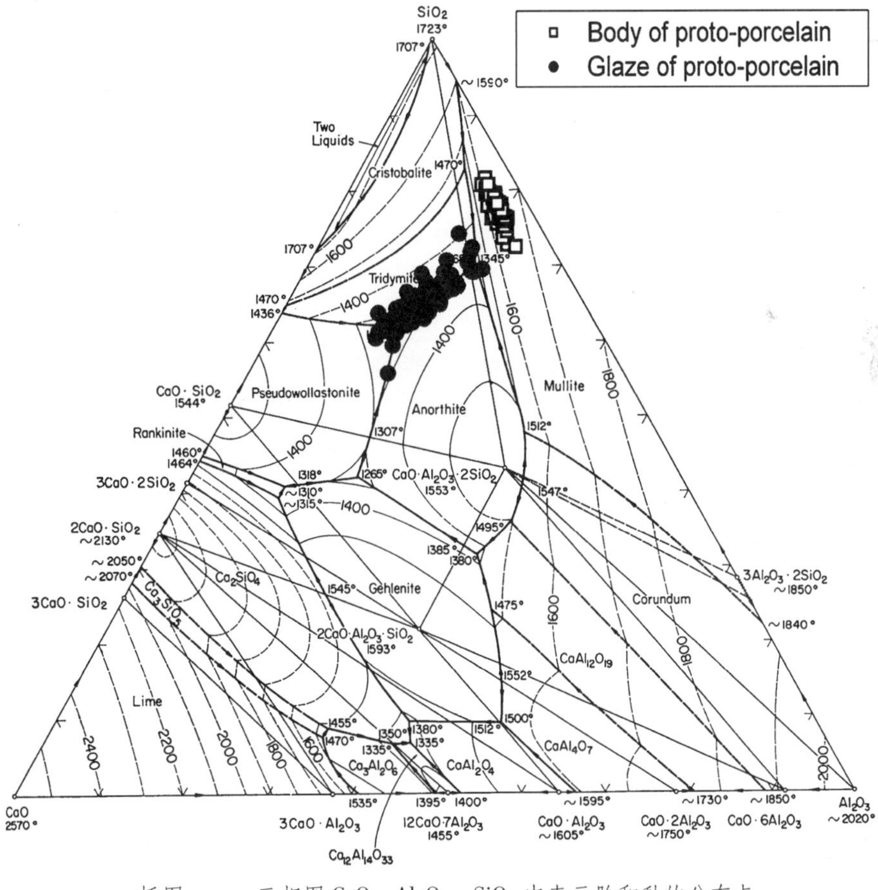

插图一一　三相图 $CaO-Al_2O_3-SiO_2$ 中表示胎和釉的分布点

① Pollard, A. M., and Heron, C., 2008. *Archaeological Chemistry*. Second Edition. Cambridge: RSC Publishing.

这个现象近似于地质学中的一个模式——火成岩的形成过程。在高温环境下，地球地壳中蕴含的许多不同元素就会发生化学反应，最终形成火成岩，因此我们可以说，是高温的环境决定了什么样的元素会参与到火成岩形成的过程中，也可以说是温度决定了最后岩石的成分①。将这样一种地质学的概念运用到瓷釉的形成过程中，我们大胆推测，温度机制将 SiO_2、Al_2O_3 和 CaO 的含量自动调节到共晶点（也就是最低熔点）1170 ℃，然后随着温度的提高，SiO_2 和 Al_2O_3 含量不断提高，从而使得釉层不断增加，CaO 的含量也从最初的 20% 左右不断降低，在 1350 ℃时被稀释到大约 10%。

烧成温度和釉层形成之间的这种关系让我们可以通过釉的成分来推测烧成温度。我们假设这些原始瓷器都是一次烧成，因此釉的烧成温度也是胎的烧成温度。在三相图中，釉的烧成温度在 1200 ℃～1400 ℃这个区间。但是我们并不能简单采信这个表面数据，因为这是通过一个只有三种元素反应的温度系统而得出的结论。如果将其他的各类元素考虑在内的话，就必须要将这个温度区间降低至少 100 ℃～200 ℃②。因此原始瓷样品的烧成温度大约在 1200 ℃～1240 ℃，而这个温度区间正是典型的石灰釉烧成温度③。

5. 自然形成还是有意识的选择

在前文，我们推断瓷釉是直接在胎体表面上施加含钙物质形成的，但这些含钙物质究竟是自然堆积在表面的，还是由窑膛中的草木灰飞散形成的④，或是由窑匠在烧制之前有意识地施加的？要回答这个问题，需要进一步分析瓷釉的化学成分以及窑炉壁表面的黑色玻璃物质。窑炉壁表面的黑色玻璃物质基本上只可能是自然形成，因此它们可以作为参照物来研究原始瓷样品表面的制釉技术和釉层的形成。

大多数窑炉壁表面的玻璃物质 K_2O 含量很高，从 5.7%～10.2% 不等，但是 CaO 含量却相当低，不超过 2%（参见表 5）。原始瓷釉的化学成分和这些玻璃物质存在明显差异，这说明它们各自的形成机制和形成原因存在差异。

6. 形成瓷釉和玻璃物质的原料

草木灰中富含 CaO 和 K_2O，同时还有一些其他成分，诸如 SiO_2、MgO、P_2O_5 等氧化

---

① Rehren, Th., 2000. Rationales in Old World base glass compositions. *Journal of Archaeological Science*, 27: 1225 - 1234.

② Thornton, C. P., and Rehren, Th., 2009. A truly refractory crucible from fourth millennium Tepe Hissar, northeast Iran. *Journal of Archaeological Science*, 36: 2700 - 2712.

③ Wood, N., 1999. *Chinese Glazes: Their Origins, Chemistry and Recreation.* London: A&C Black Publishers Ltd.

④ a. Zhang, F. K., 1986. The origin of high-fired glazes in China. In: Shanghai Institute of Ceramics ed., *Scientific and Technological Insights on Ancient Chinese Pottery and Porcelain.* Beijing: Science Press, 40 - 45. b. Kerr, R., and Wood, N., 2004. *Science and Civilisation in China*, vol. 5, Chemistry and Chemical Technology, part XII: Ceramic Technology. Cambridge: Cambridge University Press.

物和碳化物①。草木灰中钾钙比值大约为0.2~0.8②，在原始瓷釉中，这个比值通常不超过0.3，而且通常都低于0.1（插图一二），但是这个比值在窑炉壁表面的玻璃物质中高达5~10。这种明显的不同表明原始瓷釉很可能是窑匠有意识加工的结果。

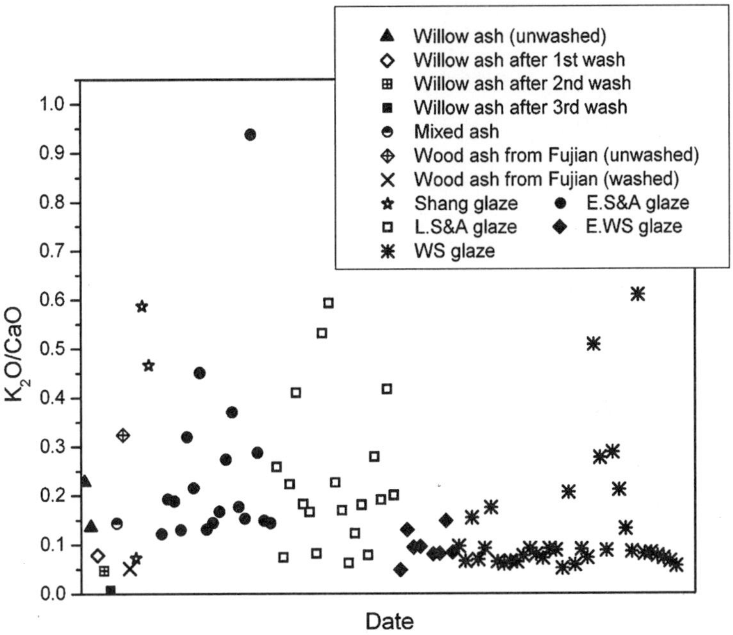

插图一二　不同种类的草木灰在漂洗前和漂洗后以及不同年代的原始瓷釉 K_2O/CaO 比值和年代之间的关系

7. 窑炉壁表面玻璃物质层的形成

窑炉中燃料的燃烧会产生大量气体，大多数是 CO_2 和水蒸气，除此以外还会产生一些草木灰颗粒。根据 Misra 等学者的观点，若窑炉温度超过 900 ℃，草木灰中的钾就开始随着热空气在窑炉中挥发，当这些气体与炉壁接触的时候，钾就开始与炉壁产生化学反应，形成玻璃物质③。这种靠汽化物质形成的化学反应并不十分有效，只有很少一部分汽化的物质最后与器物表面接触并形成玻璃物质，但是经过经年累月的反复使用，窑炉表面很容易堆积形成这样的玻璃物质。钙的特性不同于钾，不具有挥发性，所以炉壁表面

① a. Sanderson, D. C. W., and Hunter, J. R., 1981. Composition variability in vegetable ash. *Science and Archaeology*, 23: 27-30; b. Stern, W. and Geber, Y. 2004, Potassium-calcium glass: new data and experiments. *Archaeometry*, 46: 137-156.

② Stern, W. and Geber, Y. 2004, Potassium-calcium glass: new data and experiments. *Archaeometry*, 46: 137-156.

③ Misra, M. K., Ragland, K. W., and Baker, A. J., 1993. Wood ash composition as a function of furnace temperature. *Biomass and Bioenergy*, 4 (2): 103-116.

中钙的含量相当低。钾的挥发现象帮助我们进一步理解釉的形成，同时也可以解释炉壁表面钾含量较高的原因。

除此之外，还有另外一种自然形成釉层的可能性，张福康称之为“飞灰”现象①，即窑炉中草木灰的细微颗粒随窑膛中的火苗喷射出来四处飞扬，并随即落在器物表面形成很薄很粗糙的一层。

上述两种现象都可能在高温窑炉中发生，但是如果“飞灰”现象是形成炉壁玻璃物质的原因的话，那么这些玻璃物质中的钙含量也应该相对较高，但是实际情况却并非如此，那么这些钙跑去了哪里呢？最可能的原因就是选择了不同种类的树或是植物作为窑炉的燃料，形成了一种高钾低钙的草木灰（表7）。

表7　不同品种草木灰的成分②

草木灰样品	SiO_2	Al_2O_3	CaO	MgO	K_2O	Na_2O	Fe_2O_3	TiO_2	P_2O_5	MnO	总量
竹枝和竹叶（景德镇）	60.02	0.76	5.94	2.78	25.56	0.10	0.36	<0.01	2.95	0.89	99.37
幼竹形成的灰（景德镇）	20.28	3.80	6.24	4.76	40.82	0.39	3.66	0.29	4.31	0.61	85.16

8. 草木灰釉

Wood 认为中国长期以来都大面积使用含钙量较高的草木灰作为高温陶瓷表面的制釉材料，因为中国处于亚热带，所以由这里的植被所制成的草木灰中都含有较高的钙③。张福康曾经推测古代的窑匠是如何发现并利用草木灰来制作瓷釉的：首先，在高温情况下瓷土会烧结，然后在窑炉的内壁会形成一层玻璃质层，最后，从窑膛飞出的草木灰也会堆积在瓷胎表面形成一层玻璃物质④。古代的窑匠一旦发现了草木灰和瓷釉形成之间的关系，就开始有意识地将草木灰施于胎体表面。

原始瓷样品表面的釉中，CaO 的含量从 10% ~20% 不等，这是因为随着温度的升高，胎体与釉层有更多的反应时间，而 CaO 和 K_2O 含量成反比，表明 Ca、K 这两种元素是通过不同的途径进入釉中的。之前我们提到过，高温的窑炉中可能充满了含 K 元素的蒸汽，因此我们可以假设釉层中的 K 元素来自这些气体，同时，也不能排除胎体在跟草木灰反应的过程中渗入一些 K 元素的成分到釉中。

① Zhang, F. K., 1986. The origin of high-fired glazes in China. In: Shanghai Institute of Ceramics ed., *Scientific and Technological Insights on Ancient Chinese Pottery and Porcelain.* Beijing: Science Press, 40 – 45.

② Zhang, F. K., 1986. The origin of high-fired glazes in China. In: Shanghai Institute of Ceramics ed., *Scientific and Technological Insights on Ancient Chinese Pottery and Porcelain.* Beijing: Science Press, 40 – 45.

③ Wood, N., 1999. *Chinese Glazes: Their Origins, Chemistry and Recreation.* London: A&C Black Publishers Ltd.

④ Zhang, F. K., 1986. The origin of high-fired glazes in China. In: Shanghai Institute of Ceramics ed., *Scientific and Technological Insights on Ancient Chinese Pottery and Porcelain.* Beijing: Science Press, 40 – 45.

如果未经处理的草木灰被直接施于胎体表面，那么釉中的 K_2O 和 CaO 含量应该都相当高，但是样品显示 CaO 含量较高，而碱（钾、钠）含量偏低。这种情况的产生可能有以下几个原因：第一，所使用的草木灰经过淘洗，其中的碱含量已经被洗除；第二，草木灰中掺入了石灰石①；第三，在窑膛中燃烧剩下的草木灰被直接用来制釉，这一部分的灰经过燃烧，大量钾已经蒸发。尽管目前还很难形成定论，但是釉层中 P_2O_5 以及 MnO 相对较高的含量从侧面说明草木灰是形成这些釉层的主要原料（插图一三）。因为它们都是草木灰的组成成分②，而在石灰石中则所含无几。因此我们可以推论草木灰是这些原始瓷釉最有可能的原料。但是，这些古代窑匠是从哪里得到所需要的草木灰呢——是淘洗过后的草木灰还是直接从窑膛中取出的燃烧后的草木灰？经过燃烧的草木灰蒸发了大部分钾，留下大量不易挥发的钙，如果被用来制釉，那么原始瓷釉中钙含量较高、钾含量较低，与淘洗过后的草木灰效果相似。因此从目前的数据还不能推断窑匠们究竟使用了哪一种草木灰。

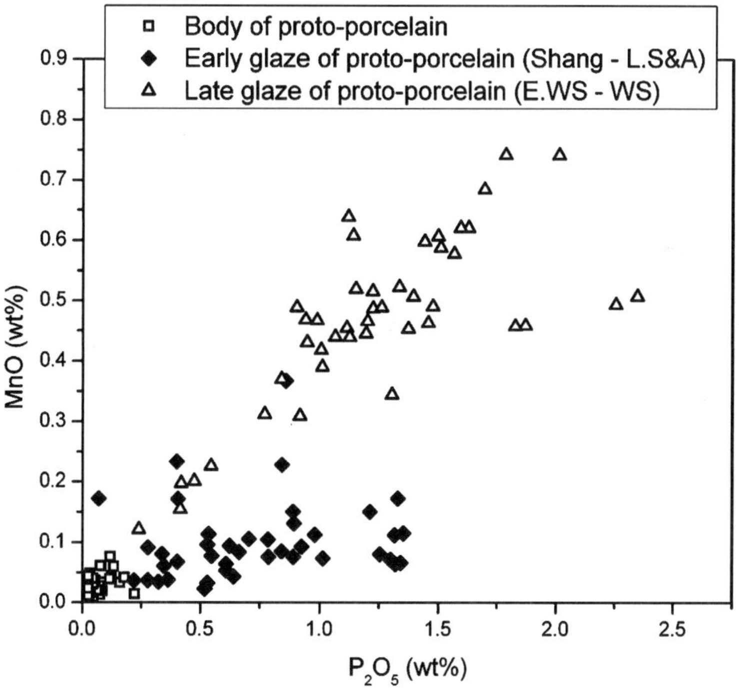

插图一三　原始瓷胎和釉中 P_2O_5 和 MnO 含量的比值图

① Wood, N., 1999. *Chinese Glazes: Their Origins, Chemistry and Recreation.* London: A&C Black Publishers Ltd.

② Stern, W. and Geber, Y. 2004, Potassium-calcium glass: new data and experiments. *Archaeometry*, 46: 137－156.

Wood 认为中国的石灰釉是使用了经过淘洗的草木灰①，而根据文献材料（表 8），淘洗后的草木灰，钾含量从原先的 10.9% 降低到了 2.1%。

表 8 福建省采集的草木灰淘洗前和淘洗后对比②

样品	SiO_2	Al_2O_3	CaO	MgO	K_2O	Na_2O	Fe_2O_3	TiO_2	P_2O_5	MnO	Loss	Totals
未经淘洗	11.95	6.1	33.6	5.8	10.9	0.2	0.9	微量	1.85	2.85	24.4	98.6
淘洗后	11.0	2.9	40.5	5.7	2.1	0.1	0.8	微量	1.9	2.8	32.2	100

为了检测文献数据，并进一步验证淘洗对草木灰成分的影响，我们采集了一批南英格兰地区的柳树枝条灰。这些灰经过四次淘洗，并用扫描电子显微镜（SEM – EDS）分别对每次淘洗后的样品进行检测。数据显示，经过三次淘洗后，钾的含量从 10.5% 降低到 1.0%，并在第四次淘洗后保持稳定（表 9）。将淘洗后的残余物放入高温箱中蒸发得到结晶物，检测发现 99% 以上的结晶物为钾，这说明淘洗对钾含量有巨大影响，而对草木灰中的其他成分元素影响甚微。同时，这批被检测的灰中，P_2O_5 和 MgO 含量比较高，而且不受淘洗的影响，但是却没有检测到 MnO。这些草木灰中各化学成分的含量与中世纪欧洲玻璃制作中所使用的草木灰较为接近③。草木灰中的 MnO 含量主要受树种的影响，榉木的 MnO 含量是最高的，柳树中 MnO 含量则较少，而土壤当中的 MnO 含量

表 9 扫描电子显微镜成分分析（SEM – EDS）对柳树枝条所制成的灰在淘洗前和多次淘洗后成分变化的检测结果

样品	n	SiO_2	Al_2O_3	CaO	MgO	K_2O	Na_2O	FeO	P_2O_5	MnO	Cl	总量
未经淘洗	3	1.6	nd	77.3	1.5	10.5	1.2	nd	7.9	nd	nd	35.3
淘洗一次	3	3.0	0.8	71.2	4.3	5.6	0.8	0.9	14.7	nd	nd	45.4
淘洗两次	3	2.8	nd	76.5	5.2	3.6	0.8	nd	11.0	nd	nd	31.7
淘洗三次	3	1.5	nd	80.5	4.8	1.0	0.4	nd	12.0	nd	nd	41.0
淘洗四次	3	2.1	0.6	77.3	4.4	1.1	0.6	nd	13.6	nd	nd	38.3
一次淘洗后的结晶	3	0.6	nd	nd	nd	98.9	0.3	nd	0.7	nd	nd	39.0
两次淘洗后的结晶	3	0.7	6.0	nd	4.4	89.6	2.9	nd	nd	nd	nd	47.1

n：所检测的样品数；nd：未检测到含量。

① Wood, N., 1999. *Chinese Glazes: Their Origins, Chemistry and Recreation.* London: A&C Black Publishers Ltd.

② Chen, X. Q., Chen, S. P., Huang, R. F., Zhou, X. L., Ruan, M. L., 1986. A Scientific Study on Jian Temmoku Wares in the Song Dynasty. In: Shanghai Institute of Ceramics (Ed.), *Scientific and Technological Insights on Ancient Chinese Pottery and Porcelain.* Science Press, Beijing, pp. 227 – 235.

③ a. Smedley, J. W., and Jackson, C. M., 2002. Medieval and post-medieval glass technology: batch measuring practices. *Glass Technology-European Journal of Glass Science and Technology Part A*, 43: 22 – 27; b. Stern, W. and Geber, Y. 2004, Potassium-calcium glass: new data and experiments. *Archaeometry*, 46: 137 – 156.

也对树木有很大的影响。

在测试所得的数据中，原始瓷釉中的 MnO 含量有一个明显的变化趋势：在早期原始瓷釉中，MnO 含量很少超过 0.2%，但是从战国早期开始，MnO 含量趋于平稳，基本在 0.5% 左右（见插图 14）。MgO 的含量变化趋势也与 MnO 相似，从早期的 1.5% ~ 2.0% 增加到晚期的 3% 左右。要探明这一变化趋势的原因，还需要进行进一步的研究，初步分析，可能是用于制成草木灰的树种随着年代有所变化，或是由于窑址迁移、土壤环境改变而植被也有所不同。

六　结论

通过初步分析 72 件样品，我们可以得出清楚的结论，那就是中国南方地区产量丰富的瓷石是制作原始瓷的主要原料。早期胎体中的杂质含量要高于晚期的胎体，特别是在含铁量上区别比较明显，晚期样品的含铁量较低。这表明随着时代的推移，窑匠们发现并选取不同质量的瓷石作为生产的原料。

经过淘洗或是其他处理的草木灰，含钙量较高，含碱量显著降低，窑匠们有意识地将这些草木灰施于胎体表面，从而形成一层高温高钙釉。釉的化学成分是由温度机制通过不同化学元素在不同温度下的反应情况自动调节而成，因此所测试的釉的成分中钙的含量有所起伏，这可能反映了早期的窑匠正在试图探索不同的温度和不同的烧制时间情况下最合适的瓷釉配方。测试的原始瓷釉的烧成温度大多数约在 1200 ℃ ~ 1250 ℃左右，这是石灰釉的最佳烧成温度，表明古代的窑匠们已经初步掌握了高温釉的烧制技术。

商代早期到春秋晚期的瓷胎和瓷釉与战国之后的瓷胎和瓷釉在成分上有一些细微的差别，晚期的瓷胎含铁量都很低，瓷釉的 MnO、P_2O_5 以及 MgO 的含量则相对较高，表明不同时期的窑址其原料与燃料的采集有所不同。

致谢：首先，我们要特别向 Nigel Wood 教授致以感谢，特别感谢他在草木灰实验上对第一作者的帮助和指导，并为我们提供了必要的实验材料。同时，他提出施于瓷胎表面的草木灰可能来源于窑膛中燃烧后的草木灰，也被本文采纳为一种可能性。其次，我们也要感谢伦敦大学考古研究所 Wolfson 科技考古实验室的研究员 Philip Connolly 对第一作者在使用电子微探针和扫描电子显微镜等仪器上的指导和帮助。同时我们还要感谢为第一作者提供博士期间奖学金的香港新鸿基基金会，没有他们的慷慨资助，就没有以上这些研究成果。最后，我们也要感谢在本文英文版发表的过程中，对我们的研究提出建设性意见和建议的两位审稿的学者。本文作者将负责一切文中的错漏。

浙江出土商周原始瓷概述

陈元甫

一

经过新石器时代数千年制陶技术的积累，我国约在刚迈入文明时期的夏商之际，在原料选择、窑炉技术、烧成温度控制等方面获得重大突破，成功地发明了能使器物表面光洁发亮、更加美观实用的人工釉，也因此诞生了中国最早的瓷器——原始瓷，成为中国瓷器的滥觞。原始瓷流行于整个商周时期，随着时代的演进和窑工们的不断探索，制瓷技术和产品质量得到不断的精进与提高，至东汉时期，终于烧制成功了真正的成熟青瓷。

原始瓷，又称原始青瓷，是瓷器初创阶段的一种制品，它是在印纹硬陶的基础上发展产生的。这种制品用瓷土作胎，经1100℃～1200℃左右高温烧成，胎质基本烧结，断面吸水性很弱，表面施高温玻璃质釉，已具备瓷器的基本特征，与一般陶器相比，在胎泥的化学组成和物理性能方面，都有了质的不同。当然，由于工艺水平的限制，这种刚刚出现的制品，不可避免地带有许多原始性，在原料的选择和坯泥的炼制处理方面还不是那么精细，烧结的程度也略有欠缺，吸水率还比较高，其生产技艺和产品质量与后来的成熟青瓷相比，尚具有一定的差距，属于还不够成熟的瓷器。然而，它比一般的陶器已前进了一大步，已经有了质的飞跃，它的发明与产生具有划时代的意义。中国是世界四大文明古国之一，辉煌灿烂的华夏文明为人类文化宝库奉献了无尽的宝藏，中国瓷器和瓷文化则是这丰厚宝藏中璀璨瑰丽的明珠。瓷器最早发明于中国，当全世界还在普遍使用陶器时，中国早已出现了瓷器，瓷器的兴起和繁荣在中华文明的历史进程中占有极为重要的地位，是中华文明的特色之一。而原始瓷是中国瓷器的鼻祖，它的创烧成功是中国陶瓷发展史上的一个里程碑，揭开了中国瓷器发展的序幕。如果没有原始瓷的出现，便没有东汉以后的成熟青瓷，更不可能有后来的各种瓷器。

浙江是我国南方百越民族中最为古老、最为强大的于越族的主要活动区域和建国之地，也是原始瓷出土数量最多最为集中的省份。浙江全省各地基本都有原始瓷出土，其中于越分布的中心区域——宁绍地区和杭嘉湖地区——最为丰富集中。原始瓷主要出土于墓葬、遗址和窑址，以墓葬出土最为丰富。原始瓷在墓葬随葬品中十分常见，几乎每座墓葬都有出土，有的墓中出土数量竟达几十乃至近百件之多，它和印纹硬陶构成了浙江地区商周时期越墓最为基本和主要的随葬品。墓葬出土的原始瓷不但数量众多，而且具有组合明确、器形完整的独特优点，是我们认知各时期原始瓷面貌的最佳材料。特别是土墩墓所具有的大量叠压打破关系和明确的共存组合关系，更为我们认识各时期原始瓷的时代特征和进行分期研究提供了充分的考古学依据，具有特殊意义。

由于埋藏较浅等原因，浙江商周时期的聚落遗址大多保存较差，地层堆积保存丰厚和较好的不是很多，加之经科学考古发掘的遗址甚少，因此从遗址中出土的原始瓷数量相对较少。在已发掘的湖州昆山、绍兴壶瓶山、绍兴袍谷、玉环三合潭、桐乡董家桥、安吉大树墩等商周遗址中，均出土有一些原始瓷器。总体来说，遗址中原始瓷出土的比例要大大低于墓葬，出土的完整性也远不如墓葬，这应该与两种遗存的性质不同有关。另外，原始瓷在当时是一种珍贵物品，它所具有的机械强度大、相对不易破损的优点，又决定了它的使用寿命要远长于一般陶器，这无疑也是遗址出土原始瓷相对较少的重要原因。

浙江烧造原始瓷的窑址十分丰富，从窑址中出土的原始瓷数量也比较多。绍兴的富盛，萧山的前山和安山，德清的火烧山、亭子桥和长山，湖州的南山等窑址的发掘中，出土了大量的原始瓷标本。窑址出土的原始瓷器虽均是当时因烧坏而丢弃的废次品，大多残破不完整，但也有其特殊意义。它不仅为遗址、墓葬中出土的众多原始瓷器找到了烧造产地，而且通过野外发掘地层关系所获取的各种信息同样有利于对各时期原始瓷产品特征的把握与认知，也可进一步校验与印证土墩墓的分期研究成果。此外，由于窑址是整个原始瓷生产过程的载体，窑址出土的产品往往伴存有制作工艺、烧造窑炉、装烧方法等方面的遗迹和遗物发现，因此，较之墓葬和遗址，窑址更有利于对制瓷工艺的全面考察。

浙江地区出土原始瓷情况与北方地区有明显不同。北方地区也有原始瓷出土，主要见于河南、山东、山西和陕西四省，但一是出土并不普遍，原始瓷器往往只出于少量墓主身份较高的贵族墓和等级较高的遗址与城址，中、下层小墓和等级较低的遗址一般不出原始瓷器；二是出土的多是早期原始瓷，商和西周的原始瓷出土数量相对较多，而春秋以后的原始瓷发现很少，甚至基本绝迹。而浙江地区出土原始瓷显得相当普遍，墓葬不论墓主身份高低，规模大小，随葬品中原始瓷器都是必不可少的，区别只在于数量和质量上的差异；遗址也不局限于城址或等级较高的重要遗址，一般的普通遗址都会有原始瓷出土；各个历史时期的原始瓷均出土较多，而且时代越晚越丰富，反映出当时原始瓷生产迅速发展、使用日益广泛的历史背景。

浙江是发现最早的原始瓷器的地区。湖州昆山遗址在年代相当于中原夏末至商中期的地层中就有一些原始瓷豆的残片与数量较多的硬陶器残片同时出土，湖州钱山漾遗址在与昆山遗址年代基本相同的地层中也出土有少量原始瓷残片，这是目前南方地区出土的时代最早的原始瓷。其他出土商代原始瓷的还有江山、长兴、余杭等地。

浙江又是最早烧造原始瓷的地区。北方地区至今尚未发现烧造原始瓷的窑址，所以对其出土原始瓷的产地问题至今亦未能作出肯定的回答。而南方地区烧造原始瓷的窑址已有大量发现，其分布主要集中在浙江境内，在江西的清江吴城和鹰潭角山、福建的武夷山和德化、广东的博罗也有少量商、西周、春秋时期的原始瓷窑址发现。目前，浙江发现的商周原始瓷窑址已近200处之多，主要集中分布在两个区域：第一个区域是钱塘江以南包括萧山、绍兴、诸暨一带，其中以萧山进化镇范围内最为集中，已发现茅湾里、前山、安山等二十多处窑址；绍兴的皋埠吼山和富盛长竹园、诸暨的阮市柁山坞也都有一些原始瓷窑址发现。这一区域的窑址烧造年代普遍较晚，均为春秋晚期至战国时期，而且大多数都是原始瓷器与印纹硬陶器同窑合烧，产品也较为单一，主要是日用的碗类器物，不见大型的仿铜礼乐器类产品。第二个区域是钱塘江北以德清为中心、包括湖州南部在内的东苕溪中游地区，这里原始瓷窑址最多最密集，目前发现数量已近150处，绝大部分分布在德清县境内的龙山村周围一带，与之毗邻的湖州南部青山一带也有一批窑址发现。这一区域内不但发现了大量西周至战国时期的原始瓷窑址，而且还发现了德清水洞坞、安全山以及湖州黄梅山、南山等近二十处商代原始瓷窑址，是目前发现的时代最早的原始瓷窑址群。材料表明，这里既是原始瓷窑址分布的重点地区，也是原始瓷最早的烧造地。

以德清为中心、包括湖州南部在内的东苕溪中游这一区域的原始瓷窑址，具有以下几个明显特点：一是出现时间早，持续时间长。从商代开始，历经西周、春秋，至战国时期，不间断生产，而且窑址数量不断增加，烧造规模越来越大，是目前国内已知烧造时间最早、持续时间最长、且一直不间断生产的商周原始瓷产地。二是窑址众多，分布密集。目前已发现窑址六七十处，生产规模很大，具有集群性的生产状态，而且多数窑址分布面积大、废品堆积丰厚（有的甚至厚达数米）、烧造时间长、烧造产量大。三是产品种类丰富，产品档次高。以亭子桥为代表的一大批战国窑址，除生产碗、杯、碟类日用器物外，还大量烧造象征身份与地位、具有特殊意义的仿铜礼乐器等贵族用品，器类包括鼎、簋、尊、豆、壶、罐、瓿、盘、盆、鉴、镂孔瓶、提梁壶、提梁盉、匜、钵、镇、编钟、句鑃、錞于、缶、悬鼓座等，是目前已知烧造这类高档仿铜礼仪用品的唯一窑场。此类窑址的发现，为这些年江浙地区越国贵族墓中出土的一大批仿铜原始瓷礼乐器找到了明确的窑口和产地。四是最早使用支垫窑具。在一批战国窑址中，已创造和使用了用以抬高窑位的大型支垫窑具。一般小型器物继续采用单件着地装烧或多件着地套装叠烧的方法，大型仿铜礼乐器则使用支垫具单件支烧，装烧工艺已显得相当成熟。支垫窑具有喇叭形、直腹圆筒形、束腰形、倒置直筒形、托形、覆盘形，圈足形等，形式丰富多样。以往被认为到东汉时期才开始使用的各种支垫具，实际上在德清战国窑址群中已大量使用，成为此时大批高质量仿铜礼乐器烧制成功的重要技术支撑。五是产品质量高。所见产品普遍质量较好，特别是战国时期的产品大多体形硕大，制作规整，烧成温度高，胎质细腻坚致，釉色青翠匀润，玻璃质感强，胎釉结合良好，产品质量已接近成熟青瓷的水平。因此，以德清为中心、包括湖州南部在内的东苕溪中游地区商周原始瓷窑址群，无论是烧造时间、生产规模，还是器形种类、产品质量等方面，在全国都是一枝独秀，在中国瓷器发展史上占有极其重要的地位，这里是商周时期的制瓷中心，也是中国瓷器重要的发源地。

二

浙江地区从墓葬和遗址出土的商代原始瓷数量不多，但从窑址调查与发掘中出土的已有一定数量。商代原始瓷选用瓷土做原料，胎质已显得比较细腻，它克服了印纹硬陶胎泥较粗、可塑性较差、难以用轮制成型的缺点，使用慢轮拉坯成型或手制与慢轮相结合的方法，器物内壁多可见到比较粗疏的轮制或轮修旋痕，在制作工艺上突破了印纹硬陶完全手制的传统。然而，这种刚诞生的商代原始瓷，不可避免地具有更多的原始性，对原料的选择和坯泥的处理还不够精细，胎内含杂质较多，有的还夹杂许多微细的黑色斑点，颗粒较粗，气孔较多，胎质不够致密，胎色多呈青灰色或淡灰色。少量器物釉层厚而明显，但多数器物由于所施釉浆极为稀薄，兼之受烧成温度的影响，有的釉层很不明显，在断面上用肉眼很难观察到釉层的厚度，釉面的玻璃质感普遍不强，釉色多呈淡青色或黄绿色。器类单一也是此时原始瓷产品的特点之一。此时的原始瓷产品以豆和罐最为常见。商代前期主要为敞口深腹豆，豆把相对较矮，足尖上往往切出3个缺口。商代后期主要为敛口浅腹豆，豆把较高，足尖上切缺口的现象消失。湖州老鼠山窑址发掘出土物中有大量叠烧标本，昆山遗址出土的部分豆盘标本的内底也可看到叠烧痕迹，说明此时叠烧方法的存在。装饰上则以素面为主，只有部分罐类器上有与印纹硬陶相同的菱形状云雷纹、斜角相交席纹、方格纹等拍印纹饰，明显保留着刚从印纹硬陶中脱胎出来的痕迹。

进入西周时期，原始瓷的数量大幅增加，这种迅速发展的势头充分显示出新生事物的强大生命力。西周早期原始瓷的胎釉特征与前期无太大变化，多数施釉仍显得比较稀薄，但质量已大为提高，普遍可见明亮玻化的釉面，多数器物釉层均匀，釉色偏淡，以暖调的黄绿色釉居多，釉面略显润泽，具有一定的透影性，反映出釉的质量和施釉技术的进步与提高。纹饰上打破了前期以素面为主的局面，开始在一些常见的豆、盂、罐和尊上施以简单的刻划与堆贴纹饰。敞口豆和直口豆的内底往往是几组比较细密的弦纹，有的弦纹之间还饰有篦状纹。敛口豆、盂和尊的口肩部则普遍有粗疏的弦纹，有的还堆贴2或3组小泥饼（在器物口肩部堆贴2或3组小泥饼，成为这一时期最为常见和流行的装饰），少量大件罐类器仍可见到席纹、方格纹等拍印纹饰。到了西周晚期，原始瓷数量急剧增加，出现了在1座墓中就出土几十甚至近百件这种前所未有的新现象。伴随着原始瓷数量的增加，器类开始大量增加，纹饰也变得丰富多彩，原始瓷生产呈现出了蓬勃发展、欣欣向荣的新气象，显示出原始瓷生产大发展时期的到来。此时的器类不但有由前期的敞口豆逐渐演变而成的敞口圈足碗以及盂、钵、盘、碟、罐等日用器物，同时还新出现一些尊、鼎、簋、卣、桶形器等仿铜礼器。装饰上的普遍性和纹饰上的多样性，是此时原始瓷的一大亮点。除前期常见的弦纹外，新出现大量的S纹堆贴，前期那种成双配置的小泥饼堆贴已完全被S形纹堆贴取代，并成为此时盛行的主要纹饰内容，具有显著的时代特征。其他还有篦点纹，常见于盘、盂等器物上。大件罐和尊类器上仍常见拍印的席纹、折线纹和刻划的网状纹与水波纹，而在一些卣和桶形器等仿铜礼器上，则多饰有勾连云雷纹、变体云雷纹和对称弧线纹等。此时的原始瓷器普遍采用手制成型或手制成型之后再稍加慢轮修整的制作方法，产品胎体普遍厚重，胎壁厚薄不一，造型不甚规整，在碗、盘、盂、碟等器物的外腹壁，常留下明显的修削痕迹，内底多见粗疏的盘旋痕，大部分器物外底具有不同的刻划符号。器物的胎色虽趋向白净，但胎质仍显粗疏，烧结程度还较欠缺。施釉特征上，外壁施釉多不及底，施釉甚厚，虽有较好的玻光感，但釉浆浑浊凝厚，釉层厚薄不匀，凝釉和流釉现象十分普遍，釉面多呈深浅不一的斑块状，釉色普遍较深，多呈青褐色和酱褐色，釉极厚处甚至似黑色，胎釉结合不紧密，普遍存在脱釉现象。厚胎厚釉和多见凝釉脱釉现象成为此时原始瓷最为显著的普遍特征。

春秋时期的原始瓷生产工艺已发展到较高水平，最主要的是轮制技术的精进与提高，制作方法已由前期的手制加慢轮修整发展成为快轮拉坯成型，制瓷技术显著提高。特别是春秋中、晚期，快轮技术不仅已普遍用于碗、盘类小件器物的制作，而且也开始用于一些较大型的罐类器物的制作上。由于快轮技术的运用，器形开始显得规整匀称，胎壁减薄，厚薄均匀，器物的内壁和内底往往可见纤细密集的螺旋纹，外底则常见弧线形的用线割底的痕迹。此时在胎泥的选炼上也有明显提高，胎质的细腻致密为快轮技术的运用提供了相应的有利条件。加之烧成温度高，器物质地坚硬，叩之发音似金属声。施釉方面，虽春秋早期阶段还一定程度地带有西周晚期的某些特点，但春秋中期以后情况大有改观，器物普遍通体施釉，所施釉浆趋向洁净淡薄，釉层厚薄均匀，釉面润泽明亮富有透影性，釉色多呈青黄或青绿色，胎釉结合也显得十分紧密，西周晚期多见的严重凝釉、流釉和剥釉现象已不复存在，产品质量大为提高。春秋晚期的原始瓷与战国原始瓷质量已难分伯仲，反映出此时的制瓷技术已趋于成熟。快轮成型、胎釉配制、烧成掌握等方面技术的提高与成熟，为战国原始瓷生产鼎盛时期的到来打下了坚实的技术基础。

此时器类相对较少，最为常见的代表性器物是盅式碗，另有少量的罐和盘等。盅式碗是由西周晚期和春秋早期的敞口碗逐渐演变而来，敞沿的逐步消失、腹壁的不断变直以及碗腹的由浅变深，是敞口碗向盅式碗演变的三条主要脉络。纹饰极少、素净无纹是这一时期原始瓷器的基本风格。

战国时期是原始瓷生产的鼎盛期，窑址数量大幅度增加，目前浙江省发现的战国原始瓷窑址数量已达数十处之多。大量新品种、新器形的出现，使器类器形均显得空前丰富。快轮技术的熟练运用、胎釉质量的进一步提升和各种支垫窑具的创造使用，使此时的原始瓷产品呈现出一种遒劲挺拔、昂然向上的精神风貌，产品质量提高到了几乎可与成熟青瓷媲美的程度，制瓷技术已比较成熟，显示出原始瓷生产巅峰时刻的到来。此时的器类丰富程度远远超过了以往任何时期，除了众多的碗、杯、碟、盂、盏、盅等日用类器物外，更有大量鼎、豆、尊、甗、簋、鉴、盘、盆、钵、壶、提梁壶、提梁盉、镂孔长颈瓶、罐、瓿、匜、烤炉、镇等仿铜礼器，并且又新出现了大量编钟、句鑃、錞于、磬、钲、振铎、缶、悬鼓座等仿铜乐器，甚至还有一些矛、斧、锛、凿、锸、镰刀等仿铜兵器、工具与农具。原始瓷的产品几乎涵盖了社会需求的各个方面，其中仿铜的乐器、兵器、工具以及一部分礼器显然仅用于丧葬礼仪。如果说西周时期是仿铜原始瓷礼器的肇始期，那么战国时期则是仿铜原始瓷礼乐器的鼎盛期。大量形式多样的仿铜礼器涌现，尤其是仿铜乐器乃至兵器、工具和农具的出现，赋予了原始瓷更为丰富的文化涵义，也反映出此时原始瓷使用范围的进一步扩大。

由于战国时期快轮技术的运用已相当普遍和娴熟，包括许多大型器在内的各种原始瓷器形均显得规整匀称、胎壁益薄。而胎釉质量也有相应提高，胎质更为细腻，胎色多呈灰白色和灰黄色，少量呈青灰色。烧成温度多数已在 1100℃ ~1250℃，有的甚至已达到 1300℃，烧结程度高，质地显得十分坚硬。施釉延续前期往往通体满釉的特点，釉层薄而均匀，虽有一些点状凝釉，但斑点细小、分布均匀。釉色多青中泛黄，胎釉结合良好。有相当一部分产品显得釉面匀净莹润，玻璃质感强，产品质量已达到了可与成熟青瓷媲美的程度，特别以仿青铜器制作的礼乐器最具代表性。这类器物造型工整端庄，做工精巧细致，大多体形硕大厚重，显得庄重而大气，不论是成型工艺和烧成技术，还是产品质量都非常高，堪称原始瓷中的精品，如一些大型的罐、瓿、镂孔长颈瓶、盆、鉴、甬钟、句鑃、錞于、悬鼓座等。烧造这类胎体厚的大型器物，从成型到装烧，再到烧成温度的控制，都具有很高的要求和难度。这些大型礼乐器的烧制成功集中代表了原始瓷生产的最高水平，体现出此时的制瓷技术已比较成熟。有的仿铜礼乐器还塑造出兽头、龙身、瑞鸟等装饰，不少青铜器上的纹饰也被移植应用到了这类原始瓷的礼乐器上，如云雷纹、C 形纹、蟠螭纹、夔纹和各种铺首衔环等，充分说明此时对青铜礼乐器的仿制达到了神形兼备、实用与美观相结合的艺术效果。原始瓷庄严、稳重的造型既体现了青铜器劲健有力的阳刚之美，又不乏泥土细腻温和的柔美之秀。青铜器刚劲有力的线条所表现出来的狂野、豪放的张力与泥质胎体媚丽柔婉的内蕴相结合，形成了这类仿铜原始瓷礼乐器独具特色的艺术形式与造型韵味。

战国时期原始瓷生产的另一重要成就是装烧工艺的重大突破，即创造性地发明使用了支垫窑具。在以亭子桥为代表的德清战国窑址群中，发现了喇叭形、直腹圆筒形、束腰形、倒置直筒形、托形、覆盘形、圈足形等各种形式的支垫窑具，这是目前发现的最早的支垫具。支垫具在胎泥和制作上有精粗之分：精者用瓷土制成，胎质较细，胎色多呈灰白或青灰色，轮制成型，制作规整，表面光洁；粗者用一般黏土制成，胎泥中夹有粗砂，胎色多呈红褐色，手制泥条盘筑而成，器形不甚规整，表面粗糙，个体粗大。根据目前考古调查发掘资料，战国之前的原始瓷窑址中还不见有支垫窑具的出现，有使用窑具的也不过是一些不甚规整的小泥饼、小泥珠之类叠烧间隔具，说明当时普遍采用的是着地叠烧的方法。战国窑址中使用的支垫具用于支垫产品坯件，装烧时，将坯件搁置在这种窑具上，使坯件离开地面抬高窑位，有利于产品在窑内煅烧过程中整体充分受火，避免和减少因着地装烧而产生的底部甚至下腹部生烧或欠烧现象，较之直接放置在窑底装烧的方法，产品的质量和成品率大为提高，是减少废次品、提高产品质量和成品率的创新之举。这种方法特别有利于大件仿铜礼乐器的烧造成功，亭子桥窑址产品的质量之高，支垫具的使用应该是功不可没。战国窑址中各类支垫窑具的使用，是装烧方法上的一大进步和重大突破，是制瓷技术上的一种质的飞跃，它在中国瓷器发展史上是一种开拓性的发明与创造，具有里程碑式的意义，是制瓷技术成熟的反映，更是战国原始瓷产品质量空前提高的重要技术因素。

商周原始瓷器研究综述

谢西营

商周原始瓷器的研究始于20世纪20年代末，以1929年河南安阳小屯殷墟发掘出土的原始瓷器碎片（当时称“釉陶”）[①] 为标志，迄今已逾八十多年。八十多年来，原始瓷器的发现与研究工作取得了长足的进展，获得了一批重要的成果。

对商周原始瓷器的研究是与原始瓷器的发现同时展开的，其大致经历了三个阶段。此三阶段的划分，是以两个重要的时间作为分界的。第一阶段始于1929年安阳殷墟原始瓷器的发现，终于20世纪60年代原始瓷器研究中科学技术方法的开始应用——大致以周仁、李家治和郑永圃先生在20世纪60年代运用自然科学技术对陕西张家坡西周居住遗址陶瓷碎片的研究作为发端。期间原始瓷器一般均被称为“釉陶”或“青釉陶瓷器”。第二阶段始于20世纪60年代，终于70年代后期到80年代中期。期间随着原始瓷器发现的增多和大量标本的分析与测定，采用“原始瓷”或“原始青瓷”一词的学者逐渐增多，如在学术界有广泛影响的《中国陶瓷史》与《中国大百科全书·考古学》两书均肯定了这一称谓。此后学术界逐渐接受了“原始瓷器”这一概念。第三阶段始于20世纪80年代中期，一直延续到今天。期间学术界在普遍接受原始瓷器这一概念的基础上对一些相关问题做了进一步研究。随着原始瓷窑址考古发掘的开展，研究逐步走向深入[②]。

以下按照时间顺序对其学术研究史进行归纳。

一　第一阶段，20世纪20年代末到60年代初期

受田野考古工作的局限，此期商周原始瓷器发现的地点和发掘的数量较少，相应的

---

① 李济：《民国十八年秋季发掘殷墟之经过及其重要发现》，《安阳发掘报告》1930年第2册，第219～252页。

② 周仁、李家治、郑永圃：《张家坡西周居住遗址陶瓷碎片的研究》，《考古》1960年第9期，第48～52页；周仁、李家治、郑永圃：《张家坡西周陶瓷烧造地区的研究》，《考古》1961年第8期，第444、445页；中国硅酸盐学会：《中国陶瓷史》，文物出版社，1982年，第76～80页；中国大百科全书编辑委员会：《中国大百科全书·考古学》，中国大百科全书出版社，1986年，第463、657页；蒋赞初：《中国南方原始瓷器与早期瓷器研究的新进展》，《长江中下游历史考古论文集》，科学出版社，2001年，第42～47页（原载于北京大学考古学系主编：《迎接二十一世纪的中国考古学国际学术研讨会论文集》，科学出版社，1998年）。

研究未能深入展开，但是学者们仍然根据有限的资料作了一些研究。

1. 出土的带釉陶器的特征与年代的初步研究

学者们在相关的发掘报告或简报中，对出土的带釉陶器的特征、年代进行了初步的研究和判断。例如李济 1929 年在安阳殷墟发掘中发现带釉陶器，其后在发掘报告中对其年代和性质进行了初步研究。他指出“陶器中最大的发现，除了一块仰韶式带彩的陶片将另论外，就是确定了一种带釉陶器为殷商时代的产品”，“好些块的釉已渐剥落，足证那时敷釉的艺术尚极粗浅，仍在初级试验中”①。虽然这种研究尚较粗浅，但也揭开了原始瓷器研究的序幕。又如郭宝钧 1932 年春到 1933 年在浚县辛村进行四次考古发掘，期间也发现原始瓷器，在考古报告中对这种带釉陶器的性质和年代也进行了研究②。

2. 此类带釉陶器性质与定名问题，以及瓷器起源于商代的观点的提出

此期对于商周时期发现的这类带釉陶器，学术界多称之为“釉陶”或“高温釉陶”。但是由于这类器物胎体坚硬，火候高，不吸水或基本不吸水，物理性能更接近于瓷器，只是原料处理欠精，烧结的程度稍差，所以有学者认为它们应该属于瓷器范畴，而不再是陶器。例如河南省文物考古研究所的安金槐 1960 年提出了判定瓷器的四个标准，并根据这个标准，把郑州商代遗址出土的釉陶器划归瓷器范畴。他指出，“郑州商代遗址中出土的瓷器，已完全具备了早期瓷器的特征”。此外安金槐初步提出了瓷器于商代起源的观点③。

3. 原始瓷器与陶器的关系问题

此阶段学术界对于这一问题探讨较少。郭仁认为陶器与瓷器存在着本质的差别，并各有其自身发展的轨迹。他坚定地认为陶器不会发展成瓷器④。

此外，叶麟趾著文中提到：“河南安阳之小村镇，昔为殷商故都所在，亦发掘陶器甚多，胎质如汉陶，并有施釉者。或谓自地质上考察，则其制成时期仍在商代以前，似可证明施釉者之发明，较通常以为始自汉代者尚早一千年以上云。”⑤

二　第二阶段，20 世纪 60 年代初期至 70 年代后期、80 年代中期

此一阶段，商周原始瓷器的发现地点和数量比上一阶段大大增加，学者们对原始瓷器的研究逐步深入。

---

① 李济：《民国十八年秋季发掘殷墟之经过及其重要发现》，《安阳发掘报告》第 2 期，第 250 页。

② 中国科学院考古研究所：《浚县辛村》，科学出版社，1964 年。

③ 安金槐：《谈谈郑州商代瓷器的几个问题》，《文物》1960 年第 8、9 期，第 68 ~ 70 页。

④ 郭仁：《关于青瓷与白瓷的起源》，《文物》1959 年第 6 期，第 13 页。

⑤ 叶麟趾：《古今中外陶瓷汇编》，北平文奎堂书庄，1934 年。

1. 商周原始瓷器的烧造地点研究

商周原始瓷器烧造地点为学术界长期以来争论的焦点问题，此期出现了两种针锋相对的观点，即“北瓷南源”和“各地出土的原始瓷都是当地烧造的”。

“北瓷南源”观点：周仁、李家治、郑永圃分析了陕西张家坡遗址的原始瓷器的化学成分，认为与安徽屯溪出土的原始瓷器化学成分接近，由此提出了北方地区原始瓷器产于南方的观点。1960 年，他们指出西周张家坡西周陶瓷碎片的化学成分与北方青瓷有很大差别，却与原始的吴越青瓷非常接近。由于当时对安徽屯溪西周墓的釉陶研究还未作出总结，故而还不能肯定它们的关系。1961 年，他们在之前的基础上进行了更为系统的研究，最后初步认为张家坡西周陶瓷碎片和屯溪墓葬中所得的大批青釉陶瓷器，可能是同在“吴越”地区烧造的①。程朱海、盛厚兴对洛阳西周青釉器碎片进行了研究。作者采用外貌观察、原子吸收光谱分析、化学分析、X 射线衍射分析、偏光显微术、电子显微术和扫描电子显微术等方法，对这些标本的胎釉化学组成、显微结构及物理性能等进行了研究，提出了鉴定意见，并对其烧造地区进行了讨论。最后分析得出，“洛阳西周青釉器胎的化学成分和浙江的原始瓷器非常接近，而和河南青瓷有很大的差别。从岩相结构来看，洛阳西周青釉器胎的矿物组成、显微结构又都符合以浙江瓷石为原料或该系瓷胎的特点。因此，我们认为它们可能是南方烧造的，而且很可能就是在浙江烧造的”②。

“各地出土的原始瓷都是当地烧造的”观点：安金槐对比了河南郑州商城、湖北黄陂盘龙城和江西清江吴城出土的原始青瓷器，从器形、胎质、釉色和器表纹饰方面比对，认为“郑州和黄陂盘龙城出土的原始青瓷器比较接近，但又不完全相同；郑州出土的原始青瓷器与清江吴城出土的原始青瓷器相比，虽然共性是明显的，但却有着较大的区别。说明三地出土的原始青瓷器不是在一地生产的。……再者在郑州商代遗址中，曾出土有和原始青瓷尊的形制、胎质、纹饰完全相同的原始素烧瓷尊，只是器表没有施釉；并且还出土有烧裂的原始青瓷片。如果郑州出土的原始青瓷器是从江南运来的话，不可能还运来些烧坏的废品和没有施釉的瓷器。这些废品出土在郑州，可以证明它们就是在郑州附近烧制的”。在此基础上进一步将范围扩大到整个中原地区，认为“河南郑州、洛阳和其他等地出土的原始青瓷器应是在当地烧制的”③。

2. 原始瓷器与陶器的关系问题

在原始瓷器与陶器的关系问题上，出现了两种截然对立的观点，即“陶瓷同源”和

① 周仁、李家治、郑永圃：《张家坡西周居住遗址陶瓷碎片的研究》，《考古》1960 年第 9 期，第 48 ~ 52 页；周仁、李家治、郑永圃：《张家坡西周陶瓷烧造地区的研究》，《考古》1961 年第 8 期，第 444、445 页。

② 程朱海、盛厚兴：《洛阳西周青釉器碎片的研究》，《硅酸盐通报》1983 年第 4 期，第 1 ~ 9 页。

③ 安金槐：《对于我国瓷器起源问题的初步探讨》，《考古》1978 年第 3 期，第 189 ~ 194 页。

“陶瓷异源”。

安金槐认为，自从新石器时代末期发明了用瓷土做原料烧制器皿以后，陶器和瓷器就成为两种并列的手工业体系，平行的向前发展着。用陶土作坯烧制陶器，用瓷土作坯烧制瓷器，二者不是一脉相承的发展关系，更没有所谓釉陶器这个过渡阶段①。此观点与前期郭仁的观点相似。

冯先铭则认为，瓷器是陶器发展的必然结果②。这与上一阶段郭仁的结论截然不同。

此外李家治对我国古代陶器和瓷器工艺发展过程进行了研究，从原料的选择与精制、窑炉的改进和烧成温度的提高、釉的出现和使用等角度探讨了中国古代陶瓷工艺的发展演变。在此基础上，李家治讨论了几个问题，指出原始瓷器是从陶器发展为瓷器的过渡阶段的产品。他在文中提到，“商周时代原始瓷的出现标志着陶器向瓷器过渡的开始，从成分上看，陶器与瓷器的组成范围是不连续的，它们之间有一个突变。……从商周到魏晋时期一千多年中，是我国陶器向瓷器发展的过渡阶段。在这个过渡阶段中所生产带釉器物，其中有一部分已具备了成熟瓷器的某些特征，如安徽屯溪西周墓和西安张家坡西周居住遗址的青釉器等，我们把它叫做原始瓷器，因为它不同于陶器。……总之，这种原始瓷无论在胎和釉都表现出它的原始性和过渡性”③。

3. 对瓷器起源于商代的观点初步达成共识

1976 年春，在浙江杭州召开的《中国陶瓷史》编辑工作会议上，来自全国陶瓷界的专家学者就编写内容、体例等问题进行了讨论。经过激烈争论，多数学者基本对我国瓷器起源问题达成一致意见，赞同了安金槐的瓷器源于商代的观点④。此外，李家治通过测定九个省市提供的商周及汉晋时期的 16 件标本，也认为从商周时期出现原始瓷器⑤。

4. 对原始瓷器的名称基本达成共识

此阶段科学技术方法开始在原始瓷器研究中发挥作用，随着原始瓷器发现的增多和

---

① 安金槐：《对于我国瓷器起源问题的初步探讨》，见中国硅酸盐学会：《中国古陶瓷论文集》，文物出版社，1982 年，第 103 ~ 109 页。

② 冯先铭：《我国陶瓷发展中的几个问题——从中国出土文物展览陶瓷展品谈起》，《文物》1973 年第 7 期，第 20 页。

③ 李家治：《我国古代陶器和瓷器工艺发展过程的研究》，《考古》1978 年第 3 期，第 179 ~ 188 页。

④ 郭盛强：《安金槐对考古事业的贡献》，《殷都学刊》2003 年第 2 期，第 30 ~ 34 页。

⑤ 李家治：《我国瓷器出现时期的研究》，见中国硅酸盐学会：《中国古陶瓷论文集》，文物出版社，1982 年，第 94 ~ 102 页。

大量标本的分析与测定，采用“原始瓷”或“原始青瓷”[1] 一词的学者逐渐增多。在学术界有广泛影响的《中国陶瓷史》与《中国大百科全书·考古学》两书均肯定了这一称谓。前者指出，“瓷器的产生与发展和其他器物一样，有着由低级到高级、由原始到成熟的发展过程。根据我国目前已经发掘的材料获知，大约在公元前十六世纪的商代中期，我国古代劳动人民在烧制白陶器和印纹硬陶器的实践中，在不断地改进原料选择与处理，以及提高烧成温度和器表施釉的基础上，就创制了原始的瓷器。……从我国各地出土的商周青瓷器来看，已基本上具备了瓷器形成的条件，应是属于瓷器的范畴。它是由陶器向瓷器过渡阶段的产物，也可以说原始瓷器还处于瓷器的低级阶段，所以称为原始瓷器。原始瓷器和白陶器与印纹硬陶相比，前者烧成温度较高和器表有釉，后者多数温度较低而器表无釉。二者有着明显区别的。而原始瓷器和以灰陶为主的其他各种泥质陶器与夹砂陶器相比，则有着本质的区别。即陶器是用易熔黏土（陶土）烧成的，而原始瓷器则是选用含有较少熔剂的黏土（也称高岭土或瓷土）制成的”[2]。后者指出，“中国在3000多年前商代烧制出了原始瓷器”，并专门列出词条对商周原始瓷器进行解释[3]。此后学术界逐渐接受了“原始瓷器”这一概念。

5. *多种角度对原始瓷器的研究*

制作工艺方面的研究。田海峰对商周原始瓷器的起源和青铜冶炼的关系进行了探讨。他先指出了两者间的形式联系和外部联系，即文物考古界在印纹陶的学术讨论中提出的发展序列——印纹陶的发展、鼎盛以至衰退大体与商周青铜工艺的盛衰一致，而原始青瓷的发展序列则正好与其衔接，它起源于青铜工艺的鼎盛时期，成熟于青铜工艺的衰退时期。在此基础上，再探讨两者之间本质的、内在的联系。他先从青铜冶炼和原始青瓷生产的两种工艺特点中找到它们之间具有共性的东西，再从共性中考察它们之间的关系[4]。此外，贡昌对原始青瓷器的制作工艺进行了研究，从胎的制作、纹饰刻划和上釉方法对制作工艺进行了探讨，认为义乌县平畴西周墓出土的原始瓷器为当地所产[5]。

局部地区出土原始瓷器的研究。刘兴对镇江地区发现的原始瓷器进行了研究，从质地、制作方法、时代三个方面进行了探讨[6]。姚仲源对1976年德清黄坟堆发现的原始瓷

---

① 李知宴：《关于原始青瓷的初步探索》，《文物》1973年第2期，第38～45页。

② 中国硅酸盐学会：《中国陶瓷史》，文物出版社，1982年，第76～80页。

③ 中国大百科全书编辑委员会：《中国大百科全书·考古学》，中国大百科全书出版社，1986年，第463、657页。

④ 田海峰：《试谈商周青铜冶炼和原始青瓷起源的关系》，《景德镇陶瓷》1989年S1期，第82～86页。

⑤ 贡昌：《浙江义乌县平畴西周墓——兼论原始青瓷器的制作工艺》，《考古》1985年第7期，第608～613、622页。

⑥ 刘兴：《镇江地区出土的原始瓷器》，《文物》1979年第3期，第56～57页。

器进行研究，从出土物的时代、使用者的身份地位、与青铜器的关系、用途等方面进行了探讨①。金羽等人对1982年衢州云溪公社西山大队文物普查发现的原始青瓷器进行了研究②。芮国耀对1983年浙江海盐黄家山采石场发现的原始瓷乐器进行了型式的分析，并进而推定黄家山遗存为土墩墓遗迹，并结合青铜器造型的演变推定了这批原始瓷乐器的时代与性质③。张剑对洛阳地区西周原始瓷器进行了研究。他通过对洛阳地区西周原始瓷器的内部结构和物理性能进行测定，发现洛阳西周原始瓷器和以往郑州二里岗、安阳以及江西吴城、陕西张家坡、安徽屯溪、山西侯马出土的商周原始瓷器化学成分基本相同。这反映出西周原始瓷器是在商代原始瓷器的基础上发展而来，也反映出商周时期南北各地使用的瓷器原料都是相同的，当是使用一个地方或一个地区的瓷土。但就商周时期原始瓷器使用的釉来说，南北两地是有差别的，以洛阳西周原始瓷器为代表的北方系统，其釉色以淡青色为主，兼有深绿和青绿；而当时南方系统的原始瓷器釉色则以黄绿和酱褐色为主。因而可以发现，尽管商周时期的原始瓷器使用的原料与后来北方瓷器原料有很大差别，而与后来南方瓷器原料则十分接近，但仍不能说商周时期南方两地的原始瓷器属一个系统，更不能说北方原始瓷器就是由南方传入的。此外从器形特征看，洛阳西周原始瓷器与北方陕西、河南等地出土的商周原始瓷器基本相同，而与南方各地出土的西周原始瓷器有很大的差别，表明其当属北方系统，南方的西周原始瓷器当属另外一个系统。因此，南北两地不同的原始瓷器当是分别为不同地方烧制的产品。此外作者还分析并得出了洛阳地区原始瓷器盛行的时代是在西周早中期的结论，并从政治和经济两个方面分析了其盛行的原因，提出洛阳地区西周原始瓷器还普遍与商周时期的陶器和青铜器有着密切联系的观点④。

陶瓷史研究对于原始瓷器的梳理。傅振伦曾著文对中国瓷器的发展史做过研究，对于原始瓷器，他指出，“泰安大汶口以及苏北、河南、江西出土的坩子土（含硅酸及铝较多的高岭土）的白色硬陶，可称为素烧的原始瓷器。商朝中国已进入奴隶社会，农业、手工业有了较大规模的分工，制陶业有所发展。除灰陶和由含铁极低的白瓷土烧成的白陶外，在与南方印纹硬陶制造经验的交流中，奴隶们更进一步制造了灰青釉的豆、盉等原始瓷器的新品种。这类制作品先后在河南、湖北、江西、河北、山东发现。西周、春秋等时期的原始青瓷，发现尤多。……随着炼铁术的发展，提高了生产，战国进入了封

① 姚仲源：《浙江德清出土的原始瓷器——兼谈原始青瓷生产和使用的若干问题》，《文物》1982年第4期，第53～57页。

② 衢州市文物管理委员会：《浙江衢州市发现原始青瓷》，《考古》1984年第2期，第130～134页。

③ 浙江省文物考古研究所、海盐县博物馆：《浙江海盐出土原始瓷乐器》，《文物》1985年第8期，第66～72页。

④ 张剑：《洛阳西周原始瓷器的探讨》，《景德镇陶瓷》1984年S1期，第87～94页。

建社会。在黄河、长江、珠江等流域出土的青瓷，烧成温度已达摄氏1300度，烧结良好，不吸水性强，成品相当精致”①。

三　第三阶段，20世纪70年代后期、80年代中期至今

商周原始瓷器的发现数量增多，学术界各方面的研究逐步深入。尤其是进入21世纪后，随着科技测定手段的丰富以及原始瓷窑遗址的考古发掘的开展，研究更加深入和全面。

1. 商周原始瓷器的烧造地点的继续研究

对于原始瓷器烧造地点，长期以来形成的“北瓷南源”和“各地出土的原始瓷都是当地烧造的”两种观点仍然存在，两派学者展开了激烈讨论。

“北瓷南源”观点：廖根深撰文对中原地区商代印纹陶及原始瓷的烧造地区进行了探讨，认为中原地区商代印纹陶和原始瓷器产地应在以江西为中心的南方地区，南方印纹陶和原始瓷器烧造中心本身从商至周经历了从江西转移到吴越地区的历史过程②。罗宏杰等通过对南北方出土的原始瓷器的化学组成进行分析，发现它们的化学组成点混处在一个区域，有些甚至重叠在一起；北方出土的原始瓷并没有表现出北方陶与瓷胎的高氧化钙含量特征；北方陶器的耐火度及实际烧成温度都较低，工艺上不具备产生原始瓷的条件；北方出土的原始瓷与北方的陶器和瓷器在化学组成上不存在像南方那样的承前启后的渊源关系。综合上述结果并结合南北方出土的原始瓷的考古发掘情况等资料，认为北方出土的原始瓷应是南方所烧造的③。陈铁梅等认为我国商代的原始瓷是在江西吴城烧造的④。李家治通过分析71片从商到西汉的原始瓷片的化学元素组成，再次肯定了北方出土的原始瓷为南方生产的观点。其理由有三个：第一，71片原始瓷样品中有67片的常次量元素组成十分接近，并且有70片属高硅低铝瓷，应是以瓷石为原料，而瓷石只产于南方；第二，商周时期北方陶窑的温度很难超过1000℃，而南方已经有大火膛小窑室的圆形窑，可达到烧制原始瓷的温度；第三，南方商周遗址中出土原始瓷片的相对百分比远高于北方，在南方的吴城、角山和富盛等地已发现烧制原始瓷和硬陶的窑，而在北方的商周遗址中未见原始瓷窑⑤。古丽冰等人通过测定不

---

① 傅振伦：《中国瓷器的发明和发展》，《史学月刊》1980年第1期，第27～34页。

② 廖根深：《中原商代印纹陶、原始瓷烧造地区的探讨》，《考古》1993年第10期，第936～943页。

③ 罗宏杰、李家治、高力明：《北方出土原始瓷烧造地区研究》，《硅酸盐学报》1996年第3期，第297～302页。

④ 陈铁梅等：《中子活化分析对商时期原始瓷产地的研究》，《考古》1997年第7期，第39～52页；陈铁梅、G. Rapp Jr、荆志淳、何驽：《中国最早的原始瓷的产地研究》，见郭景坤：《古陶瓷科学技术国际讨论会文集（ISAC’95）》，上海科学技术文献出版社，1997年，第455～458页。

⑤ 李家治等：《中国科学技术史·陶瓷卷》，科学出版社，1998年。

同产地出土的商代古瓷中的稀土元素，为罗宏杰、陈铁梅的观点提供了科学依据[①]。宋建以马桥文化的年代为依据，将原始瓷、印纹陶样品的考古学观察、化学组成分析和物理特性结合在一起，讨论了原始瓷和印纹陶各自的特征和相互关系，进而讨论了原始瓷的起源和产地问题，最后将浙南、闽北地区定为原始瓷器的起源地[②]。陈铁梅等人仍然采用中子活化分析方法，除重测了吴城、郑州和荆南寺的原始瓷样品外，又增加了小双桥、安阳、周原及北京琉璃河、西安张家坡等5个遗址的样品。在原始瓷产地这个问题上，新测量的样品依然支持商周原始瓷南方生产的观点。此外，他们还提出，从殷墟晚期开始，除了吴城地区以外还出现了新的原始瓷生产供应地点或地区，它们似也在南方[③]。

“各地出土的原始瓷都是当地烧造的”观点：卢建国认为，陕西与河南西周原始瓷器，特别是张家坡西周墓地出的原始瓷器，应该是当地或附近地区所烧造的[④]。安金槐仍然认为洛阳西周墓内随葬的原始瓷器的产地应是在北方地区[⑤]。朱剑、王昌燧等采用电感耦合等离子体发射光（ICP-AES）方法，测量了我国南北方商周时期若干重要遗址原始瓷胎中的微、痕量元素，通过多元统计分析，较为系统地探讨了它们的产地问题，结果并不支持“我国北方的商代原始瓷来源于南方”的观点。此外多元统计分析指出，不同地区的原始瓷基本能各自聚为一类，这一结果反映我国古代的原始瓷具有多个产地[⑥]。王昌燧等在中国科学院知识创新方向性项目和国家自然科学重点基金的资助下，将陶器产地研究拓宽至瓷器工艺和产地的研究[⑦]。而他们的研究结果不支持“我国北方的商代原始瓷来源于南方”的观点，提出了我国古代的原始瓷具有多个产地的结论[⑧]。朱剑在博士论文中指出，“原始瓷的产地具有明显的多源性，即我国南北方都有着烧制原始瓷的技术和条件，北方出土的商周原始瓷器，相当部分应属北方当地产品”[⑨]。此外，钱益汇对山东发现的商周原始瓷器进行了研究，通过分析，他发现山东地区原始瓷和以吴城为代表的南方瓷系的原始瓷在胎色、纹饰、施釉方式和釉色上有着某种程度的一致性，但在形制上有着较大的差异，而与以中原地区为代表的北方瓷系有着很强的同步性，故而得出结

① 古丽冰等：《感耦等离子体质谱法测定商代原始瓷中的稀土》，《岩矿测试》2000年第1期，第70～71页。

② 宋健：《马桥文化原始瓷和印纹陶研究》，《文物》2000年第3期，第45～53页。

③ 陈铁梅、G. Rapp Jr、荆志淳：《商周时期原始瓷的中子活化分析及相关问题讨论》，《考古》2003年第7期，第69～78页。

④ 卢建国：《商周瓷器烧造地区再探讨》，《文博》1993年第6期，第48～52页。

⑤ 安金槐：《试论洛阳西周墓出土的原始瓷器》，《安金槐考古文集》，中州古籍出版社，1999年，第324～329页。

⑥ 朱剑、王昌燧、王妍等：《商周原始瓷产地的再分析》，《中原文物》2004年第1期，第19～22页。

⑦ 王昌燧、朱剑、朱铁权：《原始瓷产地研究之启示》，《中国文物报》2006年1月6日第7版。

⑧ 朱剑等：《商周原始瓷产地再分析》，《南方文物》2004年第1期，第19～22页。

⑨ 朱剑：《商周原始瓷产地研究》，中国科学技术大学2006年博士论文。

论，即“山东发现的商周原始瓷器是当地烧制的”的结论①。梁中合则认为山东地区商周原始瓷器“是来源于中原王朝的赏赐或交流的产物”②。总之，他们的结论是山东商周时期原始瓷产于北方。

此外也有学者对于这个问题进行了归纳。如支小勇讨论了有关河南、陕西等地出土的原始瓷的烧造地点问题，总结了两种针锋相对的观点，即北方说和南方说，并总结了两种说法的主要依据③。

2. 原始瓷器与陶器的关系问题

与以往研究相似，中国古陶瓷研究者中还普遍存在着“陶瓷同源论”和“陶瓷异源论”两种观点。但是刘毅认为，中国陶器和瓷器的关系显然不能简单地以同源或异源来概括，“中国古陶瓷至迟从商周时期开始形成两个不同的发展序列，二者各自发展，互有影响，且时代越晚，关系越疏远；并且指出两者的联结点是特殊的陶器——印纹硬陶，它们从此处分道扬镳”④。

3. 研究角度多样化

各地区原始瓷资料的梳理与研究。安金槐著文对河南地区发现的原始瓷器进行了分析。并对以下几个问题进行了总结：第一，关于商周时期出土的所谓“釉陶”是属于陶器范畴还是属于瓷器范畴的问题；第二，关于原始瓷器在河南商周时期的使用价值问题；第三，关于河南商周时期原始瓷器的产地问题⑤。林忠干对福建出土的原始瓷器进行了初步研究，按照发现情况、器形分类及年代推断和工艺技术进行研究，认为福建地区的两周原始瓷器与江浙等地相比较，既表现出共同的时代风格，又带有自身的发展特点，这批瓷器，一部分可能从浙江地区输入，一部分则可能是在吴越文化的影响下在本地烧造，只是未发现窑炉⑥。蓝春秀对临安枫树岭出土的战国原始瓷器进行了型式研究⑦。孟国平从发现状况、原始瓷与土墩墓的关系、原始瓷生产分布、烧造时代及器物演变、制作工艺、起源等方面对浙江地区商周原始瓷器展开了讨论⑧。孙新民、孙锦对河南地区出土的夏商周原始瓷器进行了整理，并对其用途和产地进行了探讨，认为其烧造地点可能在北方地区⑨。袁华分三期对德清地区的古代窑业的发现与研究进行了综

① 钱益汇：《浅谈山东发现的商周原始瓷器》，《中国文物报》2001年10月26日第7版。

② 梁中合：《山东地区商周时期原始瓷器的发现与研究》，《东南文化》2003年第7期，第20~25页。

③ 支小勇：《北方原始瓷烧制地点略论》，《中国文物报》2006年9月8日第7版。

④ 刘毅：《商周印纹硬陶与原始瓷器的研究》，《华夏考古》2003年第3期，第49~69页。

⑤ 安金槐：《河南原始瓷器的发现与研究》，《中原文物》1989年第3期，第1~8页。

⑥ 林忠干：《福建出土原始青瓷的初步研究》，《东南文化》1989年Z1期，第116~126页。

⑦ 蓝春秀：《临安枫树岭出土的原始青瓷与印纹硬陶》，《杭州考古》总第10期，第10、11页。

⑧ 孟国平：《试论商周时期浙江地区的原始瓷器》，《浙江省文物考古研究所学刊（第九辑）》，科学出版社，2009年，第242~262页。

⑨ 孙新民、孙锦：《河南地区出土的原始瓷的初步研究》，《东方博物》第29辑，第97~101页。

述，其中不乏对原始瓷器的研究①。

越国原始瓷窑业的相关研究。周燕儿从原始瓷窑址和墓葬及遗址出土的原始瓷器入手，分析了越国陶瓷业的发展状况，并从制作原料、成型工艺、装饰手法及烧造工艺等方面对其新成就进行了归纳②。此外，她还对绍兴出土的越国原始青瓷进行了初步研究，就发现概况、器形分类及年代推断和工艺成就等问题进行了探索③。后蒋明明又对绍兴出土的原始瓷进行了研究，认为原始瓷的迅速发展导致了印纹硬陶的衰落，并对原始青瓷被成熟瓷器取代的原因进行了归纳④。刘荣华对湖州地区的原始瓷器的兴衰历史和出土的春秋战国时期的原始瓷器制作特点进行了分析⑤。朱建明对浙江北部东苕溪流域的古代越国瓷业进行了研究，并探讨了早期青瓷起源的问题⑥。盛正岗对余杭地区出土的战国原始瓷器进行了研究，认为其产地是德清地区⑦。陆明华对原始青瓷与青瓷的概念进行思考，并对德清窑和鸿山越国墓考古的收获进行了归纳总结⑧。另外，围绕着鸿山越国贵族墓出土的原始瓷，也出现了一系列的研究文章⑨。

原始瓷测定方法的研究。朱剑等人采用能量色散 X 射线荧光（EDXRF）经验系数法，对江西吴城遗址出土的商代原始瓷残片中主次量元素含量进行了无损测试，根据仪器提供的强度校正方程，用已知成分的陶瓷标准参考物求出校正系数，进行基体校正，所得结果与前人的研究成果颇为吻合⑩。该法能满足考古样品分析的要求，特别适用于古陶瓷样品的无损检测，为商周原始瓷的研究提供了新方法。夏君定等人对常规的热释光细粒混合矿物法、热释光前剂量饱和指数法以及单片再生剂量光释光法三种测年方法的测定结果进行了比较，最后得出结论，即“采用热释光细粒混合矿物法测定这类样品的年代，只要解决了制样问题，还是目前较好的测年方法”⑪。

---

① 袁华：《德清古代窑业的考古发现与研究综述》，《东方博物》第 34 辑，第20 ~ 26 页。

② 周燕儿：《试论越国陶瓷业的大发展》，《南方文物》1995 年第 1 期，第 88 ~ 94 页。

③ 周燕儿《绍兴出土越国原始青瓷的初步研究》，《考古与文物》1996 年第 6 期，第 28 ~ 37 页。

④ 蒋明明《谈绍兴出土的印纹陶与原始青瓷》，《南方文物》2001 年第 1 期，第 70 ~ 73 页。

⑤ 刘荣华：《浙江湖州出土原始瓷器初探》，《中国文物报》2002 年 12 月 11 日第 7 版（转引自赵敏《原始瓷器研究概况》，《中国文物报》2008 年第 10 月 15 日第 6 版）。

⑥ 朱建明：《浙北东苕溪流域的古代越国瓷业——兼谈早期越国都邑及青瓷的起源》，《南方文物》2009 年第 2 期，第 80 ~ 87 页。

⑦ 盛正岗：《余杭出土战国原始瓷及其产地问题》，《东方博物》第 28 辑，第87 ~ 92 页。

⑧ 陆明华：《原始青瓷与青瓷概念思考——兼述德清窑及鸿山考古的收获》，《东方博物》第 29 辑，第 91 ~ 96 页。

⑨ 南京博物院、江苏省考古研究所、无锡市锡山区文管会：《鸿山越墓发掘报告》，文物出版社，2007 年；朱建明：《浙江德清战国原始青瓷制作工艺初探——江苏无锡鸿山越国贵族墓原始青瓷器的产地》，《中国古陶瓷研究（第 12 辑）》，紫禁城出版社，2006 年，第 22 ~ 35 页；吴隽、鲁晓珂、吴军明、邓泽群：《无锡鸿山越墓出土青瓷的分析研究》，见南京博物院等：《鸿山越墓发掘报告》，文物出版社，2007 年。

⑩ 朱剑等：《商周原始瓷的 EDXRF 无损分析》，《光谱实验室》2003 年第 5 期，第 671 ~ 675 页。

⑪ 夏君定等：《原始瓷的三种年代测定方法结果比较》，《文物保护与考古科学》2004 年第 4 期，第 17 ~ 21 页。

其他方面的研究。朱伯谦对战国秦汉时期的陶瓷史进行了梳理，在原始瓷器条中对浙江地区原始瓷窑场进行了分析，并进而联系越国的历史背景进行探讨①。陈尧成等对上海马桥夏商原始瓷的制作工艺进行了研究，证明了上海马桥夏商遗址出土了我国最早的原始瓷，其中不仅有原始青釉瓷还有原始黑釉瓷。胎以高硅低铝为特征，与浙江、江苏商周原始瓷胎组成接近，胎中莫来石发育良好；釉层透明光亮、玻化程度好，有少量残留物和气泡，属于钙质釉②。孟耀虎、任志录根据晋侯墓地出土的原始瓷器资料对原始瓷器在当时晋国的社会地位作了推断，认为“原始青瓷在当时的晋国是一种高等级的器皿，一般人无权或无能力享用”③。杨楠根据目前已发表的考古资料，对商周原始瓷器进行了分区、分期研究，对影响南北方原始瓷器发展的原因做了分析④。钱益汇通过对山东济南大辛庄、益都苏埠屯、滕州西周墓等地所出的所谓“釉陶”进行分析，得出了“我国商周时期的所谓釉陶中绝大多数都应该属于原始瓷器的范畴”的结论。此外他还分析了山东地区原始瓷器的使用价值，认为“从发现的材料看，这些原始瓷器出土数量少，而且大多出于少数几个商周大型墓葬和遗址中，在随葬有原始瓷器的墓葬中，大多伴出象征身份、地位的青铜礼器、兵器和玉器等遗物”，说明“原始瓷器在当时烧造数量极少，十分珍贵，且只为上层统治者所使用”⑤。郑建明将战国原始瓷双头提梁壶与战国之前的此类器物进行了对比研究，对此类器物的功能展开了讨论，他认为其为一种酒器，即酒壶，与同时期的酒盅、冰酒器、温酒器构成了整套的酒具，并进而将其渊源追溯到新石器时代河姆渡遗址的双头提梁壶⑥。王屹峰对中国古代青瓷中心产区（杭州湾两岸）的早期龙窑进行了研究，其中对商周时期的原始瓷龙窑遗迹多有涉及⑦。缪韵对洛阳地区出土的西周原始瓷器进行了研究，认为洛阳出土的原始瓷器是瓷器而非釉陶，并进而指出其属于北方原始青瓷系统，产地应该在北方，可能是洛阳⑧。

近年来原始瓷研究方面开始出现专著，弥补了原始瓷烧制研究史的空白。如王屹峰的《中国南方原始瓷窑业研究》⑨一书。该书是系统讨论原始瓷窑业的一部专著，对原始瓷的窑区、原始瓷的烧制技术、原始瓷的生产产品、原始瓷窑址窑业技术的传播和交流

---

① 朱伯谦：《战国秦汉时期的陶瓷》，《朱伯谦论文集》，紫禁城出版社，1990年，第1~39页。

② 陈尧成等：《上海马桥夏商原始瓷的制作工艺研究》，《陶瓷学报》1996年第3期，第25~31页。

③ 孟耀虎、任志录：《晋侯墓地出土原始青瓷》，《文物世界》2002年第2期，第5~7页。

④ 杨楠：《论商周时期原始瓷器的区域特征》，《文物》2000年第3期，第54~62页。

⑤ 钱益汇：《浅谈山东发现的商周原始瓷器》，《中国文物报》2001年10月26日第7版。

⑥ 郑建明：《战国原始瓷双头提梁壶功能考》，《浙江省文物考古研究所学刊（第九辑）》，科学出版社，2009年，第283~291页。

⑦ 王屹峰：《中国古代青瓷中心产区早期龙窑研究》，《东方博物》第34辑，第27~39页。

⑧ 缪韵：《洛阳西周原始青瓷概述》，《四川文物》2010年第3期，第35~45、91页。

⑨ 王屹峰：《中国南方原始瓷窑业研究》，中国书店，2010年。

以及古代越国的窑业经济等进行了深入的阐述。

4. 原始瓷窑遗址的考古发掘及相关研究的深入

到目前为止，江西、浙江、福建地区都进行了原始瓷窑址的考古发掘。以下将对各省的情况进行介绍。

到目前为止，据考古发掘材料来看，江西地区已经在鹰潭角山和清江吴城遗址中发现了原始瓷窑遗址。

鹰潭角山原始瓷窑址：1983 年，江西省文物工作队对 80 年代初文物普查发现的角山窑址进行了首次试掘，当时并未发现窑炉遗迹，仅发现许多原始瓷器残片及其他一些制陶工具和遗迹现象①。1986 年 8 月，江西省文物工作队又对其进行了一次试掘。经过两次试掘，初步断定角山窑址是目前所见商代中晚期的江南地区乃至全国最大的具有贸易性质的专业化窑场。2000 年 11 月 ~2001 年 1 月，江西省文物考古研究所首次对角山遗址进行了较大规模的科学发掘，发现包括原始瓷窑炉在内的一批重要的遗迹，并出土大量的遗物。通过研究，其窑炉分为三类，即龙窑、半倒焰马蹄形窑和烧成坑。从而证明圆窑系统与龙窑系统至迟在商代于江南并存，半倒焰馒头窑与龙窑一样代表着江南地区的技术文化特征②。

清江吴城原始瓷窑址：1986 年 9 月，江西清江吴城遗址③进行第六次考古发掘④，清理了几座商代窑炉遗迹，有升焰圆角方形和平焰长方形龙窑两种形制，原始瓷器与印纹硬陶混烧，并发现大量原始瓷器标本⑤。后对 6 号窑进行了整体搬迁⑥，李玉林对其进行了研究⑦。1987 年 2 月，吴城考古工作站又抢救清理了一座圆角方形商代陶窑（编号为 87 清吴 Y1），同样为原始瓷与印纹硬陶混烧⑧。黄水根对吴城商代遗址的窑业技术进行了

---

① 江西省文物工作队、鹰潭市博物馆：《江西鹰潭角山窑址试掘简报》，《华夏考古》1990 年第 1 期，第 34 ~50 页。

② 江西省文物考古研究所：《江西鹰潭角山商代窑址》，《2000 中国重要考古发现》，文物出版社，2001 年，第 36 ~ 40 页；李荣华、周广明、杨彩娥、赵建华：《鹰潭角山发现大型商代窑址》，《中国文物报》2001 年 3 月 21 日。

③ 黄水根：《吴城商代遗址考古三十年》，《南方文物》2003 年第 3 期，第 15 ~ 20 页。

④ 吴城商代遗址是在 1973 年秋发现的，1973 年冬至 1974 年先后进行了三次考古发掘工作。在发掘过程中，有原始瓷器的发现，但无原始瓷窑址的发现。后李科友、彭适凡对发掘出土的商代原始瓷器进行了讨论。可参考江西省博物馆、北京大学历史系考古专业、清江县博物馆：《江西清江吴城商代遗址发掘简报》，《文物》1975 年第 7 期，第 51 ~ 71 页；李科友、彭适凡：《略论江西吴城商代原始瓷器》，《文物》1975 年第 7 期，第 77 ~ 83 页。

⑤ 周广明、吴诗池、李家和：《清江吴城遗址第六次发掘的主要收获》，《江西历史文物》1987 年第 2 期，第 20 ~ 31 页；江西省文物考古研究所、樟树市博物馆：《吴城——1973 ~ 2002 年考古发掘报告》，科学出版社，2005 年，第 8、79、82 页。

⑥ 江西省文物工作队：《吴城商代龙窑搬迁记述》，《南方文物》1987 年第 2 期，第 150 ~ 153 页。

⑦ 李玉林：《吴城商代龙窑》，《文物》1989 年第 1 期，第 58、79 ~ 81 页。

⑧ 黄水根、申夏：《吴城遗址商代窑炉的新发现》，《南方文物》2002 年第 2 期，第 3 ~ 4 页；江西省文物考古研究所、樟树市博物馆：《吴城——1973 ~ 2002 年考古发掘报告》，科学出版社，2005 年，第 80 ~ 82 页。

探索，从陶瓷的转换工程、窑炉技术、无釉到有釉几个方面进行了分析①。周广明对吴城遗址出土的原始瓷器进行了研究，并倾向于认为吴城遗址应该是中国殷商时代南方地区原始瓷器的烧造中心，并从原料的选择与使用、窑炉技术的发展、釉的发明等方面进行了分析②。

浙江地区开展的原始瓷窑址调查很早，早在20世纪50年代便已经开始③，此后调查资料不断丰富起来④。浙江地区最早的原始瓷窑址的发掘是对绍兴富盛战国窑址的发掘，当时绍兴县文物管理委员会对窑址北面的一座窑进行了试掘，发现此座龙窑为印纹硬陶和原始青瓷同窑合烧⑤。陈显求与陈式萍对出土的印纹陶和原始瓷标本的显微结构进行了测试⑥。后李毅华对富盛窑址进行了更深入的研究⑦。2001年，浙江省文物考古研究所和萧山博物馆对浙江萧山前山窑址进行了抢救性发掘，在我国陶瓷窑址考古史上首次完整揭露了春秋时代原始瓷和印纹硬陶合烧的龙窑遗迹⑧。2005年9月底至12月初，浙江省文物考古研究所和萧山博物馆联合对萧山区进化镇的安山窑址进行发掘，发掘窑址多处，均为原始瓷与印纹硬陶合烧的龙窑，并很可能为分段烧制，即前段以烧制原始瓷为主、后段以烧制印纹硬陶为主。于第一处的火膛两侧还发现了护窑建筑遗迹，这一发现在同时期窑址发掘中尚属首次⑨。为了进一步弥补原始瓷窑业的重要地区——德清境内原始瓷窑遗址考古发掘的空白，2007年，浙江省文物考古研究所联合故宫博物院以及德清县博

① 黄水根：《吴城商代遗址窑业技术初探》，见中国殷商文化学会等：《夏商周文明研究六——2004年安阳殷商文明国际学术研讨会论文集》，社会科学文献出版社，2004年。

② 周广明：《吴城遗址原始瓷分析》，见江西省文物考古研究所等：《吴城——1973～2002年考古发掘报告》，2005年，科学出版社，第525～530页。

③ 王世伦：《浙江萧山进化区古代窑址的发现》，《考古通讯》1957年第2期，第24～29页。

④ 沈作霖、高军：《绍兴吼山和东堡两座窑址的调查》，《考古》1987年第4期，第370～371页；朱建明：《浙江德清原始青瓷窑址调查》，《考古》1989年第9期，第779～788页；任大根、陈兴吾：《浙江湖州古窑址的调查》，《中国古陶瓷研究（第3辑）》，紫禁城出版社，1990年；符杏华：《浙江绍兴两处东周窑址的调查》，《东南文化》1992年第6期，第243～245页；姚桂芳：《杭州地区古窑址调查概况与认识》，《东方博物》第4辑，第108～119页；潘林荣：《湖州黄梅山原始瓷窑址调查简报》，《东方博物》第4辑，第249～254页；孙荣华：《太湖流域浙江东苕溪沿途古窑址调查与思考》，《故宫文物月刊》2004年第8期；王屹峰：《浙江原始瓷及印纹硬陶窑址群的调查与研究》，《中国古陶瓷研究》第12辑)》，紫禁城出版社，2006年，第10～21页；朱媛、朱建明：《德清原始青瓷窑址群概述》，《东方博物》第26辑，第86～91页；陈元甫：《浙江德清发现发现战国时期的“越国”官窑》，《中国文物报》2008年4月16日。

⑤ 绍兴县文物管理委员会：《浙江绍兴富盛战国窑址》，《考古》1979年第3期，第231～234页。

⑥ 陈显求、陈士萍：《绍兴富盛印纹陶和原始瓷标本的显微结构（实验简报）》，《文物集刊（3）》，文物出版社，1981年。

⑦ 李毅华：《浙江绍兴富盛窑——兼谈原始瓷器》，《中国古代窑址调查发掘报告集》，文物出版社，1984年，第1～8页。

⑧ 浙江省文物考古研究所、萧山博物馆：《浙江前山窑址发掘简报》，《文物》2005年第5期，第4～14页。

⑨ 浙江文物年鉴编委会：《浙江文物年鉴（2005)》，内部资料，2006年，第155、156页。

物馆发掘了火烧山和亭子桥原始瓷窑址①，发现了丰富的原始瓷产品，并出版了《德清火烧山——原始瓷窑址发掘报告》②。此外，于2008年4月在德清县召开了“瓷之源——原始瓷与德清窑”学术研讨会。专家学者就“瓷之源”以及亭子桥窑址的性质和产品质量、原始瓷的概念、北方原始瓷的产地等问题进行了深入的探讨③。此次研讨会丰富了学术界对原始瓷的认识，给原始瓷器研究揭开了新的一页，使原始瓷器研究进入了一个全新的阶段。2009年，浙江省文物考古研究所设立了“瓷之源”学术课题，开始有意识地开展对瓷器起源的探索④。2010年初，浙江省文物考古研究所对浙江东苕溪中游商代原始瓷窑群展开调查⑤，发现商代窑址30余处。此为国内首次发现的大规模商代原始瓷窑址群，东苕溪中游也是国内目前已知最早的、仅见的商代原始瓷窑址群分布区。同年，浙江省文物考古研究所等几家单位抢救性发掘了目前已知时代最早的原始瓷窑址——南山窑址，其存续使用时间从商代早期开始，贯穿整个商代⑥。鉴于此次考古发掘的重要性，2011年4月，由浙江省文物考古研究所等几家单位召开了“浙江湖州东苕溪流域商代原始瓷窑址考古成果研讨会”。与会专家一致认为，东苕溪流域商代窑址群的发现使原始瓷起源探索前进了一大步，取得了重大突破。此外，研讨会的召开为原始瓷起源研究指明了新的方向，提出了原始瓷集中的闽浙赣皖苏等地区学术探索应该齐头并进等等建议⑦。这些无疑推动了原始瓷研究的进一步深入。

福建地区近些年来原始瓷窑遗址考古调查也有了突破。2009年10月，福建武夷山市博物馆在全国第三次文物普查的过程中，于武夷山市武夷街道黄柏行政村所在盆地北部的一座山丘上发现西周原始瓷窑址一处，清理残破窑炉两座，发现大量原始瓷残片及窑渣、红烧土粒等遗物。此次原始瓷窑遗址的发现在福建尚属首次，对于福建乃至全国的商周考古及原始瓷的研究都起到了积极的推动作用⑧。

---

① 浙江省文物考古研究所、德清县博物馆：《浙江德清亭子桥战国窑址发掘发掘简报》，《文物》2009年第12期，第4~24页；陈元甫、郑建明、周建忠、费盛成：《德清亭子桥战国窑址发掘的主要收获》，《东方博物》第34辑，第6~19页。

② 浙江省文物考古研究所、故宫博物院、德清县博物馆：《德清火烧山——原始瓷窑址发掘报告》，文物出版社，2008年。

③ 郑建明等：《“瓷之源——原始瓷与德清窑学术研讨会”纪要》，《文物》2008年第8期，第95~96页。

④ 李政、郑建华：《原始瓷起源探索上的学术突破》，《中国文物报》2011年4月29日第2版。

⑤ 郑建明等：《浙江东苕溪中游商代原始瓷窑址群地调查与发掘》，《中国文物报》2011年1月14日，第4版。

⑥ 文宣：《中国社会科学院召开第十届考古学论坛》，《中国文物报》2011年1月14日第2版；浙江省文物考古研究所、湖州市博物馆、德清县博物馆：《浙江东苕溪中游商代原始瓷窑址群》，《考古》2011年第7期，第3~8页。

⑦ 李政、郑建华：《原始瓷起源探索上的学术突破》，《中国文物报》2011年4月29日第2版。

⑧ 武夷山市博物馆：《武夷山市第三次全国文物普查概要》，《福建文博》2011年第1期，第20页；武夷山市博物馆：《武夷山市竹林坑西周原始青瓷窑址调查简报》，《福建文博》2011年第1期，第24~26页。

四　小结

商周原始瓷器作为一种重要的手工业产品，从其发现以来就存在诸多争议。从1929年到现在，商周原始瓷器的研究经历了八十多年的历程，此间取得了巨大的成就，但是许多问题还未能解决。本文按照时间的顺序，将商周原始瓷研究史分为三个阶段，从中可以看出原始瓷研究的不断进步。到目前为止，北方地区尚未发现烧造原始瓷器的窑址遗迹，故而北方地区发现的原始瓷器的文化渊源依旧模糊不清，而近些年来南方地区商周原始瓷器的窑址遗迹则不断发现。相信随着考古发掘的不断深入以及科学手段的应用，商周原始瓷器的研究一定会取得更大的突破。

东苕溪流域出土的先秦时期原始瓷

周建忠　陈　云　郑建明

一　东苕溪上游临安和余杭地区出土的原始瓷器

东苕溪上游地区主要包括杭州市的临安县级市与余杭区。这里已处于先秦时期土墩墓分布的边缘地区，尤其是临安市，在历年的工作中没有正式清理过一座土墩墓。20世纪在农田水利建设过程中曾经出土过一批原始瓷器，包括原始瓷盖鼎、立耳盆式鼎、兽面鼎等，盖鼎带有变形的S形纹，胎釉质量尚可，从器物集中出土及基本完整的情况来看应该是一处墓葬，但从地域上说该区域已属于钱塘江流域的天目溪，而不是东苕溪流域。临安文物馆藏有少量原始瓷器，有西周早期的敛口原始瓷豆，也有西周晚期至春秋早期的厚釉原始瓷盂等，但出土地点不是很明确。2008年10月，我们在临安东郊青山湖边的开发区进行调查，在村民家里发现了一件印纹硬陶罐（彩图五，1），直口短颈，圆肩，深弧腹斜收，小平底接近于圜底，肩部有双系，通体拍印曲折纹，时代当在西周早期左右。村民介绍为附近山里出土，器物比较完整，可能出自墓葬。因此临安地区也应该有土墩墓存在，只是可能数量极少。

东苕溪过了青山湖就进入了余杭地区，这里是余杭区的西部，处于平原与山区的过渡地带，土墩墓发现极少，这里发现的比较重要的原始瓷材料有两批，一是潘板的小古城遗址，一是石马抖战国时期墓葬。

小古城遗址位于杭州市余杭区径山镇小古城村内，是一座人工堆筑的大土台，东西长约700米，南北宽约500米，面积达35万平方米。平均高出附近地面2～3米。其南侧原为苕溪，土台西部为庙山，系人工堆筑的土山，东部为古城畈，系水稻田，北100米为北苕溪。年代上自马家浜文化，下至春秋战国，而尤以马桥文化时期遗物最为丰富，亦最精致。出土石器有石钺、石镞、石锛、石镰、半月形双孔石刀、石犁、石矛、石戈、凹槽形石锛等。陶器有夹砂陶釜、夹砂双目式锥形足鼎、鱼鳍形足鼎、黑陶豆、黑陶罐以及一些几何形印纹硬陶，如单把匜、带钮器盖等，纹饰有绳纹、锥刺纹、云雷纹、曲折纹、回字纹、米字纹、麻布纹及一些组合纹饰等。原始瓷有圜底罐、鸭形壶等。此外，还出土一些铜矛、铜戈、铜剑等铜器。在土台东部200米处一池塘内，村民还挖出木桩等遗物，坑壁上文化层依稀可辨。因此小古城土台应是当时周围诸遗址中的一处中心遗址。

小古城遗址出土的商原始瓷凹圜底罐器形大，胎釉质量较为成熟，是早期原始瓷中不可多得的精品。除此之外，小古城遗址出土的原始瓷器数量并不多，主要集中在西周的晚期至春秋早期，器形主要是碗、盂、钵等小件器物（彩图五，2～5），目前尚不见大型的礼乐器类器物。

2000年，因在大陆乡顾家埠石马斗山坡取黄土，发现原始瓷器等器物①。经初步清理，共计出土46件器物，其中原始瓷29件、印纹硬陶17件。原始瓷有鼎、甗、提梁盉、鉴、盆、瓿、碗、钵、虎子、句鑃、镇等（彩图五，6～8）。这批器物胎釉质量极高，并且包括了礼器与乐器等重要的器形，该墓葬应该属于战国时期的越国贵族墓葬。

二　东苕溪流域中游德清地区的商周遗迹

德清县今属浙江省湖州市，位于浙江北部、杭嘉湖平原西部，即北纬30°26′～30°42′、东经119°45′～120°21之间。东邻桐乡，南毗杭州余杭区，西界安吉，北接湖州市区。县境春秋属越，越灭属楚。秦汉两代为乌程县南疆、余杭县北境。三国入东吴版图，吴黄武元年（222年），武康立县，初名永安。晋太康元年（280年）改永安为永康。太康三年（283年）改名武康。唐天授二年（691年），析武康东境17乡立德清县，初名武源，景云二年（711年）改名临溪，天宝元年（742年）又改名德清，此后两县长期并存。1958年武康并入德清县，县治城关镇，1994年县城搬迁至武康。

（一）东苕溪德清段及沿岸分布商周遗迹概况

德清县地势自西向东倾斜，西部为天目山余脉，以旱园竹、毛竹生产为主；中部为丘陵、平原区，主产粮、畜、林、茶；东部为平原水乡，河渠似网，鱼塘棋布，为全县粮食、蚕茧、淡水鱼、畜禽的主要产区。境内有运河、东苕溪两大水系。运河即为京杭大运河，斜贯县境东南。“东苕溪发源于临安东天目山，流经余杭县后入县境三合乡康家山，折北偏东，至德清大闸分两支：一支东接余不溪、转水湾、龙溪，越干山、戈亭山水渡，北流出境，入太湖；另一支过导流港，经洛舍倪亩山出境，入太湖。东苕溪在县境内，自康家山至德清大闸上游段，长16.22公里，下游经余不溪、龙溪段，长21.65公里，河床标高（吴淞高程，下同）－2.3～0.1米，底宽4～33.5米；经导流港段长13.06公里，河床标高－1.7～1米，平均底宽30米。合计泄洪能力为300立方米/秒，最大排洪量433立方米/秒。”② 按照县志上此段描述，东苕溪德清段属于其中游部分，其主流应该是由三合乡康家山入境，经乾元镇德清大闸、导流港后，经洛舍镇倪亩山出境，全长

① 盛正岗：《余杭出土战国原始瓷及产地问题》，《东方博物》第28辑。

② 德清县志编纂委员会编：《德清县志》，浙江人民出版社，1992年，第69页。

29.28 公里，穿过的现有行政区划为 4 个乡镇，自南而北依次为三合乡、乾元镇、开发区、洛舍镇，其支流有禺溪、湘溪、余英溪、阜溪、埭溪。在其沿岸分布着众多商周遗迹，兹分述如下：

1. 三合乡朱家塔山土墩墓①

塔山位于德清县中部地区的三合乡朱家村，又名南山头，海拔高度约 60 米。塔山以西，天目山余脉逶迤连绵，丘陵起伏。塔山以东是一望无际的杭嘉湖平原，湘溪在其北，由西向东流；东苕溪在其东，由南向北流，两溪于塔山下汇合，北流太湖。土墩墓位于塔山之巅，系一座石室土墩墓，墓（不含原封土）总长 10.2 米、宽 5.3 米、高 0.98 米。石室长 8.5 米、宽 1.8 米、高 0.98 米，呈东北—西南走向，整个石室用大石砌筑，仅南端开口，并用小石块封闭。墓内出土的遗物均为原始青瓷，共有 34 件，包括鼎 7 件、尊 2 件、罐 5 件、盂 8 件、碗 7 件、卣 1 件（彩图六，1）、羊角形把杯 3 件、盘 1 件。器物均施青釉，纹饰主要有拍印勾连纹、变体勾连纹、水波纹以及戳印锥刺纹，多数器物上还贴附有倒 U 形绳索状系和 S 形堆纹。时代为两周时期。

2. 三合乡刘家山土墩墓②

1999 年 10 月 ~2000 年 1 月，配合杭宁高速公路的建设，在德清县三合乡二都村瓦窑组刘家山进行了考古发掘。除在刘家山的西南坡发掘分别属于马家浜文化、良渚文化、马桥文化和商周时期的居住堆积外，另在刘家山顶发现并清理了土墩墓，出土一批原始瓷器。器形主要有罐与尊，器物釉层厚，施釉不均匀，釉色深。时代为两周时期。

3. 武康镇石宕山遗址

于 2013 年西周早中期窑址专题调查时发现。遗址位于武康镇丁墓村去上渚山公路土地庙南 100 米的石宕山南坡，分布范围东西 50 米、南北 20 米。经试掘发现厚约 0.30 米的文化层，土色青灰，内有夹砂红陶鼎足和原始瓷标本，原始瓷标本有内底螺旋纹碗及口沿、箅形器残片等。时代在西周中晚期。

4. 乾元镇城北平阳岭遗址

平阳岭西距东苕溪主流约 500 米。遗址位于平阳岭西坡，东西长约 300 米，南北宽约 150 米，据 2001 年及 2008 年普查资料记载，当时采集到夹砂红陶圆锥形鼎足、双目式鼎足、有段石锛等标本，地面散落有印纹陶和原始瓷残片，印纹陶纹饰主要有回纹、方格纹、米字纹、编织纹等。2013 年西周早中期窑址专题调查时发现有厚约 0.5 ~1 米文化层，并采集有印纹陶、原始瓷残片，纹饰也为米字纹、方格纹等，原始瓷有螺旋纹碗底

① 朱建明：《浙江德清三合塔山土墩墓》，《东南文化》2003 年第 3 期。

② 王海明：《德清瓦窑遗址——马家浜文化筒形陶器瓮棺葬的发现》，见浙江省文物考古研究所：《浙江考古新纪元》，科学出版社，2009 年。

等。初步判断为两周时期遗址。此外还在遗址东北相继发现两处原始瓷与印纹陶合烧的窑址，在其南部区域发现清水浜、陈戴寺、开封寺、王家山、淡竹坞五处原始青瓷窑址。

5. 洛舍镇墅元头西周遗址

于2013年西周早中期窑址专题调查时发现。遗址位于在乾元镇去洛舍镇三家村公路墅元头段东南紧贴公路的剖面上，分布范围东西30米、南北50米。发现厚约0.30～0.80的文化层，采集的标本有原始瓷豆的口沿、螺旋纹碗底及细方格纹印纹陶残片。时代为两周时期。

6. 洛舍镇红泥滩遗址

据2008年德清县第三次全国文物普查资料显示，该遗址位于洛舍镇三家村墅元头组北侧，西北距洛舍老大闸约100米。遗址西、北面有河道，地表为红泥滩小山丘，分布面积约3000平方米。采集有石锛、夹砂红陶鼎足和饰细麻布纹、米字纹、曲折纹、菱形纹、回纹的印纹陶片。时代为两周时期。

7. 乾元镇石臼山遗址

据2001年及2008年普查资料记载，遗址分布面积较大，约有十余亩，文化层厚度在0.4米左右。采集的标本有印纹硬陶罐残件、圆锥形、鱼鳍形夹砂红陶鼎足、泥质灰陶鼎足。2013年西周早中期窑址专题调查时发现有厚约0.3～0.5米文化层，并采集到印纹陶、有孔石器等，印纹陶纹饰为折线纹、回纹、细方格纹等。初步判断为两周时期遗址。

8. 乾元镇南坞里印纹陶窑址

据2001年及2008年普查资料记载，采集的陶片均为印纹陶。器形主要以侈口、矮颈、扁腹罐为多，纹饰有折线纹、回纹、细方格纹等，胎色有灰、红两种，胎壁较厚。在堆积中发现有红烧土和泥珠垫具，未能发现窑床。2013年西周早中期窑址专题调查时发现水沟附近有大量红烧土，并采集有印纹陶、红烧土块等，印纹陶纹饰为折线纹、细方格纹等。时代在春秋中晚期。

9. 乾元镇官庄遗址

于2013年西周早中期窑址专题调查时发现。遗址位于在乾元镇官庄村83号农户家后山上，分布范围东西50米、南北30米。发现厚约0.30～0.80米的文化层，采集的标本有原始瓷螺旋纹碗及细方格纹印纹陶残片。时代在春秋中晚期。

10. 乾元镇下窑遗址

于2013年西周早中期窑址专题调查时发现。遗址位于在乾元镇去官庄村公路下窑自然村南西侧小山东坡桑树地上，分布范围东西30米、南北50米。发现厚约0.30～0.50米的文化层，采集的标本有印纹陶罐口沿、腹部残片，纹饰有水波纹、折线纹及细方格纹。时代在春秋中晚期。

11. 洛舍镇屯山下遗址

据1982年普查资料记载，采集到的陶片均为印纹陶，纹饰有折线纹、回纹、细方格纹等，胎色有灰、红两种，胎壁较厚。2013年西周早中期窑址专题调查时在屯山下自然村西南养鸡场背后小山附近发现散落的大量印纹陶片，并有红烧土堆积，采集有印纹陶、石锛、红烧土块等，印纹陶纹饰为折线纹、细方格纹等。时代在春秋中晚期。

12. 洛舍镇砂村南庄遗址

据2001年及2008年普查资料记载，遗址位于砂村南庄自然村尖山南坡，其北侧为武洛公路，南侧临近东苕溪，南北长50米、东西宽30米。采集的标本以夹砂红陶和泥质灰陶为主，器形有鼎、豆、壶等，还有零星的石器残件和原始瓷、印纹陶片。时代从新石器延续到春秋时期。

13. 洛舍镇独仓山土墩墓①

独仓山是浙江土墩墓发掘中较为重要的一次。为配合杭宁高速公路的建设，1999年由浙江省文物考古研究所与德清县博物馆联合进行了发掘，共清理土墩墓11座，其中6座为石室土墩墓。出土随葬器物265件，其中原始瓷器183件，主要器类有豆、碗、盘、盂、碟、罐和尊等（彩图六，2），常见的器表装饰有弦纹、网格纹、S形堆贴、篦点纹、折线纹、扉棱状堆纹等。独仓山土墩墓形式丰富，时代跨度大，自西周早期延续到春秋晚期，而且一部分石室土墩墓内具有一室多墓的上下叠压现象，为研究土墩墓和原始瓷的早晚分期以及不同时代原始瓷器物的特征变化，提供了十分重要的野外考古学依据。

14. 武康镇城山土墩墓群

据2008年普查资料记载，该土墩墓群位于武康镇104国道西城山顶，具体可分为天宫顶、棋盘顶、武康城山、上柏城山四个区域，共27座土墩墓。大部分为石室土墩墓，残存封土长约13～22米、宽约8～13米，部分已被盗挖。采集的标本有原始瓷豆、碗及印纹陶残片，原始瓷纹饰以螺旋纹为主，印纹陶纹饰以细方格纹为主。时代在西周至春秋时期。

15. 武康镇小紫山土墩墓②

2010年11月～2011年1月，浙江省文物考古研究所会同德清县博物馆对小紫山商周土墩墓进行了抢救性的发掘。此次发掘商周时期土墩14座，共有墓葬50多座，出土商周时期各种类型的遗物100多件。器物以富有江南商周特色的原始瓷与印纹硬陶占绝大多数，每个土墩均有原始瓷出土。原始瓷以豆为主，包括罐、尊、盂、碟、碗等（彩图六，

---

① 浙江省文物考古研究所、德清县博物馆：《独仓山与南王山》，科学出版社，2007年。

② 浙江省文物考古研究所、德清县博物馆：《德清小紫山土墩墓群发掘获重大成果》，《中国文物报》2011年2月17日。

3～5）。许多器物器形大，质量高，胎质细腻坚致，青釉极佳，施釉均匀，胎釉结合好，玻璃质感强。印纹硬陶以罐、坛类大型器物为主，纹饰繁缛，装饰复杂，通体拍印云雷纹、回字纹、曲折纹、方格纹等。小紫山土墩墓群时期早、年代跨度大、墓葬结构复杂、随葬文物丰富多样，特别是商代墓葬、商代原始瓷随葬品、商周诸时期土坑（岩坑）墓葬的发现，对于探索商周时期江南土墩的起源、墓葬制度的发展、原始瓷与印纹硬陶的制作工艺等具有重要意义。

16. 开发区梁山战国墓①

2009年冬在开发区二期低丘缓坡开发中发掘，共出土原始青瓷提梁盉1件，仿铜原始青瓷斧、锛、锸等工具和农具3件，以及原始瓷盅式碗和印纹硬陶坛等器物。其中提梁盉造型饱满，青黄色釉较佳，玻璃质感强，肩部设有半环状龙形提梁，上有锯齿状扉棱，提梁一侧设圆粗的龙首状流，另一侧以一条纵向扉棱作龙尾，带盖，顶立一大尾鸟作纽，是战国原始瓷中难得的精品。

17. 德清原始瓷窑址群②

主要位于东苕溪西岸开发区龙胜村及周边地区、洛舍镇砂村、塘头部分地区，分布面积约6万平方米，已调查发现的窑址达120多处，其中火烧山、亭子桥、长山和尼姑山四处窑址经过考古发掘。年代从商代开始，历经春秋战国，以战国时期窑址最为丰富。从调查发掘资料看，德清原始瓷窑址群有以下特点：一是出现时间早，持续时间长，从商至战国，烧造规模越来越大，是目前国内已知烧造时间最早、持续时间最长的商周原始瓷产地；二是窑址众多，分布密集；三是产品种类丰富、档次高，除生产一般碗、盘类日用品外，还大量烧造仿铜礼乐器等贵族用品，是目前浙江省内已知烧造此类高档仿铜礼器的唯一产地；四是产品质量高，尤其是战国时期产品体形硕大、制作规整，胎釉结合良好，已接近成熟青瓷的水平。德清原始瓷窑址群从烧造时间、烧造规模以及产品质量、种类等方面，在中国瓷器发展史上占有重要的地位，是瓷器重要的发源地。

以上是东苕溪德清段主流及其支流沿岸地区分布的商周遗迹，此外在德清县东部东苕溪一支流还有2处遗迹，分别是：

18. 新市镇皇坟堆土墩墓③

位于德清县新市镇东北约4公里。1976年3月在平整土地修建校舍过程中出土了包括桶形器、罐、尊、簋、卣、鼎和碟等器物在内的共计27件原始青瓷器。这批器物器形大，制作规整，胎色灰黄，内外都施满釉。有的施釉均匀，釉面润净，胎釉烧结紧密；

① 浙江省文物考古研究所：《古越瓷韵——浙江出土商周原始瓷集粹》，文物出版社，2010年，第195～197页。
② 德清县申报第六批省级文物保护单位材料。
③ 姚仲源：《浙江德清出土的原始青瓷器》，《文物》1982年第4期。

有的釉层不匀，留有釉斑、釉泪等现象；也有的胎釉结合不够紧密，以致釉层大多剥落。大件桶形器可以明显看出采用泥条盘筑法制作的痕迹。器表大多拍印纹饰，以云纹、水波纹间以横S纹、变体云纹等为最多见，也有戳印圆圈纹、刻划重线水波纹。此外，还习惯用绞索状环形假器耳及S形、羊角形附加堆纹作装饰。其中的尊、簋、卣等，与商周时代的青铜礼器很近似（彩图六，7）。时代为西周晚期至春秋早期。皇坟堆是德清县境内首次发现以仿铜礼器的原始青瓷作为主要随葬品的土墩墓，其出土器物器形之大、数量之多为当时省内少见。

19. 新市镇邱庄战国墓①

2001年8月，新市镇郭门村邱庄砖瓦厂取土时发现一座战国墓葬，民工从墓葬中挖出一批原始青瓷器，后被新市镇派出所收缴。2004年7月9日，新市镇派出所将这批文物移交给德清县博物馆收藏。出土的原始青瓷器共6件，器形有瓶形鼎、盆形鼎、盖鼎、提梁盉和带流罐（彩图六，6）。器物胎色灰白，外施黄绿色釉，器形规整，均为轮制产品，质量较高。这批原始瓷器是德清地区发现的规格比较高的战国仿铜原始瓷礼器。其中一件罐的肩部一侧设有上侧切有梯形缺口的粗大圆流，另外三侧各贴有铺首一个，器形十分少见，实系不可多得的珍品。

（二）东苕溪的文献记载

苕溪在浙江省北部，属太湖水系，《太平寰宇记》卷九四：“以其两岸多生芦苇，故名苕溪。”苕溪古名苕水，最早见于战同时期的文献。《山海经·南山经》有“又东五百里，日浮玉之山，北望具区，东望诸……苕水出于其阴，北流注于具区，其中多鮆鱼”的记载，《山海经》中各经的成书年代有早晚，《南山经》一般被认为成书于战国时期。不过，根据“苕水出于其阴”的状况分析，《南山经》记载的苕水应就是今日的西苕溪。

苕溪实际上包括了东苕溪、西苕溪两条源流完全不同的河流。《山海经》中明确记载苕水是西苕溪，另据《元和郡县志》卷二五，“霅溪水，一名大溪水，一名苕溪水，西南自长城、安吉两县北流，至（湖）州南与余不溪、苎溪水合，又流入太湖”，则知苕水最初只指西苕溪一条河流。但《方舆纪要》卷八九中就以东苕溪为“苕溪之东派”，西苕溪为“苕溪之支派”。后世文献多以此为据，将东苕溪作为苕溪干流，而西苕溪仅为苕溪支脉。清代的《浙西水利备考》曰：“苕溪源于天目之阳，自临安分为二道入余杭县界，益以北苕水为三道至瓶窑镇入钱塘县境合而为一，历安溪奉口直注德清县，名余不溪。自县城分流，一经由归安县境至钱山漾，一会武康沙村水至归安县之衡山门，大会于湖郡之碧浪湖，一名霅溪，又分为二支，一会孝丰来水由毗山漾、大钱港归太湖：一会乌程

① 朱建明：《德清窑》，西泠印社，2009年。

郭西湾水由东塘出南浔达平望，是为苕溪之干流。又由余杭县城部伍桥及南湖滚壩分流，为余杭塘河出卖鱼桥入杭州运河，是为苕溪之支流。”则完全不提西苕溪的存在了。源于天目之阴的苕水竟然被源自天目之阳的东苕溪僭替，应有其深刻的历史文化背景①。

（三）两点认识

1. 德清段沿途遗迹的特点

德清段处于整个东苕溪的中游地带，由于已有材料多限于考古调查，只有独仓山、刘家山、小紫山土墩墓及火烧山、亭子桥、长山、尼姑山原始瓷窑址经过科学发掘，新市皇坟堆、三合朱家塔山、新市邱庄战国墓是盗挖后清理，资料不完整。但按照分布密度仍可细分为三小段，即上游三合乡段、中游乾元镇段、下游开发区与洛舍段。上游三合乡段遗迹主要分布在主流西岸，目前已知只有朱家塔山土墩墓，沿途的山丘有无原始瓷窑址还不得知；中游乾元镇段遗迹主要分布在主流东岸，其特点最明显，有商周遗址和原始瓷窑址共存；下游开发区、洛舍段遗迹主要分布在主流西岸，为德清原始瓷窑址群集中分布区。

2. 德清段商周遗址、土墩墓与原始瓷窑址的关系

目前为止，有关德清段商周时期遗迹的考古发掘报告共有三本，分别是《独仓山与南王山——土墩墓发掘报告》、《德清火烧山——原始瓷窑址发掘报告》和《德清亭子桥——战国原始瓷窑址发掘报告》。

其中独仓山报告把出土随葬器物 265 件（其中原始瓷器 183 件）分为六期，其中第一期为商末周初，不见原始瓷；第二、三期为西周早中期的随葬品（原始瓷尊、豆、盘），至今在德清还未找到生产其产品的窑址；第四至六期为春秋早期至晚期的随葬品，可在火烧山窑址中第一至四期（西周晚至春秋初期，春秋早期前、中、后段）找到相应产品，而且是以碗类日用品居多②。

火烧山窑址的仿青铜礼器在独仓山土墩墓随葬品中均不见，而包括鼎、碗、卣在内的整个器物组合却在德清皇坟堆和塔山土墩墓中出现，其“A 型 II 式碗和小盂在江苏无锡璨山、溧水宽广墩和浙江德清独仓山土墩墓中有发现”。“A 型 III 式碗是本窑址第二、三、四期中最主要的器形之一，该型碗即陈文第六期也即春秋早期的敞口小平底碗，因此推断此三期的时代当在春秋早期”，“此三期出土的小盂在浙江淳安左口 M3、德清独仓山 D6M2，鼎在上海和浙江萧山长山土墩墓中有发现，筒形卣在江苏溧水宽广墩有发现。A 型 III 式碗在浙江安吉的土墩墓中有发现”。此外还有“B 型 IV 式碗（春秋中期）在浙

---

① 蒋卫东：《东苕溪考古记》，《东方博物》第 11 辑，第 55 页。

② 浙江省文物考古研究所、德清县博物馆：《独仓山与南王山——土墩墓发掘报告》，科学出版社，2007 年，第 106 ~ 109 页。

江德清独仓山、长兴便山土墩墓第四期、湖州堂子山 D216 和长兴石狮 D2M11 等墓葬中均有发现”，“B 型 VI 式碗（春秋晚期）在浙江德清独仓山、长兴便山第五期土墩墓、慈溪彭东赵家山、湖州堂子山 D211M1 和江苏句容浮山果园 XIV 号墩 M4 等墓葬中均有发现”①。由此可知火烧山窑址产品除供应本地外，还大量出现在苏南、浙北、浙东等遗址与墓葬中。

亭子桥窑址产品比火烧山窑址更甚，广泛销往杭嘉湖地区、江苏等地。“礼器器类十分丰富，形式极其多样，器形有平底罐、三足罐、瓿、盆、三足鉴、平底盘、三足盘、圈足盘、盒、盆形鼎、盖鼎、瓶形鼎、匜、尊、镂孔长颈瓶、提梁盉、提梁壶、钫、镇、豆、小豆等，这些器物不仅造型仿同类青铜器制作，而且往往还贴有青铜器常见的各种铺首，在装饰上也刻意模仿青铜器，多饰有云雷纹、瓦棱纹和少量的 S 形纹与 C 形纹等青铜器上常见的纹饰。乐器器类有甬钟、錞于、句鑃、鼓座、缶等，其个体大小与实际使用的青铜乐器相仿，造型上也完全模仿同类实用青铜器，形象逼真。”“根据现有考古资料，相同器形和纹饰的这类仿铜原始瓷礼器与乐器，不见于春秋时期，而常见于战国时期的墓葬和遗址，如余杭崇贤 M1、M2 和 M3 战国墓，余杭大陆顾家埠、长兴鼻子山 M1、安吉龙山 D141M1、绍兴上灶大校场、绍兴福全洪家墩、绍兴皋埠凤凰山 M3、海盐黄家山、杭州半山石塘 M1、上虞牛山 M17、无锡鸿山等战国时期越国贵族墓葬中均出土有这类仿青铜器的礼器和乐器。同样，亭子桥窑址中见到的各种类型碗、杯、盅、盂、碟、盏、小罐等日用器物，也均只见于战国墓葬或遗址。”②

三大报告把德清商周时期遗迹分为三阶段：第一阶段为商末至西周早中期，此阶段土墩墓遗存丰富，原始瓷窑址只有城山、水洞坞几处；第二阶段为西周晚至春秋时期，此时土墩墓、原始瓷窑址并存，且数量相当多；第三阶段为战国时期，此时原始瓷窑址数量要超过土墩（坑）墓。其特点如下：

①上游三合乡段遗迹主要分布在主干流西岸，主要有朱家塔山土墩墓，沿途的山丘有无原始瓷窑址还不得知。在主干流西岸远一点的有二都刘家山土墩墓、封山原始瓷窑址、武康镇石宕山遗址。

②中游乾元镇段遗迹主要分布在主干流东岸，遗址主要有平阳岭遗址、下窑遗址、官庄遗址、石臼山遗址、屯山下遗址、红泥滩遗址、墅元头遗址；原始瓷窑址主要有清水浜、陈戴寺、开封寺、王家山、淡竹坞五处原始青瓷窑址，印纹陶窑址有平阳岭 1、2 号及南坞里共三处。其特点是商周遗址和原始瓷窑址共存，尤以平阳岭遗址最为典型，

① 浙江省文物考古研究所、故宫博物院、德清县博物馆：《德清火烧山——原始瓷窑址发掘报告》，文物出版社，2008 年，第 144～145 页。

② 浙江省文物考古研究所、德清县博物馆：《德清亭子桥——战国原始瓷窑址发掘报告》，文物出版社，2011 年，第 137～139 页。

该遗址东北相继发现两处原始瓷与印纹陶合烧的窑址，在其南部区域发现清水浜、陈戴寺、开封寺、王家山、淡竹坞五处原始青瓷窑址，其中王家山、清水浜窑址经试掘采集的筒形卣、碗残片与火烧山窑址第四期产品相类似，故时代为春秋早中期。

③下游开发区、洛舍段主要分布在主流西岸，为德清原始瓷窑址群集中分布区，共有 100 多处，其中以战国窑址居多。遗址有南庄遗址，墓葬有开发区梁山战国墓。

此外，武康镇的小紫山商代土墩墓、城山土墩墓群、城山商代窑址、烟霞坞西周晚期窑址，只能作为东苕溪支流余英溪上游的一个分支。同样，新市镇的皇坟堆土墩墓、邱庄战国墓也只能作为其分支下游的零星分布。

三　东苕溪下游（湖州境内）出土商周原始瓷

东苕溪下游湖州位于太湖西南，面积 1580 余平方千米，辖吴兴、南浔两区。这里是夏商时期大型遗址的中心分布区，据 2010 年全国第三次全国文物普查数据，本段的不可移动文物共 94 处，其中聚落遗址有 84 处，大部分聚落遗址中普遍采集到夏商时期的原始瓷片，其中尤以已发掘的昆山、钱山漾、塔地、邱城等大型遗址出土的原始瓷较为丰富（彩图六，8、9）。

除大型的遗址外，这里的东苕溪畔也是土墩墓的重要分布区，出土的原始瓷主要是两周时期，夏商时期的则较为少见。

此外，我们在下菰城址调查时也发现了少量的原始瓷器，时代同样为夏商时期。

1. 邱城遗址①

邱城遗址毗邻太湖。1957 年发掘时部分出土器物被判读为釉陶。器类有钵、豆、盂，轮制成型，数量不多。胎质坚硬、火候高、呈灰白色。通体施釉，有黄绿色与黄褐色两种，前者釉层薄，有不明显泪斑；后者凝聚力较大，使釉层凝成显著的泪状斑点。素面或仅在肩部饰几个 S 形堆纹。

2. 昆山遗址②

昆山遗址位于湖州市东郊昆山周围，2004 年的发掘取得了重要收获。包含有商代原始瓷的遗迹有可能为地面式长方形房屋的 F1、特殊活动场所上的坑 K1、水井 H11、水井 H14、灰坑 H15 及大沟 G1 等。

昆山遗址 G1 体量较大，宽约 16 米、深约 15 米，已发掘长达 32 米。其第三、五阶段遗物较丰富。第三阶段遗物主要属于烧窑作业废弃堆积，其废弃堆积表明当时烧窑作业

---

① 浙江省文物管理委员会：《浙江省吴兴县邱城遗址 1957 年发掘报告初稿》，《浙江省文物考古研究所学刊（第七辑）》，杭州出版社，2005 年。

② 浙江省文物考古研究所等：《昆山》，文物出版社，2006 年。

已经有相当发达的器类烧造分工。第四、五阶段遗物与当地居民生活关系较密切。

发现的原始瓷有：

豆圈足 H15：8，灰褐色胎。足部切刻三个大致等距的半圆形凹缺。

钵 H15：11，灰色胎。敛口，平底，口沿外壁大致等距按贴四个小耳。

豆矮圈足 G1③：204，灰白色胎，外壁及圈足内外有抹划、刮削痕，盘内过烧起泡，有螺旋制痕，盘内有圆周状垫痕，可能是叠烧所致，叠烧范围外釉色呈黄绿色。

原始瓷豆盘 G1⑤：264，紫褐色胎。平唇外展，坦腹，内壁有多道轮制弦纹，并有灰白色点状釉。

原始瓷豆盘 G1⑤：222，紫褐色胎。敛口，外壁按贴扁环状耳，口外壁及相应盘内面有灰白色点状釉。

原始瓷豆盘 G1⑤：254，灰白色胎，盘内面及圈足外壁有一层黄绿色点状釉。过烧变形。圈足有基本对称的圆形、长方形镂孔各一。

原始瓷豆 G1⑤：56，青灰色胎。盘内面有黄绿色釉，还留有拉坯痕迹，盘内面另有呈环周状的垫痕，垫痕可能是叠烧所致。圈足底另有三个三角形切剔凹缺。

3. 塔地遗址[①]

塔地遗址位于湖州东南部千金镇，与德清毗邻。遗址出土原始瓷介绍如下：

杯 H74：44，灰褐色胎。残，卷沿，局部有极薄的青釉。

豆柄 H74：46，灰色胎。内底见轮制痕，柄上有切削修痕，豆盘内有极薄的青釉。

三足盘 TS3E2②：29，浅褐色胎。敞口，平沿，残扁舌形长足，盘内施青绿色釉、有较多窑渣。

三足盘足 TS3E2②：40，灰褐色胎。胎质硬，扁铲弧形足，盘内底施青绿色釉。

三足盘足 TN7E5②A ：3，红褐色胎。胎质硬，扁铲弧形足，足面施青绿色釉并有篦划纹。

三足盘 TN7E5②E ：6，灰褐色胎。扁铲形足，三足根聚拢，盘内底下凹处施青绿色釉。

豆 TS1E4②：27，灰色胎。弧腹，喇叭形三角形凹缺足，盘内见弦纹痕。

豆柄 TS5E1③：32，土灰色胎。矮喇叭状半圆形凹缺足。

宽把宽扁平把 TS3E1②：13，灰褐色胎。把内面不规则，有极薄的釉，把正面刻划纹饰。

另外湖州地区安田村、邗窑、东迁、梅口村等遗址[②]历年也采集到原始瓷罐、豆、碗

① 湖州市博物馆资料。

② 国家文物局：《中国文物地图集·浙江分册（下）》，文物出版社，2009 年。

以及大口平底硬陶尊等遗物。

4. 云巢龙湾战国墓①

墓葬已遭破坏，墓葬形制及尺寸不明。出土文物共有9件，其中原始瓷器7件、印纹硬陶器2件。原始瓷包括甗、提梁盉、兽面鼎、盖鼎、盆形鼎、小盆、小匜等，器形较小，胎釉质量一般，属于战国中晚期衰落时期的产品。

5. 堂子山土墩墓②

堂子山沿山脊分布着大小不等的土墩数十座，墩与墩之间距一般10～50米不等。大墩长20余米，小墩长4～5米。土墩构筑一般选择于山脊或山顶，石室多数与山脊走向一致，也有与山脊成“十”字形构筑的，但数量较少。在清理自然山坡表土的基础上，利用规格不等的块石垒砌墙体，上部加盖巨石，最后堆封土成馒首状。石室外围，视所处位置山体自然坡度的陡缓，用块石垒砌1道或2道护土墙，以防止封土流失，增加石室墙体牢固度。清理5座土墩，共出土遗物131件，其中印纹硬陶31件、原始瓷85件、泥质陶13件、夹砂红陶2件，多为日常生活用器及随葬明器，亦有极个别生产用具。原始瓷主要有罐、豆、碗、盂、碟、盅等，器形一般较小，时代从西周早期延续至春秋晚期。

6. 妙西独山头土墩墓③

独山头为一耸立在水田之中的小山丘，相对高差仅20米，东西长约100米，南北宽70余米，一座土墩墓中有墓葬5座。5座墓按其埋葬特点可分为浅土坑、石床、无坑无床三种。出土的原始瓷有豆、盅式碗等，时代属于西周早期与春秋晚期两个时段。

---

① 刘荣华：《湖州云巢龙湾出土的战国原始瓷》，《文物》2003年第12期。

② 湖州市文物保护管理所：《浙江湖州堂子山土墩墓发掘报告》，《东方博物》第11辑。

③ 浙江省文物考古研究所等：《湖州妙西独山头土墩墓发掘简报》，《东方博物》第36辑。

东苕溪流域先秦时期原始瓷窑址标本测试报告

闫灵通　冯向前　刘　珑　黄　旸　李　丽　徐　清　冯松林

本工作以东苕溪流域先秦时期（主要是夏商时期）原始瓷窑址群出土的成系列的大量原始瓷样品为对象，以陶瓷元素组成、物相构成和Fe元素吸收谱精细结构等科学分析为手段，从科学角度深度探索原始瓷的起源以及早期人工施釉和烧制工艺发展过程。

采集样品共163片，来自6个窑址，按照出土位置和文化期分为8个组别，另外还有少量生土样样品（表1）。

表1　采集原始瓷残片样品表

组号	样品来源		时代	样品量	样品编号
1	湖州瓢山	（HP）T4⑤	夏代晚期	10	ZNZ001－ZNZ010
		（HP）T4⑦		10	ZNZ011－ZNZ020
2	湖州北家山（HB）T1③		夏商之际	23	ZNZ021－ZNZ043
3	湖州南山（HN）		商代	20	ZNZ044－ZNZ063
4	德清火烧山	（DH）ⅠT504⑤	西周晚期至春秋早期	20	ZNZ064－ZNZ083
5		（DH）ⅡT303⑥	春秋中期	20	ZNZ084－ZNZ103
6		（DH）ⅢT303②	春秋晚期	20	ZNZ104－ZNZ123
7	德清长山（DC）T1②		战国早期	20	ZNZ124－ZNZ143
8	德清亭子桥（DT）T303⑤		战国早期	20	ZNZ144－ZNZ163
生土样	湖州南山		商代	3	ZNZ164－ZNZ166
窑汗	德清火烧山		西周晚期至春秋早期	3	ZNZ167－ZNZ169

一　X射线荧光分析（XRF）

用SiC砂轮从残片样品上切下条状小块，在超声波清洗器中先后用自来水和纯净水清洗三遍，去除表面可能被污染的部分，于烘箱中95℃烘干样品，待测。

分析实验在EDAX公司的Eagle Ⅲ μ－probe型X射线荧光能谱仪上完成。分析过程中光管工作电压为40kV，工作电流为200μA，束斑直径为1mm，每个测量点的测量活时间为300s，测量死时间约为30%。测量在真空环境下完成。

解谱工作由应用仪器自带的软件 VISION32 完成。由于受到基体效应因素的影响，XRF 无标样定量分析方法的准确度偏差，为了提高分析数据的准确性，在定量分析过程中选用高能所自制的古陶瓷无损定量分析标准作为参考样品。元素含量结果以氧化物形式呈现，并归一计算，得到了 14 种元素（Na、Mg、Al、Si、P、K、Ca、Ti、Mn、Fe、Rb、Sr、Y 和 Zr）的含量信息。其中 Na 和 Mg 两种元素荧光计数很低，考虑到仪器测量误差的影响，分析结果误差可能较大，数据仅供参考；定量分析中以元素的 Kα 特征峰的峰面积来表征元素荧光信号的强弱，Si 和 P 两种元素的特征峰 Kα 能量比较接近，Si 为 1.74 Kev，P 为 2.013Kev，在陶瓷样品中 Si 元素含量较高，而 P 元素含量较低，在计算谱峰面积时 Si 元素可能会对 P 元素产生较大影响，计算所得 P 元素的含量数值可能有误差。表 2 ~4 列出了样品部分元素的统计信息，详细数据见本文附录一①。

表 2　不同组别原始瓷样品胎料元素含量平均值与标准差

组	Al_2O_3 %	SiO_2 %	P_2O_5 %	K_2O %	CaO %	TiO_2 %	MnO %	Fe_2O_3 %	Rb_2O ppm	SrO ppm
1	19.97 ±2.6	69.97 ±2.96	0.06 ±0.01	1.91 ±0.44	0.28 ±0.09	1.24 ±0.19	0.032 ±0.007	5.29 ±0.93	0.013 ±0.003	0.006 ±0.001
2	18.43 ±2.38	72.80 ±2.77	0.14 ±0.08	1.96 ±0.47	0.37 ±0.12	1.15 ±0.11	0.026 ±0.011	3.87 ±1.04	0.012 ±0.003	0.009 ±0.003
3	17.91 ±1.27	73.56 ±1.54	0.06 ±0.01	2.99 ±0.11	0.37 ±0.06	0.98 ±0.05	0.028 ±0.008	2.62 ±0.32	0.014 ±0.001	0.012 ±0.001
4	17.39 ±2.04	74.75 ±2.68	0.07 ±0.01	2.56 ±0.34	0.27 ±0.08	1.08 ±0.12	0.018 ±0.003	2.62 ±0.74	0.016 ±0.003	0.007 ±0.001
5	17.10 ±0.88	75.05 ±0.92	0.06 ±0.01	2.77 ±0.31	0.37 ±0.08	0.92 ±0.06	0.022 ±0.004	2.36 ±0.17	0.014 ±0.001	0.010 ±0.001
6	17.77 ±1.88	74.14 ±2.04	0.06 ±0.00	3.01 ±0.23	0.37 ±0.06	0.99 ±0.06	0.027 ±0.005	2.24 ±0.15	0.014 ±0.001	0.011 ±0.001
7	16.56 ±2.21	76.41 ±2.52	0.07 ±0.01	1.88 ±0.19	0.34 ±0.06	1.06 ±0.08	0.023 ±0.007	2.32 ±0.37	0.011 ±0.001	0.008 ±0.001
8	16.45 ±1.33	76.38 ±1.66	0.08 ±0.08	1.98 ±0.13	0.33 ±0.06	1.11 ±0.05	0.020 ±0.002	2.44 ±0.27	0.012 ±0.001	0.008 ±0.001
生土样	17.70 ±2.66	70.96 ±4.15	0.09 ±0.01	2.51 ±0.88	0.29 ±0.2	1.10 ±0.1	0.122 ±0.041	5.70 ±0.64	0.012 ±0.002	0.009 ±0.005

① 本文附录见本论文集第 189 页。

表3　不同组别原始瓷表面元素含量平均值与标准差

组	Al_2O_3 %	SiO_2 %	P_2O_5 %	K_2O %	CaO %	TiO_2 %	MnO %	Fe_2O_3 %	Rb_2O ppm	SrO ppm
1	16.81 ±1.64	68.41 ±1.35	0.11 ±0.03	4.23 ±1.09	2.13 ±1.02	1.08 ±0.09	0.075 ±0.03	5.32 ±0.63	0.015 ±0.003	0.008 ±0.002
2	16.13 ±1.55	69.13 ±2.79	0.17 ±0.05	3.28 ±0.79	3.65 ±2.25	1.03 ±0.1	0.093 ±0.051	4.47 ±1.15	0.014 ±0.003	0.014 ±0.008
3	15.91 ±1.81	67.87 ±3.94	0.18 ±0.11	3.99 ±1.29	6.03 ±5.61	0.97 ±0.08	0.127 ±0.088	3.06 ±0.6	0.016 ±0.002	0.027 ±0.021
4	14.66 ±1.19	62.15 ±2.18	0.32 ±0.09	3.34 ±0.88	12.61 ±2.62	0.84 ±0.09	0.099 ±0.032	4.02 ±0.69	0.018 ±0.004	0.048 ±0.023
5	14.98 ±1.2	65.93 ±2.6	0.37 ±0.1	3.29 ±1.4	9.70 ±4.06	0.82 ±0.09	0.221 ±0.138	2.34 ±0.29	0.016 ±0.005	0.027 ±0.013
6	14.77 ±1.14	66.05 ±2.71	0.33 ±0.1	2.85 ±0.85	10.52 ±4.1	0.90 ±0.08	0.207 ±0.126	2.26 ±0.14	0.014 ±0.002	0.029 ±0.013
7	13.30 ±1.03	65.61 ±3.57	0.40 ±0.13	2.30 ±0.81	12.28 ±4.21	0.89 ±0.05	0.302 ±0.15	2.49 ±0.36	0.013 ±0.002	0.033 ±0.016
8	13.13 ±1.16	67.71 ±4.72	0.30 ±0.11	2.88 ±1.23	10.19 ±5.33	1.01 ±0.15	0.282 ±0.179	2.49 ±0.21	0.014 ±0.003	0.027 ±0.016

表4　生土样及窑土元素含量平均值与标准差

组	Al_2O_3 %	SiO_2 %	P_2O_5 %	K_2O %	CaO %	TiO_2 %	MnO %	Fe_2O_3 %	Rb_2O ppm	SrO ppm
生土样	19.92 ±2.65	67.52 ±4.13	0.09 ±0.02	3.28 ±0.55	0.48 ±0.18	1.13 ±0.11	0.138 ±0.008	5.71 ±0.85	0.014 ±0.001	0.014 ±0.004
窑壁土	16.08 ±1.02	73.49 ±1.7	0.09 ±0.01	2.2 ±0.32	0.15 ±0.03	1.04 ±0.06	0.11 ±0.06	5.55 ±0.49	0.012 ±0.001	0.005 ±0.001
窑汗	14.09 ±2.12	60.29 ±9.91	0.06 ±0.01	9.86 ±1.44	0.59 ±0.23	1.04 ±0.24	0.104 ±0.033	12.4 ±7.6	0.032 ±0.01	0.01 ±0.004

二　胎料的分析

所有原始瓷样品胎料中 Si 和 Al 两种元素的氧化物可以占到总量的90%，表明它们都是以硅酸铝盐为主要原料，SiO_2/Al_2O_3的比值都在 3 以上，呈现高硅低铝的特性。

以窑址和文化期对样品进行分组别分析，比较不同组别样品胎料的 SiO_2/Al_2O_3 以及 K_2O、TiO_2和 SrO 的数值（插图一），可以发现不同组别的化学组成有自身的特性。特别

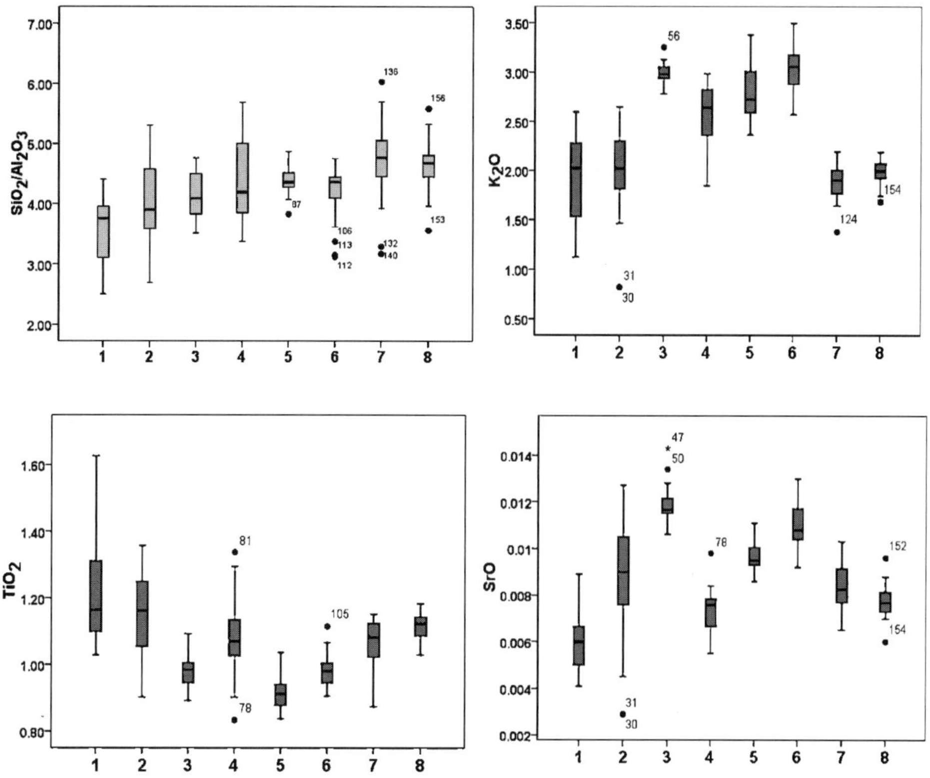

插图一　原始瓷胎料部分元素含量比较

是火烧山窑址出土样品，按时间大体分为春秋时代早中晚三个阶段的产品，不同时期产品的化学组成存在明显差异。说明随着产地和生产时间的变化，原始瓷原料选择或制备工艺都在不断改进和提高。

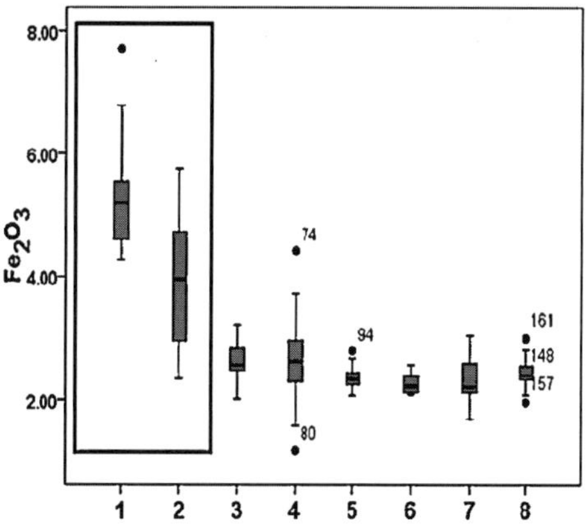

插图二　不同组别原始瓷胎料 Fe_2O_3 含量比较

瓢山样品含铁量高，最高可以达 7.7%，北家山样品的胎料中含铁量在 2.3% ~3.7%，而商以后样品中 Fe 元素的含量明显降低，一般低于3%（插图二）。从窑址采集的生土样和窑壁土（烧造过程中掉落并黏附在样品表面）的 Fe 元素含量也较高，与瓢山和北家山窑址部分样品相似（参见表4）。推测商以后，为了提高烧成后胎釉的效果，先人们在制胎原料的选择上进行了人为改进。

三　样品表层分析

按照文化期分组，比较全部样品外表面和胎的 CaO 含量（插图三）。胎料的 CaO 含量一般在 1% 以下，商以后的许多样品表面含钙量明显高于胎料，而 Si 和 Al 两种元素的含量相对于胎都有不同程度的降低，尤其是春秋和战国时期样品 CaO 含量的平均值达到 10% 以上，商以后原始瓷的釉层应为高温钙釉。

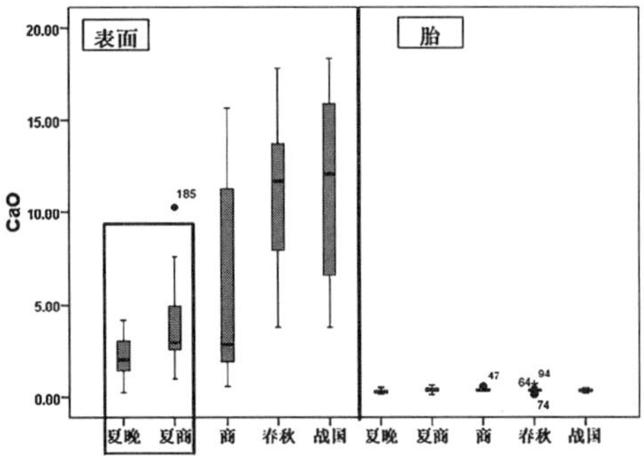

插图三　不同时期原始瓷表面与胎料 CaO 含量比较

文化期划分更早的瓢山和北家山大部分样品的表面 CaO 含量高于胎料，多在 2% 以上。为了讨论两个窑口的样品表层是否施釉，我们分别比较了这两个窑口出土样品的胎料和内外表面 Ca 和 K 元素的含量（插图四）。

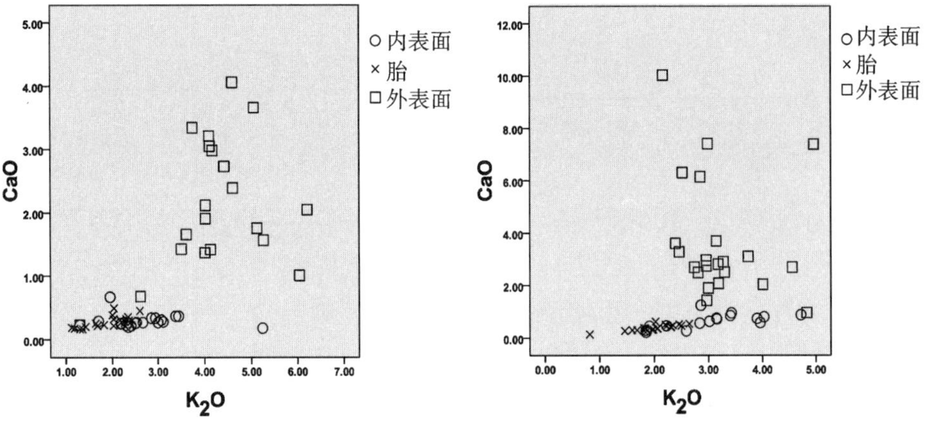

（a）　　　　　　　　　　（b）

插图四　瓢山（a）和北家山（b）样品原始瓷 CaO 和 K_2O 含量比较

从插图四中可以发现，两个窑址样品内表面和胎料的 CaO 含量都较低，外表面的 CaO 含量要高于胎料和内表面。尤其北家山部分样品的 CaO 含量明显偏高，对比样品实物，发现高钙样品有明显釉层覆盖。另外瓢山外表面的 K_2O 含量略高于胎料和内表面，北家山样品则无这种趋势。

比较窑汗（窑壁土部分的玻璃质表层）和瓢山、北家山样品表面的 CaO 和 K_2O 含量，发现窑汗的 K_2O 含量（>8%）要明显高于早期原始瓷外表面和窑土，而 CaO 含量都低于 1%，与样品胎料和内表面相似，要低于外表面（插图五）。

但表面的 XRF 数据结果存在两个问题：一是因为早期原始瓷样品表面非常薄，一般小于 100μm，入射的 X 射线很容易穿透表层激发胎料物质（插图六），从而使得获得的荧光信息包含表层和部分胎料；二是从显微镜下观察瓢山和北家山样品，发现其表面成分分布非常不均匀（彩图七，1），分析过程中入射 X 光束斑直径为 1mm，不同位置测量可能会获得差别较大的数据结果。因此分析结果表征表层的化学组成可能不完全准确。

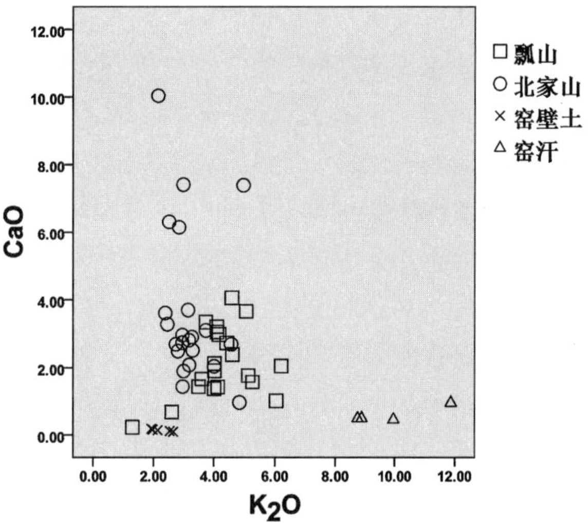

插图五　瓢山和北家山样品表面与窑壁土、窑汗的成分比较

四　电子探针分析报告

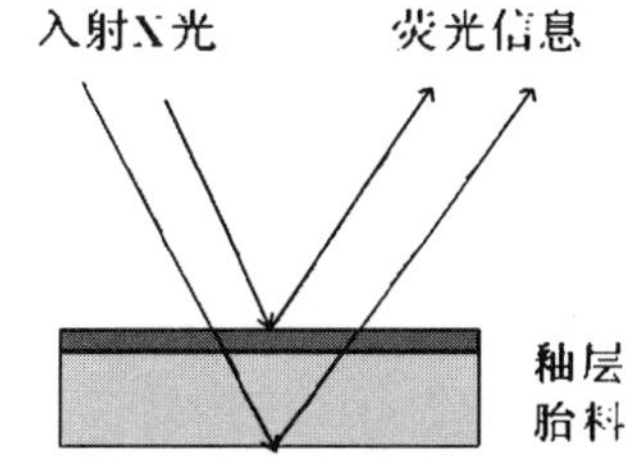

插图六　X 射线能谱分析示意图

从外观看，北家山样品除了几片明显带有釉层的样品外，其他样品和瓢山窑出土样品相似，仅凭人眼观察很难判断施釉情况，选择部分这样的样品进行微区分析，显微观察并分析其样品表层，讨论其施釉情况。同时为了比较，挑选部分印纹硬陶和火烧山原始瓷样品进行分析，样品信息见表 5。

表 5　电子探针分析样品信息表

类型	时代	窑址	样品
原始瓷	夏代晚期	湖州瓢山	ZNZ005、ZNZ010、ZNZ017、ZNZ019、ZNZ020
原始瓷	夏商之际	湖州北家山	ZNZ025、ZNZ028、ZNZ033
原始瓷	春秋中期	德清火烧山	ZNZ085、ZNZ090
印纹硬陶	西周	萧山	ZJXST01、ZJXST02

利用 SiC 轮片从残片样品切下块状样品，保证样品的内外表层和胎料在同一切面，在超声波中用去离子水反复清洗，烘干。用树脂包裹样品块，防止后期处理过程中样品表面物质如釉层等的脱落。再制备成适用于电子探针分析的片状样品（彩图七，2）。用砂纸和粉末颗粒等研磨样品表面至光学光滑，使用镀膜机在样品表面镀碳，以保证表面的

导电性。

实验在国家海洋局杭州第二海洋研究所海底科学重点实验室完成，分析设备型号为日本电子 Jeol JXA－8100。测试电压 15kV，电子束流 2×10^{8} A。显微图像是利用背散射电子成像，在显微图像中寻找测量点，分析束斑直径随样品不同测量位置情况进行微调，约 5μm。在测试过程中避免束斑过小，因小束斑导致能量集中，在较长时间的测量过程中可能会对样品产生明显的烧蚀情况，从而导致分析数据的偏差。荧光信号利用波长色散能谱仪进行分析，能量分辨率 133eV@ MnKα，每个元素的测量时间为 10s，主量元素的误差约 1%，微量元素的误差约为 5%，钛的数据误差可能较大，约 10%。分析过程中利用中国微束分析标准委员会研制的微束分析系列国家标准样品作为参考物，定量过程利用 ZAF 方法，结果以氧化物的形式呈现，数据结果见本文附录二。

因分析束斑较小，为避免物质不均匀性导致分析数据的偏差，在样品条件允许的情况下，选择多点进行测量。

1. 印纹硬陶表层分析

印纹硬陶表面以印纹为装饰，不施釉，在显微图像中没有发现与胎有明显区别的表层结构，分析其表面的化学组成，结果显示其表面没有高钙层覆盖，CaO 含量大都在 1% 以下（彩图七，3）。

2. 晚期釉层的分析

火烧山样品表面都覆有明显高钙釉层，厚度约 100μm，釉层中 CaO 含量较高，可以到 15%，K_2O 含量都低于 5%（彩图七，4）。

3. 北家山样品表层分析

北家山样品表面覆盖有高钙釉，但是釉层较薄，约几十个微米，同时釉层连续性很差，只覆盖部分胎料，分析其化学组成，CaO 含量较胎都要高，K_2O 含量都低于 4%（彩图八，1）。因此北家山样品表面应是覆盖有较薄的釉层，但成釉效果较差。

4. 瓢山样品

瓢山三块样品表面未发现有高钙层覆盖，推测可能是样品本身无釉，或曾经覆盖釉层而现已剥落（彩图八，2）；两块样品表面覆盖有高钙釉，釉层部位 CaO 含量较高，釉层厚度非常不均匀（彩图七，5）。

综上所述，商以后原始瓷样品表层有富含钙的覆盖层，而这种高钙层在印纹硬陶内外表面都没有发现，应是原始瓷的高温釉层。瓢山和北家山部分原始瓷器物表面覆盖有较薄的高钙釉层，但釉层分布很不均匀，其化学组成与商以后原始瓷样品釉层相似。釉与窑汗的成分比较表明，釉的 CaO 含量明显高于窑汗，而 K_2O 含量则偏低，两者在成分上不存在相似性。因此不论是早期釉斑还是后期釉层都应属于人工高钙釉，不同的是瓢山和北家山样品的成釉效果还比较原始，后期原始瓷釉层才逐渐成熟起来。

五　中子活化分析

古陶瓷中微量成分的种类及其含量等是由制瓷原料和工艺决定的，往往具有一定的产地和年代特征，这些信息几乎不随年代变迁而发生变化，是对古瓷样品进行产地和年代判断的非常重要的依据。仪器中子活化分析具有分析灵敏度高、准确度高和取样量小等优点，被认为是最有效的古陶瓷微量元素分析方法，是研究古瓷产地特征的理想方法。

选取部分样品进行分析，样品信息见表6。在样品上切下小块，利用磨片机去除胎料表面受污染部分和釉层，在超声波清洗器中用去离子水反复清洗，烘干后利用玛瑙研钵研磨，称量200mg左右的样品，送原子能研究院微型中子源反应堆进行中子辐照，热中子注量率设定值为 $5\times10^{11}cm^{-2}\cdot s^{-1}$。辐照后的探测器用 Tennelec/Nucleus 公司生产的 HPGe 探头、4096 多道分析器和计算机组成的分析系统测量 γ 谱。该系统对^{60}Co 1332keV 峰的分辨率为 1.96keV，相对探测效率为25%。分析实验给出了样品中多种元素的含量，数据见本文附录三。

表6　中子活化分析样品信息表

类别	时代	窑址	样品量
瓷样	夏代晚期	湖州瓢山	10
瓷样	夏商之际	湖州北家山	5
瓷样	商代	湖州南山	5
瓷样	西周晚期至春秋早期	德清火烧山	5
瓷样	春秋中期	德清火烧山	5
瓷样	春秋晚期	德清火烧山	5
瓷样	战国早期	德清长山	5
瓷样	战国早期	德清亭子桥	5
土样		德清	5

选取胎料化学组成部分元素（V、Na、Dy、Ho、La、Sm、Yb、Sc、Cr、Co、Zn、Cs、Ce、Nd、Eu、Tb、Lu 和 Hf），将分析数据用 SPSS 统计软件进行主成分分析，前两个主因子代表了约 79.82% 的信息量。如插图七所示，结果表明不同组别的原始瓷有自身的化学组成特性，中子活化分析可以用来对东苕溪流域原始瓷样品来进行有效的产地和年代判别。

六　X 射线衍射分析

对采集的大部分样品进行 XRD 分析，部分样品因样品量和取样问题没有进行实验分析。同时为了进行比较，除了采集到的原始瓷样品外，还补充了其他类型的陶瓷样品进

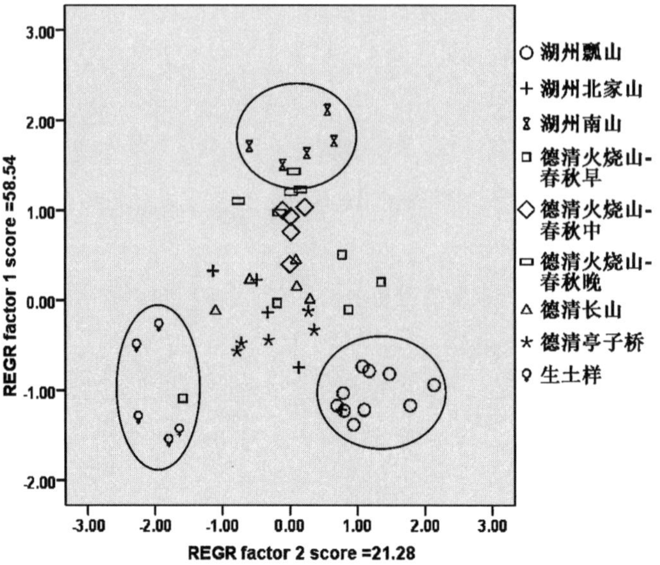

插图七　原始瓷胎料主成分分析

行了分析，样品信息见表7。

在样品上切下小块，利用磨片机去除胎料表面受污染的部分和釉层，在超声波清洗器中用去离子水反复清洗，烘干后利用高速牙钻机制备胎料粉末样品。

仪器为X射线多晶衍射仪Bruker公司的D8 Advance，测试条件：扫描方式为$\theta-2\theta$，测量角度为10～55°，步长为0.02，扫描速度为5°/分。光管为Cu靶$K\alpha_1=1.54$Å、$K\alpha_2=1.54439$Å、$K\alpha=1.54184$ Å，电压为40kV，电流为40mA。

考虑到早期大型原始瓷样品的不同部位可能因烧造环境不同而导致物相构成存在差异，故选取了两片北家山窑和一片南山窑体积较大的样品，在胎体三个不同位置分别取样进行分析，发现谱图中晶相峰相同。利用仪器配置的物相定量分析软件进行解谱，比较不同位置晶相构成比例，发现差别并不明显（表8），说明在样品任一位置取样所获得的结果是有代表性的。单个样品的分析谱图见附录四。

表7　衍射分析补充样品信息表

类别	时代	窑址	样品量
印纹硬陶	西周	萧山墓葬	5
陶	新石器	良渚遗址	10
唐三彩	唐代	河南黄冶	5
		陕西黄堡	
青瓷	东汉	上虞小仙坛	10
白瓷	宋	定窑	5

表 8　部分样品晶相定量分析结果

样品	窑址	时代	石英	方石英	莫来石
ZNZ24－1	湖州北家山	夏商之际	44.1	16.8	39.1
ZNZ24－2			37.1	17.6	45.2
ZNZ24－3			34.8	29.4	35.7
ZNZ36－1	湖州北家山	夏商之际	43	25.3	31.6
ZNZ36－2			34.1	27.7	38.1
ZNZ36－3			32.2	30.7	37
ZNZ60－1	德清南山	商代	48.8	3.2	48
ZNZ60－2			45.6	2.2	52.2
ZNZ60－3			43.7	2.4	54.5

分析所有原始瓷样品谱图，发现样品中的主要晶相都是石英、方石英、莫来石和玻璃相（插图八），不同的是各个组别样品的物相构成比例有所差别。根据文献调研情况和分析结果，对于胎料物相构成的讨论集中在两点，即莫来石相的生成和非晶态的含量。因为莫来石在天然矿物中并不存在，只有在硅酸铝盐经过1000℃左右的高温烧造后才会生成，因此物相中如果存在莫来石相则说明胎料经过了1000℃左右的高温烧成，莫来石相的生成也会增加基体的力学强度。而玻璃相在制瓷过程中随着温度的升高和烧造时间的延长而不断增加，玻璃相增多会使胎料气孔减小，胎体更加致密，同时在力学性能方面得到改善。因此可以说，这两个物相变化既反映了制瓷过程中的烧造工艺，又影响了胎体的性能表现。

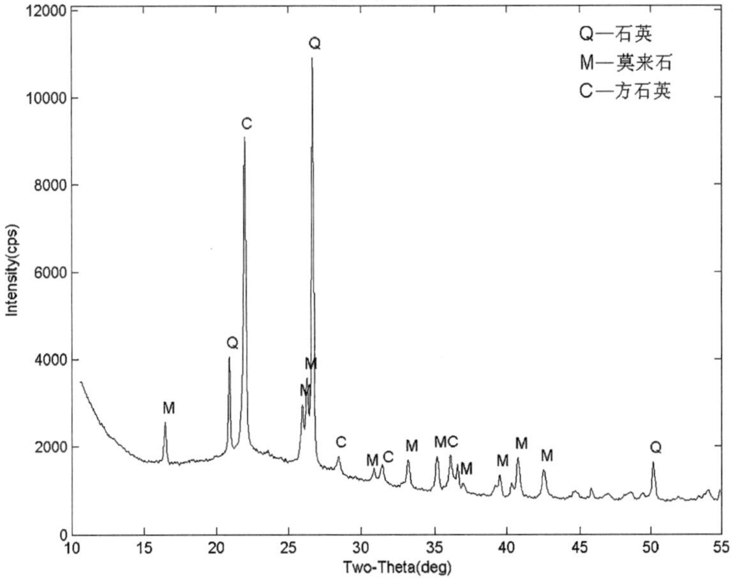

插图八　原始瓷胎料物相分析谱图

由插图九可见，生土样和早期陶器中无高温莫来石相的存在；绝大部分唐三彩中也没有莫来石相；印纹硬陶、原始瓷和成熟瓷器（邢窑、定窑、东汉上虞）的胎中含有明显莫来石相，不同类型样品间含量存在差异。

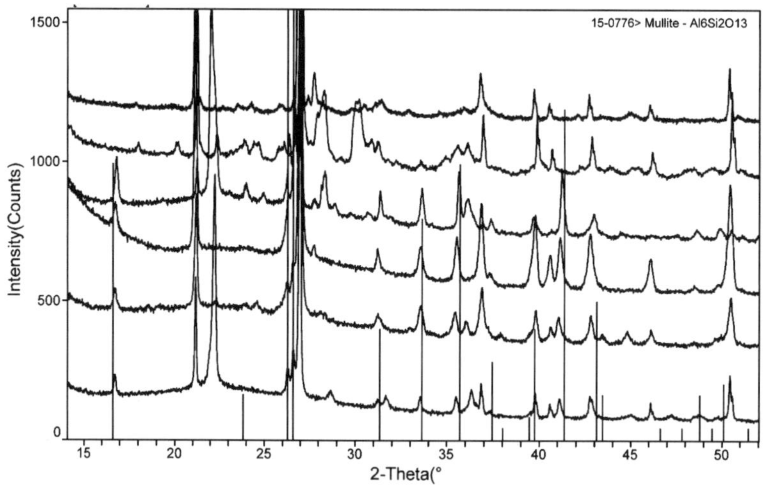

插图九　不同类型陶瓷器物胎料 XRD 图谱中莫来石情况
（谱图由下到上：原始瓷、印纹硬陶、东汉青瓷、定窑白瓷、陶器、唐三彩）

由插图一〇可见，印纹硬陶、原始瓷、唐三彩和成熟瓷器样品胎谱图在 15℃～30℃左右（石英的玻璃峰）都有明显鼓包存在，表明其胎体中都有明显非晶态（玻璃相）的存在，不同的是在物相构成中所占比重不同，特别是早期陶器中玻璃相很少或几乎没有。

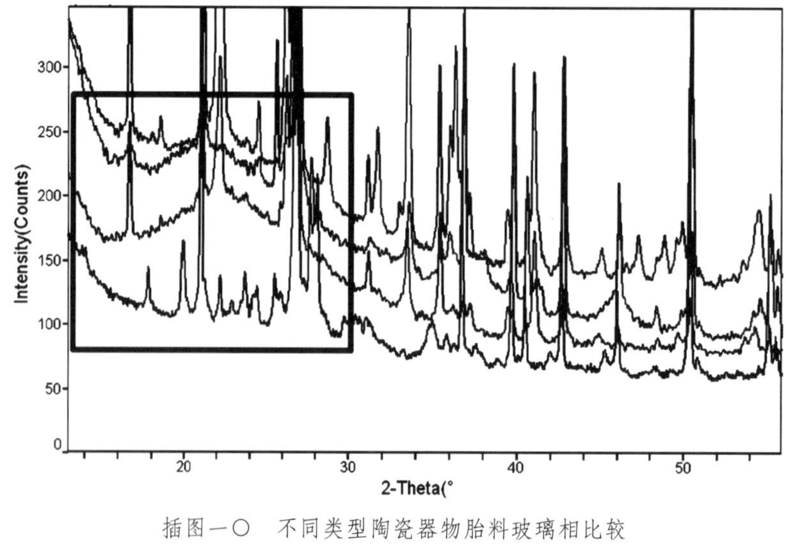

插图一〇　不同类型陶瓷器物胎料玻璃相比较
（谱图由下到上：陶器、唐三彩、原始瓷、印纹硬陶）

在借鉴其他行业衍射分析相关规范材料的基础上，我们根据原始瓷分析实验过程中的经验，撰写了《原始瓷物相分析检测规范（草案）》。

七　Fe元素吸收谱精细结构分析

Fe元素是青釉瓷最重要的呈色离子，它在器物中的含量和化学总态会极大地影响产品烧成后的外观颜色，在原始瓷中的化学总态又主要取决于古人的制瓷工艺。吸收谱精细结构分析是研究物质局域结构的有力手段，因此分析不同时期样品胎和釉中Fe元素的吸收谱精细结构，可以研究烧造工艺的发展变化。

受实验机时限制，选择瓢山、北家山和火烧山部分样品进行分析，样品信息见表9。在样品上切下小块，利用磨片机去除胎料表面受污染部分，在超声波清洗器中用去离子水反复清洗，烘干待测。

实验分析在北京同步辐射1W1B－XAFS实验站完成，测量条件：储存换能量为2.5Gev，电流为100～250mA。测试光斑大小为$0.9 \times 0.3mm^2$，采用双晶单色器，能量分辨率约为0.1～0.3eV。标准样品（Fe_2O_3和Fe_3O_4）采用透射模式，原始瓷样品采用荧光模式，每个样品测量时间约为30分钟。在表面Fe元素分析过程中，考虑到样品表面的不均匀性，于每个样品的上选择了至少两个点进行测量，单个样品表面与胎料的比较谱图见本文附录五。

表9　Fe元素吸收谱精细结构分析样品信息表

样品	时代	窑址
ZNZ002	夏代晚期	湖州瓢山
ZNZ007		
ZNZ019		
ZNZ026	夏商之际	湖州北家山
ZNZ031		
ZNZ078	西周晚期至春秋早期	德清火烧山
ZNZ081		

由样品表面Fe元素吸收谱比较可见，瓢山和北家山样品表面不同位置Fe元素的配位情况略有差别，吸收峰相对较窄，与表面不均匀有关，峰最高点偏向低能方向；春秋时期样品吸收峰更加宽化，不同位置谱峰几乎无差别（彩图八，3）。因此推断Fe元素应是多种配位情况的混合，或与釉层形成后Fe元素处于玻璃态中有关。

由样品的表面与胎料Fe元素吸收谱比较可见，样品胎中Fe元素的吸收峰相对较窄，与瓢山和北家山样品表面中Fe元素类似，但与表面相比峰最高点向低能方向靠近，说明表面Fe元素被氧化的更强一些；胎料中Fe元素的边前峰低于早期原始瓷样品表面中的

Fe 元素，表明其轨道杂化要低于样品表面（彩图八，4）。

八　小结

通过分析东苕溪流域出土的原始瓷胎料，可知原始瓷胎以硅酸铝盐为主；瓢山样品的平均含铁量较高，与生土样和窑壁土相近；北家山样品含铁量的变化范围较大，在 2.3% ~57%；而年代判定为商以后的窑址包括商代南山窑出土的样品，含铁量要比早期样品低，平均约 1% ~2%，与成熟青瓷相近。推测古代先人制作原始瓷类器物时，为了胎体呈色或釉的效果，在制胎原料的选择或加工上进行了变化或改进。同时物相分析结果表明所有原始瓷胎中都有明显的莫来石高温相和玻璃相，这与后期成熟瓷器如越窑青瓷和定窑白瓷相近；陶器中早期良渚陶器和三彩中都没有莫来石相，良渚陶器的玻璃相几近没有，印纹硬陶则与原始瓷相似。据此，我们认为胎体的物相构成是分辨低温陶器和高温瓷器的一个重要标志。

南山窑址及后期窑址中的原始瓷釉都是高温钙釉。早期原始瓷中，瓢山少量样品表面覆盖有富含 Ca 元素的表层，其他样品表面未发现釉层，同时显微镜观察部分样品表面有釉斑，推测应有施釉但已剥落；北家山少量样品有明显釉层覆盖，部分样品覆盖有较薄的高钙层，但覆盖层在电镜下观察均匀性较差，推测其与胎体结合效果不好。但不论是瓢山还是北家山样品，其表面覆盖的高钙层成分都与后期釉层相近，明显不同于窑汗高钾低钙的特点。另外，早期样品表面不同位置 Fe 元素的化学总态存在差别，这种情况应与表面覆盖层不均匀有关，而火烧山成熟釉层则没有这种不均匀性。因此，我们推测在商以前已经有人工施釉存在，但技术不成熟，成釉效果不理想，至商南山窑后才逐渐成熟。

X 射线荧光能谱分析和中子活化分析所得数据结果表明，不同组别原始瓷样品胎料的化学组成都有各自的特性，可以通过成分分析对原始瓷样品进行产地和年代研究。

Fe 元素的化学总态对陶瓷胎和釉的成瓷效果具有重要作用，可以应用吸收谱的精细结构分析原始瓷样品中 Fe 元素的配位情况，进一步对其烧造工艺的发展变化进行研究。

综合上述分析结果，我们认为虽然胎料中含铁量高、表面施釉的样品数量较少，且成釉效果不理想，但从胎料化学组成、物相构成和施釉三个方面比较，瓢山和北家山样品应属于原始瓷的早期形态，至南山窑及后期，原始瓷的制作工艺已经逐渐成熟。

东苕溪流域先秦时期原始瓷标本测试报告

张　斌　承焕生　李　毓

一　前言

东汉时期，浙江上虞小仙坛烧成了青瓷器，其各项重要指标都与现代瓷器相近。而在此之前，浙江有许多窑口已经开始生产瓷器，时间甚至早至商、周时期，但它们的质量较差，统称为原始瓷。浙江生产原始瓷的地方很多，时间也很长，几乎延续有一千多年。先人在如此长的时间内，逐步摸索制瓷的技术，包括提高窑温、选择制胎原料、研制釉料配方与工艺等等。至今，原始瓷技术发展的详细过程尚未完全清楚。本项目研究的目的在于运用科技方法研究原始瓷窑址发掘出土的样品，以了解制瓷关键技术是如何逐步发展，并最终烧成合格瓷器的。

二　研究对象

本课题研究了下面六个窑址烧造的原始瓷样品：

窑址	时代	样品量
（湖州）瓢山窑址	夏代晚期	17 个
（湖州）北家山窑址	夏商之间	16 个
（湖州）南山窑址	商代早期	20 个
（德清）火烧山窑址	西周晚期—春秋晚期	60 个
（德清）亭子桥窑址	战国	20 个
（德清）长山窑址	战国	20 个

三　原始瓷样品胎、釉化学组分测量方法

本课题研究中，样品胎和釉的化学组分利用外束质子激发 X 荧光技术（PIXE）进行测量。实验是在复旦大学应用离子束物理教育部重点实验室完成的。本实验采用外束 PIXE 技术，实验样品和探测器之间采用氦气保护，从加速器得到质子的初始能量为

3.0MeV，到达样品的实际能量为2.8MeV，束斑直径为1mm，测量时束流为0.01～0.5nA。样品发射的X射线能谱采用Si（Li）探测器测量，探测器的能量分辨率（FWHM）为165eV（5.9keV）。化学组分通过PIXE能谱处理，采用GUPIX程序计算得到。为了保证每次实验结果的可靠性，每次实验都用标准样品GSD6校刻、检验。

PIXE是测量样品表面较薄层化学成分的技术，相应的测量范围可用表1和表2的数据来说明：

表1　不同能量的质子在白釉中的射程

质子能量（MeV）	1.5	2.0	2.5	3.0	3.5	4.0
射程（μm）	35	76	106	150	201	256

表2　不同能量质子束入射条件下样品中不同元素97%份额的发生深度（μm）

元素	1.5MeV	2.0MeV	2.5MeV	3.0MeV	3.5MeV	4.0MeV
Al	6.3	8.3	8.5	8.7	8.7	8.7
Si	6.7	9.7	10.3	10.6	10.7	10.7
K	7.6	15.2	19.1	22.6	24.5	25.5
Ca	7.7	16.0	20.7	25.6	28.8	30.5
Mn	7.9	17.6	24.7	34.6	44.7	54.5
Fe	7.9	17.7	25.0	35.3	46.3	57.4
Zn	7.8	17.8	25.4	36.5	48.8	62.2

四　原始瓷烧结温度测量

用热膨胀法测量了瓢山窑址样品3个、北家山窑址样品2个、南山窑址样品4个（其中2个样品是印纹硬陶），结果如表3。

表3　烧结温度测量结果

窑址	序号	样品	烧结温度
瓢山窑址	1	HPT4（5）－1	1180℃±20℃
	2	HPT4（5）－4	1070℃±20℃
	3	HPT4（7）－9	1150℃±20℃
北家山窑址	1	HBT1（3）－5	1190℃±20℃
	2	HBT1（3）－16	1170℃±20℃
南山窑址	1	印纹硬陶1号	1070℃±20℃
	2	印纹硬陶2号	1070℃±20℃
	3	HNT404（2）－1	1100℃±20℃
	4	HNT404（7）－2	1150℃±20℃

上述结果表明，瓢山窑址某些样品的烧结温度偏低；北家山窑址样品的烧结温度已接近1200℃；南山窑址硬陶的烧结温度要明显低些，都在1100℃以下，原始瓷的烧结温度要高些，但都未到达1200℃。考虑到测量误差，可知上述三者窑温都接近1200℃。

从样品切面观察，均可见胎中玻璃态光泽，表明样品已基本烧结，其叩击时发声也较清脆。

五　釉和胎的化学组分实验结果

用PIXE技术测得6个窑口（瓢山窑址、北家山窑址、南山窑址、长山窑址、亭子桥窑址和火烧山窑址）原始瓷胎、釉化学组分，结果在本文附录中列出。下面将讨论测试结果所反映的一些规律性现象。表4列出了6个窑样品胎的化学组分的平均值。

表4　各窑样品胎化学组分平均值（wt%）

窑址	Na_2O	MgO	Al_2O_3	SiO_2	P_2O_5	K_2O	CaO	TiO_2	MnO	Fe_2O_3
瓢山窑址	0.25	0.68	18.12	73.04	0.14	1.98	0.30	1.09	0.031	4.29
北家山窑址	0.60	0.65	16.26	75.55	0.36	1.29	0.38	0.96	0.025	3.32
南山窑址	1.03	0.67	18.75	73.00	0.25	2.52	0.40	0.92	0.028	2.57
长山窑址	0.63	0.55	15.34	77.88	0.15	1.79	0.38	1.04	0.025	2.18
亭子桥窑址	0.42	0.61	15.59	77.22	0.19	1.82	0.36	1.14	0.022	3.59
火烧山窑址1期	0.41	0.57	18.06	75.13	0.27	2.09	0.27	0.94	0.015	2.17
火烧山窑址2期	0.64	0.49	15.73	76.29	0.11	2.39	0.36	0.88	0.023	2.21
火烧山窑址3期	0.82	0.44	16.31	75.94	0.15	2.81	0.39	0.96	0.028	2.10
南山窑址生土样品	0.51	0.55	15.45	75.64	0.24	3.22	0.38	1.29	0.09	2.63
	0.24	0.60	18.52	70.74	0.14	3.15	0.35	1.17	0.04	5.01

从表4可见，以时间先后顺序看，瓢山窑址、北家山窑址、南山窑址、长山窑址等窑口产品胎中Fe_2O_3的含量随着窑口年龄的下降而呈现下降的趋势（仅德清亭子桥窑址例外），Fe_2O_3含量分别为4.29%、3.32%、2.57%、2.18%。数据表明，随着时代的发展，上述古窑所用胎料的质量有提高的趋势。

表4中也给出了南山窑址附近生土样品的化学组分。生土的化学组分与瓷胎的化学组分相近，但并不完全相同，其中一个生土样品的Fe_2O_3含量明显偏高，达到5.01%。说明早期的窑工们尽管是就地取材烧造原始瓷，但对原料也有所选择，以保证产品质量。上述含铁量高的土样经研磨后，用200目过筛，发现残留有许多微小颗粒物，经检测，其成分为Fe_2O_3颗粒。

六　原始瓷瓷釉的讨论

釉的发明是原始瓷发展过程中非常重要的一步。我们在研究中发现了两种类型的釉：人工施釉的高钙釉和在窑炉内自然形成的高钾釉。

瓢山窑址 17 个样品表面釉的化学组分显示，其中有 2 个样品 CaO 含量较高，分别为 4.92% 和 7.08%，釉面残留的玻璃态已不连成片，其化学组分与人工的高钙釉相符；其余 15 个样品表面 CaO 含量都不高，表面也不光滑，有不少腐蚀坑（本文附表 1）。我们可以认为，那时的窑工们已开始使用人工的高钙釉装饰原始瓷。表面 CaO 含量不高的样品中有 2 块样品是高钾釉，釉面光滑，但釉层极薄，厚度在 0.1mm 以下。

在 16 个北家山窑址的原始瓷样品中，测得 9 个样品上有高钙釉，CaO 含量从 4.02% ~ 17.36%，釉面也很光滑（本文附表 2）。上述数据反映出北家山窑成功烧造高钙釉产品的比例已明显上升，已占测定样品的 56%。

测定的 20 个南山窑址样品中，有 13 个样品表面是高钙釉，占总数的 65%，CaO 含量最高的样品达到 17.81%（本文附表 3）。某些样品釉面仍然保持光滑，呈玻璃态。有些样品因腐蚀而导致表面呈现不少腐蚀坑。

七　两类釉料的讨论

从测定的瓢山窑址、北家山窑址和南山窑址样品的化学组分，我们可以发现两种配方，一种是高钙釉（表 5；彩图九，1），另一种是高钾釉（表 6；彩图九，2）。总体上看，样品大多是单面施釉，釉面呈光滑的玻璃态，因胎色大多偏灰，釉色也都偏灰。高钙釉与高钾釉的化学组分的差别不仅反映在釉中 CaO 与 K_2O 含量的差别，高钙釉中相应的 MgO、P_2O_5 和 MnO 的含量也都明显较高。据现代的知识，高钙釉中 MgO、P_2O_5 和 MnO 的主要来源应是人工制釉时采用的草木灰，这一情况一直延续到成熟的越窑青瓷和龙泉窑青瓷。但高钾釉配方并未从早期的原始瓷得到完善，继承和发展到成熟的青瓷产品，甚至成熟的景德镇元代影青白釉产品也未见有高钾釉产品。直到明代中期才有人为增加 K_2O 的含量，烧制成钙—钾釉，CaO 很少而 K_2O 含量高达 5% 左右（已成为釉料的主要熔剂）的高钾釉则是在清末才出现。所以，原始瓷的高钾釉不是人工施釉，而是在烧制过程中自然形成的一种釉面。早期原始瓷在烧制过程中，直接将瓷胎置于窑膛的地上，不用盒钵，因而窑中的火焰直接沿烟囱方向与瓷胎接触，烟灰颗粒在其上淀积，随着窑温升高，淀积层熔化成玻璃态。也正因如此，在背向窑火的位置上通常不会有相应的“高钾釉”，也没有表面全部“施钾釉”的原始瓷样品。

表5 瓢山窑址、北家山窑址、南山窑址部分高钙釉化学组分（wt%）

窑址	样品	Na_2O	MgO	Al_2O_3	SiO_2	P_2O_5	K_2O	CaO	TiO_2	MnO	Fe_2O_3
瓢山窑址	HPT4⑤:4	0.49	1.29	16.38	67.05	0.32	3.63	4.92	1.06	0.10	4.57
	HPT4⑦:4	0.53	1.51	14.19	65.92	0.41	3.11	7.08	0.98	0.17	5.99
北家山窑	HBT1③:3	0.86	1.30	14.25	69.27	0.53	2.81	5.27	1.00	0.26	4.43
	HBT1③:17	0.98	1.25	15.80	67.86	0.44	3.09	5.08	0.95	0.13	4.35
南山窑	HNT404②:1	2.16	1.84	16.34	65.24	0.86	2.41	7.54	0.83	0.13	2.26
	HNT402③:1	1.89	1.59	15.77	59.19	0.59	3.53	12.64	0.94	0.18	3.52
	HNT404⑤:1	1.44	2.13	14.29	57.02	0.80	3.41	16.60	0.91	0.19	3.03

表6 瓢山窑址、北家山窑址、南山窑址部分高钾釉化学组分（wt%）

窑址	样品	Na_2O	MgO	Al_2O_3	SiO_2	P_2O_5	K_2O	CaO	TiO_2	MnO	Fe_2O_3
瓢山窑址	HPT4⑦:6	0.46	1.41	16.49	66.95	0.25	5.13	3.21	1.02	0.08	4.83
	HPT4⑦:9	0.77	1.55	16.19	65.86	0.36	5.13	3.80	1.04	0.13	5.08
北家山窑址	HBT1③:4	0.72	1.11	16.50	68.72	0.20	6.00	0.85	1.04	0.05	4.67
	HBT1③:19	2.43	1.34	12.87	66.37	0.28	7.27	3.90	0.92	0.10	4.51
南山窑址	HNG1 :2	1.30	0.71	18.00	69.08	0.15	5.49	0.92	1.03	0.03	3.02
	HNT402②:2	2.35	1.13	18.95	66.18	0.08	5.68	1.44	0.86	0.07	3.41
	HNT404②:2	1.88	0.97	15.84	69.51	0.22	5.13	2.01	1.12	0.13	2.90

北家山窑址有2个（彩图九，3、4）、南山窑址有4个很特殊的样品（彩图九，5、6），这些样品上同时施有高钙釉和高钾釉（表7）。例如有一件豆盘的内部底面施高钙釉，而外面则有玻璃光泽的高钾釉；一件罐在肩部施有高钙釉，而在下部则施高钾釉。按照其功能来分析，那些发现有高钾釉的部位本是无需施釉的。这也证明北家山窑址和南山窑址样品上发现的高钾釉不是人为的施釉。

表7 北家山窑址和南山窑址具有不同釉料的样品（wt%）

样品	Na_2O	MgO	Al_2O_3	SiO_2	P_2O_5	K_2O	CaO	TiO_2	MnO	Fe_2O_3
HBT1 -3 -5 釉（内）	0.54	1.94	13.03	59.04	0.93	2.18	17.36	0.82	0.31	3.86
HBT1 -3 -5 釉（外）	1.09	0.96	15.95	70.99	0.23	3.53	0.76	1.08	0.38	4.96
HBT1 -3 -20 釉（内）	0.88	1.23	15.80	65.41	0.62	2.75	5.86	0.78	0.10	6.53
HBT1 -3 -20 釉（外）	1.34	1.17	16.95	69.29	0.19	4.28	1.30	1.03	0.04	4.37
HNG1 -1 釉（内）	0.93	1.19	15.59	61.96	0.32	3.15	11.85	1.12	0.13	3.49
HNG1 -1 釉（外）	1.40	1.03	16.88	68.56	0.16	5.51	1.41	1.16	0.05	3.63
HNG1 -3 釉（内）	1.41	1.48	17.08	64.79	0.66	5.04	4.64	1.00	0.12	3.33

续表 7

样品	Na_2O	MgO	Al_2O_3	SiO_2	P_2O_5	K_2O	CaO	TiO_2	MnO	Fe_2O_3
HNG1－3 釉（外）	1.40	1.03	16.88	68.56	0.16	5.51	1.41	1.16	0.05	3.63
HNT404－5－2 釉（外）	1.45	0.90	14.48	69.65	0.39	3.63	3.82	0.95	0.23	4.37
HNT404－5－2 釉（内）	2.48	0.81	15.57	65.77	0.29	6.47	1.83	0.95	0.13	5.67
HNT404－6－2 釉（外）	3.26	0.71	13.81	68.82	0.00	6.64	1.46	1.03	0.10	3.89
HNT404－6－2 釉（内）	1.89	1.41	13.13	59.95	0.82	3.94	12.7	0.99	0.36	4.33

八　窑汗（渣）化学组成的分析

瓷窑在长期运行过程中，窑火中的灰粒及杂质在泥质窑壁上逐步沉积，随着窑温的升高，淀积物熔化并逐步变成玻璃态的光滑物质，这就是窑汗（渣）。其形成过程应与某些瓷器样品表面的淀积物相类似。我们采集、分析了火烧山窑址窑渣样品（彩图九，7）和南山窑址窑渣样品（彩图九，8），测得表面的化学组分。从表 8 数据可见，窑渣表面的化学组分与样品上测得的高钾釉很相近，K_2O 的含量在 4.17%～9.98%，而 CaO 的含量则不高；窑渣内部的化学组分则与窑壁或瓷胎相近，K_2O 含量远比表面要低，通常在 2%～3%。

表 8　窑渣表面的化学组分（wt%）

样品	Na_2O	MgO	Al_2O_3	SiO_2	P_2O_5	K_2O	CaO	TiO_2	MnO	Fe_2O_3
DHIT403－6：1 窑渣	0.55	1.15	12.35	65.51	0.27	9.98	1.4	0.73	0.13	7.87
DHIT403－6：1 窑渣	0.44	0.91	16.03	61.48	0.26	8.86	0.45	0.82	0.1	10.33
DHIT403－6：1 窑渣	0.29	0.95	13.52	66.85	0.17	8.48	0.39	0.95	0.1	8.22
DHIT403－9：2C 窑渣	0.16	0.67	15.48	72.13	0.28	4.17	1.6	0.94	0.03	4.53
DHIT403－9：2C 窑渣	0.17	0.6	15.37	69.97	0.27	5.71	1.68	1.02	0.05	5.13
南山窑址窑渣 G1	2.08	1.25	14.67	60.93	1.24	7.85	3.04	0.97	0.22	7.28
南山窑址窑渣 G1	2.69	4.34	20.78	50.08	3.38	4.61	3.10	1.01	0.11	5.21

九　德清火烧山窑址出土样品的研究

浙江德清火烧山窑址烧造时间很长，从西周晚期一直到春秋晚期。测试样品分别选自三个时段，即西周晚期到春秋初期、春秋中期后段和春秋晚期后段。用测得的胎和釉的化学组分作因子分析。结果表明，春秋中期和春秋晚期产品的胎和釉所用原料相同，而与早期（西周晚期到春秋初期）产品不同（插图一、二）。从产品质量分析，西周晚期到春秋初期的和春秋中晚期的差别明显。可能从春秋中期开始，原来使用的材料殆尽而改用了新的原料。

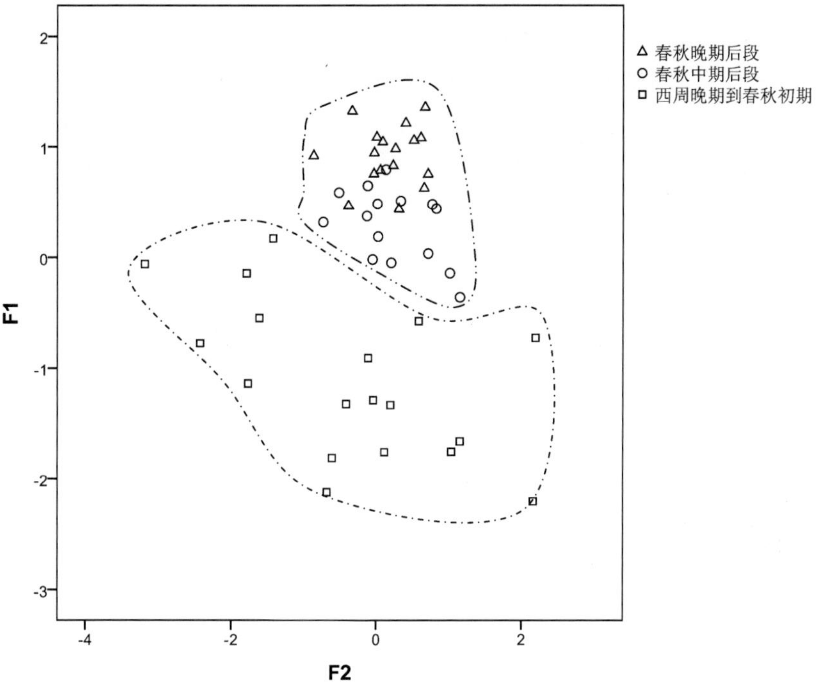

插图一　浙江德清火烧山窑址出土不同时期原始瓷胎的化学组成的因子分析

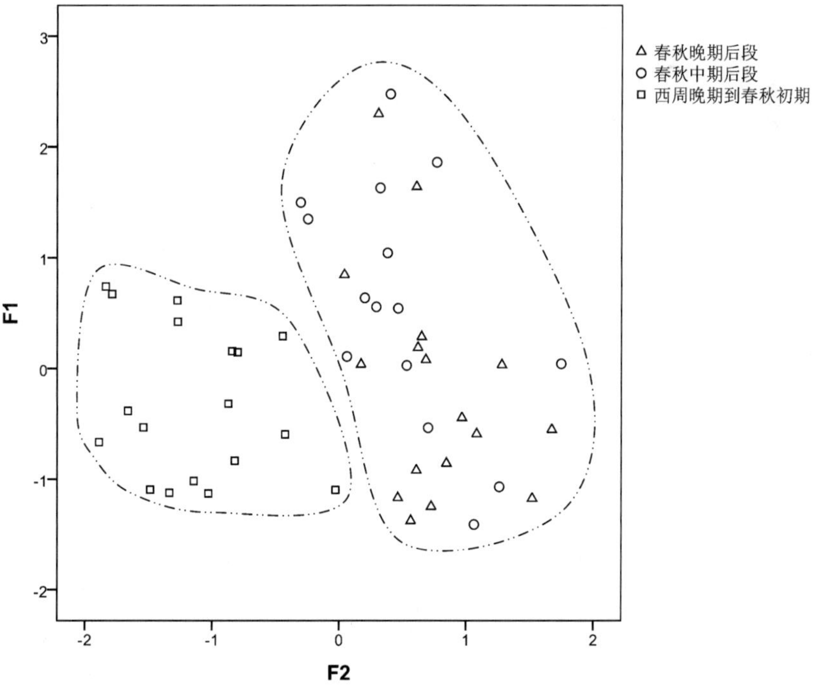

插图二　浙江德清火烧山窑址出土不同时期原始瓷釉的化学组成的因子分析

附录

附表1　湖州瓢山窑址原始瓷化学组分（wt%）

序号	样品	Na_2O	MgO	Al_2O_3	SiO_2	P_2O_5	K_2O	CaO	TiO_2	MnO	Fe_2O_3
1	HPT45：1－胎	0.24	0.50	17.33	73.82	0.10	2.14	0.36	1.05	0.03	4.28
2	HPT45：1－外表面	0.68	1.13	15.83	68.46	0.20	5.38	2.22	0.96	0.08	4.88
3	HPT45：1－外表面	0.76	1.32	15.45	67.91	0.24	5.03	2.87	1.01	0.08	5.27
4	HPT45：1－外表面	0.62	1.47	15.91	67.44	0.20	5.00	2.68	1.03	0.09	5.45
5	HPT45：2－胎	0.33	0.97	18.60	71.87	0.15	2.31	0.33	1.08	0.04	4.28
6	HPT45：2－外表面	0.41	1.33	17.66	68.37	0.33	3.78	1.54	1.09	0.07	5.29
7	HPT45：3－胎	0.29	0.80	17.48	72.82	0.18	2.04	0.36	1.08	0.03	4.80
8	HPT45：3－外表面	0.49	1.29	16.38	67.05	0.32	3.63	4.92	1.06	0.10	4.57
9	HPT45：3－外表面	0.42	1.31	16.96	67.33	0.38	3.27	2.46	1.30	0.07	6.34
10	HPT45：4－胎	0.31	0.61	17.97	73.86	0.12	2.10	0.31	1.11	0.03	3.47
11	HPT45：4－内表面	0.38	0.69	18.85	72.24	0.12	2.37	0.26	1.17	0.04	3.77
12	HPT45：4－外表面	0.83	1.23	15.04	70.18	0.31	4.48	2.06	1.08	0.07	4.55
13	HPT45：5－胎	0.35	0.89	18.51	72.11	0.08	2.28	0.35	1.04	0.02	4.35
14	HPT45：5－外表面	0.58	0.97	16.16	72.04	0.13	4.13	1.17	1.00	0.02	3.76
15	HPT45：6－胎	0.18	0.75	20.40	70.34	0.07	1.90	0.30	1.03	0.03	4.91
16	HPT45：6－外表面	0.36	1.04	16.55	62.90	0.40	3.78	2.48	1.07	0.47	10.77
17	HPT45：7－胎	0.21	0.71	17.45	73.77	0.15	2.02	0.37	1.04	0.03	4.23
18	HPT45：7－外表面	0.54	1.31	15.90	69.24	0.32	3.77	2.21	0.93	0.08	5.65
19	HPT45：7－内表面	0.21	0.55	20.47	71.47	0.04	1.26	0.22	1.04	0.05	4.63
20	HPT45：8－胎	0.30	0.69	17.74	73.15	0.18	2.07	0.36	1.11	0.03	4.29
21	HPT45：8－外表面	0.50	1.57	17.90	65.46	0.29	3.57	3.36	1.08	0.14	6.13
22	HPT47：1－胎	0.27	0.68	18.57	72.44	0.05	1.87	0.29	1.10	0.05	4.62
23	HPT47：1－外表面	0.36	1.29	16.06	68.20	0.45	3.24	2.86	1.03	0.14	6.26
24	HPT47：2－胎	0.26	0.62	20.43	70.54	0.11	2.26	0.46	0.99	0.04	4.14
25	HPT47：2－外表面	0.32	1.04	20.04	68.29	0.17	3.47	0.72	1.09	0.04	4.78
26	HPT47：3－胎	0.28	0.62	16.95	74.06	0.16	1.71	0.21	1.00	0.02	4.91
27	HPT47：3－外表面	0.18	0.95	16.39	72.46	0.19	2.61	1.45	1.33	0.05	4.30
28	HPT47：4－胎	0.11	0.47	16.06	76.05	0.16	1.93	0.27	1.11	0.03	3.74
29	HPT47：4－外表面	0.53	1.51	14.19	65.92	0.41	3.11	7.08	0.98	0.17	5.99
30	HPT47：4－外表面	0.61	1.47	18.60	68.58	0.17	3.97	1.14	1.03	0.02	4.11

续附表 1

序号	样品	Na_2O	MgO	Al_2O_3	SiO_2	P_2O_5	K_2O	CaO	TiO_2	MnO	Fe_2O_3
31	HPT47:5－胎	0.29	0.83	18.26	72.55	0.20	2.16	0.30	1.02	0.03	4.33
32	HPT47:5－外表面	0.51	1.39	17.67	65.57	0.28	4.90	2.83	1.00	0.11	5.55
33	HPT47:5－外表面	0.37	1.28	18.13	67.42	0.35	2.93	3.18	1.10	0.13	5.06
34	HPT47:6－胎	0.15	0.71	18.45	72.78	0.12	1.75	0.25	1.15	0.03	4.54
35	HPT47:6－外表面	0.63	1.41	16.49	66.95	0.25	5.13	3.21	1.02	0.08	4.83
36	HPT47:6－外表面	0.71	1.56	16.33	65.79	0.35	5.43	3.08	1.04	0.12	5.51
37	HPT47:6－外表面	0.65	1.59	16.33	65.15	0.28	4.95	4.48	1.01	0.12	5.38
38	HPT47:6－外表面	0.70	1.57	17.50	64.98	0.22	4.77	3.11	1.04	0.13	5.93
39	HPT47:7－胎	0.11	0.43	15.46	77.66	0.17	1.42	0.10	1.18	0.09	3.26
40	HPT47:7－外表面	0.46	1.15	19.84	66.27	0.29	4.87	1.40	1.23	0.07	4.21
41	HPT47:8－胎	0.19	0.62	21.52	69.59	0.07	1.79	0.31	1.36	0.02	4.49
42	HPT47:8－外表面	0.36	1.17	18.79	65.40	0.23	3.73	2.25	1.17	0.16	6.51
43	HPT47:9－胎	0.33	0.70	16.85	74.28	0.24	1.90	0.23	1.06	0.03	4.27
44	HPT47:9－外表面	0.77	1.55	16.19	65.86	0.36	5.13	3.80	1.04	0.13	5.08

附表 2　湖州北家山窑址原始瓷化学组分（wt%）

序号	样品	Na_2O	MgO	Al_2O_3	SiO_2	P_2O_5	K_2O	CaO	TiO_2	MnO	Fe_2O_3
1	HBT13:1－胎	0.71	0.64	16.07	76.10	0.18	1.86	0.44	0.83	0.03	3.06
2	HBT13:1－内表面	1.04	1.20	16.03	69.37	0.32	3.26	2.74	0.97	0.06	4.85
3	HBT13:1－外表面	0.87	1.06	17.13	72.59	0.31	2.77	0.66	0.89	0.05	3.63
4	HBT13:2－胎	0.75	0.62	16.24	75.60	0.27	2.04	0.41	0.90	0.03	3.07
5	HBT13:2－釉（内）	0.91	1.53	14.34	68.85	0.53	2.71	5.57	0.94	0.06	4.46
6	HBT13:2－外表面	0.90	1.05	17.55	71.95	0.33	2.52	0.54	0.89	0.05	4.09
7	HBT13:3－胎	0.66	0.54	17.62	74.51	0.33	1.75	0.31	0.99	0.02	3.22
8	HBT13:3－釉（内）	0.86	1.30	14.25	69.27	0.53	2.81	5.27	1.00	0.26	4.43
9	HBT13:3－外表面	1.03	0.96	16.41	69.77	0.30	3.88	0.71	1.03	0.07	5.83
10	HBT13:4－胎	0.24	0.84	17.60	73.48	0.21	2.00	0.33	1.01	0.05	4.24
11	HBT13:4－内表面	0.47	1.13	14.61	69.71	0.34	3.06	3.55	1.16	0.12	5.78
12	HBT13:4－外表面	0.72	1.11	16.50	68.72	0.20	6.00	0.85	1.04	0.05	4.67
13	HBT13:5－胎	0.59	0.53	15.42	75.65	0.93	2.12	0.46	0.98	0.01	3.23
14	HBT13:5－釉（内）	0.54	1.94	13.03	59.04	0.93	2.18	17.36	0.82	0.31	3.86
15	HBT13:5－外表面	1.09	0.96	15.95	70.99	0.23	3.53	0.76	1.08	0.38	4.95
16	HBT13:6－胎	0.58	0.66	17.16	75.18	0.20	2.04	0.46	0.89	0.01	2.73

续附表 2

序号	样品	Na_2O	MgO	Al_2O_3	SiO_2	P_2O_5	K_2O	CaO	TiO_2	MnO	Fe_2O_3
17	HBT13 : 6 – 内表面	0. 82	1. 18	16. 00	70. 17	0. 50	2. 87	3. 53	0. 94	0. 09	3. 90
18	HBT13 : 7 – 胎	0. 46	0. 53	15. 87	75. 56	0. 98	1. 58	0. 39	1. 15	0. 01	3. 43
19	HBT13 : 7 – 釉（内）	1. 07	1. 35	14. 78	68. 78	0. 47	3. 00	4. 75	1. 02	0. 09	4. 61
20	HBT13 : 7 – 外表面	0. 99	0. 96	16. 59	72. 54	0. 27	3. 37	0. 89	0. 99	0. 01	3. 31
21	HBT13 : 8 – 胎	0. 23	0. 60	14. 09	76. 73	0. 40	1. 58	0. 24	1. 14	0. 06	4. 86
22	HBT13 : 8 – 内表面	0. 52	1. 08	15. 38	72. 83	0. 33	2. 63	0. 98	1. 13	0. 09	5. 01
23	HBT13 : 8 – 外表面	0. 33	0. 97	15. 50	69. 37	0. 83	3. 26	0. 44	1. 30	0. 10	7. 79
24	HBT13 : 9 – 胎	0. 35	0. 58	20. 95	70. 27	0. 61	1. 71	0. 33	1. 14	0. 02	4. 00
25	HBT13 : 9 – 釉（内）	0. 47	1. 73	14. 87	59. 10	0. 78	2. 39	14. 07	0. 97	0. 20	5. 20
26	HBT13 : 9 – 外表面	1. 02	1. 15	17. 86	69. 84	0. 20	3. 64	0. 62	0. 97	0. 01	4. 66
27	HBT13 : 10 – 胎	0. 36	0. 70	14. 41	76. 63	0. 21	1. 74	0. 28	1. 05	0. 06	4. 53
28	HBT13 : 10 – 外表面	0. 64	1. 12	14. 90	73. 29	0. 23	3. 85	0. 45	1. 09	0. 08	4. 32
29	HBT13 : 10 – 内表面	0. 41	1. 52	14. 57	70. 22	0. 43	2. 50	2. 98	1. 19	0. 12	6. 02
30	HBT13 : 15 – 胎	0. 81	0. 56	15. 79	76. 99	0. 27	2. 06	0. 46	0. 85	0. 01	2. 19
31	HBT13 : 15 – 釉（外）	0. 84	1. 28	14. 94	71. 11	0. 48	2. 58	4. 02	0. 94	0. 12	3. 68
32	HBT13 : 15 – 釉（外）	0. 90	1. 31	14. 81	69. 77	0. 63	2. 57	5. 50	0. 99	0. 13	3. 34
33	HBT13 : 16 – 胎	0. 68	0. 65	15. 19	75. 83	0. 23	2. 07	0. 46	0. 90	0. 03	3. 95
34	HBT13 : 16 – 外表面	1. 21	0. 98	15. 62	70. 38	0. 51	3. 78	2. 27	1. 01	0. 08	4. 12
35	HBT13 : 17 – 胎	0. 80	0. 66	16. 08	75. 34	0. 37	1. 98	0. 39	0. 95	0. 01	3. 42
36	HBT13 : 17 – 釉（外）	0. 98	1. 25	15. 80	67. 86	0. 44	3. 09	5. 08	0. 95	0. 13	4. 35
37	HBT13 : 18 – 胎	0. 65	0. 47	16. 09	77. 29	0. 23	1. 90	0. 32	0. 81	0. 03	2. 11
38	HBT13 : 18 – 釉（外）	1. 53	1. 53	14. 16	67. 72	0. 35	5. 45	4. 59	0. 79	0. 11	3. 61
39	HBT13 : 19 – 胎	0. 95	0. 63	15. 24	78. 02	0. 11	1. 73	0. 34	0. 86	0. 01	2. 02
40	HBT13 : 19 – 釉（外）	2. 43	1. 34	12. 87	66. 37	0. 28	7. 27	3. 90	0. 92	0. 10	4. 51
41	HBT13 : 20 – 胎	0. 74	0. 62	16. 41	75. 63	0. 26	2. 07	0. 39	0. 86	0. 01	2. 98
42	HBT13 : 20 – 釉（底）	0. 88	1. 23	15. 80	65. 41	0. 62	2. 75	5. 86	0. 78	0. 10	6. 53
43	HBT13 : 20 – 外表面	1. 34	1. 17	16. 95	69. 29	0. 19	4. 28	1. 30	1. 03	0. 04	4. 37

附表 3　湖州南山窑址原始瓷化学组分（wt%）

序号	样品	Na_2O	MgO	Al_2O_3	SiO_2	P_2O_5	K_2O	CaO	TiO_2	MnO	Fe_2O_3
1	HNG1 : 1 – 胎	0. 83	0. 59	19. 10	72. 79	0. 23	2. 63	0. 45	0. 95	0. 01	2. 39
2	HNG1 : 1 – 釉（内）	0. 93	1. 19	15. 59	61. 96	0. 32	3. 15	11. 85	1. 12	0. 13	3. 49
3	HNG1 : 1 – 外表面	1. 40	1. 03	16. 88	68. 56	0. 16	5. 51	1. 41	1. 16	0. 05	3. 63

续附表 3

序号	样品	Na_2O	MgO	Al_2O_3	SiO_2	P_2O_5	K_2O	CaO	TiO_2	MnO	Fe_2O_3
4	HNG1∶2－胎	0.65	0.52	19.24	72.48	0.28	2.60	0.35	1.03	0.04	2.76
5	HNG1∶2－釉（内）	0.79	0.90	15.72	68.68	0.40	3.91	3.63	1.26	0.06	3.65
6	HNG1∶2－外表面	1.30	0.71	18.00	69.08	0.15	5.49	0.92	1.03	0.03	3.02
7	HNG1∶3－胎	0.68	0.47	18.66	73.15	0.11	3.27	0.40	0.97	0.02	2.19
8	HNG1∶3－釉（内）	1.41	1.48	17.08	64.79	0.66	5.04	4.64	1.00	0.12	3.33
9	HNG1∶3－外表面	1.40	1.03	16.88	68.56	0.16	5.51	1.41	1.16	0.05	3.63
10	HNG1∶4－胎	0.83	0.56	19.58	71.30	0.14	2.15	0.85	0.96	0.06	3.51
11	HNG1∶4－釉（内）	0.94	0.98	17.00	66.93	0.26	3.35	3.14	1.00	0.09	5.47
12	HNG1∶4－外表面	0.82	0.94	18.18	68.42	0.33	3.57	1.69	1.14	0.06	4.41
13	HNT4022∶1－胎	0.86	0.57	20.69	71.27	0.35	2.27	0.43	0.91	0.01	2.49
14	HNT4022∶1－釉（肩部）	0.87	0.77	11.48	62.85	1.58	2.33	15.28	1.00	0.24	3.16
15	HNT4022∶1－釉（中部）	1.15	0.93	18.15	70.54	1.47	2.73	0.54	1.00	0.06	2.99
16	HNT4022∶2－胎	1.14	0.62	20.12	72.02	0.14	2.19	0.37	0.86	0.03	2.49
17	HNT4022∶2－釉	2.35	1.13	18.95	66.18	0.08	5.08	1.44	0.86	0.07	3.41
18	HNT4028∶1－胎	1.43	0.66	16.05	72.43	0.27	3.81	0.74	0.88	0.06	3.56
19	HNT4028∶1－釉（内）	1.74	0.97	15.44	69.68	0.60	3.82	2.78	0.97	0.13	3.77
20	HNT4028∶2－胎	1.34	0.53	17.75	74.76	0.19	2.18	0.25	0.87	0.02	2.01
21	HNT4028∶2－釉	2.52	0.88	18.25	68.84	0.32	3.30	2.46	0.78	0.11	2.39
22	HNT4042∶1－胎	1.27	0.42	17.90	73.99	0.42	2.31	0.31	0.92	0.04	2.34
23	HNT4042∶1－釉（外）	2.16	1.84	16.34	65.24	0.86	2.41	7.54	0.83	0.13	2.26
24	HNT4042∶2－胎	1.61	1.68	17.30	75.26	0.014	2.46	0.239	0.958	0.044	3.097
25	HNT4042∶2－外表面	1.88	0.97	15.84	69.51	0.22	5.13	2.01	1.12	0.13	2.90
26	HNT4043∶1－胎	0.84	0.57	19.14	72.89	0.26	2.55	0.33	0.97	0.01	2.41
27	HNT4043∶1－釉（外）	1.89	1.59	15.77	59.19	0.59	3.53	12.64	0.94	0.18	3.52
28	HNT4044∶1－胎	1.06	0.65	17.22	74.64	0.05	2.66	0.32	0.84	0.03	2.47
29	HNT4044∶1－釉（内）	1.39	1.01	15.26	67.59	0.66	4.12	4.43	1.17	0.11	4.23
30	HNT4045∶1－胎	0.83	0.39	16.61	74.90	0.21	2.95	0.31	0.97	0.03	2.75
31	HNT4045∶1－釉（外）	1.44	2.13	14.29	57.02	0.80	3.41	16.60	0.91	0.19	3.03
32	HNT4045∶2－胎	1.00	0.55	17.10	74.29	0.35	2.67	0.38	1.00	0.04	2.61
33	HNT4045∶2－釉（外）	1.45	0.90	14.48	69.65	0.39	3.63	3.82	0.95	0.23	4.37
34	HNT4045∶2－釉（内）	2.48	0.81	15.57	65.77	0.29	6.47	1.83	0.95	0.13	5.67
35	HNT4046∶1－胎	1.07	0.43	16.54	74.84	0.24	2.75	0.41	0.95	0.02	2.62
36	HNT4046∶1－釉（外）	2.14	0.78	16.06	66.62	0.09	6.64	1.32	1.03	0.13	4.89

续附表3

序号	样品	Na_2O	MgO	Al_2O_3	SiO_2	P_2O_5	K_2O	CaO	TiO_2	MnO	Fe_2O_3
37	HNT4046：1－釉（内）	1.24	0.88	11.43	72.61	0.37	5.19	3.29	0.86	0.16	3.76
38	HNT4046：2－胎	1.30	0.43	16.59	75.66	0.33	2.44	0.35	0.93	0.02	1.93
39	HNT4046：2－外表面	3.26	0.71	13.81	68.82	0.00	6.64	1.46	1.03	0.10	3.89
40	HNT4046：2－釉（内）	1.89	1.41	13.13	59.95	0.82	3.94	12.74	0.99	0.36	4.33
41	HNT404－7：1－胎	1.03	0.58	19.27	73.06	0.43	2.33	0.35	0.81	0.03	2.09
42	HNT404－7：1－内表面	1.31	0.97	17.48	70.35	0.33	3.28	1.89	0.95	0.07	3.16
43	HNT404－7：2－胎	0.86	0.71	22.25	69.80	0.31	2.11	0.39	0.92	0.03	2.61
44	HNT404－7：2－釉（内）	0.91	1.01	17.60	65.25	0.43	3.34	5.14	1.11	0.12	4.81
45	HNT404－7：2－外表面	0.44	1.07	24.01	60.96	0.36	3.52	0.74	1.23	0.08	7.16
46	HNT404－7：3－胎	1.00	0.64	22.53	69.49	0.40	2.07	0.35	0.84	0.01	2.63
47	HNT404－7：3－釉（内）	0.83	1.13	16.92	64.77	0.70	2.65	7.71	1.26	0.15	3.65
48	HNT404－7：3－外表面	0.71	0.88	23.43	61.97	0.15	3.87	0.87	1.03	0.07	6.78
49	HNT404－7：4－胎	1.43	0.52	21.26	70.91	0.36	1.94	0.34	0.89	0.00	2.35
50	HNT404－7：4－釉（肩部）	0.91	1.81	14.27	57.81	0.84	2.11	17.81	0.97	0.48	2.75

附表4　德清火烧山窑址1期原始瓷化学组分（wt%）

序号	样品	Na_2O	MgO	Al_2O_3	SiO_2	P_2O_5	K_2O	CaO	TiO_2	MnO	Fe_2O_3
1	DHT5045：1－胎	0.62	0.60	18.29	74.89	0.52	1.65	0.14	0.82	0.00	2.43
2	DHT5045：1－釉（外）	0.36	2.22	16.16	58.95	1.10	1.44	13.63	0.75	0.07	5.23
3	DHT5045：2－胎	0.33	0.72	20.94	72.36	0.29	2.40	0.28	0.84	0.02	1.73
4	DHT5045：2－釉（外）	0.47	1.69	15.66	59.51	1.02	2.63	14.36	0.61	0.04	3.84
5	DHT5045：3－胎	0.43	0.55	17.54	75.18	0.16	2.05	0.42	0.89	0.02	2.65
6	DHT5045：3－釉（内）	0.62	2.25	14.56	57.40	1.39	2.65	15.76	0.75	0.25	4.21
7	DHT5045：4－胎	0.19	0.73	20.95	70.92	0.17	2.93	0.29	1.02	0.00	2.78
8	DHT5045：4－釉（外）	0.48	1.71	17.01	60.03	1.04	2.77	12.48	0.64	0.05	3.63
9	DHT5045：4－釉（内）	0.32	1.63	14.25	57.73	0.56	3.97	15.37	0.80	0.19	5.09
10	DHT5045：5－胎	0.44	0.34	14.82	79.11	0.33	2.00	0.24	1.03	0.01	1.47
11	DHT5045：5－釉（外）	0.61	1.48	12.64	59.80	1.81	3.18	16.88	0.89	0.07	2.51
12	DHT5045：4－釉（外）	0.40	1.80	15.89	58.75	1.26	2.60	14.74	0.59	0.06	3.74
13	DHT5045：6－胎	0.32	0.69	18.46	74.40	0.27	2.48	0.30	0.92	0.01	1.98
14	DHT5045：6－釉（外）	0.56	1.46	17.10	58.35	0.59	2.49	15.09	0.70	0.06	3.50
15	DHT5045：6－釉（内）	0.57	1.71	16.05	59.05	0.34	3.84	13.69	0.81	0.14	3.67
16	DHT5045：7－胎	0.73	0.45	15.97	77.89	0.41	1.14	0.25	0.91	0.04	2.10

续附表 4

序号	样品	Na_2O	MgO	Al_2O_3	SiO_2	P_2O_5	K_2O	CaO	TiO_2	MnO	Fe_2O_3
17	DHT5045：7－釉（外）	1.07	2.19	14.00	61.38	1.28	2.54	13.46	0.72	0.05	3.03
18	DHT5045：8－胎	0.26	0.43	20.02	73.63	0.14	1.54	0.19	1.22	0.02	2.50
19	DHT5045：8－釉（外）	0.39	2.00	12.02	55.71	1.18	2.97	20.22	0.74	0.19	4.44
20	DHT5045：9－胎	0.37	0.61	19.16	73.92	0.32	1.88	0.16	1.03	0.02	2.40
21	DHT5045：9－釉（外）	0.53	1.65	13.51	58.79	1.00	2.47	15.52	0.96	0.12	5.37
22	DHT5045：10－胎	0.37	0.58	18.07	75.38	0.14	2.27	0.29	0.85	0.01	1.92
23	DHT5045：10－釉（外）	0.42	1.55	15.54	55.80	0.64	3.78	17.19	0.78	0.06	4.14
24	DHT5045：10－釉（内）	0.26	1.66	12.97	56.83	0.63	3.15	18.66	0.89	0.31	4.57
25	DHT5045：11－胎	0.43	0.67	18.86	73.53	0.21	1.76	0.30	0.92	0.02	3.18
26	DHT5045：11－釉（外）	0.73	2.68	17.39	58.37	0.80	3.60	10.90	0.83	0.12	4.52
27	DHT5045：12－胎	0.30	0.68	19.36	73.11	0.22	1.54	0.19	1.00	0.02	3.56
28	DHT5045：12－釉（外）	0.57	2.19	17.87	60.37	0.69	2.90	8.80	0.90	0.11	5.51
29	DHT5045：13－胎	0.29	0.60	19.82	73.57	0.37	2.07	0.24	0.84	0.02	2.10
30	DHT5045：13－釉（外）	0.47	1.93	17.21	59.17	0.60	2.71	13.63	0.76	0.11	3.36
31	DHT5045：14－胎	0.65	0.44	17.35	73.99	0.39	3.65	0.77	1.03	0.01	1.72
32	DHT5045：14－釉（外）	0.74	1.85	16.18	58.62	0.72	2.59	14.89	0.75	0.07	3.47
33	DHT5045：15－胎	0.56	0.62	20.60	72.63	0.00	2.66	0.29	0.64	0.02	1.91
34	DHT5045：15－釉（外）	0.82	2.00	15.92	57.13	0.87	3.25	15.55	0.61	0.03	3.73
35	DHT5045：16－胎	0.26	0.55	16.66	77.27	0.48	2.00	0.23	0.95	0.01	1.57
36	DHT5045：16－釉（外）	0.82	2.72	13.92	57.80	1.05	2.27	16.83	0.69	0.11	3.49
37	DHT5045：17－胎	0.48	0.49	15.45	78.48	0.14	2.18	0.24	1.00	0.01	1.53
38	DHT5045：17－釉（外）	0.60	2.47	14.66	61.32	1.28	1.68	13.08	0.75	0.14	3.77
39	DHT5045：18－胎	0.30	0.51	15.44	78.87	0.14	1.73	0.17	0.93	0.01	1.90
40	DHT5045：18－釉（外）	0.46	1.57	11.20	57.82	1.37	3.23	17.57	0.91	0.10	5.66
41	DHT5045：18－釉（外）	0.61	2.41	13.99	57.95	1.60	2.67	16.58	0.78	0.05	3.21
42	DHT5045：19－胎	0.45	0.53	15.65	78.12	0.39	2.09	0.24	0.93	0.01	1.48
43	DHT5045：19－釉（外）	0.47	1.85	13.95	62.17	0.92	2.23	12.49	1.01	0.15	4.73
44	DHT5045：20－胎	0.47	0.57	17.80	75.33	0.34	1.82	0.16	0.97	0.01	2.51
45	DHT5045：20－釉（外）	0.75	2.30	16.33	59.25	0.97	2.95	12.12	0.83	0.11	4.35

附表 5　德清火烧山窑址 2 期原始瓷化学组分（wt%）

序号	样品	Na_2O	MgO	Al_2O_3	SiO_2	P_2O_5	K_2O	CaO	TiO_2	MnO	Fe_2O_3
1	DH Ⅱ T3036：1－胎	0.69	0.47	16.67	75.60	0.05	2.65	0.40	0.91	0.04	2.46
2	DH Ⅱ T3036：1－釉（内）	0.70	1.74	12.67	69.34	0.64	3.14	7.96	0.86	0.35	2.50

续附表5

序号	样品	Na_2O	MgO	Al_2O_3	SiO_2	P_2O_5	K_2O	CaO	TiO_2	MnO	Fe_2O_3
3	DHⅡT3036∶2－胎	0.62	0.42	15.42	77.39	0.15	2.68	0.34	0.91	0.00	1.99
4	DHⅡT3036∶2－釉（外）	0.69	1.76	12.94	67.23	0.77	2.72	10.12	0.89	0.16	2.35
5	DHⅡT3036∶2－G－厚釉（内）	0.75	2.49	11.69	60.07	1.13	2.21	18.04	0.88	0.37	2.30
6	DHⅡT3036∶3－胎	0.59	0.49	15.94	77.12	0.12	2.07	0.38	0.91	0.03	2.30
7	DHⅡT3036∶3－釉	0.59	2.19	12.84	59.40	1.08	2.44	17.49	0.84	0.14	2.90
8	DHⅡT3036∶4－釉（内）	0.88	2.35	13.80	65.31	0.96	2.71	10.58	0.78	0.21	2.43
9	DHⅡT3036∶5－胎	0.56	0.42	16.37	76.66	0.05	2.47	0.37	0.85	0.03	2.16
10	DHⅡT3036∶5－厚釉（内）	0.60	2.04	14.92	64.91	0.64	2.08	10.93	0.84	0.23	2.77
11	DHⅡT3036∶6－胎	0.70	0.50	15.41	77.56	0.09	2.29	0.33	0.95	0.02	2.06
12	DHⅡT3036∶6－厚釉（外）	0.63	2.25	13.14	58.20	2.03	2.67	18.00	0.78	0.07	2.13
13	DHⅡT3036∶7－胎	0.55	0.54	17.17	75.18	0.12	2.06	0.38	0.86	0.02	3.09
14	DHⅡT3036∶7－釉（外）	0.63	2.47	15.56	63.27	1.55	2.26	10.84	0.69	0.39	2.22
15	DHⅡT3036∶8－胎	0.57	0.51	16.72	76.01	0.15	2.42	0.39	0.83	0.04	2.34
16	DHⅡT3036∶8－釉	1.06	1.87	13.75	65.59	0.96	3.24	10.11	0.81	0.26	2.30
17	DHⅡT3036∶9－胎	0.63	0.51	16.95	76.15	0.14	2.28	0.36	0.83	0.04	2.08
18	DHⅡT3036∶9－厚釉（外）	1.26	1.25	15.66	68.06	0.89	4.25	4.98	0.79	0.21	2.58
19	DHⅡT3036∶10－胎	0.62	0.58	16.13	76.78	0.12	2.23	0.42	0.91	0.04	2.15
20	DHⅡT3036∶10－釉（内）	0.70	2.02	12.61	63.03	1.06	2.17	13.94	1.09	0.25	2.99
21	DHⅡT3036∶11－胎	0.66	0.55	17.32	75.69	0.13	2.16	0.40	0.86	0.01	2.09
22	DHⅡT3036∶11－薄釉（口沿）	1.06	1.53	15.94	67.60	0.60	4.78	4.97	0.79	0.26	2.47
23	DHⅡT3036∶12－胎	0.67	0.41	16.59	76.39	0.15	2.59	0.33	0.83	0.03	1.93
24	DHⅡT3036∶12－釉（内）	0.46	1.46	13.07	68.05	0.71	2.51	10.18	0.85	0.22	2.44
25	DHⅡT3036∶13－胎	0.65	0.45	15.16	78.26	0.09	2.24	0.32	0.92	0.03	1.85
26	DHⅡT3036∶13－釉（内底）	0.68	1.27	13.32	68.63	0.85	2.86	8.54	1.01	0.24	2.50
27	DHⅡT3036∶10－胎	0.74	0.42	17.10	75.72	0.15	2.57	0.28	0.86	0.01	2.12
28	DHⅡT3036∶10－厚釉（外）	0.78	1.93	14.18	60.55	0.98	2.44	15.17	0.88	0.15	2.78
29	DHⅡT3036∶15－胎	0.72	0.42	16.07	76.58	0.05	2.79	0.30	0.92	0.02	2.12
30	DHⅡT3036∶15－厚釉（内）	0.81	2.37	12.39	57.39	1.47	2.59	19.58	0.80	0.30	2.18
31	DHⅡT3036∶16－胎	0.63	0.46	17.33	75.20	0.26	2.67	0.34	0.88	0.01	2.19
32	DHⅡT3036∶16－厚釉（外）	0.68	1.87	14.58	59.51	1.66	2.03	16.23	0.78	0.18	2.41
33	DHⅡT3036∶17－胎	0.56	0.49	17.14	75.61	0.10	2.40	0.42	0.92	0.03	2.32
34	DHⅡT3036∶17－釉（外）	0.93	2.08	15.94	60.27	1.21	3.94	12.12	0.78	0.20	2.47
35	DHⅡT3036∶17－釉（外）	0.78	2.25	15.77	58.20	1.24	3.52	13.75	0.83	0.29	3.25

续附表 5

序号	样品	Na_2O	MgO	Al_2O_3	SiO_2	P_2O_5	K_2O	CaO	TiO_2	MnO	Fe_2O_3
36	DHⅡT3036：17－釉	0.79	3.04	13.86	56.60	1.59	2.59	17.78	0.83	0.33	2.54
37	DHⅡT3036：18－胎	0.64	0.59	17.04	76.07	0.08	2.21	0.36	0.80	0.02	2.19
38	DHⅡT3036：18－厚釉（外）	1.00	2.89	12.78	57.02	1.68	2.17	19.14	0.72	0.60	1.87
39	DHⅡT3036：19－胎	0.71	0.53	16.53	76.25	0.05	2.25	0.34	0.99	0.01	2.28
40	DHⅡT3036：19－釉（内）	0.48	1.26	12.33	68.20	0.79	1.63	10.89	0.85	0.24	3.18
41	DHⅡT3036：19－釉（外）	1.38	1.12	15.52	70.10	0.47	3.72	3.91	1.01	0.19	2.46
42	DHⅡT3036：20－胎	0.57	0.48	17.55	75.28	0.05	2.47	0.35	0.86	0.01	2.29
43	DHⅡT3036：20－釉（内）	0.73	1.35	16.03	68.10	0.81	2.88	6.58	0.67	0.24	2.55

附表 6　德清火烧山窑址 3 期原始瓷化学组分（wt%）

序号	样品	Na_2O	MgO	Al_2O_3	SiO_2	P_2O_5	K_2O	CaO	TiO_2	MnO	Fe_2O_3
1	DHⅢT3032：1－胎	0.90	0.46	16.66	75.90	0.04	2.78	0.36	0.85	0.04	1.92
2	DH111T3036：1－釉（内）	0.74	1.71	12.85	63.40	0.73	2.35	13.85	0.85	0.88	2.60
3	DH111T3036：2－胎	0.77	0.40	15.37	77.08	0.22	2.71	0.39	1.03	0.04	2.00
4	DHⅡT3036：2－釉（内）	0.92	1.66	13.33	64.81	0.67	2.46	12.76	0.95	0.23	2.05
5	DHⅡT3036：3－胎	0.94	0.47	16.91	75.02	0.25	2.98	0.38	1.03	0.02	1.92
6	DHⅡT3036：3－薄釉（内）	1.35	1.35	15.30	68.96	0.66	4.18	4.84	0.91	0.13	2.22
7	DHⅡT3036：4－胎	0.70	0.54	17.55	75.00	0.19	2.53	0.37	0.89	0.02	2.20
8	DHⅡT3036：4－釉（外）	0.80	1.95	14.57	61.44	1.34	2.20	14.35	0.82	0.19	2.27
9	DHⅢT3032：5－胎	0.79	0.35	16.15	75.94	0.05	3.15	0.35	1.00	0.02	2.20
10	DHⅢT3032：5－釉（外）	1.11	1.50	14.52	62.95	1.10	3.32	11.72	0.95	0.25	2.52
11	DHⅢT3032：6－胎	0.79	0.49	16.32	75.79	0.06	2.78	0.36	0.96	0.02	2.39
12	DHⅢT3032：6－釉（内）	0.85	1.67	12.69	63.97	0.81	2.36	14.06	0.90	0.22	2.37
13	DHⅢT3032：7－胎	0.81	0.39	16.23	75.82	0.14	2.99	0.44	0.95	0.03	2.15
14	DHⅢT3032：7－釉（外）	0.80	1.23	15.20	67.22	0.40	3.20	7.97	0.92	0.17	2.69
15	DHⅢT3032：8－胎	0.87	0.39	15.84	76.74	0.24	2.61	0.36	0.90	0.03	1.87
16	DHⅢT3032：8－釉（内）	0.66	1.85	12.91	60.93	1.40	2.19	15.74	1.04	0.21	3.04
17	DHⅢT3032：9－胎	0.70	0.44	16.77	75.66	0.25	2.82	0.37	0.98	0.04	1.98
18	DHⅢT3032：9－釉	0.86	1.73	15.37	63.52	0.58	2.22	12.04	0.87	0.14	2.62
19	DHⅢT3032：10－胎	0.77	0.54	16.32	75.61	0.22	2.95	0.46	0.95	0.01	2.10
20	DHⅢT3032：10－釉（外）	0.85	2.33	13.77	61.15	1.07	2.03	15.25	0.88	0.27	2.39
21	DHⅢT3032：11－胎	0.91	0.41	17.03	75.08	0.28	2.79	0.39	0.96	0.03	2.05

续附表 6

序号	样品	Na_2O	MgO	Al_2O_3	SiO_2	P_2O_5	K_2O	CaO	TiO_2	MnO	Fe_2O_3
22	DHⅢT3032：11－釉（外）	0.95	2.62	13.92	58.50	1.22	2.29	17.24	0.87	0.17	2.15
23	DHⅢT3032：12－胎	0.87	0.39	17.04	75.53	0.08	2.75	0.36	0.93	0.03	2.01
24	DHⅢT3032：12－釉（外）	1.10	2.00	15.77	63.99	0.95	2.57	10.20	0.91	0.12	2.40
25	DHⅢT3032：13－胎	0.80	0.40	17.63	74.85	0.22	2.62	0.42	0.91	0.03	2.12
26	DHⅢT3032：13－釉（外）	0.80	1.56	15.82	63.13	0.58	2.33	11.69	0.91	0.14	2.98
27	DHⅢT3032：14－胎	0.86	0.45	15.28	76.76	0.17	2.87	0.34	0.95	0.03	2.24
28	DHⅢT3032：14－厚釉（内）	0.96	2.02	11.23	58.70	1.33	2.35	19.72	0.80	0.48	2.25
29	DHⅢT3032：15－胎	0.73	0.47	15.61	77.08	0.09	2.35	0.40	1.03	0.03	2.14
30	DHⅢT3032：15－釉（内）	0.85	1.85	13.39	63.75	1.00	2.50	12.35	1.02	0.25	2.96
31	DHⅢT3032：16－胎	0.69	0.49	15.85	76.31	0.22	2.84	0.34	1.04	0.02	2.15
32	DHⅢT3032：16－厚釉（内）	0.90	2.56	10.95	56.65	1.56	2.10	21.24	0.82	0.58	2.55
33	DHⅢT3032：17－胎	1.00	0.41	16.44	75.23	0.00	3.29	0.38	0.99	0.03	2.05
34	DHⅢT3032：17－釉（外）	0.82	1.55	15.13	63.60	0.71	2.96	11.40	1.00	0.25	2.46
35	DHⅢT3032：18－胎	0.79	0.49	16.02	76.31	0.06	2.86	0.44	0.91	0.02	2.01
36	DHⅢT3032：18－釉（外）	0.89	1.55	13.16	67.40	0.86	2.95	9.03	0.96	0.40	2.70
37	DHⅢT3032：19－胎	0.70	0.46	15.40	76.93	0.24	2.54	0.39	0.98	0.04	2.32
38	DHⅢT3032：19－釉	0.92	2.19	13.47	61.85	1.40	2.65	13.25	0.89	0.21	3.08
39	DHⅢT3032：20－胎	0.93	0.31	15.82	76.15	0.06	2.93	0.44	1.05	0.03	2.09
40	DHⅢT3032：20－釉	2.21	1.93	14.85	61.14	0.70	6.05	9.44	0.85	0.20	2.59

附表 7　德清亭子桥窑址原始瓷化学组分（wt%）

序号	样品	Na_2O	MgO	Al_2O_3	SiO_2	P_2O_5	K_2O	CaO	TiO_2	MnO	Fe_2O_3
1	DTT3035：1－胎	0.41	0.62	15.42	77.42	0.27	1.84	0.41	1.15	0.02	2.42
2	DTT3035：1－釉（外）	0.43	2.23	12.23	61.52	1.16	1.94	16.32	0.98	0.44	2.65
3	DTT3035：2－胎	0.45	0.57	15.24	77.53	0.15	1.90	0.40	1.22	0.03	2.49
4	DTT3035：2－釉（外）	0.40	2.09	11.42	59.54	1.34	1.68	18.93	1.03	0.53	2.99
5	DTT3035：3－胎	0.41	0.60	14.90	77.88	0.11	1.95	0.39	1.10	0.03	2.61
6	DTT3035：3－釉（外）	0.31	2.01	12.52	59.47	1.34	1.71	17.86	1.10	0.52	3.11
7	DTT3035：4－胎	0.39	0.58	14.83	78.09	0.11	1.90	0.41	1.16	0.02	2.50
8	DTT3035：4－釉（外）	0.36	2.11	11.43	57.04	1.33	1.86	19.55	1.07	0.73	4.42
9	DTT3035：5－胎	0.62	0.62	16.18	76.58	0.33	1.59	0.35	1.02	0.03	2.64

续附表7

序号	样品	Na_2O	MgO	Al_2O_3	SiO_2	P_2O_5	K_2O	CaO	TiO_2	MnO	Fe_2O_3
10	DTT3035 : 5 – 釉（外）	0.41	2.60	13.37	59.26	1.24	2.11	16.96	0.82	0.42	2.69
11	DTT3035 : 6 – 胎	0.39	0.72	16.15	76.52	0.15	1.67	0.28	1.10	0.02	2.90
12	DTT3035 : 6 – 釉（外）	0.58	2.22	12.64	60.94	0.94	2.67	13.95	1.13	0.81	4.02
13	DTT3035 : 7 – 胎	0.58	0.76	16.79	76.13	0.38	1.57	0.32	1.12	0.02	2.25
14	DTT3035 : 7 – 釉（外）	0.81	3.02	13.72	59.31	1.17	1.97	16.54	0.79	0.41	2.05
15	DTT3035 : 8 – 胎	0.47	0.66	16.48	76.32	0.34	1.75	0.33	1.18	0.02	2.44
16	DTT3035 : 8 – 釉（外）	0.93	1.74	14.88	70.42	0.61	2.66	4.85	0.77	0.18	2.62
17	DTT3035 : 9 – 胎	0.41	0.70	16.47	75.92	0.32	1.86	0.36	1.15	0.02	2.77
18	DTT3035 : 9 – 釉（外）	0.53	2.04	13.45	60.85	0.65	2.69	13.67	1.08	0.35	4.47
19	DTT3035 : 10 – 胎	0.66	0.52	16.94	75.72	0.17	1.74	0.43	1.03	0.02	2.74
20	DTT3035 : 10 – G – 厚釉（内）	0.37	2.20	11.05	53.66	1.24	1.55	23.71	1.01	0.80	4.21
21	DTT3035 : 11 – 胎	0.51	0.53	14.15	79.35	0.14	1.49	0.27	1.11	0.02	2.36
22	DTT3035 : 11 – 釉（内）	0.72	2.45	11.68	58.88	1.25	2.15	18.53	0.94	0.35	2.81
23	DTT3035 : 12 – 胎	0.43	0.53	14.39	78.71	0.14	1.69	0.31	1.15	0.02	2.54
24	DTT3035 : 12 – 釉（内）	0.38	1.83	9.24	59.84	0.88	1.63	18.36	1.05	0.86	5.80
25	DTT3035 : 13 – 胎	0.40	0.52	13.74	79.88	0.32	1.54	0.26	1.10	0.02	2.19
26	DTT3035 : 13 – 釉（内）	0.36	1.93	9.76	59.52	1.35	2.11	19.44	1.02	0.46	3.91
27	DTT3035 : 14 – 胎	0.30	0.61	15.54	77.00	0.20	1.99	0.39	1.12	0.02	2.77
28	DTT3035 : 14 – 釉（外）	0.61	2.18	13.02	61.90	0.95	1.58	14.78	1.01	0.58	3.26
29	DTT3035 : 15 – 胎	0.29	0.49	14.63	78.34	0.14	1.93	0.37	1.22	0.03	2.50
30	DTT3035 : 15 – 薄釉（外）	0.69	1.49	12.08	69.89	0.61	3.20	8.02	1.09	0.19	2.37
31	DTT3035 : 16 – 胎	0.30	0.60	15.65	77.16	0.21	1.93	0.36	1.13	0.01	2.58
32	DTT3035 : 16 – 釉（外）	0.45	1.79	11.64	63.39	0.72	2.14	14.41	1.01	0.41	3.85
33	DTT3035 : 17 – 胎	0.23	0.57	14.70	77.94	0.17	1.86	0.33	1.10	0.02	3.05
34	DTT3035 : 17 – 釉（外）	0.42	2.14	12.40	61.46	1.29	2.25	13.56	1.04	0.48	4.90
35	DTT3035 : 18 – 胎	0.43	0.63	16.02	76.30	0.08	2.09	0.43	1.24	0.03	2.61
36	DTT3035 : 18 – 薄釉（内）	0.55	1.75	13.34	69.67	0.66	2.25	7.01	1.29	0.53	2.79
37	DTT3035 : 19 – 胎	0.28	0.69	16.52	75.27	0.03	2.17	0.48	1.17	0.05	3.29
38	DTT3035 : 19 – 釉（内）	0.36	2.66	11.80	55.99	1.04	1.40	21.45	1.00	0.84	3.38
39	DTT3035 : 20 – 胎	0.51	0.73	17.01	76.23	0.03	1.73	0.33	1.16	0.00	2.20

附表 8　德清长山窑址原始瓷化学组分（wt%）

序号	样品	Na_2O	MgO	Al_2O_3	SiO_2	P_2O_5	K_2O	CaO	TiO_2	MnO	Fe_2O_3
1	DCT12∶1－胎	0.61	0.59	15.45	77.88	0.22	1.87	0.39	1.08	0.02	1.89
2	DCT12∶1－胎底	0.47	0.63	16.55	76.79	0.24	1.60	0.31	1.11	0.03	2.26
3	DCT12∶1－胎	0.50	0.61	16.50	76.79	0.14	1.84	0.38	1.01	0.03	2.08
4	DCT12∶1－釉（外）	0.60	3.34	10.96	57.81	1.91	1.68	19.40	0.81	0.61	2.47
5	DCT12∶2－胎	0.58	0.52	14.31	79.33	0.21	1.49	0.36	1.05	0.01	2.09
6	DCT12∶2－釉（外）	0.70	2.09	11.61	63.30	1.15	1.67	15.64	0.90	0.58	2.32
7	DCT12∶3－胎	0.68	0.52	15.69	76.96	0.05	1.91	0.45	1.08	0.03	2.60
8	DCT12∶3－釉（外）	0.71	2.87	11.68	58.57	2.06	1.39	18.29	0.84	0.37	3.07
9	DCT12∶4－胎	0.69	0.37	13.26	80.61	0.16	1.70	0.33	1.04	0.02	1.78
10	DCT12∶4－薄釉（外）	1.37	1.82	12.17	67.94	0.88	3.90	8.04	0.97	0.25	2.56
11	DCT12∶4－厚釉（内）	0.45	2.33	10.79	61.40	1.18	0.99	18.86	0.91	0.45	2.62
12	DCT12∶5－胎	0.72	0.51	14.29	79.25	0.15	1.77	0.35	0.99	0.03	1.87
13	DCT12∶5－G－厚釉	0.64	2.63	11.16	60.58	1.34	0.98	19.75	0.77	0.36	1.64
14	DCT12∶6－胎	0.68	0.60	15.46	77.39	0.16	2.02	0.42	1.02	0.04	2.19
15	DCT12∶6－厚釉	0.63	2.38	13.33	60.44	1.14	1.72	16.99	0.88	0.05	2.39
16	DCT12∶7－胎	0.53	0.46	15.58	77.67	0.11	1.54	0.30	1.24	0.02	2.48
17	DCT12∶7－釉（外）	1.02	1.71	14.36	68.29	0.84	3.54	6.21	1.09	0.05	2.87
18	DCT12∶8－胎	0.58	0.39	13.69	80.33	0.22	1.55	0.32	1.00	0.02	1.86
19	DCT12∶8－釉	0.62	2.16	11.47	62.82	1.29	1.49	15.79	0.88	0.28	3.13
20	DCT12∶9－胎	0.72	0.68	17.78	74.53	0.17	1.87	0.45	1.00	0.03	2.76
21	DCT12∶9－厚釉（外）	0.78	3.27	12.51	60.49	1.57	1.47	15.19	0.86	0.55	3.21
22	DCT12∶10－胎	0.64	0.54	16.13	77.15	0.14	1.84	0.36	1.01	0.03	2.15
23	DCT12∶10－厚釉（外）	1.01	2.30	12.41	59.40	0.99	2.91	17.02	0.90	0.43	2.47
24	DCT12∶10－釉	0.83	2.25	13.54	60.88	1.02	2.55	15.41	0.90	0.37	2.21
25	DCT12∶10－釉	0.83	2.25	13.54	60.88	1.02	2.55	15.41	0.90	0.37	2.21
26	DCT12∶11－胎	0.75	0.58	14.45	79.25	0.16	1.57	0.39	0.98	0.01	1.81
27	DCT12∶11－釉（内）	0.77	2.22	12.08	60.99	1.07	2.12	17.51	0.84	0.34	1.90
28	DCT12∶12－胎	0.79	0.48	14.44	79.22	0.21	1.59	0.39	0.93	0.03	1.85
29	DCT12∶12－釉	1.05	2.34	11.41	59.79	1.18	2.38	17.59	0.89	0.40	2.13
30	DCT12∶13－胎	0.65	0.47	13.26	80.56	0.21	1.70	0.36	0.98	0.02	1.78
31	DCT12∶13－釉（外）	0.80	2.09	10.66	60.53	1.28	2.25	18.24	0.84	0.42	2.85
32	DCT12∶14－胎	0.76	0.62	15.48	77.01	0.14	1.93	0.47	1.03	0.03	2.51

续附表 8

序号	样品	Na_2O	MgO	Al_2O_3	SiO_2	P_2O_5	K_2O	CaO	TiO_2	MnO	Fe_2O_3
33	DCT12 : 14 – 厚釉	0. 77	3. 59	10. 16	54. 49	2. 01	1. 78	22. 55	0. 75	0. 77	3. 04
34	DCT12 : 15 – 胎	0. 61	0. 64	15. 97	77. 00	0. 05	1. 85	0. 39	1. 00	0. 03	2. 45
35	DCT12 : 15 – 釉	0. 80	2. 30	13. 03	62. 83	1. 09	3. 12	12. 51	0. 95	0. 32	2. 93
36	DCT12 : 16 – 胎	0. 50	0. 52	14. 60	79. 24	0. 10	1. 82	0. 28	1. 02	0. 02	1. 87
37	DCT12 : 16 – 厚釉（内）	0. 49	2. 20	10. 48	60. 70	1. 04	1. 61	20. 24	0. 81	0. 27	2. 09
38	DCT12 : 17 – 胎	0. 60	0. 60	16. 81	75. 89	0. 10	1. 95	0. 40	1. 15	0. 03	2. 45
39	DCT12 : 17 – 厚釉（外）	0. 74	3. 27	11. 92	58. 06	1. 77	1. 79	18. 28	0. 87	0. 46	2. 76
40	DCT12 : 18 – 胎	0. 33	0. 50	16. 95	76. 25	0. 08	1. 97	0. 41	1. 01	0. 02	2. 42
41	DCT12 : 18 – 厚釉（外）	0. 62	2. 86	12. 76	59. 24	1. 51	1. 54	17. 36	0. 85	0. 41	2. 75
42	DCT12 : 19 – 胎	0. 62	0. 56	15. 75	77. 29	0. 17	1. 94	0. 39	1. 03	0. 02	2. 16
43	DCT12 : 19 – 釉	0. 50	2. 57	12. 50	59. 77	1. 23	1. 57	17. 88	0. 92	0. 42	2. 65
44	DCT12 : 20 – 胎	0. 67	0. 74	16. 36	75. 94	0. 14	1. 94	0. 32	1. 11	0. 03	2. 65
45	DCT12 : 20 – 釉（外）	0. 34	2. 52	12. 71	60. 49	1. 03	1. 55	17. 29	0. 99	0. 45	2. 54

PIXE分析德清亭子桥窑址出土的原始瓷

张　斌　承焕生　郑建明

一　简介

原始瓷是在制陶工艺的基础上发展而来的，是瓷器的初始阶段。2007年10月～2008年3月，在中国浙江德清战国亭子桥窑址发掘了许多原始瓷，它们携带有一些考古学信息，例如瓷器的起源、烧造工艺等等。为了获取信息，测量这些原始瓷的化学组分是非常必要的。PIXE是分析考古学样品的非常有用的技术，它允许快速的多元素同时探测并具有ppm级的灵敏度。

在复旦大学，PIXE技术已经被用来系统研究中国古代陶器和瓷器。最近，我们也使用了该方法研究原始瓷。本文主要介绍我们使用PIXE分析亭子桥窑址出土的原始瓷的结果，在许多的化学组分中，我们试图发现一些对这些原始瓷有具体或独特影响的元素特征。我们希望发现这些原始瓷化学组分间的关系并进而探索原始瓷的制造工艺。

二　实验

浙江省文物考古研究所的考古学家为实验提供了18片典型的原始瓷样品。它们出土于中国浙江德清亭子桥战国窑址，器形是罐，胎是灰色，釉是草黄色。

实验在复旦大学的NEC 9SDH－23 MV串列加速器上进行。外束PIXE技术被使用来探测原始瓷的化学组分及含量。样品被置于离出射窗10mm处（窗用7.5 μm Kapton膜封住），质子初始能量为3.0 MeV，到达样品的实际能量为2.8 MeV（这是由于在空气和Kapton膜里能量损失的结果）。样品上束斑为1mm，束流为0.05 nA，并保持死时间小于3%。一个Si（Li）探测器（SGX Sensortech（MA）Ltd制造，在5.9 KeV具有150eV的半高宽）放置于垂直束方向，用来探测样品激发出的X射线。X射线经过15mm的流动氦气到达探测器。获得的PIXE能谱被连接多道分析器的常规电子系统记录和分析。特征X射线的产额在背景拟合和扣除后，使用GUPIX－96程序获得。用ICP法测得参考样品GSD－6的化学组分及含量，用于确定PIXE的实验参数。

三 结果和讨论

插图一是典型的 PIXE 能谱，测量数据来自于标本 DTT303⑤:1 的胎和釉，Na、Mg、Al、Si、P、K、Ca、Ti、Cr、Mn 和 Fe 元素的 X 射线峰清晰可见。从测量的谱图上，胎和釉的化学组分，例如 Na_2O、MgO，Al_2O_3、SiO_2、P_2O_5、K_2O、CaO、TiO_2、Cr_2O_3、MnO 和 Fe_2O_3，均被获得并被列于表 1 和表 2。

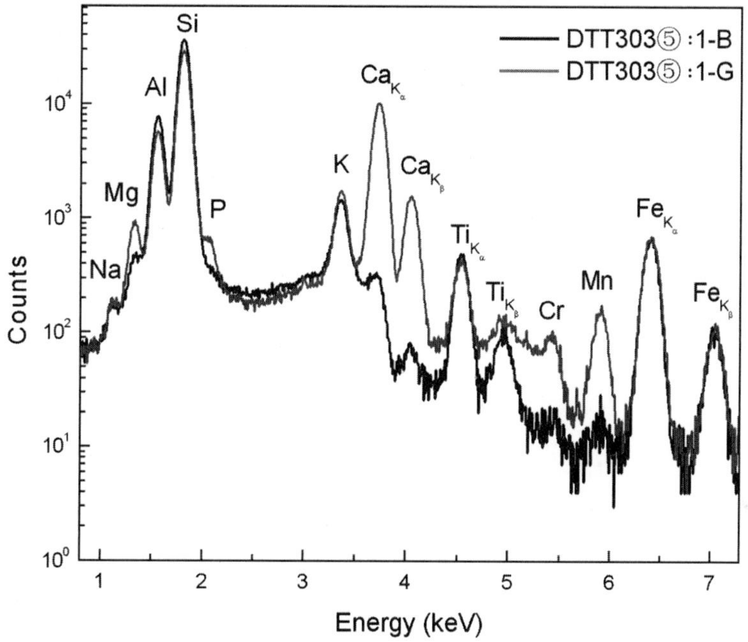

插图一　样品 DTT303⑤:1 胎、釉的 PIXE 能谱

表 1　中国浙江德清亭子桥战国窑址出土的原始瓷胎的化学组成（wt%）

样品	Na_2O	MgO	Al_2O_3	SiO_2	P_2O_5	K_2O	CaO	TiO_2	Cr_2O_3	MnO	Fe_2O_3
DTT303⑤:1 - B	0.41	0.62	15.42	77.43	0.27	1.84	0.41	1.15	0.01	0.02	2.42
DTT303⑤:2 - B	0.45	0.57	15.24	77.54	0.15	1.90	0.40	1.22	0.01	0.03	2.49
DTT303⑤:3 - B	0.41	0.60	14.90	77.88	0.11	1.95	0.39	1.10	0.02	0.03	2.61
DTT303⑤:4 - B	0.39	0.58	14.83	78.08	0.11	1.90	0.41	1.16	0.02	0.02	2.50
DTT303⑤:5 - B	0.62	0.62	16.19	76.61	0.33	1.59	0.35	1.02	0	0.03	2.64
DTT303⑤:6 - B	0.39	0.72	16.16	76.58	0.15	1.67	0.28	1.10	0.02	0.02	2.90
DTT303⑤:7 - B	0.58	0.76	16.80	76.18	0.38	1.57	0.32	1.12	0.01	0.02	2.25
DTT303⑤:9 - B	0.41	0.70	16.47	75.93	0.32	1.86	0.36	1.15	0.01	0.02	2.77

续表 1

样品	Na_2O	MgO	Al_2O_3	SiO_2	P_2O_5	K_2O	CaO	TiO_2	Cr_2O_3	MnO	Fe_2O_3
DTT303⑤：10－B	0.66	0.52	16.94	75.74	0.17	1.74	0.43	1.03	0.01	0.02	2.74
DTT303⑤：11－B	0.51	0.53	14.16	79.40	0.14	1.49	0.27	1.11	0.01	0.02	2.36
DTT303⑤：12－B	0.43	0.53	14.40	78.77	0.14	1.69	0.31	1.15	0.01	0.02	2.54
DTT303⑤：13－B	0.40	0.52	13.74	79.89	0.32	1.54	0.26	1.10	0.02	0.02	2.19
DTT303⑤：14－B	0.30	0.61	15.55	77.04	0.20	1.99	0.39	1.12	0.01	0.02	2.77
DTT303⑤：15－B	0.29	0.49	14.64	78.38	0.14	1.93	0.37	1.22	0.01	0.03	2.50
DTT303⑤：16－B	0.30	0.60	15.66	77.20	0.21	1.93	0.36	1.13	0.02	0.01	2.58
DTT303⑤：17－B	0.23	0.57	14.70	77.96	0.17	1.86	0.33	1.10	0.01	0.02	3.05
DTT303⑤：18－B	0.43	0.63	16.04	76.39	0.08	2.09	0.43	1.24	0.02	0.03	2.61
DTT303⑤：19－B	0.28	0.69	16.53	75.31	0.03	2.17	0.48	1.17	0	0.05	3.29

表 2　中国浙江德清亭子桥战国窑址出土的原始瓷的釉的化学组成（wt%）

样品	Na_2O	MgO	Al_2O_3	SiO_2	P_2O_5	K_2O	CaO	TiO_2	Cr_2O_3	MnO	Fe_2O_3
DTT303⑤：1－G	0.43	2.23	12.23	61.52	1.16	1.94	16.32	0.98	0.10	0.44	2.65
DTT303⑤：2－G	0.40	2.09	11.43	59.57	1.34	1.68	18.94	1.03	0	0.53	2.99
DTT303⑤：3－G	0.31	2.01	12.53	59.50	1.34	1.71	17.87	1.10	0	0.52	3.11
DTT303⑤：4－G	0.36	2.11	11.44	57.07	1.33	1.86	19.56	1.07	0.05	0.73	4.42
DTT303⑤：5－G	0.41	2.60	13.37	59.26	1.24	2.11	16.96	0.82	0.13	0.42	2.69
DTT303⑤：6－G	0.58	2.22	12.65	60.96	0.94	2.67	13.96	1.13	0.06	0.81	4.02
DTT303⑤：7－G	0.81	3.02	13.72	59.31	1.17	1.97	16.54	0.79	0.21	0.41	2.05
DTT303⑤：9－G	0.53	2.04	13.47	60.95	0.65	2.69	13.69	1.08	0.05	0.35	4.48
DTT303⑤：10－G	0.37	2.20	11.07	53.75	1.24	1.55	23.75	1.01	0.03	0.80	4.22
DTT303⑤：11－G	0.72	2.45	11.69	58.95	1.25	2.15	18.55	0.94	0.12	0.35	2.81
DTT303⑤：12－G	0.38	1.83	9.25	59.90	0.88	1.63	18.38	1.05	0.03	0.86	5.81
DTT303⑤：13－G	0.36	1.93	9.77	59.60	1.35	2.11	19.47	1.02	0.01	0.46	3.92
DTT303⑤：14－G	0.61	2.18	13.03	61.94	0.95	1.58	14.79	1.01	0.06	0.58	3.26
DTT303⑤：15－G	0.57	2.05	12.27	63.78	0.97	2.31	14.25	1.02	0	0.27	2.50
DTT303⑤：16－G	0.45	1.79	11.65	63.45	0.72	2.14	14.42	1.01	0.09	0.41	3.85
DTT303⑤：17－G	0.42	2.14	12.40	61.48	1.29	2.25	13.56	1.04	0.03	0.48	4.90
DTT303⑤：18－G	0.81	1.75	12.61	61.76	0.64	3.76	15.36	0.96	0.05	0.21	2.09
DTT303⑤：19－G	0.36	2.66	11.80	56.00	1.04	1.40	21.45	1.00	0.07	0.84	3.38

使用聚类分析法研究这些原始瓷间的化学组分的关系，将所有化学组分选为变量，样品被一步步聚类，最后获得了插图二所示的聚类图。在图里，这些样品被分为两组，即组1和组2，分别对应于胎和釉。这意味着原始瓷的胎和釉有不同的配方。胎聚类比釉聚类快，表明胎的化学组分分散性比釉的小。

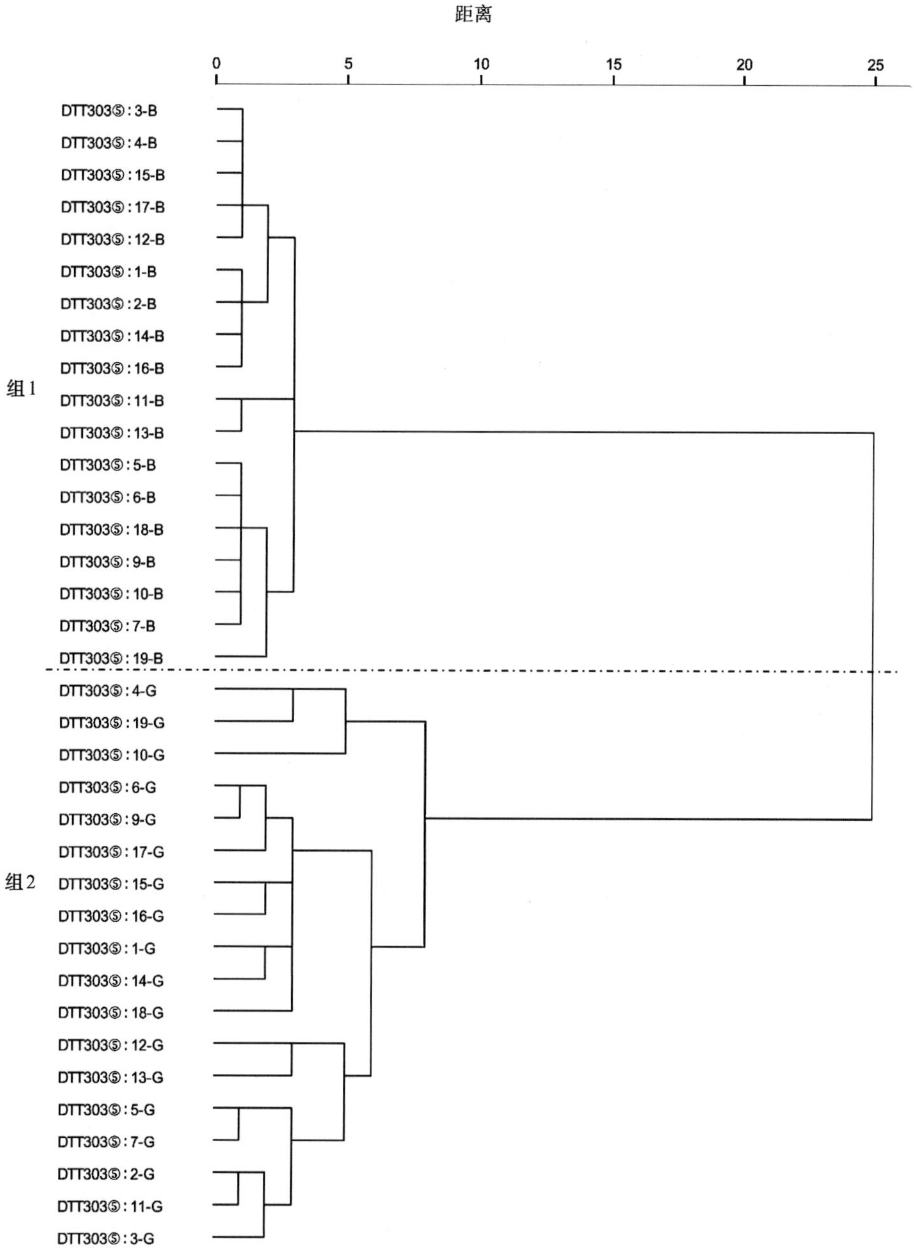

插图二　基于化学组分的原始瓷样品的聚类分析图

由表1可见，胎的 Al_2O_3 含量和 Fe_2O_3 含量分别是 13.74% ~16.94% 和 2.19% ~3.29%，然而 SiO_2 含量是 75.31% ~79.89%。显然，这些原始瓷胎有高硅低铝的特征，与南方盛产的瓷土的特征相似，这种瓷土可能被用来制作原始瓷的胎。

由表2可见，作为助溶剂的 CaO（13.56% ~23.75%）含量高于 K_2O（1.4% ~3.76%）的含量，这意味着在原始瓷制作过程中或许使用了石灰。因此，原始瓷的釉也被称之为高钙釉。釉里 P_2O_5 含量（0.64% ~1.35%）高于胎里的含量（0.03% ~0.38%），这意味着在制原始瓷的过程中，草木灰或许被加进了釉里。

插图二组1中的胎样品被分成了3个亚类。样品 DTT3035：11 – B 和 DTT3035：13 – B 聚在一起是因为它们有低的 Al_2O_3 含量（13.74% ~14.16%）和高的 SiO_2 含量（79.4% ~79.89%）。样品 DTT3035：5 – B、DTT3035：6 – B、DTT3035：7 – B、DTT3035：9 – B、DTT3035：10 – B、DTT3035：18 – B 和 DTT3035：19 – B 聚在一起是因为它们有高的 Al_2O_3 含量（16.04% ~16.94%）和低的 SiO_2 含量（75.31% ~76.61%）。其余的胎样品聚在一起是因为它们与上述2亚类有不同的 Al_2O_3 的含量（14.4% ~15.66%）和 SiO_2（77.04% ~78.77%）含量。

插图二组2里的釉样品也被分成3个亚类。样品 DTT3035：4 – G、DTT3035：10 – G 和 DTT3035：19 – G 远离其他的釉样品，或许是因为它们有更低的 SiO_2 含量（53.75% ~57.07%）和更高的 CaO 含量（19.56% ~23.75%）。样品 DTT3035：2 – G、DTT3035：3 – G、DTT3035：5 – G、DTT3035：7 – G、DTT3035：11 – G、DTT3035：12 – G 和 DTT3035：13 – G 聚在一起是因为它们有低的 SiO_2 含量（58.95% ~59.9%）和高的 CaO 含量（16.54% ~19.47%）。样品 DTT3035：1 – G、DTT3035：6 – G、DTT3035：9 – G、DTT3035：14 – G、DTT3035：15 – G、DTT3035：16 – G、DTT3035：17 – G 和 DTT3035：18 – G 聚在一起则是因为它们有高的 SiO_2 含量（60.95% ~63.78%）和低的 CaO 含量（13.56% ~16.32%）。

四 结论

原始瓷的胎和釉有不同的配方。具有高硅低铝特征的瓷土或许被用来制作原始瓷的胎，而石灰和草木灰或许在原始瓷制作过程中被加入到釉里。聚类分析揭示了这些原始瓷样品化学组分间的关系。

参考文献

1. H. S. Cheng, W. Q. He, J. Y. Tang, F. J. Yang and J. H. Wang, *Nucl. Instr. Meth.*, B118, 377 (1996).
2. H. S. Cheng, Z. Q. Zhang, H. N. Xia, J. Y. Tang, F. J. Yang, *Nucl. Instr. Meth.*, B190, 488 (2002).

3. B. Zhang, S. D. Yao, K. Wang, Z. B. Ding, Z. T. Chen, Y. Y. Su, G. Y. Zhang, H. J. Ma, R. Nie, Y. W. Zhang, J. Radioanal. *Nucl. Chem.* 269, 9 (2006).

4. B. Zhang, B. H. Pan, Z. Q. Zhang, H. S. Cheng, M. H. Gao, F. J. Yang and X. B. Peng, *Nucl. Instr. Meth.* B 219 –220, 26 (2004).

5. B. Zhang, H. S. Cheng, W. J. Zhao, Z. Y. Gao, G. X. Li, J. Z. Xie, M. Guo, F. J. Yang, *X-Ray Spectrom.* 35, 27 (2006).

6. D. Zhu, H. S. Cheng, J. W. Lin, F. J. Yang, *Nucl. Instr. Meth.* B 249, 633 (2006).

7. J. L. Campbell, T. L. Hopman, J. A. Maxwell and Z. Nejedly, *Nucl. Instr. Meth.* B 170, 193 (2000).

8. 罗宏杰:《中国古陶瓷与多元统计分析》, 中国轻工业出版社, 1997 年, 第 9 页。

9. 李家治:《简论中国古代陶瓷科技发展史》,《建筑材料学报》2000 年第 1 期, 第 7 ~ 13 页。

10. 吴隽、张茂林、吴军明、李其江、李家治、邓泽群:《中国浙江地区出土东周时期原始瓷的器质界定》,《建筑材料学报》2011 第 5 期, 第 659 ~ 663 页。

东苕溪流域商周时期原始瓷的工艺与材料学研究

周少华　裴楚楚　倪　琳

瓷器的起源、发展、成熟是一个逐渐的过程，并非是某一个特定的时间和某一个确定的窑口一夜之间烧成的。原始瓷器作为瓷器发展的初级阶段，研究原始瓷的发展就是对瓷器起源的探究。浙江东苕溪流域以德清为中心的原始瓷窑址群颇具规模，不仅年代有序，且出土堆积丰富，器物种类多样。就目前已进行的考古调查来看，德清原始瓷窑址群是迄今为止发现的我国南北方原始瓷生产最大的窑址群，年代区域从夏商之际横跨至战国时期。

本文以东苕溪流域的原始瓷窑址为例，从中选取瓢山、北家山、南山、火烧山、亭子桥、长山六个窑址作为研究对象，采用 EDXRF、XRD、拉曼光谱、热膨胀等科学技术手段对样品的胎釉成分、胎体物相进行测试，同时对烧成温度、吸水率等物理性能进行测试。

一　东苕溪流域德清原始瓷窑址原始瓷的胎、釉及原料分析

（一）测试设备及样品

1. 测试仪器及方法

为探究东苕溪流域出土原始瓷胎、釉的原料配方，检验其原料成分是否符合瓷器之特征，现用 OURSTEX 100FA 型便携式能量色散型 X 射线荧光光谱分析仪（Portable energy dispersive X-ray fluorescence analyzer）对样品胎、釉分别进行测试（插图一）。

能量色散型 X 射线荧光光谱分析是一种无损检测方法，对样品的形状、大小和材料没有特殊要求，被检测样品在测量前后，无论是化学成分还是质量、形态等都保持不变，基本可以达到无损分析的程度。分析速度很快，可以预筛选大量样品。精度较高，准确度好，绝对探测极限达到 1～0.1ng，相对分析极限可达百万分之一级，使用聚集微束 X 射线还可进一步提高该方法的灵敏度，分析误差通常在 1%～10%，自动化程度高，探测束斑可调节，可以满足微区分析。

能量色散型 X 射线荧光光谱分析对样品进行定性、定量分析时无需制样，可选择整个标本或取样品部分残片颗粒等，对样品大小要求较低。但实际需要检测的样品有效表面通常都不平坦光洁，且由于长期埋藏在地下因此很容易被其他物质污染，所以在检测

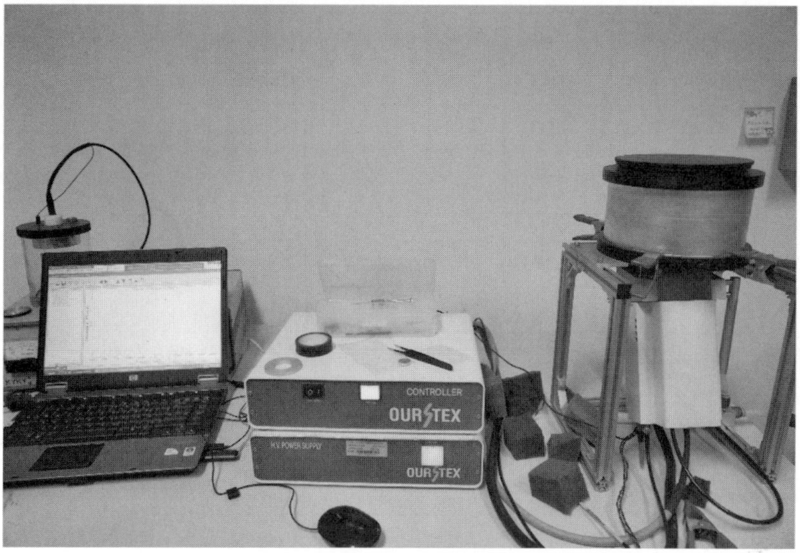

插图一　便携式能量色散型 X 射线荧光光谱分析仪

前需要对样品进行简单的清洗擦拭。

2. 样品来源

测试所用样品共 77 片，瓢山窑址 11 片，编号为 HZ－PS；北家山窑址 12 片，编号为 HZ－BJS；南山窑址 18 片，编号为 HZ－NS；火烧山窑址 14 片，编号为 DQ－HSS；亭子桥窑址 11 片，编号为 DQ－TZQ；长山窑址 11 片，编号为 DQ－CS。样品均由浙江省考古研究所提供。

同时测试的还有经考古调查采集的火烧山表层及 0.6 米深土样，编号为 DQ－HSS－表层土样、DQ－HSS－0.6M 土样；浙江省考古所提供的南山生土样和火烧山窑址 3 件窑渣样品，编号为 HZ－NS－生土样、DQ－HSS－60－窑渣 1、DQ－HSS－61－窑渣 2、DQ－HSS－62－窑渣 3。

（二）样品胎、釉与原料土样的测试数据及分析

1. 德清原始瓷窑址样品的胎体主量化学成分分析

表 1　样品胎的主量化学成分（wt%）

序号	样品	Na_2O	MgO	Al_2O_3	SiO_2	P_2O_5	K_2O	CaO	TiO_2	Fe_2O_3
1	HZ－PS－01	1.45	0.43	17.94	70.47	0.12	1.98	0.34	0.68	6.6
2	HZ－PS－02	2.00	0.50	20.33	69.04	0.16	2.78	0.40	0.61	4.18
3	HZ－PS－03	1.70	0.91	18.88	68.84	0.24	2.13	0.36	0.68	6.28
4	HZ－PS－04	1.32	0.59	19.51	68.64	0.09	1.57	0.25	0.68	7.36

续表 1

序号	样品	Na_2O	MgO	Al_2O_3	SiO_2	P_2O_5	K_2O	CaO	TiO_2	Fe_2O_3
5	HZ - PS - 05	1. 59	0. 53	16. 49	72. 54	0. 06	1. 74	0. 25	0. 63	6. 17
6	HZ - PS - 06	1. 49	0. 00	17. 73	71. 02	0. 00	1. 62	0. 32	0. 56	7. 26
7	HZ - PS - 07	1. 49	0. 31	16. 17	73. 2	0. 32	1. 76	0. 27	0. 66	5. 81
8	HZ - PS - 08	1. 53	0. 87	18. 22	69. 25	0. 18	2. 00	0. 31	0. 67	6. 96
9	HZ - PS - 09	1. 44	0. 64	17. 16	71. 58	0. 16	1. 86	0. 26	0. 66	6. 24
10	HZ - PS - 10	1. 47	0. 45	17. 8	70. 54	0. 11	2. 11	0. 38	0. 65	6. 50
11	HZ - PS - 11	1. 28	0. 56	20. 55	67. 43	0. 25	1. 26	0. 12	0. 87	7. 66
12	HZ - BJS - 01	1. 99	0. 10	15. 09	74. 3	0. 17	1. 84	0. 47	0. 54	5. 49
13	HZ - BJS - 02	1. 91	0. 12	14. 92	75. 04	0. 25	1. 90	0. 41	0. 56	4. 88
14	HZ - BJS - 03	1. 67	0. 50	16. 59	70. 8	0. 24	1. 72	0. 38	0. 60	7. 49
15	HZ - BJS - 04	1. 98	0. 35	16. 78	72. 12	0. 24	1. 88	0. 36	0. 66	5. 62
16	HZ - BJS - 05	1. 79	0. 24	16. 13	73. 31	0. 27	2. 08	0. 50	0. 58	5. 10
17	HZ - BJS - 06	1. 66	0. 55	14. 29	74. 13	0. 34	1. 84	0. 29	0. 65	6. 24
18	HZ - BJS - 07	1. 73	0. 10	16. 45	71. 95	0. 12	2. 02	0. 47	0. 60	6. 55
19	HZ - BJS - 08	1. 82	0. 58	14. 43	74. 8	0. 36	1. 66	0. 24	0. 62	5. 49
20	HZ - BJS - 09	2. 05	0. 23	14. 68	72. 63	0. 34	1. 89	0. 46	0. 58	7. 14
21	HZ - BJS - 10	2. 14	0. 16	15. 13	73. 91	0. 27	1. 99	0. 43	0. 57	5. 39
22	HZ - BJS - 11	1. 95	0. 03	15. 22	75. 55	0. 27	1. 91	0. 38	0. 55	4. 13
23	HZ - BJS - 12	1. 71	0. 00	15. 51	73. 49	0. 20	1. 89	0. 46	0. 58	6. 14
24	HZ - NS - 01	2. 06	0. 40	19. 49	69. 98	0. 32	2. 58	0. 55	0. 58	4. 04
25	HZ - NS - 02	2. 13	0. 18	18. 61	71. 12	0. 34	2. 53	0. 44	0. 59	4. 06
26	HZ - NS - 03	1. 93	0. 14	17. 41	72. 28	0. 23	2. 23	0. 56	0. 63	4. 59
27	HZ - NS - 04	2. 10	0. 17	17. 69	72. 05	0. 30	2. 47	0. 47	0. 56	4. 18
28	HZ - NS - 05	2. 10	0. 24	19. 12	70. 25	0. 31	2. 41	0. 53	0. 59	4. 45
29	HZ - NS - 06	2. 24	0. 49	19. 66	69. 57	0. 24	2. 54	0. 47	0. 56	4. 23
30	HZ - NS - 07	2. 39	0. 24	17. 81	71. 58	0. 23	2. 60	0. 50	0. 54	4. 10
31	HZ - NS - 08	2. 34	0. 04	16. 58	73. 31	0. 29	2. 56	0. 45	0. 56	3. 88
32	HZ - NS - 09	2. 67	0. 06	16. 32	73. 85	0. 39	2. 39	0. 41	0. 57	3. 34
33	HZ - NS - 10	2. 33	0. 00	16. 48	73. 24	0. 23	2. 48	0. 40	0. 51	4. 32
34	HZ - NS - 11	2. 49	0. 26	16. 53	72. 46	0. 27	2. 67	0. 44	0. 59	4. 30
35	HZ - NS - 12	2. 57	0. 08	16. 83	72. 38	0. 33	2. 59	0. 42	0. 58	4. 23

续表 1

序号	样品	Na_2O	MgO	Al_2O_3	SiO_2	P_2O_5	K_2O	CaO	TiO_2	Fe_2O_3
36	HZ - NS - 13	2. 28	0. 55	19. 35	69. 64	0. 40	2. 56	0. 43	0. 58	4. 21
37	HZ - NS - 14	2. 26	0. 46	17. 81	71. 34	0. 13	2. 62	0. 47	0. 56	4. 35
38	HZ - NS - 15	2. 49	0. 22	16. 86	72. 43	0. 40	2. 53	0. 44	0. 55	4. 08
39	HZ - NS - 16	2. 60	0. 22	15. 68	73. 98	0. 44	2. 45	0. 40	0. 55	3. 69
40	HZ - NS - 17	2. 72	0. 22	16. 28	72. 92	0. 30	2. 56	0. 41	0. 57	4. 04
41	HZ - NS - 18	2. 44	0. 31	18. 54	70. 53	0. 37	2. 46	0. 47	0. 58	4. 30
42	DQ - HSS - 01	1. 65	0. 39	17. 06	73. 35	0. 37	2. 05	0. 24	0. 63	4. 27
43	DQ - HSS - 02	1. 63	0. 57	16. 91	71. 95	0. 26	2. 22	0. 92	0. 61	4. 93
44	DQ - HSS - 03	1. 62	0. 00	15. 87	75. 37	0. 13	2. 01	0. 24	0. 54	4. 21
45	DQ - HSS - 04	1. 73	0. 39	16. 15	75. 40	0. 27	2. 03	0. 22	0. 62	3. 19
46	DQ - HSS - 05	1. 65	0. 16	15. 89	75. 48	0. 49	2. 34	0. 35	0. 61	3. 04
47	DQ - HSS - 06	2. 21	0. 00	14. 89	75. 69	0. 13	2. 54	0. 39	0. 53	3. 61
48	DQ - HSS - 07	2. 31	0. 19	16. 32	73. 55	0. 30	2. 85	0. 43	0. 55	3. 48
49	DQ - HSS - 08	2. 26	0. 25	16. 75	73. 69	0. 24	2. 48	0. 36	0. 48	3. 47
50	DQ - HSS - 09	2. 18	0. 15	15. 87	74. 79	0. 42	2. 18	0. 39	0. 57	3. 47
51	DQ - HSS - 10	2. 38	0. 25	15. 87	74. 56	0. 23	2. 47	0. 35	0. 51	3. 37
52	DQ - HSS - 11	2. 05	0. 00	14. 42	76. 12	0. 08	1. 88	0. 37	0. 54	4. 54
53	DQ - HSS - 12	2. 04	0. 35	16. 97	73. 00	0. 44	2. 27	0. 47	0. 55	3. 91
54	DQ - HSS - 13	2. 28	0. 30	17. 04	73. 48	0. 26	2. 14	0. 38	0. 48	3. 65
55	DQ - HSS - 14	2. 28	0. 21	15. 32	74. 96	0. 53	2. 27	0. 36	0. 58	3. 48
56	DQ - TZQ - 01	1. 80	0. 37	15. 54	75. 13	0. 36	1. 72	0. 39	0. 65	4. 03
57	DQ - TZQ - 02	1. 81	0. 64	15. 87	74. 7	0. 35	1. 81	0. 41	0. 67	3. 75
58	DQ - TZQ - 03	1. 98	0. 39	15. 35	75. 33	0. 40	1. 74	0. 41	0. 65	3. 74
59	DQ - TZQ - 04	1. 88	0. 10	14. 90	75. 97	0. 27	1. 68	0. 37	0. 61	4. 21
60	DQ - TZQ - 05	1. 70	0. 43	15. 50	75. 13	0. 23	1. 69	0. 27	0. 65	4. 39
61	DQ - TZQ - 06	1. 87	0. 09	15. 10	76. 19	0. 30	1. 68	0. 35	0. 63	3. 77
62	DQ - TZQ - 07	1. 73	0. 17	16. 12	74. 95	0. 34	1. 82	0. 32	0. 67	3. 88
63	DQ - TZQ - 08	1. 79	0. 23	15. 56	75. 97	0. 28	1. 56	0. 32	0. 61	3. 67
64	DQ - TZQ - 09	1. 89	0. 23	14. 06	77. 01	0. 35	1. 63	0. 31	0. 64	3. 89
65	DQ - TZQ - 10	2. 00	0. 23	13. 83	77. 48	0. 28	1. 54	0. 25	0. 60	3. 80
66	DQ - TZQ - 11	1. 76	0. 58	16. 45	74. 07	0. 37	1. 86	0. 40	0. 66	3. 85

续表1

序号	样品	Na_2O	MgO	Al_2O_3	SiO_2	P_2O_5	K_2O	CaO	TiO_2	Fe_2O_3
67	DQ - CS - 01	2.23	0.21	15.58	75.09	0.25	1.68	0.33	0.59	4.04
68	DQ - CS - 02	1.93	0.11	13.85	78.15	0.28	1.53	0.28	0.55	3.33
69	DQ - CS - 03	2.37	0.43	16.83	73.25	0.22	1.84	0.40	0.59	4.07
70	DQ - CS - 04	2.02	0.26	15.55	75.73	0.24	1.67	0.33	0.59	3.60
71	DQ - CS - 05	1.97	0.11	14.34	77.5	0.24	1.62	0.33	0.58	3.30
72	DQ - CS - 06	2.22	0.17	13.76	77.82	0.26	1.55	0.32	0.56	3.36
73	DQ - CS - 07	2.19	0.24	16.01	74.72	0.24	1.72	0.46	0.59	3.85
74	DQ - CS - 08	1.86	0.17	15.43	75.93	0.26	1.69	0.33	0.60	3.74
75	DQ - CS - 09	1.89	0.51	16.73	73.81	0.26	1.81	0.32	0.63	4.05
76	DQ - CS - 10	1.98	0.36	15.55	75.41	0.25	1.75	0.34	0.60	3.76
77	DQ - CS - 11	1.98	0.34	15.93	74.67	0.31	1.77	0.30	0.62	4.08

2. 德清原始瓷窑址采集的土样化学成分分析

表2　考古调查采集的土样化学成分（wt%）

样品	Na_2O	MgO	Al_2O_3	SiO_2	P_2O_5	K_2O	CaO	TiO_2	MnO_2	Fe_2O_3
DQ - HSS - 表层土样	1.62	1.07	13.87	75.55	0.00	1.80	0.00	1.47	0.13	4.50
DQ - HSS - 0.6M 土样	1.63	1.08	14.62	73.17	0.41	1.98	0.00	1.58	0.08	5.46
HZ - NS - 生土样	1.67	0.83	17.84	67.03	2.05	2.50	0.29	1.57	0.04	6.19

3. 上虞小仙坛窑样品胎体的常量化学成分分析

表3　小仙坛窑12片样品胎体的常量化学成分①（wt%）

样品	Na_2O	MgO	Al_2O_3	SiO_2	P_2O_5	K_2O	CaO	TiO_2	Fe_2O_3
SY - XXT - 001	1.15	0.60	17.1	74.25	0.26	2.75	0.36	0.50	3.03
SY - XXT - 003	1.57	0.78	17.97	71.33	0.26	3.78	0.73	0.44	3.14
SY - XXT - 004	0.96	0.77	17.76	74.11	0.25	2.44	0.29	0.44	2.98
SY - XXT - 006	0.99	0.59	17.11	74.47	0.35	2.57	0.34	0.44	3.13
SY - XXT - 007	1.15	0.52	18.77	70.91	0.29	4.82	0.39	0.47	2.69

① 引自倪琳：《关于商周时期德清“原始瓷”的初步研究》，浙江大学2012年硕士论文，第26~27页，表3.1。

续表 3

样品	Na_2O	MgO	Al_2O_3	SiO_2	P_2O_5	K_2O	CaO	TiO_2	Fe_2O_3
SY - XXT - 008	1.03	0.84	18.51	72.7	0.35	2.58	0.31	0.47	3.22
SY - XXT - 009	0.92	0.87	18.08	72.95	0.31	3.12	0.35	0.45	2.95
SY - XXT - 010	0.79	0.92	18.80	72.70	0.36	2.53	0.32	0.47	3.09
SY - XXT - 011	0.85	0.58	17.50	74.38	0.32	2.52	0.30	0.44	3.05
SY - XXT - 012	1.09	0.78	18.17	73.29	0.30	2.47	0.31	0.47	3.13
SY - XXT - 013	1.03	0.81	18.28	73.04	0.29	2.52	0.33	0.47	3.23
SY - XXT - 014	1.09	0.64	17.2	74.38	0.38	2.62	0.34	0.45	2.90

4. 南北各瓷区所产的几种瓷石及北方瓷区附近出产的几种高岭土的化学成分分析

表 4　南方各瓷区所产几种主要瓷石的化学成分①（wt%）

样品	Na_2O	MgO	Al_2O_3	SiO_2	K_2O	CaO	TiO_2	Fe_2O_3
安徽祁门瓷石（不子）	0.58	0.34	15.61	73.05	3.75	1.82	0.09	0.56
安徽祁门瓷石（精泥）	0.54	0.40	17.65	69.93	4.61	2.11	0.07	0.66
江西南港瓷石	0.30	0.36	16.93	74.26	3.15	0.87	0.09	0.62
江西三保蓬瓷石	3.79	0.16	15.34	73.70	4.13	0.70	000	0.70
江西青树下釉果	2.39	0.21	14.66	74.85	3.11	1.52	0.00	1.30
江西屋柱槽釉果	2.38	0.16	14.64	74.43	2.90	1.97	0.06	0.62
浙江坞头瓷石	0.28	0.22	17.41	71.82	3.87	0.00	0.00	1.21
浙江毛家山瓷石（已风化）	0.21	0.20	18.31	71.82	4.18	0.00	0.00	0.58
浙江毛家山瓷石（未风化）	0.20	0.66	15.33	76.6	4.39	0.14	痕量	0.54
浙江源底瓷石	0.70	0.03	14.9	76.11	1.85	0.6	痕量	1.05
浙江大窑瓷石	0.16	0.22	17.96	71.66	2.13	0.01	0.00	1.45
浙江岭根瓷石	0.25	0.16	16.21	74.95	3.04	0.00	0.00	0.31
浙江岭根瓷石（淘洗后）	0.28	0.15	18.98	71.64	3.24	0.26	0.10	0.51
浙江上虞瓷石	0.80	0.07	12.71	79.28	4.38	0.02	0.00	0.57
龙泉窑址发掘（元代用瓷石）	0.19	0.21	13.92	75.91	3.20	0.19	0.39	1.58
龙泉窑址发掘（明代用瓷石）	0.05	0.08	12.29	81.57	1.12	0.07	0.00	0.67
福建德化四斑瓷石	0.05	0.05	15.3	75.91	2.51	0.04	0.10	0.62
福建褒美瓷石	0.16	0.07	12.95	78.61	5.89	0.07	0.09	0.31

① 引自李国桢、郭演仪：《中国名瓷工艺基础》，浙江大学出版社，2012 年，第 27 页，表 2－6。

表 5 北方瓷区附近出产的几种代表性高岭土的化学成分① (wt%)

样品	Na_2O	MgO	Al_2O_3	SiO_2	K_2O	CaO	TiO_2	Fe_2O_3
巩县高岭土	1.40	0.13	36.75	47.76	1.26	0.42	0.91	0.44
神垕高岭土	0.04	0.06	38.87	45.79	0.07	0.23	0.46	0.18
灵山砂石	0.37	0.32	37.04	47.61	0.26	0.12	0.56	0.21
灵山紫木节土	0.40	0.84	33.50	44.90	0.20	1.68	1.69	0.59
大同砂石	——	0.51	38.78	43.04	——	0.14	——	0.17

5. 样品各主次量化学成分平均值及标准偏差分析

表 6 样品各主次量化学成分平均值及标准偏差 (wt%)

主次量成分	瓢山		北家山		南山		火烧山		亭子桥		长山	
	Aver	Std	Aver	Std	Aver	Std	Aver	Std	Aver	Std	Aver	Std
Na_2O	1.52	0.19	1.87	0.15	2.34	0.22	2.02	0.29	1.84	0.09	2.06	0.16
MgO	0.53	0.24	0.25	0.19	0.24	0.15	0.23	0.16	0.31	0.17	0.27	0.12
Al_2O_3	18.25	1.37	15.44	0.82	17.61	1.22	16.10	0.79	15.30	0.76	15.41	0.99
SiO_2	70.23	1.69	73.50	1.35	71.83	1.37	74.38	1.17	75.63	0.96	75.64	1.53
P_2O_5	0.15	0.09	0.26	0.07	0.31	0.08	0.30	0.13	0.32	0.05	0.26	0.02
K_2O	1.89	0.37	1.89	0.11	2.51	0.10	2.27	0.25	1.70	0.10	1.69	0.10
CaO	0.30	0.08	0.41	0.07	0.46	0.05	0.39	0.16	0.34	0.05	0.34	0.05
TiO_2	0.67	0.07	0.59	0.03	0.57	0.02	0.56	0.05	0.64	0.02	0.59	0.02
Fe_2O_3	6.46	0.90	5.80	0.92	4.13	0.28	3.76	0.52	3.91	0.21	3.74	0.29

6. 样品釉及釉料的常量化学成分分析

表 7 样品釉的常量化学成分 (wt%)

样品	Na_2O	MgO	Al_2O_3	SiO_2	P_2O_5	K_2O	CaO	TiO_2	MnO_2	Fe_2O_3
HZ - PS - 01	1.59	1.98	20.96	63.33	0.06	4.06	1.28	1.45	0.07	5.24
HZ - PS - 02	2.64	1.51	21.50	63.32	0.01	4.42	2.41	1.26	0.08	2.85
HZ - PS - 03	1.36	1.81	21.70	63.67	0.08	3.30	1.07	1.48	0.06	5.48
HZ - PS - 04	1.29	1.84	24.82	59.01	0.00	3.06	1.81	1.51	0.12	6.56
HZ - PS - 05	1.33	2.40	20.94	61.01	0.15	4.22	2.78	1.37	0.11	5.69

① 引自李国桢、郭演仪：《中国名瓷工艺基础》，浙江大学出版社，2012 年，第 25 页，表 2 - 5。

续表 7

样品	Na_2O	MgO	Al_2O_3	SiO_2	P_2O_5	K_2O	CaO	TiO_2	MnO_2	Fe_2O_3
HZ - PS - 06	1.31	2.09	21.72	63.41	0.00	3.47	0.59	1.48	0.06	5.87
HZ - PS - 07	1.14	2.11	17.50	62.15	0.27	2.94	6.21	1.42	0.18	6.08
HZ - PS - 08	1.13	2.12	21.04	61.83	0.17	3.63	3.03	1.60	0.10	5.35
HZ - PS - 09	1.53	2.31	20.16	60.95	0.15	5.20	2.26	1.40	0.11	5.93
HZ - PS - 10	1.45	1.84	24.45	59.40	0.00	4.36	0.91	1.70	0.07	5.81
HZ - PS - 11	1.53	2.21	19.36	62.31	0.30	4.25	3.09	1.37	0.14	5.44
HZ - BJS - 01	2.25	1.52	17.80	64.68	1.43	2.47	3.33	1.24	0.11	5.18
HZ - BJS - 02	1.93	1.59	17.71	63.81	1.75	1.86	4.61	1.17	0.20	5.37
HZ - BJS - 03	1.31	1.88	20.93	63.25	0.53	2.83	2.31	1.63	0.09	5.25
HZ - BJS - 04	1.97	1.86	18.43	64.03	0.54	2.92	4.49	1.18	0.14	4.45
HZ - BJS - 05	1.85	2.14	17.63	63.66	0.74	2.27	5.86	1.15	0.15	4.55
HZ - BJS - 06	1.75	1.53	19.82	63.09	2.14	2.44	1.17	1.62	0.10	6.33
HZ - BJS - 07	1.69	1.91	17.88	61.65	0.69	2.29	7.12	1.17	0.73	4.86
HZ - BJS - 08	1.45	1.82	18.25	65.81	0.56	2.31	2.32	1.58	0.10	5.79
HZ - BJS - 09	2.72	1.46	17.50	61.69	1.27	3.28	4.32	1.19	0.14	6.42
HZ - BJS - 10	1.97	1.34	17.86	64.93	2.19	2.42	3.01	1.28	0.09	4.89
HZ - BJS - 11	2.61	1.54	15.75	65.99	2.44	4.35	2.49	1.15	0.10	3.56
HZ - BJS - 12	1.58	1.57	15.25	64.84	2.23	1.70	7.10	0.99	0.19	4.54
HZ - NS - 01	1.91	1.68	20.92	62.20	0.00	3.25	6.01	1.54	0.09	2.41
HZ - NS - 02	2.56	2.52	20.48	62.60	0.11	4.99	2.29	1.35	0.05	3.05
HZ - NS - 03	1.78	1.44	22.33	63.14	0.00	2.74	2.80	1.41	0.10	4.25
HZ - NS - 04	2.22	1.70	20.12	62.99	0.00	3.54	4.18	1.27	0.08	3.90
HZ - NS - 05	2.27	1.63	19.77	63.78	0.00	2.83	3.78	1.35	0.20	4.39
HZ - NS - 06	1.97	1.95	18.44	65.60	0.00	3.39	4.00	1.50	0.13	3.02
HZ - NS - 07	1.80	1.81	16.05	61.76	0.97	1.75	11.40	1.27	0.36	2.84
HZ - NS - 08	2.07	1.97	13.95	61.47	0.61	2.43	13.87	0.97	0.30	2.36
HZ - NS - 09	2.23	1.55	20.09	65.81	0.00	4.88	0.86	1.34	0.05	3.19
HZ - NS - 10	2.03	2.37	16.08	57.60	0.98	3.11	13.87	0.98	0.15	2.83
HZ - NS - 11	2.30	1.35	18.94	65.10	0.36	3.60	2.89	1.31	0.20	3.96
HZ - NS - 12	2.82	1.50	16.73	64.46	0.84	2.97	6.20	1.15	0.19	3.15

续表7

样品	Na_2O	MgO	Al_2O_3	SiO_2	P_2O_5	K_2O	CaO	TiO_2	MnO_2	Fe_2O_3
HZ－NS－13	3.61	1.43	20.64	61.03	0.00	7.10	1.35	1.30	0.06	3.48
HZ－NS－14	2.11	1.54	17.22	62.71	0.52	2.51	9.24	1.28	0.16	2.71
HZ－NS－15	3.09	1.08	16.43	67.92	0.12	4.46	2.17	1.24	0.11	3.38
HZ－NS－16	2.32	1.26	18.47	67.58	0.16	3.16	2.85	1.23	0.18	2.81
HZ－NS－17	1.98	1.66	14.76	60.21	0.67	2.16	14.34	0.98	0.19	3.06
HZ－NS－18	2.83	1.48	19.31	63.88	0.00	5.78	1.54	1.34	0.08	3.76
DQ－HSS－01	1.27	1.89	19.55	60.34	0.87	3.93	6.99	1.17	0.10	3.90
DQ－HSS－02	1.00	2.84	16.25	61.00	0.18	3.78	9.41	0.94	0.14	4.45
DQ－HSS－03	0.86	1.94	16.99	58.96	0.65	2.97	13.13	0.88	0.10	3.52
DQ－HSS－04	1.34	2.63	18.22	60.14	0.65	2.44	9.55	1.14	0.17	3.72
DQ－HSS－05	1.15	2.47	14.09	61.71	0.71	1.94	13.36	0.83	0.15	3.58
DQ－HSS－06	1.86	2.20	15.84	63.82	0.37	2.74	9.69	1.03	0.20	2.25
DQ－HSS－07	2.02	2.18	18.37	62.19	1.18	3.28	7.20	1.07	0.15	2.35
DQ－HSS－08	1.29	2.34	17.34	59.59	1.43	2.41	12.17	0.95	0.16	2.34
DQ－HSS－09	1.49	2.84	16.58	62.09	1.22	2.31	9.79	1.03	0.19	2.45
DQ－HSS－10	1.89	2.39	15.63	65.31	0.86	2.66	7.82	0.97	0.19	2.29
DQ－HSS－11	1.41	2.32	15.30	65.93	0.25	2.08	9.31	0.95	0.09	2.38
DQ－HSS－12	1.82	2.06	18.07	63.37	0.74	2.15	8.20	0.90	0.13	2.56
DQ－HSS－13	1.07	3.77	11.65	55.95	2.38	1.99	20.50	0.56	0.50	1.63
DQ－HSS－14	1.25	2.33	16.73	65.28	0.95	2.75	6.68	1.14	0.24	2.65
DQ－TZQ－01	0.88	2.43	13.17	59.42	2.07	1.45	17.17	0.91	0.44	2.06
DQ－TZQ－02	1.02	2.14	13.50	60.53	2.03	1.64	15.76	0.89	0.37	2.13
DQ－TZQ－03	1.36	1.83	13.49	62.06	2.07	1.58	14.26	0.88	0.37	2.11
DQ－TZQ－04	1.41	1.98	13.20	61.42	2.32	1.34	14.46	0.89	0.40	2.56
DQ－TZQ－05	1.24	2.12	14.35	64.37	2.11	1.84	9.33	1.12	0.49	3.02
DQ－TZQ－06	1.20	2.18	11.89	58.98	1.97	1.78	18.89	0.77	0.48	1.86
DQ－TZQ－07	1.33	1.66	15.06	66.87	1.11	1.95	8.15	1.03	0.25	2.58
DQ－TZQ－08	1.32	2.29	11.84	63.53	1.78	2.02	13.47	0.88	0.29	2.57
DQ－TZQ－09	1.27	2.15	9.64	63.53	1.78	0.82	17.78	0.68	0.56	1.79
DQ－TZQ－10	1.34	2.44	11.55	62.95	1.66	1.60	15.33	0.86	0.31	1.95

续表 7

样品	Na_2O	MgO	Al_2O_3	SiO_2	P_2O_5	K_2O	CaO	TiO_2	MnO_2	Fe_2O_3
DQ－TZQ－11	0.92	2.79	11.78	58.06	2.29	0.74	20.02	0.71	0.73	1.97
DQ－CS－01	0.96	3.31	11.24	55.09	3.20	1.15	21.68	0.68	0.40	2.28
DQ－CS－02	1.35	2.16	13.72	65.61	0.79	1.99	11.02	0.94	0.20	2.23
DQ－CS－03	1.37	3.68	15.08	60.53	1.45	1.61	11.74	1.02	0.39	3.12
DQ－CS－04	1.43	2.35	15.26	61.07	0.84	2.69	12.78	0.95	0.31	2.32
DQ－CS－05	1.32	2.47	12.69	60.75	1.36	1.54	17.00	0.79	0.32	1.75
DQ－CS－06	1.84	2.19	13.20	64.29	0.73	2.14	12.34	0.92	0.26	2.10
DQ－CS－07	1.48	2.99	15.11	61.04	1.53	2.18	11.48	0.98	0.36	2.84
DQ－CS－08	1.47	2.82	14.98	60.42	1.23	2.65	12.24	1.01	0.35	2.82
DQ－CS－09	1.35	2.95	16.61	60.85	1.42	2.43	10.02	1.04	0.27	3.07
DQ－CS－10	1.59	2.70	14.50	59.88	1.35	2.57	13.53	0.94	0.36	2.59
DQ－CS－11	1.36	2.53	15.64	60.48	1.19	1.83	13.15	1.03	0.34	2.45
DQ－HSS－60－窑渣 1	1.21	1.94	16.95	59.65	1.62	2.00	11.93	0.92	0.09	3.70
DQ－HSS－61－窑渣 2	1.53	1.36	17.57	64.64	2.69	2.71	4.24	1.14	0.09	4.02
DQ－HSS－62－窑渣 3	1.48	0.97	17.50	64.46	1.50	3.25	0.10	1.52	0.15	9.09

（三）测试结果与讨论

1. 关于胎组成及原料配制的讨论

将每个窑场的样品作为一个大类，分别计算出每个窑址样品各主次量化学成分的平均值及标准偏差（参见表 6）。可以看到，从瓢山到长山窑址，SiO_2的含量在 70.23% ~ 75.64%之间，Al_2O_3的含量在 15.3% ~18.25%之间，皆低于 20%。一般认为，中国早期南方传统青瓷都以瓷石为原料。瓷石是以石英和绢云母为主的矿物，因绢云母有和高岭土一样的可塑性，又有长石一样的熔剂作用，加之瓷石中还含大量石英，因此单纯用瓷石即可成型并烧制成瓷。

表 4 为南方各瓷区所产集中主要瓷石的化学成分，从中可以明显看到南方瓷石高硅低铝的特征。各地区的瓷石在成分上相差不远，以 SiO_2、Al_2O_3为主，两者普遍占瓷石化学总成分的 90% 左右。表 5 为几种北方瓷区附近出产的代表性高岭土的化学成分，可以看到，高岭土中 SiO_2的含量普遍不到 50%，Al_2O_3的含量则普遍在 30% ~40% 之间。

将六类样品化学成分平均值与小仙坛样品以及各地区瓷石、高岭土化学成分平均值作成分曲线图（彩图一二，1）。除细微差别外，六类样品和小仙坛样品以及各地区的瓷石曲线基本重合，但和高岭土的曲线则完全不同，意味着六类样品的胎并非是以高岭土所做。

小仙坛窑青瓷胎采用的是一元瓷石配方，而上述六类样品如果是多元配方，以商周到春秋时期原始的工艺技术条件来看，其胎体主次量成分几乎不可能与小仙坛基本保持一致。因此可以初步推测东苕溪的原始瓷胎应该是一元配方且是瓷石胎①。

尽管平均值能在一定程度上说明成分的比例，但是各成分平均值之间的偏差值大小不同，小的偏差值如南山 TiO_2 只有0.02%，但大的偏差值如瓢山窑址的 SiO_2 达到1.69%。为了更清楚的分析数据，采用 SPSS19 对主量元素组成作因子分析。

由于 Na_2O、MgO 为轻质元素，EDXRF 测试数据中，瓢山、北家山等部分标本没有测出数值，同时 P_2O_5 含量差别较大，因此因子分析未将这三个成分作为变量。由于瓢山、北家山数据零散性较大，因此也未将这两个窑的样品数据作为变量。KMO（Kaiser - Meyer - Olkin）的度量为0.521，Bartlett 的球形度检验 Sig 为0，即假设被拒绝，也就是说可以认为相关系数矩阵与单位矩阵有显著差异，即可以做因子分析。根据解释总方差得出，F1、F2 原始变量总方差的百分比分别是58.867%和22.012%，累积解释原始变量的总方差为78.879%。根据成分矩阵得出：

$$F1 = 0.904\ Al_2O_3 - 0.970\ SiO_2 + 0.813\ K_2O + 0.747\ CaO - 0.284\ TiO_2 + 0.594\ Fe_2O_3$$

$$F2 = 0.052\ Al_2O_3 - 0.051\ SiO_2 - 0.447\ K_2O + 0.206\ CaO + 0.848\ TiO_2 + 0.594\ Fe_2O_3$$

插图二给出的是旋转后的因子载荷矩阵，可以看出第一个因子主要解释的是 Al_2O_3、SiO_2、CaO、Fe_2O_3，第二个因子解释的是 TiO_2、K_2O。所得因子载荷图如插图三。

旋转成分矩阵 a

	成分	
	1	2
Al_2O_3	.866	-.264
SiO_2	-.928	.288
K_2O	.608	-.701
CaO	.773	-.065
TiO_2	.028	.894
Fe_2O_3	.763	.352

插图二　旋转后的因子载荷矩阵

① 后面本课题将对原料的矿物性能做专门定性分析。

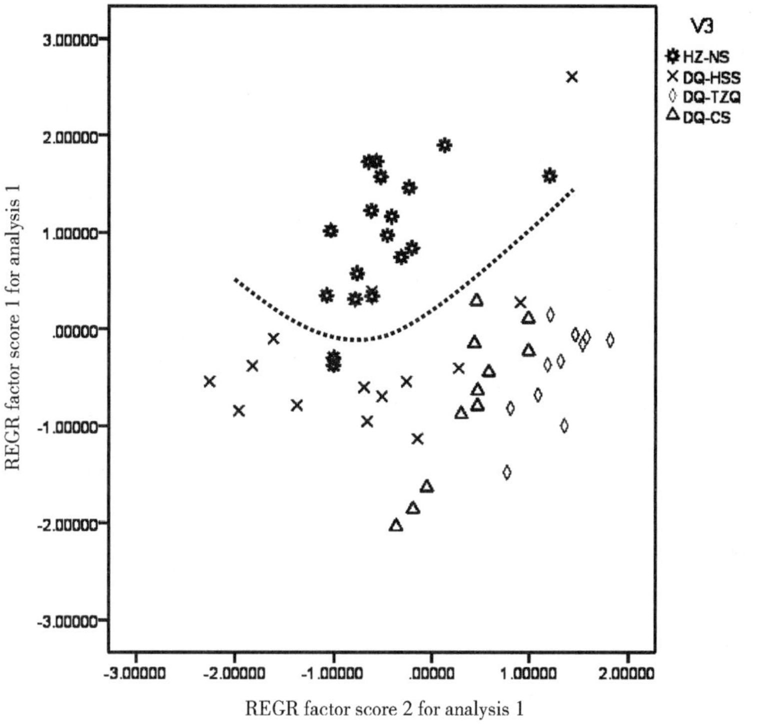

插图三　因子载荷图

从插图三大致可以看到，南山商代窑址与春秋战国的火烧山、亭子桥等窑址在 Al_2O_3、SiO_2、CaO、Fe_2O_3的含量上有明显区别，因此可以根据 F1 将样品基本分成两个区域。南山窑址也有部分样品游离在春秋战国区，说明商代到春秋战国时期的配方有一定的相似性，但春秋战国的原料配方已经过改进。火烧山窑址、亭子桥窑址及长山窑址 F1 大致集中在 -1.0000 ~ 0.0000 之间，即 Al_2O_3、SiO_2、CaO、Fe_2O_3的主要含量都相对集中，表明胎原料主体上比较一致，可以初步判定是一元配方。另一方面，F2 值，即 TiO_2、K_2O 含量十分分散，表明原料使用仍具有一定的原始性，并不同一。

进一步分析，将瓢山至长山六个窑址的化学成分含量数据作箱型图（插图四 ~ 一一）。可以看到，SiO_2自瓢山时期开始逐渐升高，并在火烧山时期逐渐趋于平衡；Al_2O_3与 Fe_2O_3的含量则逐渐降低，在火烧山之后也逐渐趋于平衡。Fe_2O_3含量的降低有两种可能：一种是原料配方发生了改变，但主要元素 SiO_2、Al_2O_3值并没有十分明显的改变，因此原料配方改变的可能性比较小。另一种可能是虽然原料相同，但用某种方式去除了 Fe_2O_3。初始阶段，由于原料采集的原始性，窑工在制作时可能仅是选择质地接近瓷石的泥料，并没有进行瓷石提纯等步骤，因此残留有许多其他的杂质，导致 Fe_2O_3含量普遍很高。

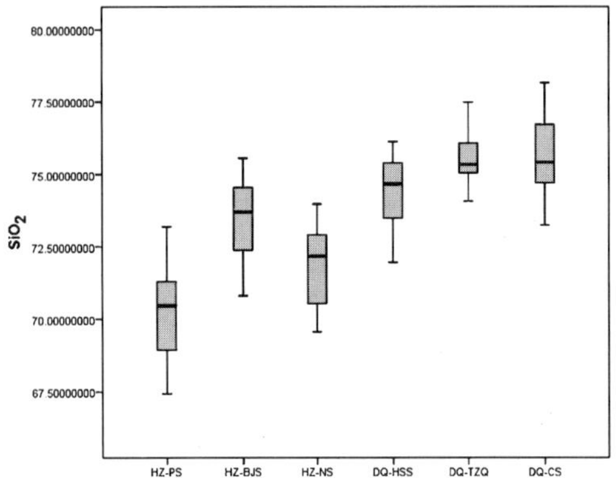

插图四 SiO_2 箱型图

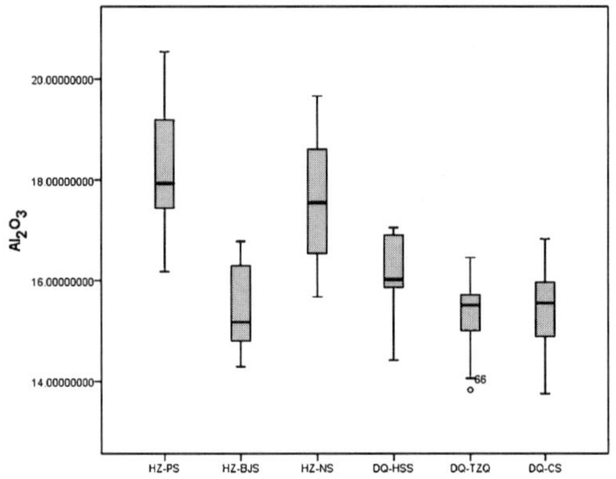

插图五 Al_2O_3 箱型图

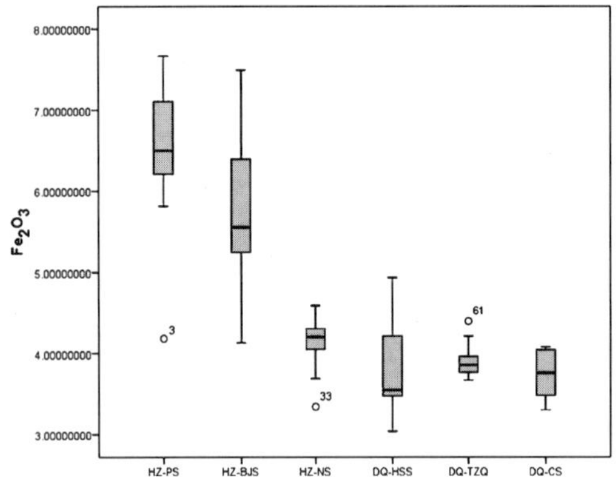

插图六 Fe_2O_3 箱型图

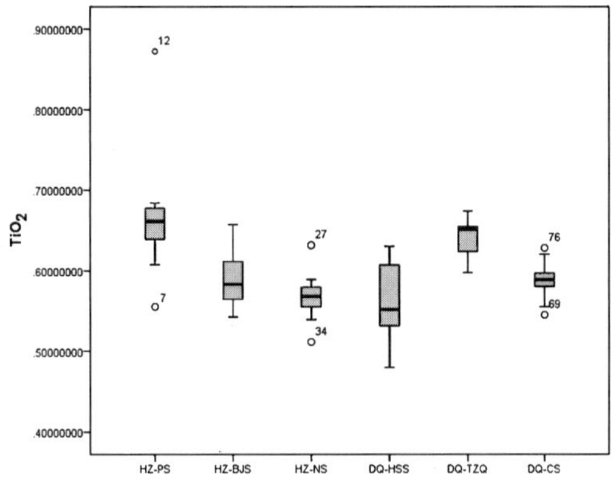

插图七 TiO_2 箱型图

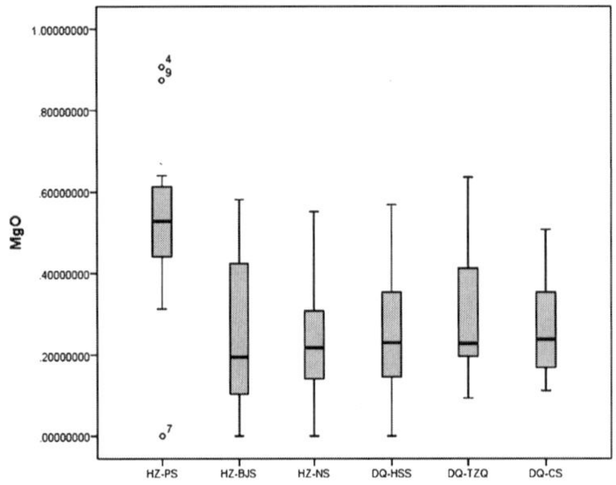

插图八 MgO 箱型图

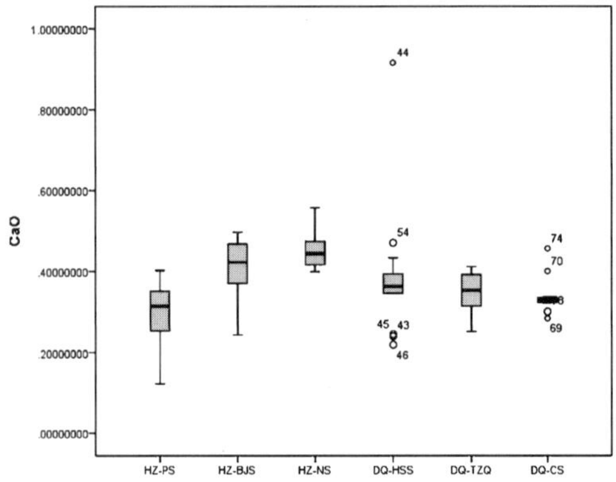

插图九 CaO 箱型图

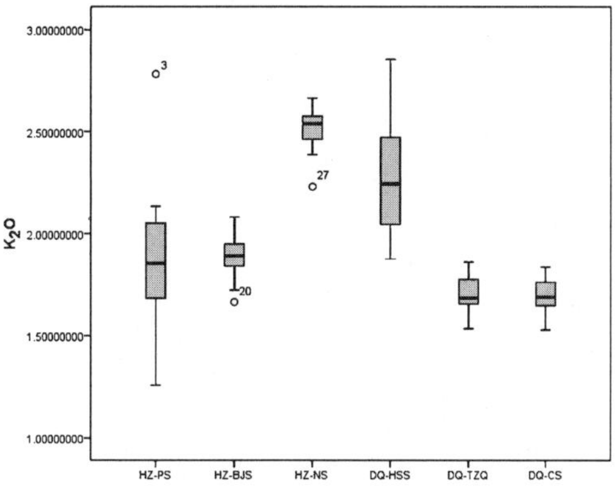

插图一〇　K_2O 箱型图

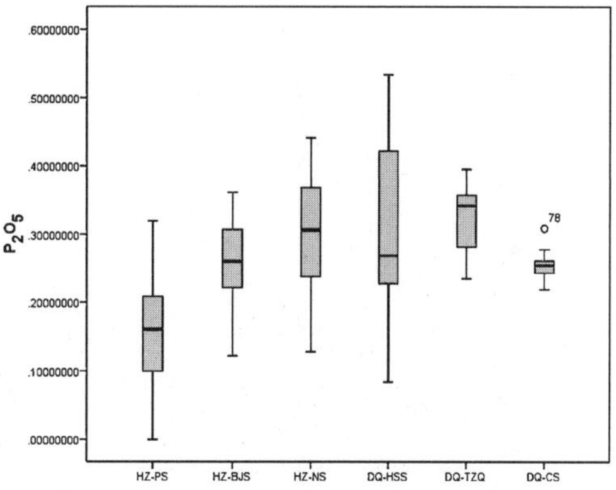

插图一一　P_2O_5 箱型图

Fe_2O_3、TiO_2 可能会使胎体呈现灰、黑的颜色，含量越高，则复合着色越明显。瓢山至长山时期标本的胎体呈色与箱型图表现了一致性（彩图一〇，1～6）：瓢山至南山之间，TiO_2 含量降低，胎色渐白；火烧山至战国时，TiO_2 含量又逐渐增加，基本与瓢山等持平，因此胎体的复合着色也更加明显。由前文表 4 所列浙江地区的瓷石成分中可见，Fe_2O_3 含量普遍在 0.5%～1%，相较其他地区而言高出 0.3%～0.5%，已属于高铁质地。样品中 Fe_2O_3 含量虽然呈现逐渐降低的趋势，但数值仍然在 3.7%～6.4%，因此样品胎体中常伴有黑色斑点，甚至有黑色结块的出现，这都是 Fe_2O_3 含量较高的体现。

CaO、MgO 含量属于次量元素，因此从箱型图中看到其含量基本没有十分明显的变化。K_2O 一般包含在绢云母中，是十分重要的助熔成分，能够降低瓷器的烧成温度。南山至亭子桥时期，K_2O 含量明显降低，从侧面反映出随着龙窑技术的发展，烧成温度也随之提高，因此 K_2O 的重要性也随之降低。P_2O_5 含量逐渐升高，自南山之后逐渐平衡。

从箱型图可以初步推测：瓢山、北家山和南山因时间尚早，胎体配方仍处于摸索阶段，因此许多成分变化较大，到春秋火烧山时期，胎体配方比已逐渐稳定。值得一提的是，8 个箱型图中，火烧山一列的箱型上边缘及下边缘距离较大，尤其是 MgO、K_2O、P_2O_5 成分最为明显，而 CaO 成分则是异常值较多，表明火烧山原料成分中仍含有较多杂质。

南山生土样由考古工作人员于窑址发掘时采集（彩图一〇，7）。火烧山表层土样采自掘步岭水库另一侧，与火烧山发掘窑址群隔掘步岭大坝相望（插图一二）。因田地开发，火烧山附近的深土层被翻新，深层泥土部分裸露在田泥之上，这些深层泥土夹杂许多白色物质，据采集考古人员称，这种物质类似于我们常说的瓷土。火烧山土样主要采集了表层土样及 0.6 米深无打扰的深土样（插图一三、一四；彩图一〇，8、9）。

插图一二　火烧山土样采集地示意图

插图一三　表层土样采集现场

插图一四　0.6M深土样采集现场

将样品与土样的Fe_2O_3、Al_2O_3、SiO_2、Na_2O、K_2O、CaO含量分别作三维散点图（彩图一三，1、2）。可以看到，南山生土样Al_2O_3、SiO_2含量基本在南山标本的范围内，但Fe_2O_3含量很高，处于南山标本范围之外；火烧山的土样也有同样的状况。南山生土样中Na_2O、K_2O、CaO含量基本也在标本范围内，但Na_2O含量比较低；火烧山标本中Na_2O、K_2O、CaO含量比较分散，但生土样三中含量与标本有重合之处。由于Na_2O含量属于轻质元素，因此在EDXRF测试中Na_2O数据有可能存在不准确性。

南山与火烧山土样，除Fe_2O_3含量较胎体较高外，其余Al_2O_3、SiO_2、Na_2O、K_2O、

CaO 几个主要含量基本都在样品数值范围内，因此可以基本断定，商周到春秋时期的原料应为就地取材。胎体 Fe_2O_3 含量较土样要少，可能是由于在制作过程中采取某种方式筛选出了 Fe_2O_3。比如南山窑址中就曾发现筑料坑及水沟，推测当时窑工采取周边原料后，应该是经过一定的筛选后才制作器具的。

2. 关于样品釉及釉料配制的讨论

目前对于釉的起源主要有两种观点：一种认为是从陶衣、泥釉演变而来；一种则认为是受草木灰经高温形成的玻璃相启发而来。

经过相关研究表明，陶衣与坯体的原料有很大的不同，陶衣是采用一种专门的原料制作的①。陶衣的一个特点是 Fe_2O_3 含量较高，而 K_2O、Na_2O 等碱金属氧化物和 CaO、MgO 等碱土金属氧化物的含量较低②。陶衣在低温烧成（大约是 800℃或更低）时很难熔融，但是一旦温度升高，达到 1000℃或以上时，就有可能熔融形成光亮表层。依靠于温度的提升，原先陶衣赋予的光滑表层逐渐熔融并初步形成光亮层，理论上形成光亮表层的原料与无光亮表层的原料应当并无明显差别。

瓢山及北家山窑址所测样品可以分成两类，一类表面虽光滑，但并无玻璃质光泽（彩图一〇，10、11）；另一类表面经光线直射有反光效果，疑似釉面（彩图一〇，12、13）。无明显光亮层一类，形似我们通常所说的陶衣，为 6 片瓢山标本及 4 片北家山标本。有光亮斑点的样品，为 5 片瓢山标本及 8 片北家山标本。将这两类样品作 MnO_2、P_2O_5、K_2O、CaO 含量的箱型图（插图一五～一八）。

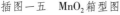

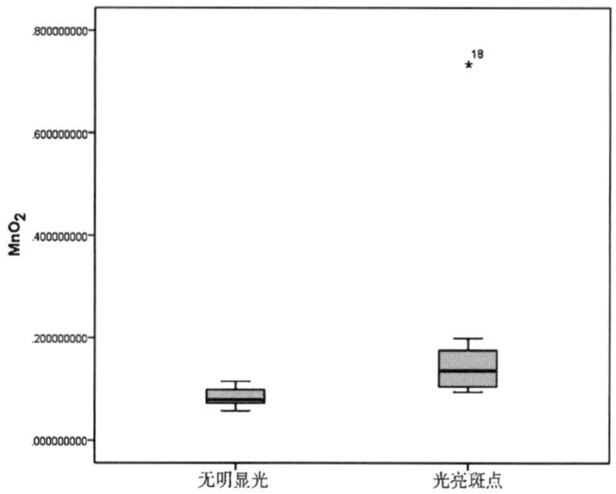

插图一五　MnO_2 箱型图

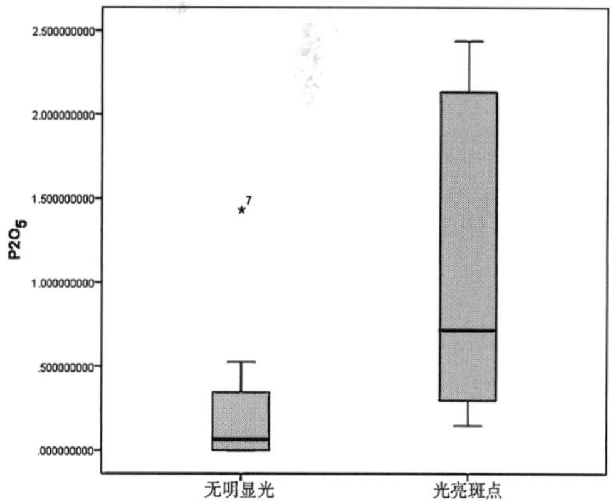

插图一六　P_2O_5 箱型图

① 鲁晓珂、李伟东、罗宏杰、何驽、李新伟：《陶寺遗址龙山时代黑色陶衣的研究》，《中国科学》2011 年第 7 期，第 910 页。

② 吴隽、张茂林、吴军明、李其江、李家治、邓泽群、江夏：《中国陶瓷釉的多元化起源与初步发展探析》，《中国科学》2011 年第 2 期，第 224 页。

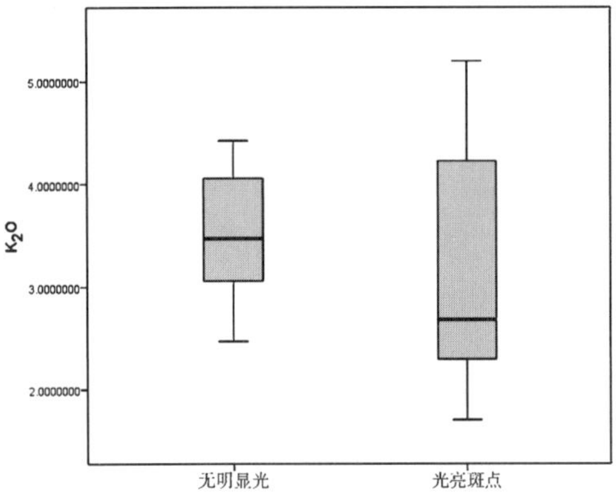

插图一七 K_2O 箱型图

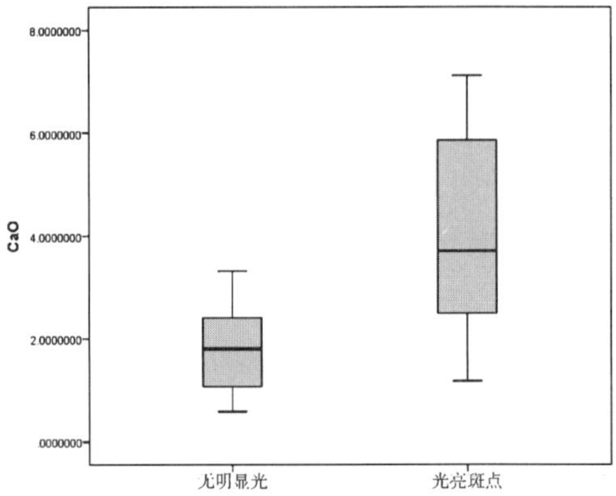

插图一八 CaO 箱型图

可以清晰地看到，从无光亮釉面样品到有光亮釉面样品，MnO_2、P_2O_5、K_2O、CaO含量都呈现上升趋势，尤其是 P_2O_5 含量，光亮面样品的含量是无光亮面样品的数倍，这意味着两类样品的原料并不相同。因此基本可以排除东苕溪流域原始瓷釉是受陶衣启发的说法。

窑渣，指窑体壁上黏附着的一层有光亮的物质，有时又称窑汗。当坯体在窑内烧制时，草木燃料燃烧后形成的草木灰借由火焰浮力飘荡并附着在坯体或窑壁上，这些有较高熔剂元素的氧化物在高温下和器物或窑壁的某一个部位产生了共熔现象，形成了玻璃态物质，也就是窑渣（彩图一〇，14～16）。

表 8 列出了各种常见的草木灰的化学成分。

表 8 各种常见的草木灰的化学成分①（wt%）

名称	Na_2O	MgO	Al_2O_3	SiO_2	P_2O_5	K_2O	CaO	TiO_2	MnO_2	Fe_2O_3
松木枝叶灰	0.39	2.3	14.75	57.08	1.67	5.32	8.04		2.22	6.12
杉木枝叶灰	0.25	6.34	6.98	30.83	未测	11.54	34.73		4.05	2.73
松果灰	0.23	20.25	21.86	24.43	未测	9.3	16.19	0.37	3.7	3.67
凤尾草灰	0.56	7.44	19.32	55.02	0.92	4.81	8.59	0.3	1.36	1.67
山茶树灰	0.53	13.32	13.77	2.39	3.62	0.72	64.23		1.28	0.47
山茶叶灰	0.27	12.65	29.19	6.46	4.98	0.25	40.37		1.38	0.51

将火烧山窑渣与六类样品釉的 MnO_2、P_2O_5、CaO、Al_2O_3、SiO_2、Fe_2O_3 含量作三维散点图（彩图三三，3、4）。可以看到，除 P_2O_5 含量较高外，窑渣 1 各成分含量基本都处在火烧山样品釉的范围之内。这表明火烧山的釉中应当含有草木灰的成分。尽管瓢山、北

① 引自李国桢、郭演仪：《中国名瓷工艺基础》，浙江大学出版社，2012 年，第 79 页，表 5－4。

家山时期的窑渣没有做对比分析，但是火烧山已基本形成的釉层原料中含有草木灰的基本成分，可以初步证明东苕溪流域的原始瓷釉应当是受草木灰高温成玻璃态启发的。

表9是样品釉各化学成分平均值及标准偏差表，以此与各类样品对应的胎体化学成分平均值作平均值曲线图（彩图一二，2、3）。除 SiO_2 和 CaO 的峰值有稍明显不同外，胎与釉的曲线走势基本保持一致。同时，样品釉中 SiO_2/ Al_2O_3 比值从瓢山到长山依次是2.93、3.60、3.50、3.81、4.95、4.28，样品胎中 SiO_2/ Al_2O 比值从瓢山到长山依次是3.88、4.78、4.10、4.60、4.96、4.94，这说明胎与釉在主体原料上应该有共同性。再将样品釉与瓷石、高岭土的化学成分作平均值曲线图（彩图一二，4）。可以看到，样品釉除 SiO_2、CaO、Fe_2O_3 外，同瓷石在曲线走势上基本一致。因此，可以初步判定样品釉原料之一应当是瓷石。

表9　样品釉各化学成分平均值及标准偏差表（wt%）

成分	瓢山		北家山		南山		火烧山		亭子桥		长山	
	Aver	Std	Aver	Std	Aver	Std	Aver	Std	Aver	Std	Aver	Std
Na_2O	1.48	0.39	1.92	0.41	2.33	0.47	1.41	0.35	1.21	0.18	1.41	0.20
MgO	2.02	0.24	1.68	0.22	1.66	0.35	2.44	0.46	2.18	0.29	2.74	0.45
Al_2O_3	21.29	1.97	17.90	1.45	18.37	2.26	16.47	1.91	12.68	1.44	14.37	1.45
SiO_2	61.85	1.54	63.95	1.34	63.32	2.49	61.83	2.68	61.97	2.50	60.91	2.51
P_2O_5	0.11	0.10	1.38	0.72	0.30	0.36	0.89	0.54	1.93	0.32	1.37	0.64
K_2O	3.90	0.65	2.60	0.67	3.59	1.33	2.67	0.61	1.52	0.40	2.07	0.48
CaO	2.31	1.49	4.01	1.84	5.76	4.54	10.27	3.51	14.97	3.51	13.36	3.13
TiO_2	1.46	0.11	1.28	0.20	1.27	0.16	0.97	0.15	0.87	0.12	0.94	0.10
MnO_2	0.10	0.03	0.18	0.17	0.15	0.08	0.18	0.10	0.43	0.13	0.32	0.06
Fe_2O_3	5.48	0.91	5.10	0.78	3.25	0.58	2.86	0.78	2.24	0.37	2.51	0.41

将样品釉与胎的 CaO 含量作箱型图（插图一九），左边为样品表层（釉或光滑层），右边为样品胎，两者泾渭分明。胎体中 CaO 含量很少，而釉或光滑层中则含高比例的 CaO，表明釉原料中一定添加了高钙物质。

为了清楚表示几个样品釉元素之间的关系，将瓢山、北家山、南山、火烧山、亭子桥、长山六个窑址釉主量元素的平均值及标准偏差（参见表9）制成平均值曲线图（彩图一二，5）。可以清楚地看到，六个窑址釉主量元素曲线大体一致，基本保持相同的峰值，SiO_2 含量基本在60%～64%。表明从商周到战国时期，釉的配方并没有经过太大的变动。

尽管曲线图基本保持一致，但仍可见细微差别，主要表现在 Al_2O_3、K_2O、CaO、Fe_2O_3 含量的差异，尤其是 CaO 含量差别十分明显。将 K_2O、CaO、Fe_2O_3 含量做成三维散点图（彩图一三，5），以 CaO 含量为区分依据，结合 CaO 与 K_2O + Na_2O 含量二维散点图（彩图一三，6）以及 SiO_2 和 CaO 含量二维散点图（彩图一三，7），将六类样品分成两类。

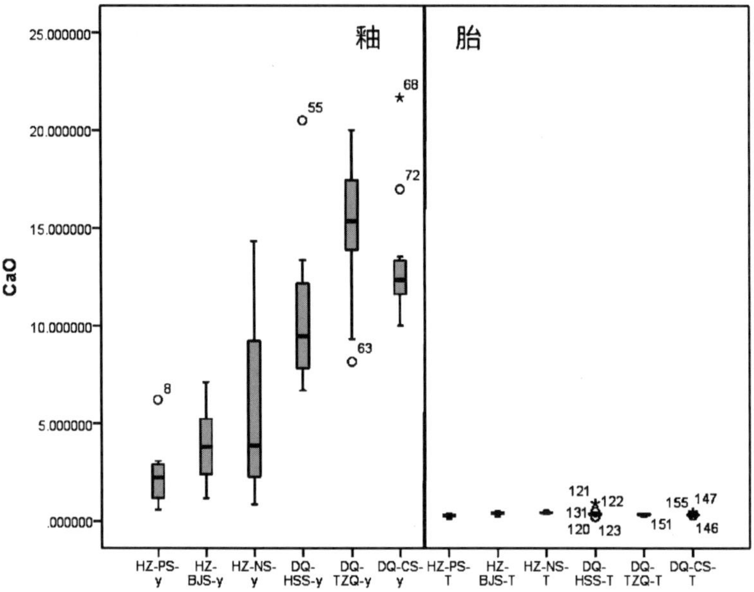

插图一九　样品釉与胎 CaO 含量箱型比较图

第一类，CaO 含量普遍在 10% 以下；K_2O + Na_2O 含量主要在 4% ~6%，其中 K_2O 含量普遍在 3% 左右；SiO_2 含量在 60% 以上，集中在 62% ~65%。主要以瓢山、北家山、南山样品为主。

第二类，CaO 含量从 10% ~20% 不等，高者可达 25% 左右；K_2O + Na_2O 含量在 3% ~4%，其中 K_2O 含量普遍在 2% 左右；SiO_2 含量集中在 60% 左右。主要以火烧山、亭子桥和长山窑址为主，另包括部分南山样品。

将釉样品以 CaO 作为变量排序，以 10% 为界分成高钙及低钙两类，将其与 MnO_2 + P_2O_5 含量做成二维散点图（彩图一三，8）。可以看到，CaO 含量在 10% 以上的样品，MnO_2 + P_2O_5 含量为 0.75% ~3.6%，平均为 1.7% 左右；而 CaO 含量在 10% 以下的样品，MnO_2 + P_2O_5 含量主要集中在 0.5% 以下，平均为 0.27% 左右。

一般高钙矿物，如石灰石等，MnO_2、P_2O_5 含量较少，MnO_2 + P_2O_5 平均值并不能达到 1% 以上。我国龙窑一般以柴烧制，火烧山、亭子桥等窑址发掘出的火膛中均残留有大量的草木灰烬，而通常草木灰中含有大量的 MnO_2、P_2O_5（参见表 8）。因此可以进一步判断东苕溪流域的原始瓷是以草木灰拌制。

瓢山、北家山时期原始瓷胎体表层虽有光亮光滑层，但由于没有测试釉层厚度，因此很难保证是否为人工釉。但南山样品，例如 HZ－NS－10（彩图一○，17），表层有明显厚度的积釉层，不同于“自然釉”那种零星釉斑的现象。因此，可以初步推测南山时期已出现人工施釉现象。

将六类样品釉的 SiO_2、Na_2O、K_2O、Al_2O_3、P_2O_5、MnO_2、MgO、CaO、Fe_2O_3、TiO_2 含量做成箱型图（插图二〇～二九）。

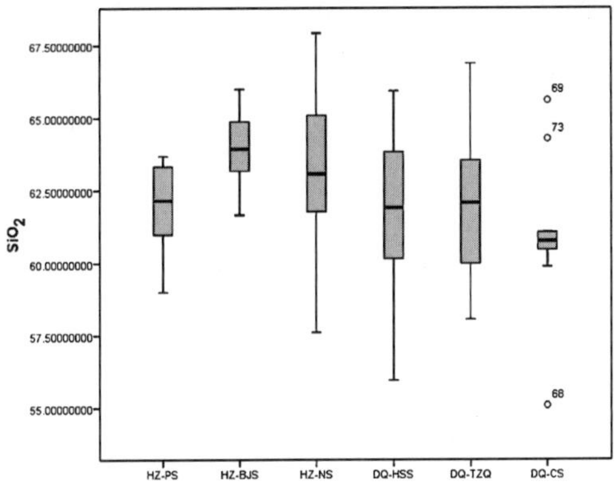

插图二〇　SiO_2 箱型图

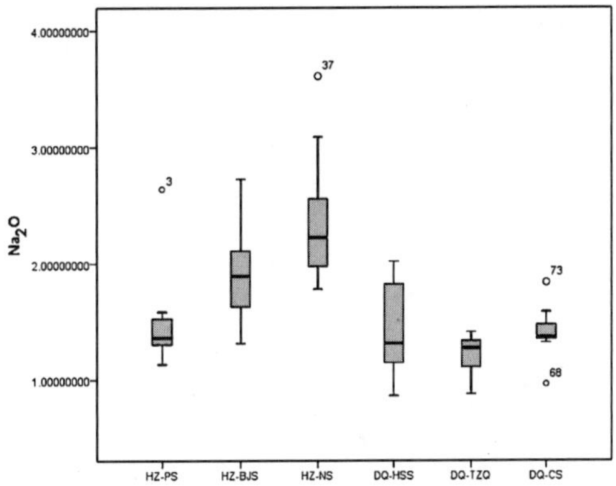

插图二一　Na_2O 箱型图

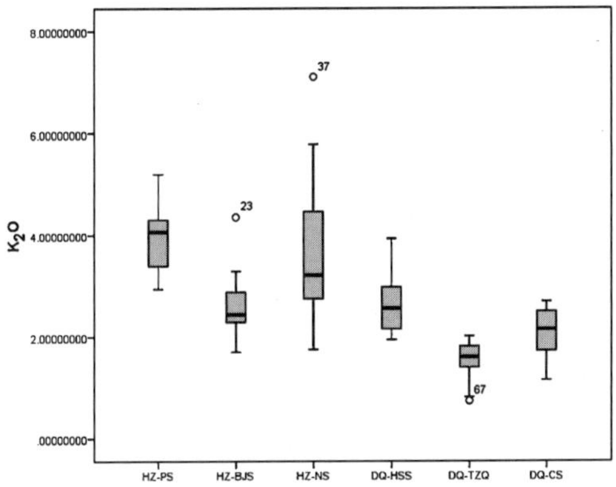

插图二二　K_2O 箱型图

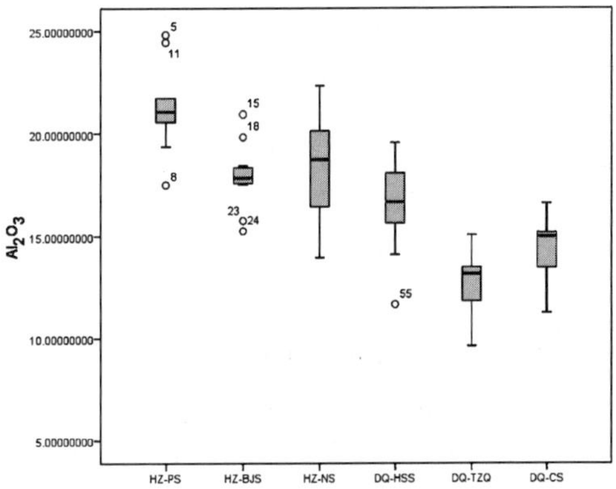

插图二三　Al_2O_3 箱型图

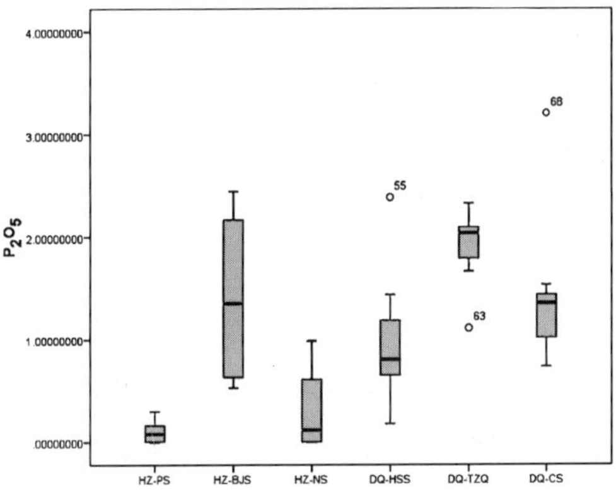

插图二四　P_2O_5 箱型图

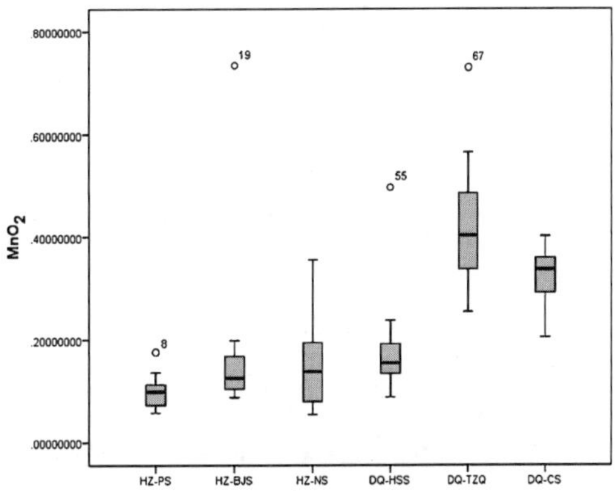

插图二五　MnO_2 箱型图

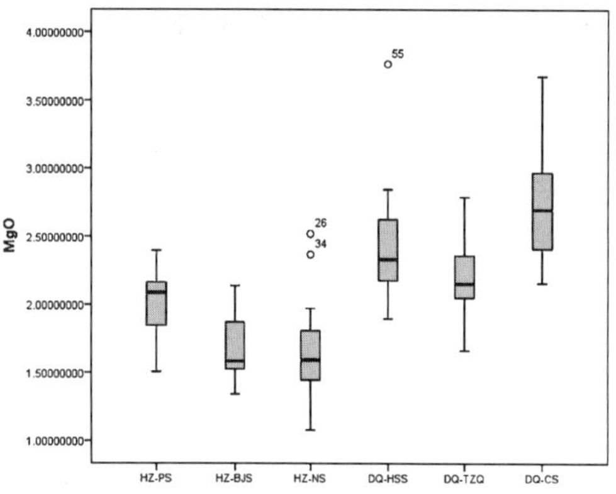

插图二六　MgO 箱型图

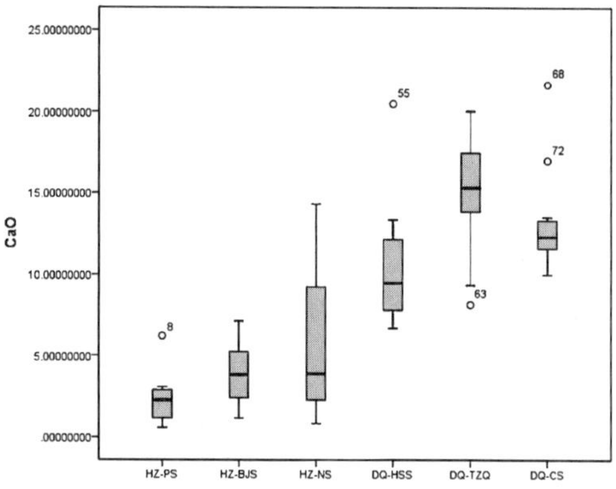

插图二七　CaO 箱型图

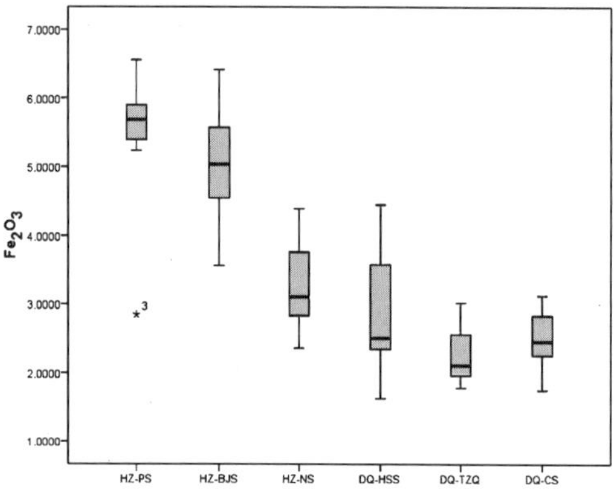

插图二八　Fe_2O_3 箱型图

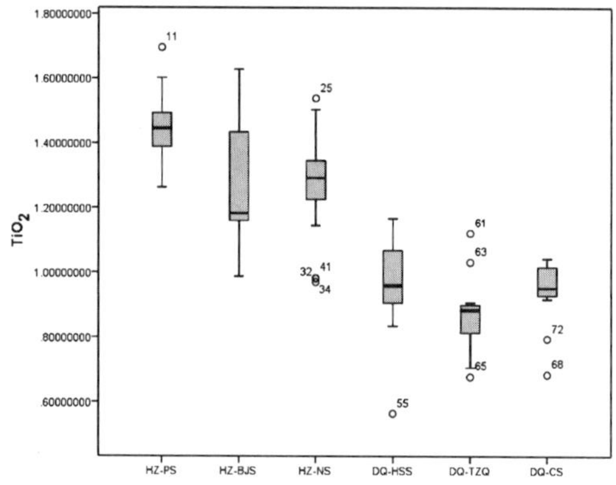

插图二九　TiO_2 箱型图

SiO_2是釉料的主体成分，自春秋火烧山时期 SiO_2 含量逐渐趋于平衡，尤其是到战国长山窑址时期，数值非常集中，表明釉料主原料越来越稳定。

Na_2O 与 K_2O 合称 R_2O，R_2O 含量的提高有助于降低釉烧成温度，同时还增加了釉质黏稠度，确保烧制时不会因为重力等缘故出现流釉等现象，可以维持一定的釉层厚度。R_2O 在釉料高温熔融时能够保证釉层的稳定性，减少积釉现象的产生，保证釉面整体光滑。春秋战国时期 R_2O 含量降低，使得釉料在烧制中出现流动现象，因此火烧山、亭子桥等样品中常见流釉现象，尤其是折痕处积釉现象明显，这也战国时期釉层很薄的原因（彩图一〇，18～20）。

就早期龙窑形制来看，窑炉各部位温度并非一致，应当是越接近火膛部位温度越高。Al_2O_3含量降低有利于降低釉体的烧结温度，这意味着当坯体摆放在远离火膛位置时，Al_2O_3含量越低者，釉体越能熔融烧结。战国较春秋时期 Al_2O_3 含量有着较明显的降低，表明为兼顾出窑率而在釉料配方上已作了一定程度的改进。

MnO_2、P_2O_5在一般瓷石或黏土中含量几乎非常少，釉料中 MnO_2、P_2O_5含量是表明釉料来源的重要依据。根据上文的推断，MnO_2、P_2O_5含量的增加缘于东苕溪原始瓷釉料以草木灰配制。MnO_2、P_2O_5及 MgO 的提高，有利于促进胎釉结合，降低剥釉现象的产生。瓢山、北家山及南山时期表面釉层常有斑驳剥落现象（彩图一〇，21；彩图一一，1、2），但是到火烧山及亭子桥时期，样品仅偶有剥落现象，并不是十分常见。

CaO 是保证瓷器形成高温釉的重要成分。春秋火烧山时期 CaO 含量大幅度提高，亭子桥样品中有的甚至高达20%以上，表明到战国时期已经出现典型的高钙釉。

Fe_2O_3、TiO_2是釉料中重要的着色剂。釉料中 Fe_2O_3含量越多，釉料颜色就越深。尽管 Fe_2O_3含量总体呈现降低趋势，但整体含量仍然较高，因此，各窑址样品中常出现黑色斑点，这就是 Fe_2O_3积斑现象。南山、火烧山、亭子桥、长山样品釉上可见明显的黑色斑点（彩图一一，3～6）。火烧山时期 Fe_2O_3含量较高，釉色除常见青绿外，多为青中带深色，诸如青黄、黑青，色重者呈现酱褐、黑褐色（彩图一一，7、8）。到战国时期 Fe_2O_3含量有所降低，为1.5%～2%，因此釉色青绿者较多（彩图一一，9、10）。

整体上，Na_2O、K_2O、Fe_2O_3、TiO_2含量降低，MnO_2、P_2O_5、MgO、CaO 含量上升。较北家山、瓢山等样品的光亮层而言，南山时期的釉面更具晶莹质感且达到一定厚度，毫无疑问是人工施釉。较后期所谓“成熟瓷器”而言，春秋战国时期的原始瓷釉层仍然很薄，流釉现象多且釉面不平整。春秋到战国时期，釉质也有一段发展过程，主要表现在釉色从青褐色逐渐转变为青绿色，色泽也更加鲜亮。

（四）小结

经过因子分析、箱型图及散点图的比较，可以基本得出以下结论：

第一，从六类样品与小仙坛、各地区瓷石及高岭土成分对比，基本可以确定东苕溪原始瓷胎体为一元配方，早在瓢山窑址时期就已经使用本地瓷石作为原料，这种瓷石作为主原料的配方一直保持不变。

第二，胎体配方用单一原料，但总体而言仍处于摸索阶段。瓢山及北家山时期，胎体主量成分 Al_2O_3、SiO_2含量变化较大，到火烧山窑址的春秋时期，Al_2O_3、SiO_2含量趋于稳定，总配方逐渐稳定下来。但原料中除瓷石外仍残留有许多杂质，导致各次量元素之间呈现不平衡状态。

第三，从六类样品与窑址周边采取的土样分析，可以初步推测商周到战国时期的原料一般都是就地取材。

第四，釉中 CaO 含量在不断提高，到战国时期已在15%～20%左右，CaO 含量提高的同时 MnO_2、P_2O_5含量也在不断上升。结合火烧山样品釉层与窑渣成分相近的结果，可以初步推测，东苕溪原始瓷釉应当是受草木落灰形成玻璃态启发，而与“陶衣成釉”的理论不符。

第五，通过对样品釉与样品胎体以及瓷石、高岭土的分析，除了样品釉 CaO 含量有明显差距外，其他峰谷曲线基本保持一致。结合 SiO_2/ Al_2O 比值，可以认为样品釉的配方主要是瓷石加上草木灰，属于高钙釉。

第六，瓢山、北家山时期由于年代尚早，样品中偶见零星釉斑，但到南山时期开始已能明确发现积釉层，可以推测至少在南山时期已十分明确有人工釉。较早期北家山、瓢山等样品的光亮层而言，春秋战国釉面更具晶莹质感且达到一定厚度，毫无疑问是人工施釉。但较所谓“成熟瓷器”而言，春秋战国时期的釉层仍然很薄，流釉现象多且釉面不平整。同时，春秋到战国时期，釉质也有一段发展过程，主要表现在釉色从青褐色逐渐转变为青绿色，色泽也更加鲜亮。

二 东苕溪流域德清原始瓷窑址原始瓷样品物相分析

原料经过筛选处理、碾磨粉碎、混合成型、干燥烧成，各种影响因素都会反映在出窑后的坯体中，最终在材料的物理化学性能和显微结构上呈现出来。原料在烧造过程中经过了高温下的一系列物理与化学反应，烧成后的材料结构与烧成前发生了本质的变化。瓷器属于多相结构，除晶相外，还有气相（气孔）和玻璃相（玻璃相主要是由长石熔融后形成）。瓷胎烧成中会形成原料中没有的一种新晶相——莫来石相。莫来石是瓷胎的骨架，莫来石相的生成即表明瓷化的开始，莫来石在晶相中的比例是衡量瓷化程度高低的标杆。通过对坯体的定性的物相分析，就可以判定样品瓷化的程度。

（一）用 XRD 定性物相分析

1. 实验的目的与意义

瓷器在烧成的过程中会经过一系列的物理化学变化，如膨胀、收缩以及气体的产生、液相的出现、旧晶相的消失、新晶相的析出等。一般瓷器具有三个典型的物相：气相、玻璃相、莫来石相。莫来石在瓷胎中起着骨架的作用，莫来石晶体的多少受到瓷胎的化学和矿物组成以及烧成温度的高低影响，可以说莫来石相是判定是否成瓷的关键点。最终烧结的瓷器一般有由残留石英、方石英、莫来石以及其他成分同玻璃状物质联结组成的致密、有机械强度的瓷胎。实验通过定性分析待测样品的物相组成，判断所测样品是否具备成瓷的条件。

2. 实验样品及设备

实验使用 D/max－2550PC（日本理学）X 射线仪（插图三〇）。仪器由主机和附件两大部分组成，附件包括铜靶、自动可变狭缝系统、全自动弯（平）晶石墨单色仪、纤维取向度测试附件、变温附件、JADE 软件包。该检测仪器主要用于物相定性或定量分析、晶体结构的分析、结晶度测定（多峰分离法）、晶粒取向度测定、材料物相随温度变化的研究。本次实验主要将其用于对样品的物相定性分析、晶体结构的分析等方面。

我们选择了战国时期比较有代表性的和从物理性能上看烧成较好的亭子桥（DQ－TZQ）和下漾山（DQ－XYS）窑址各两个样品进行晶相测试，以观察其成瓷情况。样品

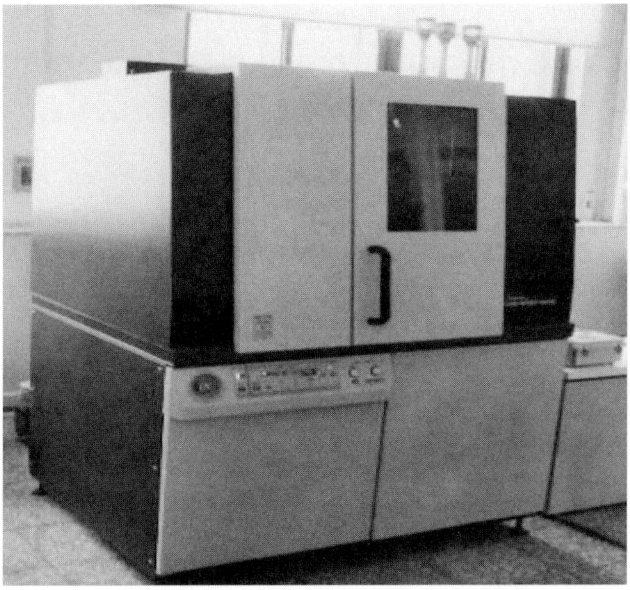

插图三〇　D/max－2550PC（日本理学）X 射线仪

号分别为 12DQ－TZQ－001、DQ－TZQ－013、12DQ－XYS－001、DQ－XYS－005。

3. 实验原理

当一束 X 射线通过晶体时将发生衍射，衍射波叠加的结果使射线的强度在某些方向上减弱，分析在照相底片上的衍射花样，便可以确定晶体结构。X 射线衍射在实验上主要有分析多晶粉末样品的粉末法和分析单晶样品的劳厄法，本次实验中采用的是粉末法。粉末多晶样品的试样中包含了无数取向无规则的细小晶粒，当选用固定波长的特征 X 射线作为光源时，可从一堆任意取向的晶体中每一 θ 角符合布拉格的条件反射面得到反射。测出 θ 角后，利用布拉格公式 $2d\ \sin\theta = n\lambda$，即可确定点阵平面间距、晶胞大小和类型。根据衍射线的强度，还可以进一步确定晶胞内原子的排布。若是采用单晶取向的劳厄法，所用单晶样品保持固定不变，选用连续 X 射线光束作为光源，以 X 射线光源的波长作为变量来保证一切晶面都满足布拉格条件。然后采用定性分析方法，将晶体材料测得的点阵平面间距及衍射强度与标准物相的衍射数据进行比较，确定材料中存在的物相。

4. 实验的方法及步骤

首先开机启动循环冷却水系统和真空系统，调整好相关设备。取少量剥离掉釉层的胎体，置于压样机上压碎，用玛瑙研细至指触没有颗粒感后撒在单晶硅样品架上，滴少许酒精，晃动样品架使其晕散开。粉末状的样品可直接选用玻璃样品架，将样品放入样品架的凹槽内，用毛玻璃压平即可。制备好试样后，将试样插入样品台，关好防护门，即可开始实验测试。最后使用 JADE 软件和相关软件进行数据采集记录。

实验测试参数：X 射线管电压 40kV，管电流 150mA，扫描角度范围 2θ = 3° ~ 90°，步长 0.02°，DS = SS = 1°，RS = 0.3mm，扫描速度 5°/min（DS：发散狭缝，SS：防散射狭缝，RS：接收狭缝）。

5. 结果与讨论

插图三一 ~ 三四为本次实验所选的四个样品胎体物相定性分析的 XRD 解谱图。

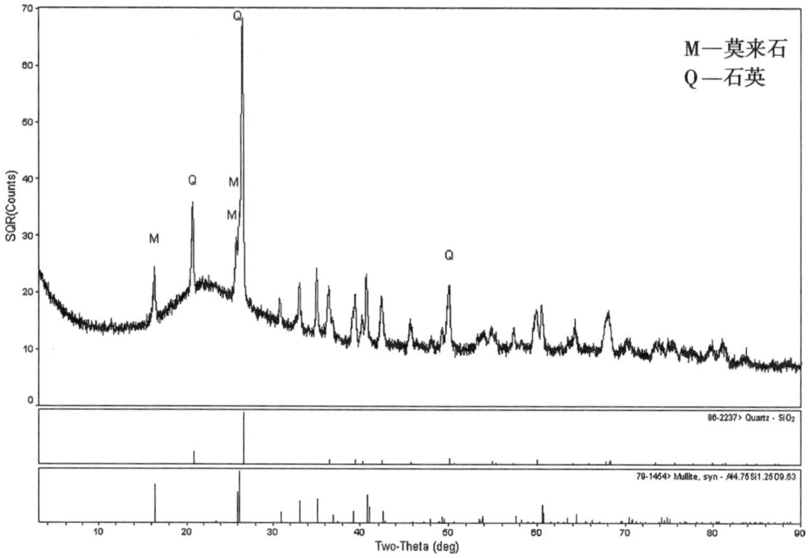

插图三一　12DQ - TZQ - 001 XRD 解谱图

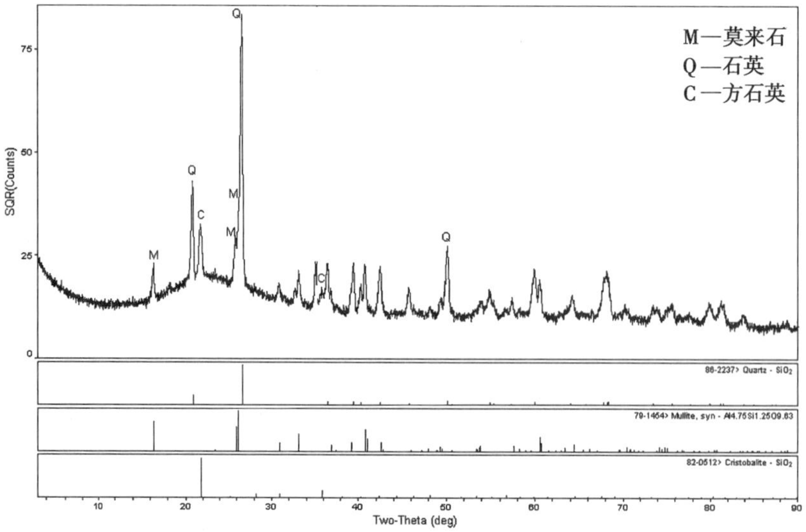

插图三二　DQ - TZQ - 013 XRD 解谱图

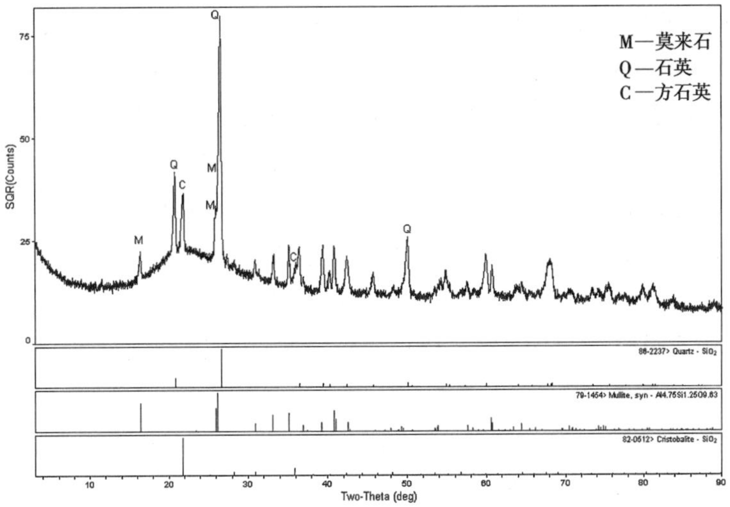

插图三三　12DQ-XYS-001 XRD 解谱图

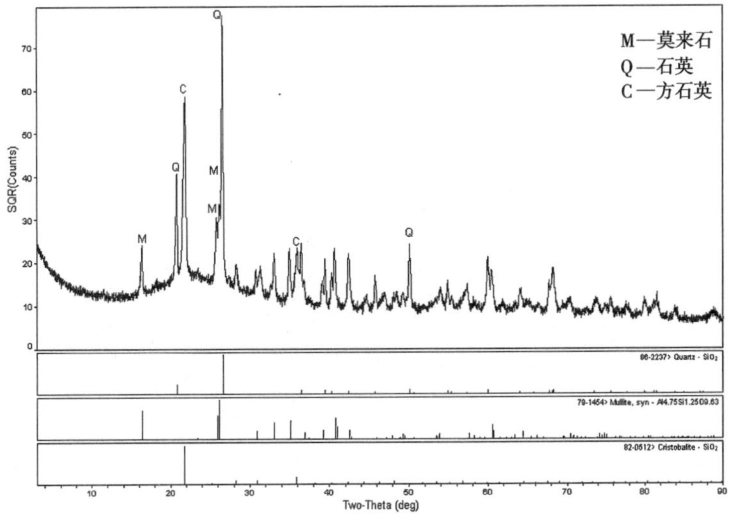

插图三四　DQ-XYS-005 XRD 解谱图

根据图谱可以看出样品 12DQ-TZQ-001 主要由石英、莫来石、玻璃相三部分构成；样品 DQ-TZQ-013 主要由石英、莫来石、方石英、玻璃相四部分构成；样品 12DQ-XYS-001 主要由石英、莫来石、方石英、玻璃相四部分构成；样品 DQ-XYS-005 主要由石英、莫来石、方石英、玻璃相四部分构成。

总体看来，除了样品 12DQ-TZQ-001 以外，其他三个样品都含一定量的方石英，其中样品 DQ-XYS-005 的方石英含量最高。从解谱结果来看，四个样品已经基本具备成瓷的条件，尤其是样品 DQ-XYS-005 可以说达到或接近于成熟瓷器的水平。瓷器的形成最为关键的就是玻化成瓷阶段，此时釉层玻化、坯体瓷化。瓷石或高岭石在 925 ℃～950 ℃左右经过放热反应生成铝硅尖晶石和无定形的 SiO_2。在 1150 ℃ ~1200 ℃左右，非晶态的石英转变为方石英，莫来石生成，引起第二个放热反应，在此过程中石英不断熔解，Fe_2O_3 和 SiO_2 饱和后析出莫来石晶体，然后又产生新液相。熔解和莫来石析晶两个过程不断进行，最终瓷化。烧结过程中，液相不断填充气体并把固体颗粒拉紧，使坯体致密化，显气孔率不断减少。

最终成瓷的主要成分石英在低温下起减黏作用，降低坯体的收缩，利于干燥，防止变形；在高温下则参与成瓷反应，熔解在长石玻璃中，提高黏度，构成骨架，提高强度。从解谱图结果中我们发现样品 12DQ－TZQ－001 并没有生成方石英，已知它的烧成温度为 1180 ℃，而方石英含量最高的样品 DQ－XYS－005 烧成温度为 1230 ℃左右，这与在高温状态下非晶态的石英才能转变为方石英以及莫来石的生成相印证。高温下反应时间越充足，析晶和熔解过程越能充分进行，从而也会产生较多的方石英和莫来石晶体。

（二）采用拉曼光谱法进行物相分析

采用拉曼光谱法进行物相分析。测试仪器为 XploRA ONE 高灵敏度拉曼光谱仪（插图三五）。

插图三五　XploRA ONE 高灵敏度拉曼光谱仪

光的散射在自然界是一种非常普遍的现象，在散射光谱中，位于瑞利散射低频一侧的谱线称为斯托克斯线，位于瑞利散射高频一侧的谱线称为反斯托克斯线。斯托克斯线和反斯托克斯线统称为拉曼光谱。拉曼光谱是与分子振动和转动能级有关的光谱，各物质都有反映其特性的拉曼光谱，因此研究拉曼光谱可以得到分子的结构信息，确定其物相组成。

测试样品选用 HZ－NS－16（彩图一一，11）和 DQ－HSS－12（彩图一一，12）。

样品 HZ－NS－16 的拉曼光谱见插图三六。在波数 120. 1 cm^{-1}、192. 3 cm^{-1}、351. 6 cm^{-1} 位置出现三个波峰，说明样品中含有石英。在波数 481. 2 cm^{-1}、600cm^{-1}位置出现两个波峰，说明样品中含有莫来石。

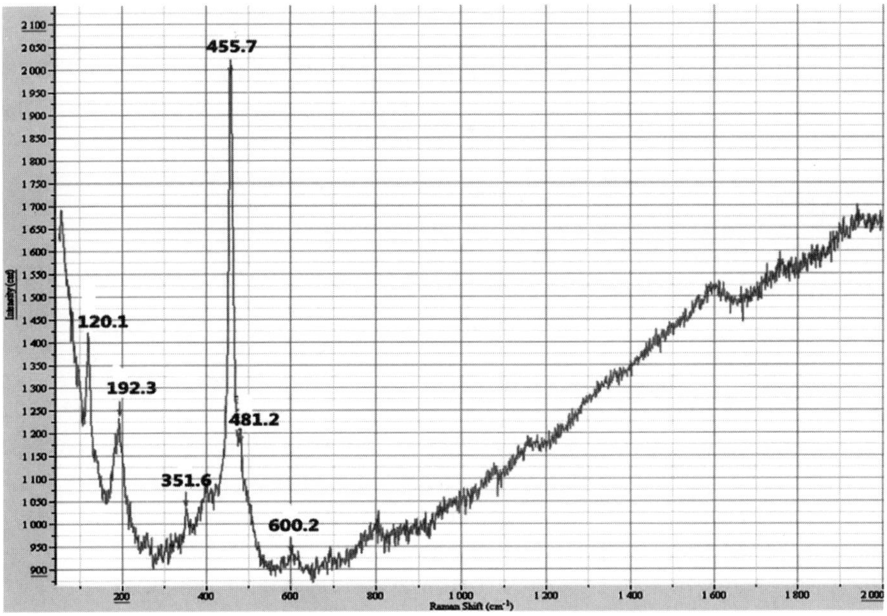

插图三六　HZ－NS－16 拉曼光谱

样品 DQ－HSS－12 的拉曼光谱见插图三七。在波数 460.0 cm^{-1}位置出现一个波峰，说明样品中含有石英。在波数 481.2 cm^{-1}、600.2 cm^{-1}、959.2cm^{-1}位置出现三个波峰，说明样品中含有莫来石。

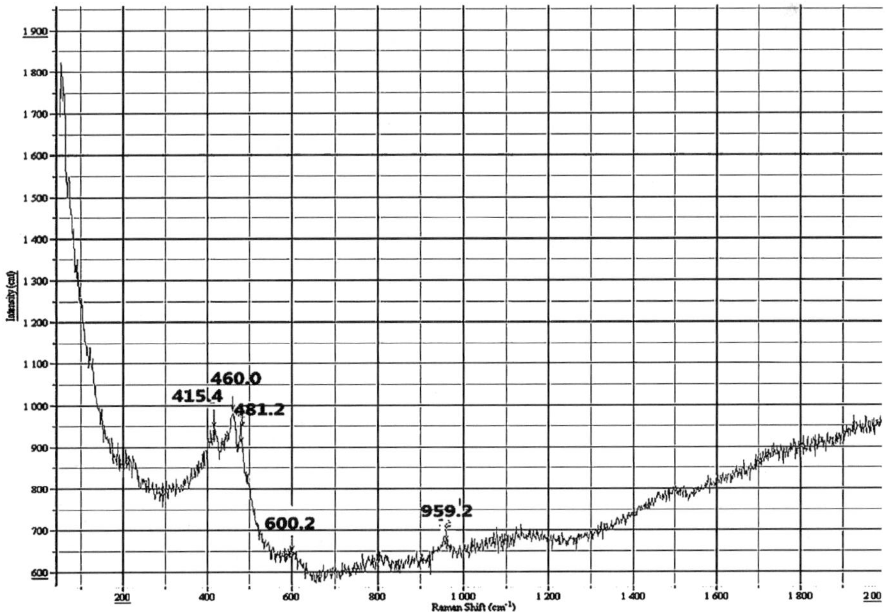

插图三七　DQ－HSS－12 拉曼光谱

莫来石是成瓷过程中出现的新晶相，两件样品皆出现莫来石相，表明坯体已完成瓷化过程。

三　东苕溪流域德清原始瓷窑址原始瓷样品工艺技术指标的测试与分析

（一）胎体吸水率的测试与分析

在烧成过程中，胎体结构随温度不断变化，原有石英、长石、绢云母等晶相逐步熔融，新的晶相莫来石和方石英不断增加，瓷器的坯体发生了明显的变化，孔隙率逐渐降低，密度不断升高。能最直观反映坯体现状改变的性能便是坯体的吸水率。吸水率是指材料试样放在蒸馏水中，在规定的温度和时间内吸水质量和试样原质量之比。吸水率反映了瓷器的烧结程度和胎的致密度，是瓷化过程的宏观特征表现。有学者认为吸水率与烧成温度一样，是检验瓷器的标准之一。一般而言，成熟瓷器的吸水率数值在 0～0.5% 或 1%～3% 不等。

现从六个窑址分别选取 3 片共计 18 片标本测试吸水率，分别为：瓢山 HZ－PS－03、HZ－PS－08、HZ－PS－11；北家山 HZ－BJS－01、HZ－BJS－02、HZ－BJS－04；南山 HZ－NS－04、HZ－NS－11、HZ－NS－16；火烧山 DQ－HSS－04、DQ－HSS－08、DQ－HSS－13；亭子桥 DQ－TZQ－01、DQ－TZQ－04、DQ－TZQ－06；长山 DQ－CS－04、DQ－CS－07、DQ－CS－10。

样品吸水率采用煮沸法测试，步骤为：

①将样品洗净，去除残留的泥渣。

②放入电热鼓风干燥箱内进行烘干，设定温度为 120℃，工作时间 2 小时。

③将烘干后的样品进行称重（M1）。

④将烘干后的样品放入水中持续煮沸 2 小时，煮沸过程中液面保持超过样品 20±5mm。

⑤用湿毛巾擦干样品表面水分后称重（M2）。

⑥吸水率＝（M2－M1）/M1×100%

吸水率测试结果见表 10。

表 10　吸水率测试结果表

窑址	标本号	吸水率	标本号	吸水率	标本号	吸水率
瓢山	HZ－PS－03	4.16%	HZ－PS－08	8.64%	HZ－PS－11	6.83%
北家山	HZ－BJS－01	14.97%	HZ－BJS－02	14.50%	HZ－BJS－04	5.29%
南山	HZ－NS－04	1.17%	HZ－NS－11	1.83%	HZ－NS－16	0.59%
火烧山	DQ－HSS－04	4.40%	DQ－HSS－08	1.92%	DQ－HSS－13	0.44%
亭子桥	DQ－TZQ－01	0.76%	DQ－TZQ－04	1.30%	DQ－TZQ－06	0.64%
长山	DQ－CS－04	1.98%	DQ－CS－07	0.81%	DQ－CS－10	2.70%

瓢山与北家山样品依据肉眼可见的气孔大小基本可以分成两类，一类是分布一定数量但气孔较小的样品，另一类则是胎体内部有非常明显大孔洞的样品（彩图一一，13～16）。由于样品为随机抽取，因此瓢山、北家山两者之间的吸水率差异非常明显。

为更形象地表现不同时期吸水率的变化，将18个样品的数据作成吸水率点状图（插图三八）。

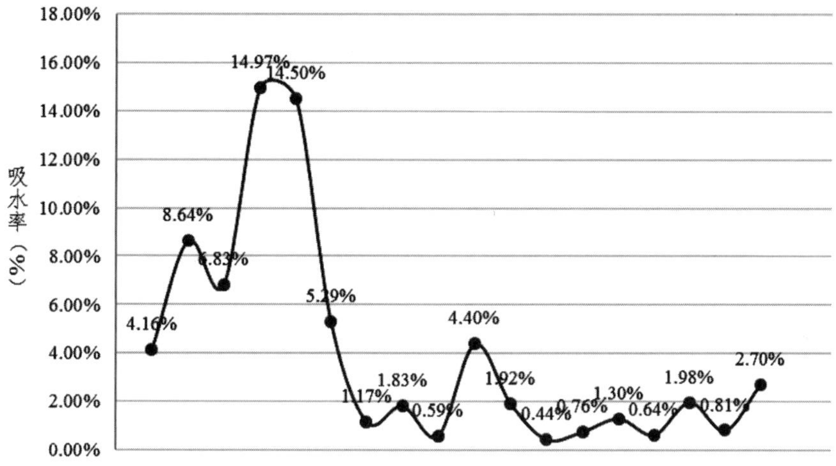

插图三八　样品吸水率点状图

从整体上观察，瓢山到长山时期样品的吸水率表现出不断降低的趋势。火烧山、亭子桥及长山的样品中都出现了吸水率在1%以下的情况，亭子桥三件样品中有两件吸水率都低于1%。结合火烧山及亭子桥样品的烧成温度，表明胎体的烧成温度越高，胎体越致密，吸水率越低。

（二）样品烧成温度测试与分析

就原始瓷器而言，进窑烧制是最后一道工序，长时间的高温烧制帮助胎与釉中的原料熔融并紧密结合，不同的温度决定了这些变化的完成程度。在烧结过程中坯体经过一系列的变化，例如原料的脱水、氧化物的分解、易熔物的熔融、新晶相的生产等等，这就是之前讨论过的坯体的瓷化过程。坯体达到最大密度时的状态被称为烧结，烧结时的温度称为烧成温度，如果温度持续上升，到一定温度时坯体就会发生熔融崩塌现象，这就是过烧。烧成温度和开始过烧之间的温度区间就是烧成温度。目前通常将1200℃作为成瓷的温度界限。

采用热膨胀仪测试烧成温度的方法大致是将胎体重新加热并记录加热过程中其长度变化情况。胎体在烧成后重新加热，未达到原来烧成温度前发生的长度变化是该胎体的受热性膨胀，当超过原来的烧成温度后所发生的长度变化则是由该胎体在重烧过程中所产生的相应变化所决定的。当胎体原来为生烧时，重新加热超过它原来的烧成温度时就会发生收缩；而当胎体原来是正烧或过烧时，就会发生膨胀①。收缩和膨胀都会使得胎体重烧曲线出现转折点，这一转折点就是判断胎体烧成温度的数值。

但是生烧胎体的热膨胀测试误差较大，很难用热膨胀法进行烧成温度的测试，因此在实验中避开了生烧的样品，选取了有明确年代的火烧山及亭子桥窑址样品共4件，编号分别为DQ－HSS－15、DQ－HSS－16、DQ－TZQ－12、DQ－TZQ－13（彩图一一，17～20）。

其中火烧山选取的样品DQ－HSS－15发掘自Ⅰ T504⑤地层，为第一期，时代为西周晚期到春秋初期；DH－HSS－16发掘自Ⅱ T303⑥地层，为第七期，时代为春秋中期后段。

测试采用德国NETZSCH公司DIL 402C热膨胀分析仪。样品测试结果见插图三九～四三。

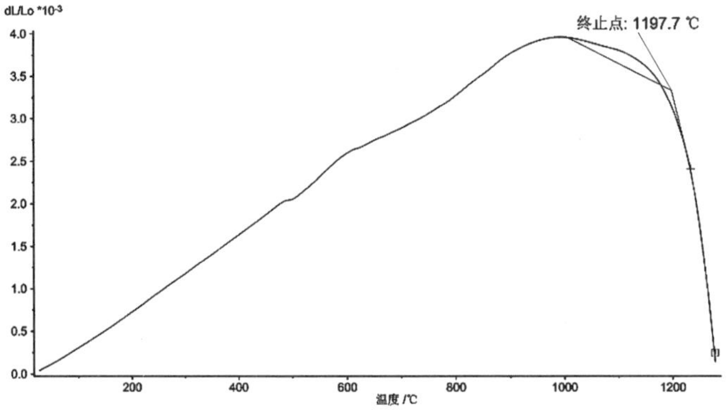

插图三九　DQ－HSS－15 热膨胀曲线图

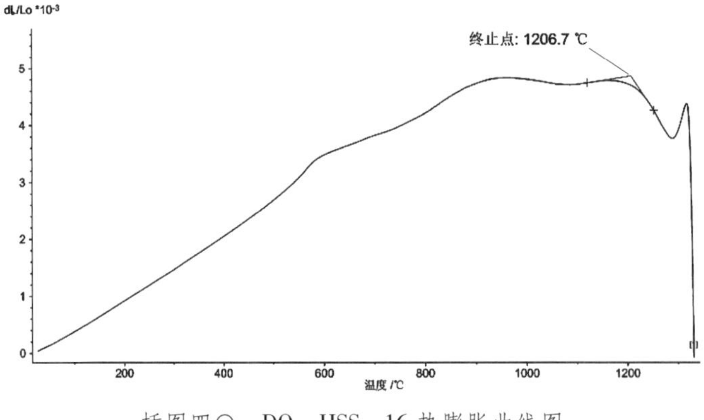

插图四〇　DQ－HSS－16 热膨胀曲线图

① 吴隽：《古陶瓷科技研究与鉴定》，科学出版社，2009年，第55页。

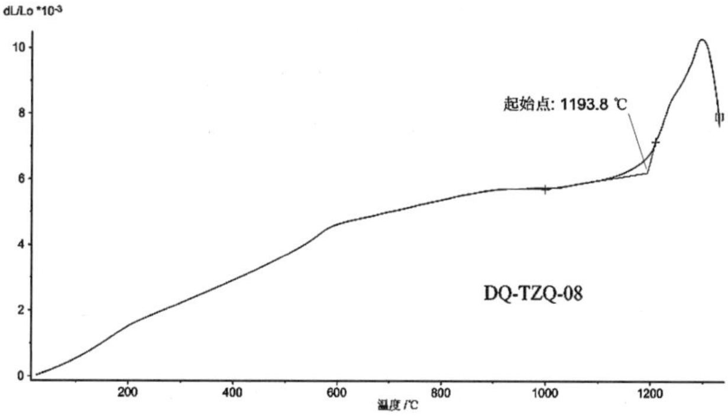

插图四一　DQ－TZQ－12 热膨胀曲线图

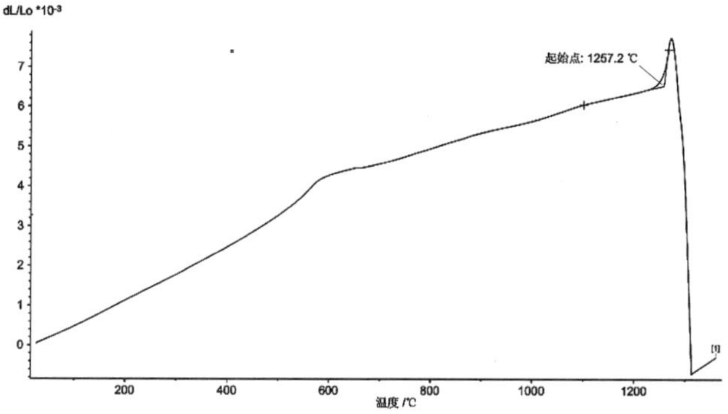

插图四二　DQ－TZQ－13 热膨胀曲线图

热膨胀曲线的拐点即该样品的烧成温度，因此 DQ－HSS－15 的烧成温度为 1198℃，DQ－HSS－16 的烧成温度为 1207℃，DQ－TZQ－12 的烧成温度约为 1194℃，DQ－TZQ－12 的烧成温度为 1257℃。

将四件样品的烧成温度作曲线图（插图四三），可见从西周末至战国，烧成温度呈现明显增加的趋势。

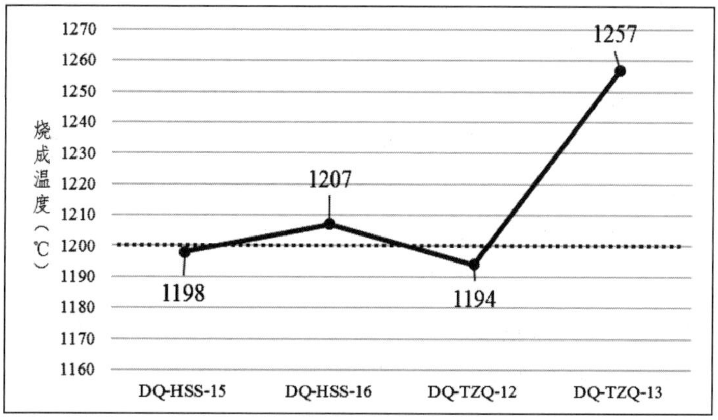

插图四三　四件样品烧成温度曲线趋势图

尽管样品 DQ－HSS－15 及 DQ－TZQ－12 烧成温度没有达到 1200℃，但皆在 1195℃左右。样品 DQ－HSS－16 及 DQ－TZQ－13 烧成温度都已超过 1200℃，尤其是 DQ－TZQ－13 的烧成温度已达到 1257℃，依据瓷化机理中 1200℃的温度节点，这两件样品都已经达到了成瓷的理论温度标准。

四　结论

瓷器起源是一个逐步变化的过程，原始瓷器是瓷器的初始阶段，本质上来说，从原始瓷起源、发展到成熟瓷器的出现是一个漫长的过程。东苕溪流域发掘的原始瓷窑址群，年代有序，地层叠压明确，出土规模可观，对研究原始瓷、探索瓷器起源都有着重要意义。

根据对东苕溪流域瓢山窑址、北家山窑址、南山窑址、火烧山窑址、亭子桥窑址以及长山窑址出土的共计 81 片样品进行科学测试，对数据分析后得出了初步的几个结论：

第一，采用 EDXRF 对六个窑址共计 77 片样品胎体进行测试，可以初步认为，东苕溪流域的原始瓷胎体使用一元配方瓷石为原料。结合周边土样数据分析，可以认为原料来源皆为就地取材。虽自瓢山窑开始就已经使用瓷石配方，但原料中除瓷石外仍含有较多杂质，反映出这一时期产品的原始性。

第二，通过对釉的化学组成分析，可以认为，当地釉的起源不是受陶衣启发，而是由“草木灰降落胎体成灰釉”的过程发展而来。釉料配方主要是草木灰配以适量的瓷石。夏商之际胎体表层多为釉斑，但商代已出现明显的人工釉。商周至战国时期的釉仍保留较为原始的状态，表现在釉层较薄且多出现剥釉及积釉现象。从釉的化学组成来看，早期“原始瓷器”至“成熟瓷器”发展过程中出现的釉都属高钙釉。

第三，商周战国时期已有龙窑，但颇具原始状态，只有火膛及窑床两部分，窑尾是否有排烟系统仍有待考证。商代已开始叠烧器物。从商代到春秋战国时期，烧造技术也在不断发展，春秋时期出现了间隔具，到战国时期已出现支垫具。

第四，坯体瓷化过程按照温度的节点可以分为三个阶段：950℃左右生成一次莫来石；1120℃开始第二次莫来石生成；1200℃以上莫来石逐渐趋于稳定。采用热膨胀法对火烧山及亭子桥 4 件样品进行烧成温度测试，其中两件样品烧成温度虽不足 1200℃，但皆在 1190℃以上，另两件烧成温度已超过 1200℃。通过拉曼光谱及 X 射线衍射分析，火烧山及亭子桥胎中已有莫来石相和方石英相。因此，可以初步认为，春秋战国时期已出现瓷化完善的成熟瓷器。

总之，东苕溪夏商周时期的原始瓷，原料已使用瓷石，符合瓷器形成的内因；烧成温度可以达到 1200℃以上，坯体表层也有釉，基本达到了成瓷的外因，理论上已基本符合成瓷的条件。但是，胎、釉原料中多有杂质，釉层较薄且釉质较差，烧成温度高于 1200℃的情况并不稳定。种种因素表明，东苕溪流域的原始瓷处于瓷器起源阶段，正逐步向成熟瓷器的方向发展。

龙泉市诗彬青瓷厂的试烧实验报告

郑建明　沈岳明　罗诗彬

龙泉市诗彬青瓷厂的原始瓷试烧工作始于2012年。历史悠久并延续至今的窑业是龙泉地区重要的产业，诗彬青瓷厂是大窑最重要的青瓷厂，具有进行试烧的良好窑业基础。

原始瓷的试烧除制作的工艺外，更重要的是需要确定瓷土的来源、釉料的配方、烧造的温度与气氛等，因此试烧主要围绕着这几方面进行。

烧窑所需要的瓷土数量大、质量重，而古代运输条件有限，不太可能进行远距离的大规模运输，瓷土应该就取自窑址附近，因此我们在具有烧窑经验的师傅指导下，围绕窑址的周边挖取可作为瓷胎用的土矿进行实验。

早期的原始瓷釉，尤其是最早的原始瓷釉的配方不太可能过于复杂，很可能只是利用某种天然的材料进行简单的处理，而晚期的青瓷釉则是在草木灰的基础上进行调配而成，草木灰是最主要、也是最基本的成分，因此我们的实验主要围绕着草木灰进行。不同植物的草灰在呈色、熔点等方面会千差万别，此次实验主要是确定最近似的植物。

前期的窑验主要在煤气窑炉内进行，在确定胎釉配方、烧成温度与气氛的基本前提下，再利用柴窑模拟当时的温度与气氛进行试烧。

为了尽可能地复原当时的工艺流程，我们在所有前期实验完成后，按考古发掘资料复建了一条窑炉，这部分工作在德清瓷厂进行①。

诗彬青瓷厂的试烧实验进行了将近十次，现将主要的六次实验结果汇报如下。

一　第一批次试烧

这一批次试烧实验比较简单，主要是确定原始瓷釉的配方。我们烧炼了某种植物的草木灰后，将其施于以龙泉瓷土作胎的器物上，与龙泉窑青瓷合烧，其温度与气氛完全与龙泉窑青瓷相同，烧成温度为1250℃。烧成后胎与釉完全烧结，釉层薄，流釉

---

① 见本论文集第183页《德清瓷厂试烧实验报告》。

与凝釉现象严重（彩图一四，1）。此种釉的效果已与原始瓷十分相近，但因为使用龙泉窑的瓷胎，胎色白，胎质更纯净。

通过第一次试烧的结果来看，我们关于原始瓷釉配方的思路是正确的，可以基本确定原始瓷的釉就是单一配方的釉。

二 第二批次试烧

第二批次试烧实验在第一批次试烧的基础上进行，主要试验瓷土的来源以及烧成的温度、气氛等因素。

1. 取土

火烧山现代取石矿边上有一批灰白色的土层，颜色浅，质地较为纯净，同时处于半石化状态，只要略作粉碎即可成土状。因其紧邻窑址，且分布于地表浅层，极容易挖取，不需要远距离的运输，因此采取这里的土矿用于实验（插图一）。

插图一 取瓷土

2. 制胎

土矿已石化，均呈块状，但极软。我们用石块对其砸击粉碎，发现该土中包含有较大比例的细砂粒，不进行淘洗无法使用，因此进行了简单的过滤，除去较粗的砂粒及其他杂质（插图二 ~ 四）。

插图二　粉碎

插图三　淘洗

插图四　淘洗后的瓷土

3. 成型

因为时间的关系，瓷土没有进行沉腐而是直接进行拉坯（插图五）。拉坯工具使用了现代的电动快轮，器形为简单的原始瓷盅式碗。在纯手工的情况下要形成内壁密集的轮旋痕迹需要刻意为之，这说明春秋中晚期以来原始瓷内腹、尤其是大口类器物内腹的密集轮旋痕并不是工艺上自然形成的，而是有意为之的，在素面的装饰风格下具有一定的装饰效果。

插图五　拉坯成型

4. 施釉

我们共割取了3种植物，包括草本植物、灌木、乔木等，分别炼制成灰，并加入适量的水调制成釉，分别施于4件盅式碗上，晾干后入窑烧造（插图六～八）。

插图六　取草木灰

插图七　烧灰（松木）

插图八　竹叶灰釉

5. 烧造

将实验器物在煤气窑炉中与龙泉窑的青瓷合烧，烧成温度为1250℃。考虑到原始瓷的烧成温度可能会更低一点，因此4件实验的器物放置于窑炉的最低一层。烧造时间为24小时，闷窑时期亦为24小时，入窑48小时后出窑。

6. 窑验结果

从胎与釉的基本特征来看，四件器物完全烧结，但完全不具有青瓷的效果，不仅釉呈黑色，而且胎亦呈黑色（彩图一四，2、3）。窑炉内与这四件器物相邻的器物颜色亦发生了变化，局部呈一种类似烟熏的黑色。釉不均匀，局部呈铁锈色。可能断定四件器物均处于过烧状态。

此次实验有两个结论：其一，胎料中的铁含量高，不适合做浅色的瓷胎，因此所取土样并不是制作原始瓷的原料；其二，原始瓷的烧造温度可能达不到1250℃。

三　第三批次试烧

第二批次试烧温度太高而使器物过烧，由于并不能完全确定胎釉的黑色是否是一种“烧焦”的呈色，因此第三批次试烧仍旧使用第二批次试烧的胎与釉原料，所不同的是，四件器物中两件的胎釉与第二批次试烧完全相同，另两件器物的釉料改为龙泉窑的釉。烧成温度相应降低为1220℃。

烧成后的四件器物周边的青瓷颜色基本不变，说明此次并没有严重过烧（彩图一四，4～6）。胎仍旧呈黑色。两件施灰釉的器物釉色呈黑褐色，釉色、釉层都较为均匀，没有过烧形成的铁锈斑块。两件施龙泉釉的器物胎釉均烧结，处于瓷器状态，釉层厚，施釉均匀，玻璃质感强，但青釉色泛黑，釉层中明显有大量的黑色细斑点，当是从胎中析出的黑色结晶。

此次试烧实验的四件器物的烧成温度比较合适，无论是胎还是釉的瓷化程度适中，说明此种黑色的胎并非过烧形成，而是其正常呈色。

第三批瓷试烧实验再次说明火烧山坡脚的块状浅色软石并非烧造原始瓷所用的瓷土。

四　第四批次试烧

1. 取土

火烧山窑址群位于一种低山丘陵与小平原的复杂地形，其坡脚的块状浅色软石通过实验被排除在瓷土之外后，剩下的就是山坡下平地下面的土了。该地区山间普遍是平整的水田，在水田的黑色耕作层下，有一层灰白色的细土层，俗称青膏泥。该土层颜色浅，颗粒细，土质纯净，质地致密，且分布范围较广，蕴藏量丰富，开采成本低。

此次的取土地点为火烧山前水田中（插图九）。除去水稻田表面的黑色耕作层后即为灰白色青膏泥层，土质纯净，但夹杂有一定的细砂粒及其他杂质（插图一〇）。

插图九　取土点

插图一〇　瓷土

2. 制胎

土质极细，不需要粉碎，土质中夹杂有极少量的杂质，因此按两种方式处理，一种是不淘洗直接使用，另外一种是淘洗除去杂质，留下极纯净的细泥。

3. 成型

瓷土没有进行沉腐而直接进行拉坯。拉坯工具仍为电动快轮。

4. 施釉

使用单种植物的草木灰。

5. 烧造

将 11 件实验器物置于煤气窑炉最低层与龙泉窑的青瓷合烧，烧成温度为 1250℃。烧造时间为24小时，闷窑时间亦为24小时，入窑48小时后出窑。

6. 窑验结果

从胎与釉的基本特征来看，11件器物完全烧结，且青瓷效果十分理想（彩图一五，1~3）。

经淘洗的细胎质器物釉色均匀，釉层较厚，玻璃质感强，胎釉结合好，有凝釉现象，但不是十分明显。此类器物多件在出窑后即开裂，并且不断开裂直至解体成小块状。

未淘洗的器物胎中夹杂有一定数量的黑色斑点，并且透过釉层显现出来，青绿色釉面由此显得较为斑驳，但釉层较厚，玻璃质感强，胎釉结合好，凝釉不甚明显。胎体较为牢固，不见有自然解体现象。

此次实验有三个结论：其一，从胎与釉的呈色上看，瓷土的来源与釉的配方基本可以确定；其二，所取瓷土要作适当的淘洗，不淘洗则杂质太多，但不能淘洗得太细，否则胎体的强度不够，容易解体；其三，釉的凝结度不够。

五　第五、六批次试烧

1. 取土

第四批次试烧所用的原料来自于火烧山前水田下的灰白色的细土层，但土质略粗，杂质较多，此次的取土地点在洛舍镇宅前村的窑墩附近的水稻田里。窑墩是一处隋唐时期的窑址，这里不仅是隋唐时期德清窑的重要生产区，周边有章家桥龙头山、前山、宅前等窑址，同时这一地区亦是德清龙山原始瓷窑址群的腹地，东边是尼姑山商代窑址、猫耳山春秋窑址、长山战国窑址，西边是小山寺战国时期窑址群。因此这一地区应该蕴藏丰富的瓷土资源。

除去水稻田表面的黑色耕作层后即为白色青膏泥层，土质纯净，取此层土用于试烧实验。

2. 制胎

土质极细，不需要粉碎，土质中夹杂有极少量的杂质，略作淘洗除去杂质，留下较纯净的细泥。

3. 成型

瓷土于6月20号取出，略淘洗后作沉腐处理，历时4个月，于10月20号拉坯成型，晾干后再施釉。严格按南山窑址出土器物的器形、尺寸制作20件器物，均为较大件的豆、罐、簋等。快轮拉坯成型，外腹进行修坯处理，罐类器物一次成型；豆类器物豆盘与豆柄分别制作拼接而成，豆柄外腹进行粗施和修刮。拉坯工具仍为电动快轮。

4. 施釉

使用单种植物的草木灰，通体施釉。

5. 烧造

两次试烧每次均有20件器物在传统的龙窑中烧造，地点为龙泉的宝溪。宝溪位于龙泉市的西南角，是龙泉窑技艺重要的恢复与传承地，其在民国时期有大量的技师利用传统工艺进行龙泉窑技艺的试烧研究，取得了丰硕的成果。这里是新中国成立后龙泉窑试烧技术的主要来源地。宝溪保存了多条龙窑炉，时代从民国一直延续至今，是龙泉窑技艺的“活化石”。我们此次试烧选取的金品龙窑不仅是浙江省重点文物保护单位，且目前仍在使用中，这是浙江乃至全国范围内为数不多的使用传统技艺烧造青瓷的龙窑炉（插图一一）。

插图一一　金品龙窑

窑炉长25米，斜坡状长条形，窑头有火膛，边上有窑门及投柴孔，窑尾有排烟室与烟囱，窑宽1.8米、高1.8米，坡度为每1.05米提升0.28米。我们仅用前端近10米长的窑位进行试烧。烧火时间为24个小时左右，熄火后闷窑亦近24个小时，然后出窑。烧造温度上层大约为1250℃、下层大约为1230℃。

6. 窑验结果

从胎与釉的基本特征来看，40件器物完全烧结，上层器物因温度过高而严重变形，下层器物青瓷效果十分理想（彩图一五，4、5）。

上层器物多数变形而坍塌，尤其是豆类器物，整个豆盘与豆柄完全坍软凝结成一堆，胎中有大量的细小气孔，但胎色仍旧为灰白色。这一过烧情况证明第二、第三批次试烧的黑灰胎效果并非完全由过烧造成，其自身的胎土成分才是关键。

下层器物釉色青黄，釉层较厚，玻璃质感强，胎釉结合好，凝釉非常明显，其釉面特征与原始瓷已非常接近。但总体上看胎体的凝结程度高于先秦时期的原始瓷器，敲之金属声更加清脆，硬度更大。

此次实验有三个结论：其一，从胎与釉的呈色上看，瓷土的来源与釉的配方完全可以确定；其二，原始瓷的瓷土矿有粗精之分，古人使用的是比较精细的一类土矿；其三，1250℃的烧造温度已属于严重过烧，即使是1230℃，其烧结程度亦远高于战国时期的原始瓷，因此其烧造温度当在1200℃甚至更低，这与我们的测试结果是相吻合的。

六　试烧的实验结果

根据几次实验结果综合分析，先秦时期的原始瓷胎土应来源于窑址附近水田中，经过严格的选择，过粗过细均不适合烧造，不排除存在陶洗的可能性；釉的配方以草木灰为主，按一定比例配制，不同的植物灰所呈釉色完全不同，古人已掌握了最适合作釉的植物种类；古代的龙窑完全可以达到1250℃以上的温度，但原始瓷的烧造温度在1230℃以下。

德清瓷厂试烧实验报告

王军港　俞友良　蓝玉军　朱建明　周建忠

德清县瓷之源旅游商品开发有限公司（简称德清瓷厂）是以研制开发德清地区的瓷器，尤其是先秦时期原始瓷为主体的一家企业，拥有自己的作坊、窑炉等在内的瓷器烧制厂，是德清地区最重要的一家制瓷企业。

我们与德清瓷厂的正式合作开始于2013年3月，在同年5月签订正式协议以后，该厂投入相当一部分人力与物力以研制与试烧先秦时期的原始瓷。

与龙泉瓷厂试烧不同的是，这里的试烧重点是在确认原始瓷的胎、釉及基本烧成技术后，按南山商代窑址出土的窑炉结构复原一条龙窑，在新复建的龙窑中按古代技术烧制原始瓷器，以更接近于古代技术。

其工作分成两个大的部分：原始瓷胎釉的确定与龙窑的复建与试烧。

一　原始瓷胎釉的确定

这一部分的工作主要是确定原始瓷胎土的来源与釉料的配方，以及包括烧造温度、气氛等在内的烧成技术。前期的工作均在煤气窑炉中完成。取土试烧的范围比较广，西起德清武康西边的城山脚下，东至洛舍的东苕溪畔，基本包括了整个窑址群的范围（彩图一六，1）。

成型与烧造方式等制作工艺与龙泉瓷厂完全一致，不再重复。

1. 第一批次试烧

实验条件：所用胎的原料是红土，这种土亦称为网纹红土，广泛分布于低山丘陵地带的山脚，土层厚、分布广、蕴藏量大、土质细腻。釉以红土为主，加以少量的草木灰配制而成。在煤气窑炉中以1215℃的温度烧造。

实验结果：所有器物均烧结成瓷，少量器物因过烧而有不太严重的变形现象（彩图一六，2）。

胎的烧结度极高，胎质硬，气孔少，吸水率低，敲击有清脆的金属声，胎色极深，呈灰黑色。从这些特征看，其胎的烧结度高于先秦时期的原始瓷，即温度要较先秦时期的原始瓷为高，而少量的变形现象也正说明了这一问题。

釉层较薄而均匀，玻璃质感强，胎釉结合好，釉色极深，呈酱褐色，没有先秦原始瓷最明显的凝釉与流釉现象，而与晚期的瓷器较为接近。

实验结论：胎釉配方以及烧成温度均与先秦时期的原始瓷有较大的出入。

2. 第二批次试烧

实验条件：此次选用的胎土原料以丘陵之间水田中耕作层底部较纯净的近灰黑色田土为主，掺杂以10%的网纹红土，是一种复合的胎料。釉的配方亦以两种土为主，加入少量的草木灰调制而成。在煤气窑炉中以1215℃的温度烧造。

实验结果：所有器物均烧结成瓷（彩图一六，3）。

胎的烧结度极高，胎质硬，气孔少，吸水率低，敲击有清脆的金属声。从这些特征看，烧造温度仍较先秦时期的原始瓷为高。

釉色及烧结程度与第一批次试烧产品接近，但颜色更深，可能与掺入颜色更深的田泥有关。

实验结论：胎釉配方以及烧成温度均与先秦时期的原始瓷有较大的出入。

3. 第三批次试烧

实验条件：此次选用的胎土原料以丘陵之间水田中耕作层以下较纯净的灰白色土，亦即传统称青膏泥为主，加入少量的黑田泥，是一种复合的胎料。青膏泥在此区域内分布范围广，土质较为纯净细腻，土色较浅而呈灰白色。釉的配方以青膏泥为主，加入少量的红泥与草木灰。在煤气窑炉中以1215℃的温度烧造。

实验结果：所有器物均烧结成瓷（彩图一六，4）。

胎的烧结度极高，胎质硬，气孔少，吸水率低，敲击有清脆的金属声；胎质细腻，胎色较浅，呈灰白色，夹杂有少量的黑色斑点。

釉层极薄而不均匀，有较为明显的流釉与凝釉现象，但与先秦时期原始瓷的点状凝釉仍有较大的区别，凝釉点明显不够。釉色较浅，呈青黄色。

实验结论：胎质与釉的呈色已与先秦时期的原始瓷较为接近，胎的烧成温度仍略高，釉的问题较多，凝釉不够明显。

4. 第四批次试烧

实验条件：此次选用的胎土原料仍以青膏泥为主，加入比第三批次略多量的黑田泥复合胎料。釉的配方以青膏泥为主加入少量的红泥与草木灰。在煤气窑炉中以1220℃的温度烧造。

实验结果：所有器物均烧结成瓷（彩图一七，1）。

胎的烧结度极高，胎质硬，气孔少，吸水率低，敲击有清脆的金属声；胎质细腻，呈灰白色，但较第三批次试烧产品为深，夹杂有少量的黑色斑点，斑点亦较第三批次试烧产品略多。

釉层薄而均匀，胎釉结合好，玻璃质感强，釉较为莹润，没有明显的流釉与凝釉现象。

实验结论：胎质与釉的呈色与先秦时期的原始瓷较为接近，胎的烧成温度仍略高，釉的问题较多，凝釉不够明显。

5. 第五批次试烧

实验条件：此次选用的胎土原料仍旧是以青膏泥为主，加入少量黑田泥与红泥的复合胎料。釉的配方以青膏泥为主，加入少量黑田泥、红泥与草木灰。在煤气窑炉中以1225℃的温度烧造。

实验结果：所有器物均烧结成瓷（彩图一七，2）。

胎的烧结度极高，胎质硬，气孔少，吸水率低，敲击有清脆的金属声；胎质细腻，胎色较深，呈灰色，夹杂有大量的黑色斑点。

釉层薄而均匀，胎釉结合好，玻璃质感强，釉较为莹润，没有明显的流釉与凝釉现象。

实验结论：胎质与釉的呈色与先秦时期的原始瓷较为接近，但黑色斑点太多，胎的烧成温度仍略高，釉的问题较多，凝釉不够明显。

6. 第六批次试烧

实验条件：此次选用的胎土原料仍是以青膏泥为主，加入少量黑田泥的复合胎料。釉的配方以青膏泥为主，加入少量黑田泥与草木灰。在煤气窑炉中以1208℃的温度烧造。

实验结果：所有器物均烧结成瓷（彩图一七，3）。

胎的烧结度极高，胎质硬，气孔少，吸水率低，敲击有清脆的金属声，但明显较弱；胎质细腻，胎色较深，呈灰色，夹杂有大量的黑色斑点。

釉层薄而均匀，胎釉结合好，玻璃质感强，釉较为莹润，没有明显的流釉与凝釉现象。

实验结论：胎质与釉的呈色与先秦时期的原始瓷较为接近，凝釉不够明显。

7. 第七批次试烧

实验条件：此次选用的胎土原料为纯青膏泥。釉的配方以青膏泥为主，加入少量草木灰。在煤气窑炉中以1208℃的温度烧造。

实验结果：所有器物均烧结成瓷（彩图一七，4）。

胎的烧结度极高，胎质硬，气孔少，吸水率低，敲击有清脆的金属声，但明显较弱；胎质细腻，胎色较浅，呈灰白色，胎中的黑色斑点极少。

釉层薄而均匀，胎釉结合好，玻璃质感强，釉较为莹润，没有明显的流釉与凝釉现象。

实验结论：胎质与釉的呈色与先秦时期的原始瓷较为接近，黑色斑点更少。凝釉不够明显。

二　龙窑的复建

1. 复建的依据

龙窑复建的结构主要依据为南山窑址的商代窑炉。南山窑址的时代最早可上溯至商代早期，延续至商代晚期。2010 年经过正式的发掘，共揭露出窑炉三条，其中两条较为完整，我们选择了保存较好的 Y3 作为此次复建的依据。

Y3 窑床和火膛平面保存基本完整。通斜长 7.1 米，最宽处 2.4 米，坡度 15°～21°。火膛位于窑床前端中部，纵向（与窑炉同向）长方形，后端与窑床相接位置急收，但未形成断坎，两侧壁较宽，向中间凹弧，形成纵向长方形的凹槽，底面略呈斜坡状，坡度较窑床为缓。火膛底面为青灰色的烧结面，在整个窑炉中呈色最深，烧结程度较高。前壁保存不佳，原火膛口已被破坏。窑床底部为不平的青灰色烧结面，不见铺砂现象，整个尾部高低起伏最大。窑床的中部较为平坦，窑床前端近火膛部位有多块基岩外露，使底部凹凸不平。窑壁均不十分平直，西壁保存较好，尤以中段为佳，后段较差。中段两侧壁保存最高处达 30 厘米，向后壁逐渐降低。窑壁厚 10 厘米左右，烧结面不明显，不见青黑色烧结层，内壁呈土黄色，外壁呈红色，整烧联结。西壁从底部即开始倾斜，推测窑壁自底部开始起券拱顶。从坍塌的烧结块内壁的痕迹来看，其内部的衬托分两种情况，一种是用竹类材料拱成半圆形，直接涂抹草拌泥，再经火烧烤而成；另一种是先用竹类材料拱成半圆形，再在之上铺垫宽粗的席子，席子之上涂抹草拌泥。窑之两侧壁均未见开边门现象，窑底不见投柴孔烧造形成的灰黑色烧结底面，此时的窑床既不开窑门也不使用投柴孔。

2. 窑炉的复建

选址：德清现瓷厂西边朝东的丘陵上，山丘不高且低缓，其基本的地理环境与德清先秦时期原始瓷窑址的选址基本相同。

用材：南山商代窑炉使用竹类材料起拱，再用草拌泥糊成厚约 10 厘米左右的窑壁。考虑到此类材料很容易坍塌（从窑址出土的大量烧结块及多次修整痕迹亦证明了这一点），为安全起见，我们选择了耐火砖材料。

结构：南山窑炉地面残存的高度较低，从浙江晚期的龙窑结构来看，主体应该是半地穴式的结构。因此我们选择了向下挖 40 厘米、地面高 80 厘米的半地穴式结构。早期的窑炉可能从窑头或窑尾出窑，不开窑门，但这样在进出窑时需要对前后的结构进行变动，容易坍塌，因此我们改在侧边开一个窑门，而窑头与窑尾基本不需要变动。

整个窑炉长 8.6、宽 1.1～1.8、高 1.5 米，坡度 17°左右（插图一）。

插图一　复建的龙窑

3. 烧造

瓷土来源于火烧山窑址南边水田，略经简单淘洗，沉腐时间约为2个月，手工电动转盘拉坯成型，器形主要是商代豆，共制作28件样品。

施以松针灰釉，晾干后入龙窑烧造。

窑内底部放满匣钵，器物放置于匣钵之上，用松木与杂柴烧。除前端的火膛外，在窑身另设7个投柴孔同时烧造。烧火时间为36个小时，闷窑36个小时后出窑。

28件器物中生烧13件、烧成15件。器物胎釉完全烧结，胎质硬度较高，胎色呈浅灰色，击之有声，釉色青绿略泛黄，胎釉结合好，釉层较厚，玻璃质感较强，内腹釉厚处有凝釉现象（彩图一七，5）。

此次试烧基本复原了商代原始瓷的传统工艺，胎质与胎釉的呈色与先秦时期的原始瓷较为接近，黑色斑点更少，因此试烧是基本成功的。但由于是新龙窑中第一次烧造，因此仍有一些小的问题，如凝釉不够明显、釉层太厚、釉色不够黄。这需要在以后的工作中进一步完善。

东苕溪流域先秦时期原始瓷窑址标本测试报告

附　　录

附录一　原始瓷X射线荧光能谱分析结果

表1　样品胎料数据

样品	Na_2O %	MgO %	Al_2O_3 %	SiO_2 %	P_2O_5 %	K_2O %	CaO %	TiO_2 %	MnO %	Fe_2O_3 %	Rb_2O ppm	SrO ppm	Y_2O_3 ppm	ZrO_2 ppm
ZNZ001	0.48	0.67	18.82	68.38	0.07	2.33	0.36	1.08	0.05	7.71	158	74	31	254
ZNZ002	0.51	0.72	18.58	72.04	0.05	2.29	0.33	1.11	0.03	4.29	136	69	27	232
ZNZ003	0.50	0.58	17.51	73.36	0.07	2.00	0.39	1.05	0.03	4.47	132	57	24	234
ZNZ004	0.31	0.63	22.16	68.91	0.07	1.43	0.20	1.63	0.02	4.59	107	53	23	284
ZNZ005	0.78	0.79	18.47	71.41	0.06	2.41	0.30	1.10	0.03	4.60	149	73	25	220
ZNZ006	0.55	0.84	23.48	65.38	0.05	1.82	0.23	1.26	0.03	6.31	131	60	27	275
ZNZ007	0.70	0.59	22.05	68.42	0.06	1.18	0.18	1.22	0.04	5.50	90	42	18	275
ZNZ008	0.85	0.71	18.24	70.99	0.07	2.16	0.31	1.09	0.03	5.50	141	62	24	246
ZNZ009	0.66	0.69	18.11	70.30	0.07	2.03	0.32	1.20	0.04	6.53	131	64	23	249
ZNZ010	0.35	0.40	19.25	71.61	0.08	2.35	0.30	1.30	0.03	4.27	158	76	22	319
ZNZ011	0.69	0.54	21.68	68.71	0.06	1.30	0.17	1.53	0.03	5.25	91	48	16	294
ZNZ012	0.40	0.62	22.20	67.28	0.08	2.59	0.45	1.13	0.03	5.16	185	89	30	259
ZNZ013	0.54	0.54	17.43	72.84	0.06	2.02	0.22	1.03	0.03	5.23	130	56	25	271
ZNZ014	0.31	0.58	17.08	74.08	0.06	1.68	0.22	1.22	0.04	4.70	113	48	22	281
ZNZ015	0.52	0.64	18.86	71.45	0.05	2.27	0.28	1.10	0.03	4.76	134	62	23	229
ZNZ016	0.71	0.64	18.01	72.27	0.07	2.19	0.28	1.10	0.04	4.65	145	62	22	251
ZNZ017	0.69	0.60	25.38	63.54	0.06	1.12	0.19	1.58	0.03	6.78	92	41	17	304
ZNZ018	0.44	0.63	24.47	65.60	0.05	1.64	0.26	1.32	0.03	5.51	118	52	23	296
ZNZ019	0.48	0.59	21.00	69.12	0.06	1.36	0.17	1.56	0.02	5.59	90	44	22	324
ZNZ020	0.61	0.68	16.73	73.79	0.07	2.03	0.50	1.11	0.04	4.42	130	60	23	248
ZNZ021	0.72	0.59	16.19	74.18	0.13	2.31	0.43	1.04	0.03	4.31	140	106	33	307
ZNZ022	0.68	0.64	17.22	74.13	0.10	2.22	0.44	0.90	0.03	3.58	134	102	28	284
ZNZ023	0.79	0.51	19.61	70.99	0.28	1.81	0.37	1.18	0.03	4.36	150	105	29	367
ZNZ024	0.55	0.68	19.23	71.23	0.11	1.69	0.29	1.17	0.03	4.97	113	59	19	240
ZNZ025	0.64	0.47	20.56	71.01	0.10	2.05	0.35	1.22	0.02	3.53	125	90	26	329
ZNZ026	0.82	0.64	20.54	69.74	0.09	2.46	0.52	1.16	0.02	3.95	160	110	25	330

续表1

样品	Na_2O %	MgO %	Al_2O_3 %	SiO_2 %	P_2O_5 %	K_2O %	CaO %	TiO_2 %	MnO %	Fe_2O_3 %	Rb_2O ppm	SrO ppm	Y_2O_3 ppm	ZrO_2 ppm
ZNZ027	0. 79	0. 57	16. 15	75. 31	0. 10	2. 20	0. 50	1. 06	0. 02	3. 24	124	103	23	269
ZNZ028	0. 47	0. 40	15. 11	76. 09	0. 15	1. 47	0. 26	1. 17	0. 03	4. 80	99	45	22	319
ZNZ029	0. 66	0. 72	18. 13	71. 97	0. 09	2. 34	0. 47	1. 03	0. 02	4. 52	155	91	23	251
ZNZ030	0. 41	0. 44	19. 30	72. 34	0. 08	0. 82	0. 13	1. 26	0. 06	5. 13	70	29	17	278
ZNZ031	0. 41	0. 44	19. 30	72. 34	0. 08	0. 82	0. 13	1. 26	0. 06	5. 13	70	29	17	278
ZNZ032	0. 53	0. 49	20. 52	72. 68	0. 10	1. 82	0. 27	1. 16	0. 02	2. 36	104	79	24	356
ZNZ033	0. 80	0. 55	19. 09	73. 14	0. 08	1. 87	0. 28	1. 24	0. 02	2. 87	107	73	29	366
ZNZ034	0. 75	0. 39	18. 98	73. 89	0. 11	1. 98	0. 32	1. 13	0. 02	2. 38	108	80	30	374
ZNZ035	0. 72	0. 49	16. 21	75. 03	0. 13	2. 65	0. 54	1. 14	0. 03	3. 01	160	127	32	342
ZNZ036	0. 67	0. 52	16. 24	74. 43	0. 11	2. 50	0. 46	1. 03	0. 02	3. 96	139	108	26	291
ZNZ037	0. 47	0. 49	17. 22	72. 78	0. 29	2. 30	0. 42	1. 28	0. 02	4. 66	141	105	27	352
ZNZ038	0. 81	0. 50	21. 09	71. 28	0. 06	1. 96	0. 31	1. 12	0. 02	2. 79	116	81	23	347
ZNZ039	0. 53	0. 48	15. 22	77. 33	0. 17	2. 31	0. 41	1. 05	0. 02	2. 44	121	95	32	320
ZNZ040	0. 84	0. 60	18. 03	71. 96	0. 42	2. 02	0. 62	1. 36	0. 02	4. 07	135	109	30	387
ZNZ041	0. 59	0. 61	20. 84	68. 84	0. 12	1. 60	0. 29	1. 28	0. 03	5. 75	114	55	22	267
ZNZ042	0. 69	0. 47	14. 73	78. 17	0. 12	2. 06	0. 36	0. 98	0. 02	2. 34	116	86	32	336
ZNZ043	0. 71	0. 62	24. 39	65. 59	0. 16	1. 84	0. 36	1. 28	0. 02	4. 96	153	90	27	392
ZNZ044	1. 06	0. 57	19. 12	72. 20	0. 05	2. 96	0. 44	0. 95	0. 02	2. 55	140	111	31	295
ZNZ045	0. 86	0. 65	18. 95	72. 72	0. 06	2. 82	0. 34	0. 99	0. 02	2. 53	135	106	30	271
ZNZ046	1. 02	0. 62	19. 04	72. 53	0. 06	3. 07	0. 34	0. 95	0. 02	2. 30	146	116	32	341
ZNZ047	0. 73	0. 59	18. 41	72. 63	0. 07	2. 86	0. 54	1. 03	0. 03	3. 02	165	143	35	388
ZNZ048	0. 62	0. 53	18. 89	72. 94	0. 06	3. 00	0. 39	0. 93	0. 02	2. 54	143	115	30	269
ZNZ049	0. 96	0. 53	19. 33	71. 88	0. 05	2. 93	0. 35	1. 05	0. 03	2. 83	127	111	29	264
ZNZ050	0. 97	0. 54	16. 89	74. 19	0. 06	2. 98	0. 35	1. 00	0. 03	2. 91	142	134	37	421
ZNZ051	1. 14	0. 40	16. 52	74. 79	0. 06	3. 03	0. 33	1. 00	0. 03	2. 64	132	118	30	311
ZNZ052	0. 83	0. 36	16. 56	74. 91	0. 06	3. 13	0. 38	0. 98	0. 04	2. 69	124	117	29	400
ZNZ053	0. 71	0. 37	16. 53	76. 05	0. 07	2. 87	0. 38	0. 90	0. 02	2. 05	141	115	29	283
ZNZ054	0. 92	0. 58	18. 57	72. 87	0. 08	3. 09	0. 31	0. 94	0. 02	2. 58	140	116	32	334
ZNZ055	0. 89	0. 56	17. 48	73. 62	0. 06	3. 08	0. 34	1. 05	0. 04	2. 82	137	124	35	295

续表1

样品	Na_2O %	MgO %	Al_2O_3 %	SiO_2 %	P_2O_5 %	K_2O %	CaO %	TiO_2 %	MnO %	Fe_2O_3 %	Rb_2O ppm	SrO ppm	Y_2O_3 ppm	ZrO_2 ppm
ZNZ056	0. 64	0. 43	16. 79	74. 57	0. 06	3. 26	0. 32	0. 99	0. 03	2. 85	147	128	36	342
ZNZ057	0. 78	0. 44	16. 70	75. 01	0. 06	2. 96	0. 33	1. 09	0. 03	2. 53	133	119	28	304
ZNZ058	0. 88	0. 35	16. 02	76. 30	0. 06	2. 94	0. 35	1. 00	0. 02	2. 01	123	116	27	392
ZNZ059	1. 16	0. 40	16. 62	75. 02	0. 07	3. 01	0. 35	0. 92	0. 03	2. 36	132	120	32	385
ZNZ060	1. 02	0. 65	17. 64	73. 62	0. 07	2. 98	0. 48	1. 01	0. 02	2. 45	143	120	32	293
ZNZ061	0. 81	0. 55	19. 71	71. 40	0. 05	2. 78	0. 40	0. 98	0. 05	3. 22	139	111	28	255
ZNZ062	1. 19	0. 56	20. 08	70. 52	0. 07	3. 04	0. 40	0. 97	0. 03	3. 09	147	123	36	287
ZNZ063	0. 82	0. 49	18. 37	73. 51	0. 06	2. 95	0. 33	0. 89	0. 02	2. 49	142	116	29	368
ZNZ064	0. 45	0. 49	17. 57	74. 39	0. 06	2. 47	0. 14	1. 08	0. 02	3. 28	141	57	35	282
ZNZ065	0. 96	0. 64	20. 35	71. 05	0. 06	2. 92	0. 28	1. 11	0. 02	2. 56	208	80	30	242
ZNZ066	0. 27	0. 38	18. 72	73. 85	0. 07	2. 29	0. 37	1. 03	0. 02	2. 95	134	76	25	293
ZNZ067	0. 64	0. 68	20. 95	70. 68	0. 06	2. 85	0. 28	1. 10	0. 02	2. 69	202	79	34	283
ZNZ068	0. 90	0. 42	14. 83	77. 68	0. 08	2. 68	0. 28	1. 14	0. 01	1. 91	156	77	31	305
ZNZ069	0. 68	0. 50	18. 55	73. 51	0. 07	2. 98	0. 32	1. 03	0. 02	2. 28	196	84	27	275
ZNZ070	0. 74	0. 50	15. 58	77. 07	0. 08	1. 85	0. 28	1. 13	0. 02	2. 70	106	76	26	366
ZNZ071	0. 71	0. 54	16. 90	75. 13	0. 06	2. 42	0. 25	0. 95	0. 02	2. 96	153	69	26	261
ZNZ072	0. 81	0. 51	18. 42	72. 77	0. 07	2. 47	0. 22	1. 29	0. 02	3. 35	169	69	34	311
ZNZ073	0. 70	0. 58	17. 93	73. 87	0. 07	2. 97	0. 32	1. 06	0. 02	2. 43	204	82	31	293
ZNZ074	0. 73	0. 54	19. 12	71. 66	0. 08	2. 05	0. 14	1. 19	0. 02	4. 41	133	64	30	278
ZNZ075	0. 69	0. 54	17. 74	73. 64	0. 06	2. 22	0. 30	1. 03	0. 02	3. 71	130	62	39	287
ZNZ076	0. 71	0. 60	19. 34	72. 36	0. 06	2. 92	0. 36	1. 18	0. 02	2. 39	192	78	30	328
ZNZ077	0. 54	0. 47	16. 87	75. 02	0. 07	2. 77	0. 24	1. 12	0. 02	2. 82	171	76	26	260
ZNZ078	0. 97	0. 56	19. 36	72. 46	0. 08	2. 80	0. 42	0. 83	0. 02	2. 46	146	98	32	256
ZNZ079	0. 57	0. 42	13. 96	79. 36	0. 07	2. 60	0. 38	1. 03	0. 01	1. 57	142	77	27	272
ZNZ080	0. 77	0. 44	14. 08	79. 52	0. 06	2. 74	0. 25	0. 90	0. 01	1. 17	157	71	23	268
ZNZ081	0. 69	0. 45	15. 15	77. 77	0. 06	2. 01	0. 18	1. 34	0. 01	2. 28	122	56	23	328
ZNZ082	0. 47	0. 49	15. 35	77. 86	0. 06	2. 69	0. 25	1. 03	0. 01	1. 73	152	74	26	273
ZNZ083	0. 52	0. 51	17. 00	75. 42	0. 07	2. 47	0. 17	1. 02	0. 02	2. 75	142	55	30	259
ZNZ084	0. 72	0. 45	17. 13	74. 72	0. 05	3. 25	0. 37	0. 94	0. 03	2. 29	139	103	35	320

续表 1

样品	Na_2O %	MgO %	Al_2O_3 %	SiO_2 %	P_2O_5 %	K_2O %	CaO %	TiO_2 %	MnO %	Fe_2O_3 %	Rb_2O ppm	SrO ppm	Y_2O_3 ppm	ZrO_2 ppm
ZNZ085	0.74	0.43	15.86	76.73	0.06	2.81	0.34	0.88	0.02	2.07	133	97	28	261
ZNZ086	1.04	0.54	16.88	75.24	0.05	2.46	0.35	0.92	0.02	2.45	129	93	29	243
ZNZ087	0.75	0.61	19.12	73.12	0.07	2.62	0.43	0.86	0.03	2.36	128	93	29	242
ZNZ088	0.80	0.64	17.28	74.66	0.06	2.74	0.39	0.94	0.02	2.44	135	95	26	245
ZNZ089	0.72	0.55	15.73	76.65	0.05	2.61	0.34	0.94	0.02	2.34	142	94	27	298
ZNZ090	0.70	0.55	17.42	75.36	0.06	2.36	0.40	0.86	0.02	2.22	130	95	26	248
ZNZ091	0.67	0.50	16.88	75.85	0.06	2.51	0.36	0.88	0.02	2.21	126	86	23	256
ZNZ092	0.59	0.50	17.47	74.96	0.06	2.62	0.40	0.89	0.02	2.44	136	90	28	289
ZNZ093	0.66	0.53	16.59	75.35	0.06	2.72	0.42	0.93	0.03	2.67	140	106	26	251
ZNZ094	0.65	0.64	17.37	73.89	0.07	2.86	0.65	1.00	0.02	2.79	160	110	31	295
ZNZ096	0.99	0.49	15.65	75.80	0.06	3.30	0.33	1.04	0.03	2.25	141	111	32	301
ZNZ097	1.09	0.45	16.04	75.58	0.07	3.14	0.29	1.03	0.02	2.24	149	111	34	310
ZNZ098	0.45	0.47	17.18	74.93	0.06	3.38	0.28	0.84	0.02	2.33	140	95	28	271
ZNZ099	0.78	0.45	18.09	73.83	0.06	3.11	0.34	0.91	0.02	2.37	138	92	30	252
ZNZ100	0.70	0.55	17.59	75.01	0.06	2.60	0.33	0.84	0.03	2.24	136	91	31	247
ZNZ101	0.95	0.65	17.44	74.77	0.05	2.57	0.39	0.88	0.02	2.23	129	94	24	257
ZNZ102	0.72	0.53	17.01	75.20	0.05	2.46	0.36	1.03	0.02	2.55	129	98	26	310
ZNZ103	0.74	0.52	18.18	73.94	0.06	2.91	0.34	0.89	0.02	2.34	135	95	28	232
ZNZ104	1.00	0.47	17.09	74.57	0.05	3.19	0.35	0.95	0.03	2.24	138	105	31	262
ZNZ105	0.71	0.37	16.28	75.84	0.06	3.04	0.37	1.00	0.03	2.25	132	112	31	335
ZNZ106	1.11	0.59	20.85	70.32	0.07	3.06	0.39	1.11	0.04	2.40	158	128	39	338
ZNZ107	0.53	0.36	18.37	73.71	0.06	2.89	0.47	1.07	0.02	2.47	142	104	31	291
ZNZ108	0.80	0.38	17.16	74.97	0.06	3.13	0.32	0.97	0.02	2.13	135	110	28	286
ZNZ109	0.75	0.51	16.63	75.19	0.06	3.10	0.34	1.01	0.02	2.33	135	106	28	260
ZNZ110	0.97	0.39	17.66	73.77	0.06	3.50	0.44	0.99	0.03	2.14	147	111	32	283
ZNZ111	1.08	0.59	16.99	74.86	0.07	2.98	0.34	0.91	0.03	2.12	136	104	31	269
ZNZ112	0.85	0.55	22.28	69.51	0.06	2.85	0.37	0.98	0.03	2.45	145	120	35	313
ZNZ113	0.80	0.55	22.13	69.67	0.06	2.83	0.38	1.05	0.03	2.44	141	110	31	267

续表 1

样品	Na_2O %	MgO %	Al_2O_3 %	SiO_2 %	P_2O_5 %	K_2O %	CaO %	TiO_2 %	MnO %	Fe_2O_3 %	Rb_2O ppm	SrO ppm	Y_2O_3 ppm	ZrO_2 ppm
ZNZ114	0.73	0.56	17.55	74.23	0.06	3.40	0.37	0.91	0.03	2.11	140	119	31	273
ZNZ115	0.97	0.43	19.80	71.50	0.06	3.17	0.36	1.06	0.04	2.57	152	123	34	338
ZNZ116	0.84	0.49	17.61	74.24	0.06	3.04	0.51	0.98	0.03	2.15	140	115	34	293
ZNZ117	1.02	0.52	15.94	75.75	0.05	3.08	0.40	0.95	0.02	2.21	125	98	28	267
ZNZ118	0.70	0.52	17.08	75.45	0.06	2.57	0.33	1.00	0.02	2.21	122	93	32	303
ZNZ119	0.92	0.48	16.19	76.08	0.06	2.86	0.29	0.94	0.02	2.11	124	92	28	252
ZNZ120	1.02	0.40	17.14	74.46	0.06	3.49	0.34	0.92	0.03	2.08	163	130	33	299
ZNZ121	0.74	0.54	16.90	74.88	0.05	3.27	0.45	0.98	0.02	2.11	137	106	29	278
ZNZ122	0.77	0.45	16.89	75.31	0.06	2.83	0.31	0.92	0.03	2.38	127	98	27	256
ZNZ123	0.90	0.58	16.91	75.01	0.06	3.06	0.33	1.00	0.03	2.08	143	105	30	290
ZNZ124	0.69	0.54	15.64	77.52	0.08	1.97	0.39	1.05	0.02	2.05	109	88	24	266
ZNZ125	0.54	0.35	15.31	79.03	0.07	1.38	0.25	1.07	0.02	1.94	83	65	26	330
ZNZ126	0.63	0.50	16.63	75.75	0.07	2.04	0.31	1.10	0.02	2.90	109	81	24	272
ZNZ127	1.08	0.44	13.96	79.53	0.06	1.87	0.39	0.92	0.02	1.68	91	83	28	291
ZNZ128	0.74	0.47	17.47	75.81	0.06	1.79	0.30	1.11	0.02	2.17	102	77	26	317
ZNZ129	0.57	0.52	16.07	77.03	0.06	2.13	0.39	0.95	0.02	2.21	115	93	32	248
ZNZ130	0.60	0.56	15.92	77.12	0.06	1.98	0.47	1.03	0.02	2.20	106	81	29	243
ZNZ131	1.04	1.49	14.13	77.55	0.07	2.12	0.40	1.01	0.05	2.07	112	93	27	305
ZNZ132	0.57	0.61	22.11	70.07	0.08	1.96	0.38	1.11	0.03	3.04	112	95	31	268
ZNZ133	0.55	0.47	16.88	76.44	0.06	1.80	0.31	1.11	0.02	2.32	106	74	22	264
ZNZ134	0.80	0.46	15.90	77.37	0.08	1.72	0.29	1.13	0.02	2.18	101	77	30	299
ZNZ135	0.70	0.51	14.75	78.55	0.07	1.75	0.32	1.09	0.02	2.19	101	94	23	294
ZNZ136	0.82	0.48	13.33	80.39	0.07	1.71	0.39	0.87	0.02	1.86	95	82	26	312
ZNZ137	1.01	0.62	16.50	75.72	0.06	1.94	0.44	1.14	0.02	2.50	118	103	27	252
ZNZ138	0.51	0.56	17.32	75.88	0.06	1.96	0.30	1.08	0.02	2.25	109	81	28	285
ZNZ139	0.61	0.47	16.21	77.45	0.07	1.65	0.27	1.04	0.03	2.15	96	65	23	254
ZNZ140	0.64	0.53	21.58	71.00	0.07	1.83	0.31	1.15	0.02	2.82	121	90	27	284
ZNZ141	0.64	0.56	18.81	73.79	0.06	1.82	0.26	1.14	0.02	2.85	107	68	28	279
ZNZ142	0.83	0.71	16.09	76.39	0.07	2.06	0.35	1.01	0.02	2.41	114	86	28	269

续表 1

样品	Na_2O %	MgO %	Al_2O_3 %	SiO_2 %	P_2O_5 %	K_2O %	CaO %	TiO_2 %	MnO %	Fe_2O_3 %	Rb_2O ppm	SrO ppm	Y_2O_3 ppm	ZrO_2 ppm
ZNZ143	0. 63	0. 55	16. 51	75. 83	0. 05	2. 20	0. 32	1. 15	0. 02	2. 70	124	86	26	262
ZNZ144	0. 50	0. 44	16. 71	76. 54	0. 06	1. 75	0. 28	1. 12	0. 02	2. 53	117	72	22	266
ZNZ145	0. 71	0. 63	16. 23	76. 42	0. 06	2. 05	0. 41	1. 09	0. 02	2. 32	115	76	26	279
ZNZ146	0. 62	0. 52	16. 16	76. 62	0. 06	1. 99	0. 43	1. 14	0. 02	2. 39	121	87	23	245
ZNZ147	0. 30	0. 69	15. 92	77. 03	0. 07	2. 01	0. 36	1. 15	0. 02	2. 41	127	88	25	235
ZNZ148	0. 52	0. 55	16. 13	76. 76	0. 06	1. 97	0. 35	1. 03	0. 02	2. 56	116	80	21	276
ZNZ149	0. 37	0. 57	16. 37	76. 09	0. 07	2. 02	0. 29	1. 17	0. 02	2. 98	116	76	29	277
ZNZ150	0. 45	0. 52	16. 13	76. 73	0. 06	2. 11	0. 38	1. 13	0. 02	2. 43	117	81	23	259
ZNZ151	0. 72	0. 57	16. 68	76. 19	0. 05	2. 00	0. 30	1. 10	0. 02	2. 33	115	76	26	261
ZNZ152	0. 40	0. 61	16. 99	75. 68	0. 06	2. 19	0. 31	1. 14	0. 02	2. 55	134	82	26	241
ZNZ153	0. 84	0. 52	20. 14	71. 70	0. 40	1. 98	0. 40	1. 12	0. 02	2. 82	128	96	27	314
ZNZ154	0. 91	0. 47	14. 85	78. 29	0. 06	1. 88	0. 27	1. 06	0. 02	2. 14	107	71	20	251
ZNZ155	0. 43	0. 40	14. 81	78. 83	0. 07	1. 69	0. 21	1. 15	0. 02	2. 35	96	60	22	257
ZNZ156	0. 82	0. 52	14. 18	79. 16	0. 06	1. 80	0. 27	1. 05	0. 02	2. 07	103	82	20	245
ZNZ157	0. 52	0. 60	17. 02	75. 73	0. 06	2. 13	0. 32	1. 03	0. 02	2. 52	116	78	21	246
ZNZ158	0. 91	0. 64	14. 91	78. 07	0. 06	1. 97	0. 32	1. 09	0. 02	1. 96	102	70	19	262
ZNZ159	0. 42	0. 60	16. 87	76. 05	0. 06	2. 12	0. 33	1. 12	0. 02	2. 36	121	79	26	259
ZNZ160	0. 71	0. 69	16. 97	75. 44	0. 06	2. 02	0. 29	1. 13	0. 02	2. 63	119	72	26	276
ZNZ161	0. 58	0. 46	17. 16	75. 56	0. 06	2. 15	0. 41	1. 18	0. 02	2. 36	124	81	24	241
ZNZ162	0. 45	0. 60	18. 63	73. 78	0. 06	1. 90	0. 33	1. 18	0. 02	3. 00	118	74	23	258
ZNZ163	0. 79	0. 60	16. 06	76. 87	0. 06	1. 95	0. 36	1. 09	0. 02	2. 14	116	76	24	261

表 2　生土样及窑壁土数据

样品	Na_2O %	MgO %	Al_2O_3 %	SiO_2 %	P_2O_5 %	K_2O %	CaO %	TiO_2 %	MnO %	Fe_2O_3 %	Rb_2O ppm	SrO ppm	Y_2O_3 ppm	ZrO_2 ppm
ZNZ164 - 1	0. 86	0. 54	16. 31	73. 31	0. 11	2. 67	0. 37	1. 06	0. 14	4. 58	137	122	25	395
ZNZ164 - 2	0. 74	0. 62	16. 87	72. 37	0. 11	2. 93	0. 41	1. 07	0. 14	4. 68	133	115	22	431
ZNZ165 - 1	0. 84	0. 78	22. 09	65. 11	0. 07	3. 08	0. 34	1. 24	0. 15	6. 24	131	109	22	370
ZNZ165 - 2	0. 95	0. 86	22. 31	64. 49	0. 08	3. 07	0. 36	1. 28	0. 13	6. 41	135	112	21	471

续表 2

样品	Na_2O %	MgO %	Al_2O_3 %	SiO_2 %	P_2O_5 %	K_2O %	CaO %	TiO_2 %	MnO %	Fe_2O_3 %	Rb_2O ppm	SrO ppm	Y_2O_3 ppm	ZrO_2 ppm
ZNZ166－1	1. 20	0. 83	21. 20	64. 91	0. 09	3. 98	0. 64	1. 01	0. 14	5. 92	150	190	27	405
ZNZ166－2	0. 98	0. 81	20. 74	64. 94	0. 08	3. 96	0. 77	1. 10	0. 14	6. 40	141	191	27	375
ZNZ167－1	0. 39	0. 68	17. 12	71. 74	0. 09	2. 54	0. 12	0. 98	0. 18	6. 10	127	45	26	297
ZNZ167－2	0. 58	0. 66	17. 04	71. 61	0. 09	2. 66	0. 10	1. 09	0. 19	5. 94	134	48	18	287
ZNZ168－1	0. 69	0. 62	14. 88	75. 44	0. 10	1. 93	0. 19	1. 08	0. 08	4. 95	110	55	35	330
ZNZ168－2	0. 69	0. 62	14. 88	75. 44	0. 10	1. 93	0. 19	1. 08	0. 08	4. 95	110	55	35	330
ZNZ169－1	0. 49	0. 61	16. 62	73. 01	0. 09	2. 14	0. 15	1. 09	0. 06	5. 67	115	49	18	412
ZNZ169－2	0. 71	0. 66	15. 94	73. 71	0. 10	1. 98	0. 16	0. 94	0. 07	5. 68	111	51	24	354
Yaohan－1	0. 65	0. 70	12. 27	70. 53	0. 07	8. 88	0. 49	0. 95	0. 07	5. 32	220	53	20	283
Yaohan－2	0. 48	0. 75	12. 73	63. 91	0. 06	9. 96	0. 46	0. 85	0. 09	10. 63	282	89	20	303
Yaohan－3	1. 01	0. 85	16. 95	47. 02	0. 07	8. 74	0. 49	1. 40	0. 15	23. 19	456	137	40	448
Yaohan－4	0. 49	0. 84	14. 43	59. 73	0. 06	11. 87	0. 95	0. 96	0. 11	10. 48	308	132	20	248

表 3　样品内外表面数据

样品	Na_2O %	MgO %	Al_2O_3 %	SiO_2 %	P_2O_5 %	K_2O %	CaO %	TiO_2 %	MnO %	Fe_2O_3 %	Rb_2O ppm	SrO ppm	Y_2O_3 ppm	ZrO_2 ppm
ZNZ001A	0. 82	1. 11	17. 09	67. 40	0. 11	4. 42	2. 73	1. 04	0. 07	5. 14	167	84	23	265
ZNZ001B	0. 44	0. 63	20. 84	69. 79	0. 06	3. 00	0. 27	1. 10	0. 02	3. 77	107	49	19	268
ZNZ002A	0. 50	1. 13	17. 82	67. 36	0. 13	3. 50	1. 43	1. 16	0. 05	6. 85	137	68	28	281
ZNZ002B	0. 83	0. 62	22. 54	68. 21	0. 06	2. 18	0. 25	1. 05	0. 02	4. 17	124	60	22	211
ZNZ003A	0. 70	1. 09	16. 20	69. 95	0. 14	4. 02	1. 91	1. 05	0. 06	4. 79	137	75	22	268
ZNZ003B	0. 60	0. 45	18. 56	69. 03	0. 06	5. 24	0. 18	1. 05	0. 02	4. 75	128	47	27	257
ZNZ004A	1. 20	0. 95	15. 17	68. 48	0. 10	6. 21	2. 05	1. 03	0. 07	4. 65	192	96	29	242
ZNZ004B	0. 52	0. 68	20. 76	70. 19	0. 07	2. 52	0. 27	1. 15	0. 04	3. 74	133	60	18	226
ZNZ005A	0. 64	1. 05	16. 10	70. 52	0. 10	4. 13	1. 42	1. 01	0. 05	4. 92	151	78	27	238
ZNZ005B	0. 68	0. 70	21. 24	69. 26	0. 06	2. 19	0. 26	1. 07	0. 03	4. 44	124	61	27	232
ZNZ006A	0. 77	0. 98	16. 44	67. 78	0. 12	4. 02	2. 12	1. 05	0. 07	6. 59	145	71	19	275
ZNZ006B	1. 02	0. 92	25. 29	63. 84	0. 06	3. 11	0. 28	1. 05	0. 02	4. 36	97	40	16	224
ZNZ007A	0. 76	0. 61	22. 39	67. 81	0. 05	1. 30	0. 23	1. 16	0. 06	5. 55	92	36	17	267

续表 3

样品	Na_2O %	MgO %	Al_2O_3 %	SiO_2 %	P_2O_5 %	K_2O %	CaO %	TiO_2 %	MnO %	Fe_2O_3 %	Rb_2O ppm	SrO ppm	Y_2O_3 ppm	ZrO_2 ppm
ZNZ007B	0. 76	0. 61	22. 39	67. 81	0. 05	1. 30	0. 23	1. 16	0. 06	5. 55	92	36	17	267
ZNZ008A	0. 85	0. 91	15. 97	70. 42	0. 09	4. 01	1. 37	0. 95	0. 07	5. 31	157	83	25	252
ZNZ008B	0. 81	0. 64	20. 31	68. 40	0. 07	2. 94	0. 34	1. 16	0. 09	5. 17	112	44	15	278
ZNZ009A	0. 90	1. 25	16. 02	69. 00	0. 11	3. 61	1. 66	1. 13	0. 08	6. 17	99	54	19	267
ZNZ009B	0. 79	0. 62	16. 40	73. 74	0. 06	2. 34	0. 20	1. 09	0. 02	4. 67	50	25	12	255
ZNZ010A	0. 69	1. 03	16. 21	67. 08	0. 15	4. 59	4. 06	1. 17	0. 08	4. 85	175	108	23	294
ZNZ010B	0. 63	0. 64	22. 84	68. 65	0. 06	2. 40	0. 22	1. 15	0. 02	3. 32	94	36	16	280
ZNZ011A	0. 41	1. 02	15. 70	69. 12	0. 16	4. 11	3. 05	1. 03	0. 14	5. 19	163	97	27	274
ZNZ011B	0. 55	0. 65	21. 50	69. 09	0. 06	2. 49	0. 26	1. 27	0. 03	4. 04	93	42	21	286
ZNZ012A	0. 57	1. 00	16. 94	68. 39	0. 08	5. 26	1. 57	1. 06	0. 04	5. 02	175	76	25	266
ZNZ012B	0. 50	0. 63	24. 50	65. 67	0. 07	2. 32	0. 27	1. 08	0. 02	4. 87	114	51	21	241
ZNZ013A	0. 57	0. 85	14. 26	70. 13	0. 08	5. 12	1. 76	1. 08	0. 05	6. 02	132	60	20	270
ZNZ013B	0. 50	0. 70	23. 93	65. 95	0. 09	1. 95	0. 67	1. 16	0. 03	4. 95	75	39	20	305
ZNZ014A	0. 83	0. 83	17. 40	70. 70	0. 09	2. 61	0. 68	1. 34	0. 06	5. 38	93	46	16	330
ZNZ014B	0. 41	0. 58	21. 23	69. 99	0. 07	1. 70	0. 29	1. 23	0. 02	4. 41	76	37	19	288
ZNZ015A	0. 56	1. 09	17. 23	67. 32	0. 13	4. 10	3. 21	1. 04	0. 11	5. 12	169	100	27	271
ZNZ015B	0. 68	0. 65	21. 90	68. 35	0. 06	2. 66	0. 27	1. 15	0. 03	4. 18	105	45	13	279
ZNZ016A	0. 50	1. 06	16. 40	68. 62	0. 11	4. 60	2. 39	1. 00	0. 08	5. 16	180	90	26	248
ZNZ016B	0. 84	0. 70	20. 61	68. 81	0. 06	3. 07	0. 31	1. 11	0. 03	4. 39	110	53	18	275
ZNZ017A	0. 80	1. 00	18. 43	66. 87	0. 07	6. 04	1. 01	1. 16	0. 04	4. 49	210	74	31	237
ZNZ017B	0. 81	1. 01	20. 75	67. 58	0. 05	2. 85	0. 34	1. 08	0. 03	5. 42	119	48	20	237
ZNZ018A	0. 52	1. 11	18. 12	66. 30	0. 11	4. 17	2. 98	1. 08	0. 07	5. 46	203	103	29	288
ZNZ018B	0. 44	0. 72	23. 11	67. 32	0. 06	2. 29	0. 23	1. 03	0. 03	4. 71	97	43	14	244
ZNZ019A	0. 84	1. 43	16. 41	68. 03	0. 16	3. 74	3. 34	1. 03	0. 11	4. 83	119	85	17	275
ZNZ019B	0. 71	0. 80	20. 00	68. 47	0. 05	3. 38	0. 37	1. 10	0. 03	5. 03	134	60	18	262
ZNZ020A	0. 68	1. 27	15. 96	66. 98	0. 13	5. 05	3. 66	1. 05	0. 15	5. 00	172	108	17	264
ZNZ020B	0. 45	0. 74	20. 49	68. 81	0. 05	3. 44	0. 37	1. 08	0. 04	4. 45	130	59	20	281
ZNZ021A	0. 56	0. 98	15. 28	71. 62	0. 16	2. 96	2. 74	1. 03	0. 07	4. 52	145	121	27	375

续表3

样品	Na_2O %	MgO %	Al_2O_3 %	SiO_2 %	P_2O_5 %	K_2O %	CaO %	TiO_2 %	MnO %	Fe_2O_3 %	Rb_2O ppm	SrO ppm	Y_2O_3 ppm	ZrO_2 ppm
ZNZ021B	1.18	0.85	15.34	73.77	0.09	3.02	0.63	0.93	0.03	4.10	125	91	26	281
ZNZ022A	0.71	0.90	14.87	71.25	0.16	3.28	2.90	1.05	0.16	4.62	141	127	31	391
ZNZ022B	0.51	0.88	19.64	69.99	0.08	2.84	0.56	0.99	0.03	4.40	125	90	27	313
ZNZ023A	1.27	1.36	14.61	64.70	0.27	2.16	10.04	0.83	0.22	4.43	133	451	28	318
ZNZ023B	1.00	0.82	18.71	72.16	0.07	1.85	0.29	1.02	0.03	3.99	131	87	23	258
ZNZ024A	0.74	1.28	17.72	66.69	0.15	3.74	3.10	1.08	0.08	5.35	159	119	26	253
ZNZ024B	0.92	0.83	18.06	69.82	0.07	3.96	0.58	1.07	0.05	4.57	131	56	23	242
ZNZ025A	0.96	1.37	14.42	67.17	0.22	2.99	7.41	0.91	0.22	4.23	174	205	26	312
ZNZ025B	0.97	0.73	17.58	71.90	0.08	2.86	1.24	1.02	0.05	3.50	135	105	27	315
ZNZ026A	0.97	0.95	16.48	70.76	0.16	3.18	2.81	1.02	0.06	3.54	148	129	28	295
ZNZ026B	1.08	0.82	19.63	70.07	0.09	3.16	0.72	1.00	0.02	3.33	143	91	20	266
ZNZ027A	0.77	0.84	16.08	70.70	0.12	3.30	2.51	1.08	0.05	4.47	141	116	31	309
ZNZ027B	0.86	0.79	17.39	72.43	0.09	3.15	0.75	1.07	0.02	3.37	117	85	23	345
ZNZ028A	0.88	1.14	15.40	70.25	0.15	3.00	1.90	1.19	0.08	5.94	93	56	20	336
ZNZ028B	0.58	0.67	14.33	74.56	0.08	2.59	0.27	1.16	0.05	5.64	80	40	14	293
ZNZ029A	0.78	1.23	16.56	65.46	0.26	2.85	6.15	0.98	0.14	5.51	172	214	30	276
ZNZ029B	0.82	0.97	17.41	69.41	0.07	4.03	0.80	0.95	0.05	5.39	167	100	25	259
ZNZ030A	0.41	0.99	15.13	72.22	0.17	2.81	2.49	1.09	0.08	4.55	88	62	19	297
ZNZ030B	0.55	0.67	15.95	74.80	0.09	1.85	0.22	1.21	0.03	4.58	72	36	14	338
ZNZ031A	0.79	1.07	16.23	71.33	0.15	2.74	2.69	0.94	0.06	3.92	138	142	24	323
ZNZ031B	0.51	0.80	16.22	72.50	0.08	3.41	0.85	1.00	0.03	4.51	145	97	27	304
ZNZ032A	1.04	1.20	14.94	69.31	0.21	2.52	6.31	0.97	0.11	3.29	125	177	26	373
ZNZ032B	1.31	0.72	15.51	72.63	0.07	4.72	0.88	1.00	0.04	3.04	135	95	30	339
ZNZ033A	0.98	1.03	15.88	71.64	0.18	2.39	3.61	0.93	0.06	3.22	126	132	30	365
ZNZ033B	1.29	0.84	16.26	72.70	0.08	3.90	0.74	1.00	0.04	3.08	134	83	25	329
ZNZ034A	0.84	0.86	15.41	73.89	0.14	2.97	1.43	1.12	0.04	3.21	109	86	25	391
ZNZ034B	0.87	0.75	14.76	75.10	0.09	3.43	0.95	0.90	0.04	3.05	123	88	27	332
ZNZ035A	0.80	0.82	15.84	71.63	0.16	2.96	2.96	1.03	0.08	3.66	130	142	26	318

续表 3

样品	Na_2O %	MgO %	Al_2O_3 %	SiO_2 %	P_2O_5 %	K_2O %	CaO %	TiO_2 %	MnO %	Fe_2O_3 %	Rb_2O ppm	SrO ppm	Y_2O_3 ppm	ZrO_2 ppm
ZNZ035B	0. 51	0. 63	19. 57	73. 14	0. 10	1. 91	0. 44	0. 95	0. 03	2. 65	115	93	20	295
ZNZ036A	0. 83	0. 83	16. 77	68. 94	0. 16	3. 15	3. 70	1. 02	0. 09	4. 43	151	142	24	318
ZNZ037A	0. 44	1. 01	20. 83	65. 39	0. 16	3. 19	2. 08	1. 24	0. 07	5. 52	142	115	25	329
ZNZ038A	1. 21	0. 93	15. 51	72. 00	0. 13	4. 01	2. 04	0. 89	0. 08	3. 11	133	112	27	323
ZNZ038B	0. 71	0. 55	18. 82	73. 61	0. 08	2. 22	0. 46	1. 04	0. 03	2. 40	110	73	26	315
ZNZ039A	1. 35	1. 20	13. 54	66. 85	0. 25	4. 96	7. 39	0. 88	0. 11	3. 39	148	189	27	346
ZNZ040A	0. 63	0. 93	16. 40	70. 60	0. 12	2. 46	3. 28	1. 15	0. 03	4. 32	130	154	21	320
ZNZ041A	0. 64	1. 03	17. 11	65. 80	0. 12	4. 56	2. 69	1. 13	0. 11	6. 73	184	113	25	263
ZNZ042A	0. 64	1. 03	17. 11	65. 80	0. 12	4. 56	2. 69	1. 13	0. 11	6. 73	184	113	25	263
ZNZ043A	0. 74	0. 87	18. 84	65. 89	0. 09	4. 83	0. 96	1. 05	0. 03	6. 61	201	103	24	281
ZNZ044A	1. 22	1. 18	14. 84	61. 72	0. 22	2. 50	13. 82	0. 91	0. 19	3. 32	159	389	44	363
ZNZ045A	1. 35	0. 86	16. 21	69. 33	0. 12	5. 91	2. 83	1. 03	0. 03	2. 24	183	155	36	344
ZNZ045B	1. 12	0. 59	19. 08	70. 64	0. 06	4. 34	0. 45	0. 95	0. 02	2. 70	148	113	34	274
ZNZ046A	1. 11	0. 88	18. 43	68. 74	0. 21	4. 53	2. 65	0. 96	0. 06	2. 36	157	162	36	322
ZNZ046B	1. 20	0. 67	18. 80	69. 41	0. 07	5. 48	0. 99	0. 94	0. 03	2. 34	162	121	35	334
ZNZ047A	0. 78	0. 71	17. 34	70. 01	0. 10	3. 67	2. 67	1. 07	0. 19	3. 38	162	173	35	479
ZNZ047B	0. 57	0. 71	20. 52	69. 45	0. 08	3. 30	0. 81	1. 11	0. 03	3. 35	138	135	25	318
ZNZ048A	0. 68	0. 74	17. 84	68. 92	0. 12	5. 01	2. 56	1. 17	0. 06	2. 84	180	146	34	360
ZNZ048B	1. 03	0. 57	20. 60	70. 64	0. 06	2. 89	0. 41	0. 94	0. 02	2. 79	146	118	31	304
ZNZ049A	1. 17	0. 66	16. 77	70. 59	0. 06	5. 28	0. 86	1. 02	0. 04	3. 49	162	122	32	286
ZNZ049B	0. 59	0. 46	20. 68	70. 82	0. 06	3. 12	0. 60	0. 95	0. 03	2. 64	131	119	34	270
ZNZ050A	0. 55	1. 29	13. 99	61. 77	0. 46	2. 51	15. 64	0. 88	0. 25	2. 54	130	846	33	361
ZNZ050B	0. 83	0. 44	15. 49	74. 95	0. 06	3. 79	0. 47	0. 97	0. 04	2. 89	128	119	30	319
ZNZ051A	0. 74	0. 94	14. 14	66. 65	0. 26	2. 21	11. 14	0. 90	0. 26	2. 67	121	442	32	411
ZNZ051B	1. 21	0. 53	17. 42	73. 45	0. 09	3. 33	0. 36	1. 06	0. 04	2. 45	130	119	29	310
ZNZ052A	1. 21	0. 36	16. 69	73. 87	0. 07	3. 42	0. 55	0. 99	0. 05	2. 73	124	117	32	335
ZNZ052B	1. 30	0. 36	15. 80	74. 34	0. 07	3. 77	0. 54	1. 01	0. 05	2. 69	123	118	27	433
ZNZ053A	0. 69	0. 79	15. 78	72. 68	0. 13	3. 49	2. 91	0. 93	0. 12	2. 42	147	158	36	263

续表 3

样品	Na_2O %	MgO %	Al_2O_3 %	SiO_2 %	P_2O_5 %	K_2O %	CaO %	TiO_2 %	MnO %	Fe_2O_3 %	Rb_2O ppm	SrO ppm	Y_2O_3 ppm	ZrO_2 ppm
ZNZ053B	0. 72	0. 60	17. 02	74. 38	0. 08	3. 43	0. 48	0. 92	0. 03	2. 27	145	110	33	491
ZNZ054A	1. 44	0. 64	16. 75	66. 50	0. 07	7. 49	1. 28	0. 90	0. 03	4. 84	177	140	38	316
ZNZ054B	1. 11	0. 55	22. 21	68. 81	0. 07	3. 16	0. 41	1. 05	0. 02	2. 56	134	109	35	315
ZNZ055A	1. 03	0. 80	15. 43	71. 70	0. 20	3. 85	3. 11	0. 97	0. 08	2. 77	148	166	36	309
ZNZ055B	0. 71	0. 40	17. 58	73. 69	0. 07	3. 34	0. 36	1. 07	0. 05	2. 67	130	116	34	318
ZNZ056A	1. 37	0. 68	15. 84	71. 40	0. 07	5. 14	0. 81	0. 99	0. 06	3. 56	160	133	41	390
ZNZ056B	0. 78	0. 45	17. 41	72. 62	0. 11	3. 39	0. 84	1. 12	0. 05	3. 15	141	132	35	397
ZNZ057A	0. 83	0. 70	16. 02	69. 87	0. 13	3. 44	4. 39	0. 96	0. 20	3. 40	157	187	35	438
ZNZ058A	0. 96	0. 94	12. 32	66. 26	0. 30	3. 51	11. 08	1. 06	0. 24	3. 21	163	303	34	473
ZNZ058B	1. 88	0. 67	13. 75	70. 87	0. 07	7. 24	1. 22	1. 09	0. 07	3. 07	158	138	31	400
ZNZ059A	1. 05	1. 17	12. 33	62. 01	0. 37	3. 35	15. 67	0. 92	0. 29	2. 72	188	525	38	473
ZNZ059B	1. 59	0. 53	15. 79	72. 56	0. 07	4. 78	0. 76	1. 15	0. 06	2. 65	146	129	31	338
ZNZ060A	0. 85	0. 74	14. 49	64. 37	0. 21	4. 03	11. 44	0. 88	0. 14	2. 76	148	277	35	319
ZNZ060B	0. 96	0. 79	18. 57	71. 18	0. 10	3. 91	0. 78	1. 00	0. 04	2. 59	150	124	40	407
ZNZ061A	0. 86	0. 74	17. 91	68. 92	0. 12	3. 89	2. 81	0. 96	0. 06	3. 67	163	155	31	268
ZNZ061B	0. 88	0. 82	22. 22	65. 56	0. 08	4. 59	0. 76	1. 03	0. 04	3. 95	177	130	35	338
ZNZ062A	0. 78	0. 98	16. 30	60. 84	0. 27	2. 58	13. 73	0. 85	0. 17	3. 39	137	683	33	285
ZNZ062B	0. 85	0. 61	21. 12	68. 40	0. 06	3. 88	0. 59	0. 93	0. 04	3. 46	158	124	37	278
ZNZ063A	0. 71	0. 54	18. 78	71. 24	0. 06	3. 99	0. 69	1. 01	0. 03	2. 89	145	122	28	279
ZNZ063B	0. 68	0. 49	18. 84	71. 06	0. 07	4. 41	0. 56	1. 05	0. 03	2. 72	161	132	38	392
ZNZ064A	0. 47	0. 92	17. 23	65. 71	0. 15	4. 73	5. 02	1. 02	0. 10	4. 57	202	150	40	327
ZNZ065A	0. 52	1. 07	15. 83	63. 20	0. 29	2. 89	11. 29	0. 76	0. 08	3. 99	218	390	31	260
ZNZ066A	0. 62	1. 32	15. 95	61. 82	0. 42	4. 50	9. 97	0. 88	0. 08	4. 34	252	288	30	336
ZNZ067A	0. 55	1. 03	14. 90	62. 09	0. 29	3. 23	13. 09	0. 72	0. 07	3. 93	197	509	35	266
ZNZ068A	0. 86	0. 99	13. 24	65. 18	0. 28	4. 04	11. 39	0. 91	0. 09	2. 93	176	475	28	325
ZNZ068B	0. 58	1. 04	12. 38	65. 44	0. 30	2. 91	13. 85	0. 82	0. 17	2. 39	109	870	29	296
ZNZ069A	0. 62	1. 15	13. 97	58. 18	0. 22	4. 98	16. 71	0. 73	0. 16	3. 13	151	814	24	236
ZNZ070A	0. 86	1. 28	13. 35	66. 14	0. 37	2. 30	10. 60	0. 90	0. 09	4. 03	125	296	34	407

续表 3

样品	Na_2O %	MgO %	Al_2O_3 %	SiO_2 %	P_2O_5 %	K_2O %	CaO %	TiO_2 %	MnO %	Fe_2O_3 %	Rb_2O ppm	SrO ppm	Y_2O_3 ppm	ZrO_2 ppm
ZNZ070B	0. 79	1. 92	9. 46	59. 81	0. 38	3. 27	21. 12	0. 73	0. 37	2. 06	107	512	26	406
ZNZ071A	0. 70	1. 27	14. 19	60. 27	0. 31	4. 24	13. 09	0. 82	0. 16	4. 86	253	380	37	329
ZNZ071B	0. 83	0. 62	17. 61	72. 29	0. 08	4. 67	0. 63	1. 03	0. 02	2. 17	184	72	28	284
ZNZ072A	0. 60	1. 34	14. 21	61. 43	0. 37	2. 08	15. 52	0. 81	0. 13	3. 39	106	806	30	246
ZNZ072B	0. 45	1. 37	13. 87	59. 76	0. 48	2. 89	16. 98	0. 75	0. 08	3. 24	152	862	35	260
ZNZ073A	0. 77	0. 86	15. 39	61. 76	0. 21	2. 89	13. 34	0. 79	0. 06	3. 82	158	534	30	312
ZNZ073B	0. 59	1. 17	13. 58	58. 69	0. 23	4. 36	17. 40	0. 78	0. 23	2. 87	185	616	29	294
ZNZ074A	0. 75	1. 52	15. 81	59. 03	0. 31	4. 05	12. 47	0. 83	0. 09	5. 03	162	605	33	322
ZNZ075A	0. 58	1. 49	16. 06	61. 68	0. 30	2. 40	10. 74	0. 92	0. 10	5. 64	152	406	38	292
ZNZ075B	0. 43	1. 35	15. 62	64. 22	0. 26	2. 99	9. 22	0. 87	0. 22	4. 74	161	322	35	304
ZNZ076A	0. 65	0. 82	15. 33	60. 66	0. 21	3. 49	14. 40	0. 80	0. 06	3. 47	168	632	32	263
ZNZ076B	0. 35	1. 59	12. 77	57. 58	0. 41	3. 10	19. 57	0. 80	0. 30	3. 40	116	886	20	239
ZNZ077A	0. 60	0. 90	14. 53	62. 79	0. 26	3. 62	11. 78	0. 85	0. 09	4. 49	178	544	30	276
ZNZ077B	0. 41	1. 38	14. 12	62. 29	0. 28	2. 80	14. 02	0. 84	0. 19	3. 59	145	574	26	275
ZNZ078A	0. 68	1. 26	14. 22	60. 33	0. 38	3. 07	15. 59	0. 62	0. 06	3. 72	141	238	27	225
ZNZ078B	0. 50	1. 25	14. 51	59. 08	0. 32	3. 80	16. 06	0. 63	0. 11	3. 67	124	325	30	225
ZNZ079A	0. 79	1. 31	14. 06	64. 08	0. 34	3. 45	11. 60	0. 86	0. 12	3. 29	202	276	33	360
ZNZ079B	0. 90	0. 99	14. 83	71. 03	0. 19	3. 60	4. 52	1. 04	0. 11	2. 73	196	138	29	316
ZNZ080A	0. 80	1. 24	13. 53	64. 30	0. 40	1. 92	13. 01	0. 92	0. 13	3. 64	169	466	29	314
ZNZ080B	0. 42	1. 29	12. 93	63. 61	0. 41	2. 29	13. 84	0. 89	0. 20	4. 03	195	358	33	332
ZNZ081A	0. 69	1. 39	12. 14	61. 33	0. 52	3. 02	16. 22	0. 85	0. 07	3. 62	134	1069	22	296
ZNZ081B	0. 61	1. 45	11. 64	60. 18	0. 46	3. 70	17. 77	0. 82	0. 13	3. 10	134	1009	26	309
ZNZ082A	0. 40	1. 26	14. 86	63. 27	0. 35	2. 52	12. 27	0. 98	0. 14	3. 87	207	269	33	380
ZNZ083A	0. 80	1. 53	14. 40	59. 83	0. 38	3. 39	14. 05	0. 82	0. 09	4. 60	196	551	35	303
ZNZ083B	0. 41	1. 49	14. 30	59. 87	0. 39	3. 51	14. 85	0. 79	0. 15	4. 14	166	518	37	282
ZNZ084A	0. 90	1. 26	15. 18	68. 89	0. 31	3. 41	6. 32	0. 88	0. 23	2. 57	158	184	35	284
ZNZ084B	1. 52	0. 94	16. 18	70. 11	0. 26	4. 69	3. 04	0. 85	0. 10	2. 25	159	127	33	283
ZNZ085A	0. 84	1. 16	14. 38	69. 08	0. 25	3. 57	7. 79	0. 77	0. 13	1. 96	148	194	27	289

续表 3

样品	Na_2O %	MgO %	Al_2O_3 %	SiO_2 %	P_2O_5 %	K_2O %	CaO %	TiO_2 %	MnO %	Fe_2O_3 %	Rb_2O ppm	SrO ppm	Y_2O_3 ppm	ZrO_2 ppm
ZNZ085B	1.04	1.21	16.69	68.70	0.49	4.78	3.20	1.01	0.10	2.71	187	152	38	352
ZNZ086A	0.57	1.44	14.29	62.91	0.34	2.37	14.71	0.80	0.07	2.40	148	397	32	263
ZNZ086B	0.87	1.49	14.77	66.50	0.28	2.29	10.14	0.89	0.10	2.61	134	232	27	264
ZNZ087A	0.67	2.00	14.98	63.85	0.44	2.21	12.41	0.79	0.23	2.33	147	252	40	295
ZNZ087B	0.48	0.77	12.03	73.06	0.16	5.35	4.27	0.89	0.14	2.77	297	157	35	279
ZNZ088A	0.99	0.97	16.38	72.18	0.42	4.09	1.69	0.80	0.09	2.32	151	102	29	247
ZNZ088B	0.62	1.27	16.09	67.66	0.35	2.32	8.29	0.78	0.09	2.48	137	219	31	255
ZNZ089A	0.72	1.37	17.10	65.66	0.51	6.28	4.66	0.88	0.05	2.68	310	144	27	311
ZNZ089B	0.38	1.39	14.05	65.85	0.39	2.08	12.72	0.84	0.15	2.08	88	422	26	238
ZNZ090A	0.94	2.19	13.79	62.02	0.56	2.52	14.40	0.81	0.58	2.11	154	370	38	289
ZNZ090B	0.56	1.63	14.92	69.80	0.35	2.87	6.68	0.83	0.20	2.09	164	153	35	343
ZNZ091A	0.63	1.87	13.23	62.25	0.54	2.24	15.88	0.71	0.46	2.10	114	537	30	256
ZNZ091B	0.70	0.81	16.40	72.09	0.24	3.76	2.43	0.84	0.14	2.55	148	117	35	275
ZNZ092A	0.96	1.48	14.25	64.88	0.37	2.16	12.70	0.71	0.41	2.00	102	453	27	234
ZNZ092B	0.87	1.18	15.97	65.51	0.46	4.35	7.81	0.88	0.24	2.65	226	207	38	281
ZNZ093A	0.75	0.78	17.06	69.51	0.22	4.21	3.79	0.92	0.10	2.63	144	126	27	248
ZNZ093B	0.85	1.13	15.04	69.15	0.34	2.34	7.49	0.85	0.14	2.60	131	167	34	262
ZNZ094A	1.00	1.53	15.97	67.44	0.30	3.58	6.36	0.85	0.35	2.56	132	245	33	260
ZNZ094B	0.74	1.78	15.11	66.06	0.54	2.38	9.90	0.78	0.45	2.18	127	414	34	247
ZNZ095A	0.55	1.70	13.57	65.35	0.38	2.06	13.36	0.78	0.26	1.89	119	427	38	268
ZNZ095B	0.78	1.04	15.50	68.66	0.30	4.68	5.71	0.91	0.12	2.23	206	152	41	332
ZNZ096A	1.41	1.39	14.11	64.77	0.34	5.74	8.18	1.02	0.24	2.73	166	195	33	319
ZNZ096B	0.49	1.74	13.21	66.81	0.55	2.38	11.27	0.92	0.29	2.26	137	288	28	307
ZNZ097A	0.55	1.34	14.41	64.56	0.31	1.84	14.08	0.74	0.15	1.95	112	313	33	274
ZNZ097B	0.43	0.93	15.25	67.11	0.24	5.82	6.66	0.79	0.13	2.57	284	165	34	287
ZNZ098A	1.02	1.07	16.13	67.62	0.36	5.45	5.11	0.80	0.11	2.26	233	140	32	283
ZNZ098B	1.06	1.26	15.64	67.92	0.28	4.11	6.53	0.77	0.12	2.24	153	166	33	274
ZNZ099A	0.81	1.71	15.28	61.54	0.45	2.01	14.97	0.75	0.14	2.26	91	541	27	247

续表 3

样品	Na_2O %	MgO %	Al_2O_3 %	SiO_2 %	P_2O_5 %	K_2O %	CaO %	TiO_2 %	MnO %	Fe_2O_3 %	Rb_2O ppm	SrO ppm	Y_2O_3 ppm	ZrO_2 ppm
ZNZ099B	0.89	0.70	11.08	73.75	0.35	7.40	2.49	0.62	0.22	2.42	393	142	41	338
ZNZ100A	0.67	2.00	13.40	67.45	0.41	2.64	9.96	0.84	0.27	2.29	162	200	31	260
ZNZ100B	0.69	1.26	14.20	66.00	0.32	6.66	7.31	0.78	0.16	2.54	297	169	32	297
ZNZ101A	0.84	1.13	14.12	68.03	0.25	5.07	7.57	0.73	0.16	2.04	233	145	35	289
ZNZ101B	0.88	0.37	9.18	79.01	0.11	1.34	6.17	0.53	0.24	2.10	109	344	26	250
ZNZ102A	0.92	1.16	15.97	69.90	0.29	3.96	3.78	1.06	0.19	2.71	152	139	31	301
ZNZ102B	0.64	1.55	13.97	64.66	0.47	1.71	13.22	0.92	0.24	2.54	133	307	33	325
ZNZ103A	0.95	1.40	16.38	65.30	0.34	2.14	9.68	0.78	0.20	2.76	140	236	34	273
ZNZ103B	0.80	0.94	16.33	66.27	0.32	6.44	5.05	0.86	0.17	2.73	299	151	36	279
ZNZ104A	0.44	1.64	14.58	62.70	0.41	2.45	14.21	0.86	0.32	2.30	112	592	36	272
ZNZ105A	1.09	1.18	13.82	69.06	0.26	3.00	8.07	0.87	0.28	2.30	141	224	34	324
ZNZ106A	0.94	1.04	16.41	69.05	0.21	4.04	4.93	0.97	0.10	2.23	166	172	31	288
ZNZ106B	0.75	1.10	16.33	69.04	0.25	3.60	5.60	0.95	0.10	2.20	157	183	31	283
ZNZ107A	0.81	0.99	15.20	64.55	0.42	2.10	12.30	0.91	0.17	2.49	148	240	34	310
ZNZ107B	0.57	0.90	15.17	65.52	0.42	3.35	10.56	0.91	0.14	2.38	192	204	40	435
ZNZ108A	1.24	0.88	15.94	69.11	0.22	5.02	4.28	0.85	0.12	2.28	163	149	35	329
ZNZ108B	0.96	1.09	15.34	67.32	0.27	3.55	8.14	0.93	0.14	2.19	162	176	38	313
ZNZ109A	0.75	1.42	13.91	62.82	0.32	2.01	15.68	0.78	0.16	2.08	132	396	33	299
ZNZ110A	0.56	1.09	15.66	66.67	0.24	2.76	9.60	0.89	0.14	2.31	153	228	38	324
ZNZ110B	1.06	0.84	15.75	70.91	0.17	3.61	4.32	0.88	0.11	2.28	152	157	34	380
ZNZ111A	0.76	1.36	15.23	67.32	0.35	2.97	8.46	1.12	0.12	2.24	148	211	33	291
ZNZ111B	1.09	1.44	15.73	68.29	0.42	3.40	6.22	0.95	0.12	2.29	158	176	36	303
ZNZ112A	0.58	1.09	14.84	64.76	0.26	2.14	13.03	0.88	0.16	2.20	131	352	33	290
ZNZ112B	0.78	0.90	16.75	69.98	0.19	3.59	4.36	0.98	0.12	2.30	161	158	32	299
ZNZ113A	1.07	1.26	14.57	69.05	0.27	3.88	6.59	0.89	0.16	2.19	176	181	36	329
ZNZ113B	0.51	1.32	13.76	67.01	0.30	2.78	10.71	0.92	0.17	2.45	165	209	33	315
ZNZ114A	0.75	1.45	15.05	64.62	0.38	3.00	11.15	0.91	0.20	2.42	162	239	38	316
ZNZ114B	0.96	2.05	14.07	58.93	0.55	2.63	17.76	0.87	0.14	1.94	141	520	36	277

续表 3

样品	Na_2O %	MgO %	Al_2O_3 %	SiO_2 %	P_2O_5 %	K_2O %	CaO %	TiO_2 %	MnO %	Fe_2O_3 %	Rb_2O ppm	SrO ppm	Y_2O_3 ppm	ZrO_2 ppm
ZNZ115A	1.18	0.90	16.76	69.82	0.23	3.85	3.82	1.05	0.09	2.25	147	152	32	260
ZNZ115B	0.72	1.22	16.61	68.33	0.31	3.70	5.50	0.99	0.11	2.44	162	179	35	337
ZNZ116A	0.84	1.17	15.39	65.06	0.24	1.95	12.09	0.85	0.12	2.21	133	290	36	294
ZNZ116B	0.97	0.75	16.44	69.43	0.17	3.94	4.90	0.93	0.11	2.30	168	165	34	293
ZNZ117A	0.67	1.47	12.34	61.05	0.59	2.41	17.82	0.83	0.61	2.12	129	548	44	305
ZNZ117B	0.79	0.96	14.63	69.87	0.28	4.18	5.56	0.87	0.43	2.36	167	169	49	367
ZNZ118A	0.39	1.49	14.40	65.21	0.43	1.81	12.82	0.93	0.23	2.22	131	242	26	339
ZNZ118B	0.74	1.30	15.17	69.37	0.30	3.87	5.59	0.98	0.18	2.44	169	140	30	314
ZNZ119A	0.96	1.64	12.73	61.81	0.46	2.50	16.47	0.82	0.40	2.10	124	470	40	312
ZNZ119B	0.95	1.14	14.70	68.20	0.35	4.11	7.05	0.91	0.27	2.26	198	157	42	336
ZNZ120A	0.44	0.87	15.48	69.22	0.23	3.40	6.71	0.95	0.19	2.43	163	169	36	308
ZNZ120B	0.70	0.77	16.54	68.13	0.22	3.58	6.37	0.94	0.22	2.47	156	172	36	313
ZNZ121A	0.63	1.41	13.89	65.47	0.38	1.81	13.18	0.85	0.31	1.96	120	450	27	309
ZNZ121B	0.61	0.73	10.59	74.41	0.20	5.19	5.21	0.66	0.24	2.07	191	164	38	341
ZNZ122A	0.70	1.58	13.59	65.68	0.40	2.78	11.63	0.88	0.16	2.53	150	259	31	311
ZNZ123A	0.78	1.12	15.56	68.02	0.35	3.12	7.62	0.95	0.12	2.30	155	194	33	287
ZNZ123B	0.86	1.42	15.67	67.11	0.40	4.24	6.89	0.90	0.13	2.32	167	167	36	306
ZNZ124A	0.91	2.21	11.95	61.62	0.55	1.88	17.11	0.84	0.51	2.34	123	474	29	347
ZNZ124B	0.53	2.31	11.61	60.68	0.58	2.03	18.13	0.85	0.53	2.62	94	717	31	291
ZNZ125A	0.52	1.33	12.40	67.74	0.36	1.57	12.33	0.90	0.47	2.29	105	306	27	316
ZNZ125B	0.58	1.47	13.13	67.62	0.34	1.41	11.45	0.97	0.39	2.58	100	218	30	388
ZNZ126A	0.47	2.10	12.38	61.03	0.70	1.70	17.27	0.89	0.38	2.98	137	450	28	307
ZNZ126B	1.08	1.80	12.25	64.11	0.53	2.70	13.76	0.85	0.27	2.57	152	273	30	317
ZNZ127A	0.46	1.35	11.64	64.39	0.37	1.16	17.42	0.84	0.40	1.86	71	756	26	265
ZNZ127B	0.93	1.53	12.72	66.98	0.39	2.79	11.28	0.89	0.23	2.17	188	277	31	342
ZNZ128A	0.61	1.74	12.29	63.80	0.47	1.48	16.40	0.87	0.37	1.89	109	379	28	304
ZNZ128B	0.81	1.50	11.54	64.09	0.42	2.18	16.35	0.83	0.36	1.83	95	430	21	315
ZNZ129A	0.94	1.23	13.82	68.20	0.32	2.92	9.30	0.91	0.05	2.25	155	218	29	283

续表 3

样品	Na_2O %	MgO %	Al_2O_3 %	SiO_2 %	P_2O_5 %	K_2O %	CaO %	TiO_2 %	MnO %	Fe_2O_3 %	Rb_2O ppm	SrO ppm	Y_2O_3 ppm	ZrO_2 ppm
ZNZ129B	0.69	1.33	13.89	67.86	0.33	2.45	10.09	0.91	0.11	2.26	144	252	34	281
ZNZ130A	0.74	1.26	14.76	71.38	0.25	3.45	4.60	0.95	0.05	2.49	149	134	37	259
ZNZ130B	0.68	1.29	14.77	70.01	0.27	2.48	7.11	0.95	0.06	2.31	110	181	29	270
ZNZ131A	0.48	1.28	13.10	66.49	0.37	2.02	12.15	0.90	0.22	2.92	127	290	32	335
ZNZ131B	0.58	1.43	11.58	64.83	0.43	2.06	15.88	0.81	0.27	2.03	82	628	26	286
ZNZ132A	0.82	2.19	13.09	61.05	0.54	1.92	15.77	0.88	0.52	3.13	145	436	29	281
ZNZ132B	0.55	2.34	12.34	60.52	0.59	2.04	17.31	0.84	0.56	2.81	102	654	23	244
ZNZ133A	0.93	1.14	15.08	68.54	0.23	3.16	6.75	1.00	0.23	2.86	136	166	25	269
ZNZ133B	0.67	1.47	13.42	62.79	0.39	2.52	15.35	0.88	0.34	2.09	123	431	27	263
ZNZ134A	0.85	1.23	12.70	69.39	0.26	3.09	9.06	0.84	0.20	2.31	148	186	23	349
ZNZ134B	0.38	1.59	12.13	63.67	0.43	2.06	16.63	0.85	0.34	1.84	105	446	25	303
ZNZ135A	0.60	1.29	12.28	67.83	0.33	2.18	12.10	0.89	0.24	2.19	120	204	25	347
ZNZ135B	0.80	1.18	13.48	69.80	0.26	2.82	8.02	0.91	0.19	2.48	131	150	27	357
ZNZ136A	0.75	1.17	13.03	71.41	0.24	2.71	6.92	0.90	0.13	2.67	123	155	23	350
ZNZ136B	0.73	1.21	12.40	67.82	0.34	2.37	11.61	0.91	0.21	2.32	109	303	23	321
ZNZ137A	0.81	2.03	12.71	61.82	0.54	1.92	16.06	0.90	0.49	2.65	131	398	34	287
ZNZ137B	0.46	2.34	12.10	60.45	0.61	1.78	17.78	0.91	0.57	2.90	109	630	27	286
ZNZ138A	0.59	2.22	13.62	62.31	0.47	1.94	14.92	0.85	0.37	2.62	105	484	23	289
ZNZ138B	0.61	0.58	20.25	71.72	0.09	1.98	0.26	1.11	0.03	3.32	105	75	21	333
ZNZ139A	0.42	1.28	14.44	69.89	0.31	4.50	6.16	0.88	0.07	1.98	182	123	29	307
ZNZ140A	1.08	2.28	14.67	63.93	0.57	1.97	11.57	0.84	0.30	2.71	139	349	30	316
ZNZ140B	0.56	0.57	21.75	70.60	0.07	2.05	0.34	1.05	0.02	2.94	118	85	23	255
ZNZ141A	0.51	1.99	13.95	62.54	0.47	2.04	14.81	0.88	0.37	2.35	111	435	25	281
ZNZ141B	0.69	0.61	19.13	72.77	0.09	2.22	0.29	1.07	0.02	3.07	106	61	18	265
ZNZ142A	0.84	1.59	14.57	67.12	0.33	2.74	8.69	0.95	0.26	2.84	140	187	27	334
ZNZ142B	0.43	1.98	13.48	63.74	0.43	1.39	14.65	0.91	0.35	2.56	119	402	29	304
ZNZ143A	0.66	1.75	13.55	61.77	0.40	1.54	16.33	0.96	0.40	2.55	112	482	31	274
ZNZ143B	0.42	1.72	13.93	62.89	0.39	1.84	14.68	1.05	0.37	2.62	124	394	27	282

续表 3

样品	Na_2O %	MgO %	Al_2O_3 %	SiO_2 %	P_2O_5 %	K_2O %	CaO %	TiO_2 %	MnO %	Fe_2O_3 %	Rb_2O ppm	SrO ppm	Y_2O_3 ppm	ZrO_2 ppm
ZNZ144A	0. 61	1. 32	14. 54	70. 00	0. 31	3. 31	6. 17	1. 12	0. 14	2. 42	149	149	26	288
ZNZ144B	0. 49	0. 56	16. 42	76. 21	0. 07	2. 45	0. 35	1. 06	0. 02	2. 33	109	71	22	249
ZNZ145A	0. 37	1. 35	13. 45	66. 65	0. 38	2. 62	11. 43	0. 98	0. 29	2. 41	144	279	30	321
ZNZ145B	0. 88	0. 77	15. 70	74. 98	0. 10	3. 20	0. 63	1. 23	0. 05	2. 41	121	77	23	284
ZNZ146A	0. 43	1. 69	13. 00	62. 65	0. 46	1. 54	16. 51	0. 93	0. 39	2. 31	109	513	25	290
ZNZ146B	0. 65	1. 15	14. 69	71. 04	0. 24	2. 56	5. 36	1. 21	0. 14	2. 89	137	126	31	329
ZNZ147A	0. 92	1. 29	13. 84	68. 86	0. 28	4. 22	7. 04	0. 99	0. 17	2. 33	153	160	30	326
ZNZ147B	0. 82	0. 61	18. 14	73. 02	0. 10	2. 92	0. 44	1. 12	0. 04	2. 74	114	71	23	311
ZNZ148A	0. 57	1. 21	15. 01	70. 07	0. 24	3. 89	4. 88	1. 14	0. 12	2. 81	149	140	20	275
ZNZ148B	0. 80	0. 88	16. 26	74. 07	0. 09	3. 43	0. 66	1. 00	0. 03	2. 73	120	83	23	283
ZNZ149A	0. 75	1. 62	13. 22	64. 22	0. 38	2. 66	12. 51	1. 00	0. 63	2. 91	156	323	30	330
ZNZ149B	0. 86	0. 56	16. 96	74. 47	0. 07	2. 56	0. 26	1. 13	0. 02	3. 09	104	65	24	308
ZNZ150A	0. 69	1. 55	12. 52	65. 70	0. 35	3. 04	12. 53	0. 93	0. 30	2. 33	163	246	29	320
ZNZ150B	0. 59	0. 80	17. 25	73. 88	0. 08	2. 99	0. 45	1. 19	0. 03	2. 69	130	82	24	311
ZNZ151A	0. 43	1. 63	13. 84	62. 59	0. 40	1. 94	15. 09	0. 97	0. 47	2. 56	132	455	36	290
ZNZ151B	0. 84	0. 78	20. 66	69. 11	0. 14	2. 79	0. 65	1. 18	0. 03	3. 75	109	70	25	284
ZNZ152A	0. 63	1. 35	15. 12	68. 74	0. 22	3. 51	6. 44	1. 11	0. 17	2. 65	154	155	27	275
ZNZ152B	0. 73	0. 94	17. 47	72. 86	0. 09	3. 85	0. 54	1. 09	0. 03	2. 36	134	82	21	253
ZNZ153A	0. 82	1. 43	12. 67	61. 46	0. 41	1. 62	18. 07	0. 89	0. 34	2. 20	100	501	25	291
ZNZ153B	0. 94	0. 92	15. 94	72. 46	0. 19	3. 75	2. 02	1. 09	0. 10	2. 52	141	101	27	355
ZNZ154A	0. 60	1. 12	12. 91	70. 40	0. 28	2. 94	8. 10	1. 01	0. 14	2. 43	146	141	28	320
ZNZ154B	0. 86	1. 30	10. 98	71. 72	0. 18	3. 98	7. 73	0. 86	0. 11	2. 21	154	140	26	283
ZNZ155A	0. 75	1. 26	11. 96	67. 31	0. 29	2. 17	12. 35	1. 00	0. 30	2. 56	140	221	27	291
ZNZ156A	0. 70	1. 57	10. 90	62. 41	0. 47	2. 11	18. 34	0. 88	0. 33	2. 19	108	530	30	271
ZNZ156B	1. 27	1. 29	13. 09	70. 66	0. 41	5. 23	4. 15	1. 00	0. 09	2. 74	192	111	26	300
ZNZ157A	0. 71	1. 02	13. 55	74. 62	0. 15	2. 67	2. 95	1. 10	0. 10	3. 07	141	110	30	308
ZNZ157B	0. 53	0. 81	11. 50	72. 86	0. 18	6. 71	4. 02	0. 81	0. 18	2. 33	230	127	33	324
ZNZ158A	0. 50	1. 00	11. 90	76. 11	0. 16	2. 26	4. 48	1. 08	0. 09	2. 37	143	115	27	309

续表3

样品	Na_2O %	MgO %	Al_2O_3 %	SiO_2 %	P_2O_5 %	K_2O %	CaO %	TiO_2 %	MnO %	Fe_2O_3 %	Rb_2O ppm	SrO ppm	Y_2O_3 ppm	ZrO_2 ppm
ZNZ158B	0.99	0.71	12.68	74.53	0.09	6.43	1.24	1.08	0.06	2.14	183	93	28	283
ZNZ159A	0.69	1.99	12.57	63.44	0.36	1.65	14.79	0.89	0.63	2.89	122	515	28	303
ZNZ159B	0.61	0.59	13.46	76.40	0.12	3.76	1.83	1.15	0.06	1.96	178	101	24	305
ZNZ160A	0.50	0.88	14.24	73.97	0.20	2.80	3.79	1.08	0.09	2.40	127	99	28	317
ZNZ160B	0.50	1.89	13.25	64.56	0.53	3.33	12.20	0.97	0.25	2.45	195	216	31	351
ZNZ161A	0.69	1.15	14.22	72.86	0.16	2.91	4.10	1.13	0.12	2.60	146	126	33	279
ZNZ161B	0.43	0.66	12.02	71.43	0.20	5.82	6.29	0.79	0.10	2.19	207	169	31	273
ZNZ162A	0.47	1.84	13.11	60.46	0.40	1.57	18.01	0.87	0.59	2.59	118	486	29	312
ZNZ162B	0.26	1.21	10.58	73.75	0.18	5.73	4.48	0.89	0.17	2.67	206	117	30	316
ZNZ163A	0.68	0.96	12.36	78.69	0.10	2.43	1.32	1.17	0.03	2.21	112	84	24	305
ZNZ163B	0.51	0.58	12.05	73.38	0.10	4.05	5.13	1.48	0.15	2.51	182	199	29	361

附录二　原始瓷电子探针分析数据

样品	窑址	部位	Na_2O	K_2O	FeO	SiO_2	P_2O_5	MnO	Al_2O_3	CaO	MgO	TiO_2	SrO	Total/%
ZNZ005	湖州瓢山	表面	0.717	3.837	3.724	67.759	0.112	0.048	20.358	1.574	1.124	0.569	0.022	99.844
ZNZ005	湖州瓢山	表面	0.575	3.353	4.238	67.456	0.072	0.016	22.269	0.689	0.885	0.854	0.009	100.42
ZNZ005	湖州瓢山	表面	0.559	2.927	3.585	60.964	0.046	0.013	29.236	0.868	0.827	0.469	0.006	99.535
ZNZ005	湖州瓢山	表面	0.651	3.269	4.192	64.563	0.046	0.035	23.213	0.489	1.117	0.196	0.019	97.814
ZNZ005	湖州瓢山	表面	0.759	3.664	3.303	67.383	0.03	0.03	21.785	0.613	1.125	0.194	0.044	98.934
ZNZ005	湖州瓢山	表面	0.681	3.708	3.262	70.517	0.022	0	19.82	0.657	1.087	0.135	0.054	99.99
ZNZ010	湖州瓢山	表面	0.483	3.012	3.353	64.073	0.052	0.005	26.621	0.536	0.744	0.625	0.012	99.586
ZNZ017	湖州瓢山	表面	0.474	2.682	3.418	58.847	0.055	0.043	33.049	0.311	0.836	0.385	0	100.14
ZNZ019	湖州瓢山	釉	1.327	4.927	3.901	64.632	0.107	0.16	16.433	4.729	1.706	0.46	0.001	98.383
ZNZ019	湖州瓢山	釉	1.141	4.227	4.492	64.084	0.221	0.154	16.159	5.884	2.055	0.626	0.032	99.12
ZNZ019	湖州瓢山	釉	1.424	5.321	4.584	64.019	0.064	0.059	17.047	4.909	1.109	0.531	0.072	99.207
ZNZ019	湖州瓢山	釉	1.251	4.931	3.229	68.148	0.161	0.107	14.512	5.471	1.234	0.413	0.029	99.486
ZNZ019	湖州瓢山	釉	0.831	2.85	4.972	61.623	0.378	0.129	14.255	10.07	2.365	0.515	0.046	98.041
ZNZ019	湖州瓢山	胎	0.708	3.534	2.975	68.477	0.046	0.028	21.574	0.413	1.059	0.346	0.006	99.172
ZNZ020	湖州瓢山	釉	0.85	2.219	4.037	58.798	0.682	0.228	12.422	17.67	2.292	0.532	0.063	99.854
ZNZ020	湖州瓢山	釉	1.035	2.989	3.644	59.428	0.65	0.171	13.24	15.167	1.873	0.553	0.036	98.835
ZNZ020	湖州瓢山	釉	0.868	2.59	3.356	58.385	0.525	0.109	13.072	17.593	1.991	0.572	0.046	99.142
ZNZ020	湖州瓢山	内表面	0.755	3.355	3.321	68.409	0.004	0.122	21.482	0.696	1.113	0.145	0.04	99.442
ZNZ020	湖州瓢山	内表面	0.783	3.464	3.023	70.021	0.011	0.031	20.786	0.632	1.102	0.227	0	100.08
ZNZ020	湖州瓢山	内表面	0.775	3.484	3.398	70.332	0.026	0.007	20.051	0.85	1.157	0.116	0	100.23
ZNZ025	北家山	釉	0.919	1.453	3.582	61.284	1.106	0.12	12.107	15.859	2.725	0.47	0.033	99.732
ZNZ025	北家山	釉	1.353	2.366	3.411	65.571	0.471	0.101	14.74	8.88	1.545	0.365	0.088	98.891
ZNZ025	北家山	釉	1.644	3.778	1.481	66.297	0.144	0.066	17.925	5.301	0.577	0.997	0.034	98.251
ZNZ025	北家山	内表面	0.843	2.63	3.217	70.329	0.052	0.061	22.763	0.64	0.81	0.391	0	101.851
ZNZ025	北家山	内表面	1.035	2.976	3.269	73.65	0.126	0	17.682	0.605	0.755	0.301	0.011	100.426
ZNZ025	北家山	内表面	1.159	2.59	3.11	70.016	0.137	0.069	21.197	0.541	0.735	0.878	0.041	100.473
ZNZ028	北家山	釉	0.827	3.045	5.989	67.203	1.074	0.141	16.091	2.558	1.608	0.639	0.023	99.268
ZNZ028	北家山	釉	0.961	3.482	4.186	72.756	0.248	0.069	13.735	2.081	1.714	0.548	0.052	99.941

续表

样品	窑址	部位	Na_2O	K_2O	FeO	SiO_2	P_2O_5	MnO	Al_2O_3	CaO	MgO	TiO_2	SrO	Total/%
ZNZ028	北家山	釉	0.79	3.206	4.757	69.653	0.135	0.023	15.96	2.827	1.581	0.562	0.038	99.61
ZNZ033	北家山	背面	0.734	3.858	2.273	74.216	0.038	0.042	14.108	0.992	0.748	0.619	0.067	97.695
ZNZ033	北家山	釉	1.165	2.674	3.434	71.302	0.377	0.045	15.299	3.052	1.108	0.553	0.039	99.074
ZNZ033	北家山	釉	1.142	2.731	1.865	70.682	0.035	0.048	18.832	2.501	0.793	0.465	0.022	99.192
ZNZ035	北家山	胎	1.375	2.692	10.352	66.154	0.501	0.069	15.743	1.568	0.645	0.488	0.023	99.61
ZNZ035	北家山	釉	1.347	1.99	9.149	62.11	0.704	0.098	15.489	5.562	1.514	0.476	0.017	98.491
ZNZ035	北家山	釉	1.367	2.795	4.986	69.309	0.318	0.051	15.34	3.325	1.156	0.412	0.07	99.16
ZNZ035	北家山	釉	1.574	2.853	2.793	67.442	0.141	0.025	16.68	6.037	1.235	0.49	0.035	99.368
ZNZ035	北家山	内表面	1.066	2.869	2.98	71.668	0.164	0.048	18.626	0.715	0.872	0.375	0.036	99.489
ZNZ035	北家山	内表面	0.792	3.069	2.458	78.979	0.045	0.086	11.606	0.702	0.642	0.52	0.093	99
ZNZ085	火烧山	内表面	0.024	0.24	1.546	86.571	0.07	0	4.523	0.187	0.184	0	0	93.367
ZNZ085	火烧山	内表面	0.037	0.533	3.245	77.412	0.142	0	10.279	0.308	0.377	0.112	0	92.488
ZNZ085	火烧山	内表面	0.981	1.603	1.917	61.686	1.607	0.139	12.774	14.746	2.913	0.449	0	98.846
ZNZ085	火烧山	釉	0.987	1.886	1.82	62.517	1.421	0.109	12.933	13.959	2.588	0.437	0.086	98.743
ZNZ085	火烧山	釉	0.937	1.807	1.815	62.687	1.442	0.111	12.781	14.033	2.684	0.451	0.092	98.881
ZNZ085	火烧山	釉	1.236	2.116	1.879	64.365	1.128	0.145	13.796	12.403	2.006	0.416	0.072	99.619
ZNZ085	火烧山	釉	1.077	2.06	1.971	64.606	0.94	0.099	12.71	12.325	2.276	0.441	0	98.531
ZNZ085	火烧山	釉	0.973	1.545	1.833	60.794	1.891	0.192	12.237	15.812	3.385	0.477	0.043	99.268
ZNZ085	火烧山	内表面	1.564	3.876	1.724	69.305	0.132	0.032	15.522	5.008	1.082	0.446	0.032	98.829
ZNZ085	火烧山	内表面	1.188	2.688	2.367	64.43	1.439	0.112	13.995	8.67	2.412	0.958	0.063	98.324
ZNZ085	火烧山	附着物	0.025	0.093	0.605	90.138	0.027	0.044	1.511	0.108	0.054	0.032	0.022	92.679
ZNZ085	火烧山	附着物	0.015	0	0.154	98.599	0.003	0	0.032	0.009	0	0.074	0.036	98.933
ZNZ085	火烧山	胎	1.73	4.899	1.755	67.499	0.018	0.034	21.674	1.658	0.586	0.505	0.005	100.411
ZNZ085	火烧山	内表面	1.656	5.08	1.768	69.091	0.057	0.045	16.529	2.604	1.086	0.323	0	98.239
ZNZ090	火烧山	内表面	1.164	1.911	1.699	58.843	2.225	0.468	13.312	15.109	3.62	0.387	0.058	98.862
ZNZ090	火烧山	内表面	1.222	2.009	1.827	59.56	2.124	0.42	13.097	14.891	3.562	0.355	0.092	99.159
ZNZ090	火烧山	内表面	1.212	1.959	1.697	57.905	2.534	0.424	13.424	15.486	3.543	0.444	0.077	98.741
ZNZ090	火烧山	釉	1.226	2.658	2.662	63.154	1.76	0.202	17.959	5.287	2.399	0.699	0.057	98.159
ZNZ090	火烧山	釉	0.878	1.511	1.472	59.661	2.264	0.311	13.411	13.896	3.524	0.363	0.071	97.484
ZNZ090	火烧山	釉	0.893	1.316	1.845	60.143	2.588	0.401	13.035	14.691	3.808	0.45	0.083	99.28

续表

样品	窑址	部位	Na_2O	K_2O	FeO	SiO_2	P_2O_5	MnO	Al_2O_3	CaO	MgO	TiO_2	SrO	Total/%
ZJXST01	萧山墓葬	纹路面	1.061	3.695	2.296	68.003	0	0.017	20.819	0.803	0.998	0.068	0.012	97.79
ZJXST01	萧山墓葬	纹路面	0.944	3.463	6.009	60.161	0.049	0.039	27.26	0.438	0.97	0.333	0	99.687
ZJXST01	萧山墓葬	纹路面	0	0	0.179	98.78	0	0	0.034	0.009	0	0.005	0.088	99.102
ZJXST01	萧山墓葬	纹路面	1.046	4.306	2.19	66.809	0.017	0.071	20.332	0.891	1.149	0.088	0	97.031
ZJXST02	萧山墓葬	内表面	1.366	3.508	4.389	69.187	0.263	0.108	15.87	2.691	1.624	0.525	0.036	99.58
ZJXST02	萧山墓葬	内表面	1.052	3.307	4.097	69.998	0.02	0.041	19.46	1.097	1.014	0.185	0.017	100.343
ZJXST02	萧山墓葬	内表面	1.21	3.179	4.158	67.606	0.008	0.013	21.213	0.941	0.916	0.305	0.005	99.592
ZJXST02	萧山墓葬	纹路面	1.052	4.17	3.904	70.337	0.011	0.018	19.306	0.356	1.05	0.222	0.026	100.481
ZJXST02	萧山墓葬	纹路面	0.915	4.289	3.299	64.245	0	0.074	25.514	0.426	0.614	0.202	0.037	99.683
ZJXST02	萧山墓葬	纹路面	1.072	5.075	3.67	65.253	0.041	0.019	23.343	0.199	0.779	0.399	0.004	99.861

附录三　中子

样品	Mg %	Ca %	Ti %	V ppm	Na %	Mn ppm	Dy ppm	Ga ppm	Ho ppm	As ppm	Sb ppm	La ppm	Sm ppm	Yb ppm	W ppm	U ppm
ZNZ001	0.234	0.223	0.623	117	0.282	252	6.71	21.5	1.39	6.46	1.06	50.5	7.12	4.03	5.04	4.99
ZNZ003	0.52	0.234	0.669	94.1	0.261	238	6.14	23.6	1.25	5.43	1.05	47.6	6.91	4.12	6.61	4.58
ZNZ004	0.449	0.196	0.674	131	0.316	233	6.41	22.6	1.15	3.87	1.26	48.9	7.11	3.74	4.53	4.48
ZNZ005	0.416	0.197	0.638	114	0.291	263	6.58	23.9	1.11	13.0	1.38	52.0	7.45	4.45	5.29	4.95
ZNZ010	0.248	0.166	0.685	132	0.259	246	6.02	24.6	1.08	6.44	1.17	45.7	6.64	3.94	5.41	4.77
ZNZ011	0.371	0.198	0.631	109	0.284	340	6.64	24.0	1.09	10.7	1.21	52.2	7.15	4.13	5.11	4.84
ZNZ012	0.356	0.273	0.604	128	0.252	195	7.26	28.2	1.41	4.12	1.33	50.9	7.28	4.31	5.97	5.28
ZNZ016	0.441	0.161	0.674	95.4	0.271	294	6.44	22.8	1.01	7.44	1.13	45.2	6.44	3.78	5.38	4.51
ZNZ017	0.496	0.223	0.672	137	0.253	267	6.70	23.9	1.18	10.1	1.28	50.4	7.04	4.12	5.36	4.85
ZNZ018	0.571	0.235	0.692	121	0.269	261	6.52	23.6	1.01	4.81	1.27	48.1	6.95	3.94	5.89	5.26
ZNZ037	0.382	0.299	0.576	95.7	0.694	175	7.34	19.0	1.12	2.71	1.13	54.5	7.75	4.15	3.82	4.32
ZNZ038	0.375	0.251	0.538	85.8	0.672	153	7.28	21.2	1.25	0.84	1.02	56.9	8.33	4.03	4.07	5.09
ZNZ041	0.379	0.162	0.653	95.9	0.282	281	6.43	25.4	1.16	7.62	1.01	45.0	6.37	3.85	4.10	5.07
ZNZ042	0.309	0.241	0.567	77.8	0.728	127	7.46	17.5	1.08	2.61	0.95	58.1	8.34	4.18	3.67	4.56
ZNZ043	0.328	0.303	0.631	117	0.564	132	6.82	19.9	1.16	3.22	1.15	52.6	7.45	3.55	2.74	3.95
ZNZ045	0.306	0.225	0.571	76.7	0.776	169	9.51	22.7	1.75	0.68	0.91	73.4	11.6	4.87	4.25	4.94
ZNZ054	0.331	0.229	0.552	74.6	0.759	130	9.11	23.2	1.56	1.37	0.90	70.5	10.6	4.71	3.90	5.03
ZNZ059	0.308	0.227	0.581	65.7	0.926	232	9.53	18.6	1.65	1.43	0.93	67.7	10.4	4.87	3.88	4.88
ZNZ060	0.371	0.222	0.605	72.3	0.828	196	10.3	20.3	1.83	1.41	0.91	75.0	11.3	4.83	3.84	4.67
ZNZ063	0.316	0.251	0.563	69.6	0.826	184	8.99	25.7	1.49	0.46	0.91	70.0	10.5	4.72	3.47	4.56
ZNZ064	0.437	0.132	0.611	107	0.363	179	8.49	22.4	1.28	10.8	1.07	48.5	8.00	5.14	4.55	5.33
ZNZ069	0.409	0.294	0.583	87.7	0.308	163	8.82	19.2	1.31	11.7	1.83	63.8	9.33	4.37	4.42	7.69

活化分析数据

Sc ppm	Cr ppm	Co ppm	Zn ppm	Rb ppm	Sr ppm	Cs ppm	Ba ppm	Ce ppm	Nd ppm	Eu ppm	Tb ppm	Lu ppm	Hf ppm	Ta ppm	Th ppm
17.1	95.7	10.2	91.2	119	ND	16.2	488	93.1	42.2	1.41	1.17	0.63	7.58	1.92	18.6
16.7	98.7	11.8	104	109	ND	14.5	409	89.6	36.9	1.31	1.00	0.61	7.76	2.49	18.9
17.3	107	11.1	102	121	107	14.1	471	90.1	38.9	1.35	1.02	0.55	8.07	1.79	18.8
18.7	89.4	11.8	107	127	ND	17.7	472	94.0	50.5	1.48	1.21	0.57	7.02	1.75	19.1
17.7	116	9.32	97.9	118	ND	15.6	486	86.5	36.1	1.38	0.89	0.58	8.33	2.06	20.2
17.8	86.1	13.1	101	114	ND	16.5	522	98.6	48.1	1.53	1.36	0.59	7.77	1.64	19.1
19.7	100	10.9	111	133	ND	19.6	504	91.3	43.1	1.46	0.97	0.64	6.63	2.11	20.6
18.1	96.6	12.2	91.1	112	ND	15.8	454	82.5	42.2	1.26	1.24	0.59	7.93	2.23	19.7
19.6	111	13.1	111	123	ND	17.9	523	88.1	41.2	1.47	1.13	0.63	7.67	2.05	21.5
18.7	102	11.5	93.8	119	ND	16.0	406	88.9	40.6	1.38	1.03	0.59	7.17	2.07	20.8
15.1	75.7	7.95	67.5	106	ND	9.25	489	96.1	50.6	1.51	1.16	0.61	8.75	1.61	19.3
14.8	74.8	5.58	66.3	93.5	ND	8.19	509	102	49.7	1.57	1.38	0.63	10.1	1.94	22.3
17.6	97.3	11.6	106	117	ND	15.1	435	82.6	37.5	1.28	1.07	0.58	7.82	2.21	19.5
13.4	74.8	5.78	49.2	91.3	ND	6.98	394	103	48.5	1.65	1.24	0.64	11.1	2.02	20.8
17.5	92.7	8.83	67.9	130	ND	11.1	504	90.7	39.5	1.66	1.11	0.55	7.81	1.59	19.5
15.5	50.6	6.16	74.5	112	ND	10.3	767	119	65.5	2.53	1.61	0.70	9.12	1.88	19.7
14.4	48.5	5.56	68.0	103	109	9.56	748	111	67.5	2.40	1.88	0.69	9.35	1.45	17.8
12.8	44.1	6.00	56.5	113	117	8.63	737	110	63.8	2.22	1.53	0.72	12.1	1.86	17.9
14.7	51.7	5.85	71.7	120	110	10.2	763	128	73.8	2.52	1.69	0.73	10.1	1.79	19.0
14.2	51.5	5.87	67.1	122	156	9.67	773	111	61.7	2.28	1.69	0.69	10.6	1.68	18.9
15.2	93.9	6.52	76.9	106	ND	12.5	391	85.7	41.9	1.43	1.33	0.74	9.01	2.71	21.3
15.4	64.4	5.73	62.0	152	ND	16.9	497	110	60.8	1.89	1.23	0.65	8.17	2.04	22.1

样品	Mg %	Ca %	Ti %	V ppm	Na %	Mn ppm	Dy ppm	Ga ppm	Ho ppm	As ppm	Sb ppm	La ppm	Sm ppm	Yb ppm	W ppm	U ppm
ZNZ070	0.257	0.163	0.674	108	0.528	107	6.01	16.5	0.93	15.4	1.50	44.0	6.25	3.48	3.09	4.21
ZNZ075	0.334	0.108	0.641	94.3	0.315	154	8.16	21.1	1.53	9.21	1.07	51.3	8.32	5.28	5.04	5.16
ZNZ077	0.303	0.135	0.603	81.6	0.280	138	7.29	20.2	1.26	25.2	1.83	55.8	8.17	3.99	4.39	6.61
ZNZ085	0.266	0.162	0.541	66.2	0.615	181	9.48	16.9	1.41	1.64	1.00	64.8	9.66	4.64	3.84	4.55
ZNZ086	0.298	0.289	0.564	78.2	0.534	195	8.32	20.1	1.31	2.17	1.23	59.2	8.81	4.08	3.12	4.31
ZNZ087	0.347	0.263	0.492	65.2	0.611	238	8.73	19.3	1.47	1.90	1.29	64.7	9.98	4.51	2.97	4.69
ZNZ090	0.229	0.243	0.489	72.3	0.598	173	8.35	17.3	1.21	2.85	1.35	63.1	9.58	4.31	2.35	4.77
ZNZ101	0.364	0.268	0.509	69.2	0.648	171	8.15	19.3	1.35	1.96	1.43	64.7	9.39	4.27	2.31	4.83
ZNZ104	0.329	0.221	0.578	63.6	0.809	297	9.32	20.9	1.38	1.81	1.01	67.4	10.0	4.83	4.46	4.47
ZNZ105	0.131	0.276	0.598	60.7	0.851	234	8.78	19.4	1.41	2.32	0.91	63.3	8.94	4.54	4.29	4.87
ZNZ109	0.298	0.205	0.594	74.1	0.721	230	8.41	21.1	1.36	4.13	1.19	66.0	9.63	4.56	4.04	4.42
ZNZ111	0.133	0.199	0.561	69.9	0.734	237	8.82	21.2	1.59	1.92	1.15	67.3	9.96	4.53	3.56	4.79
ZNZ121	0.351	0.240	0.573	68.8	0.758	208	9.39	18.5	1.35	2.29	1.03	66.8	9.91	4.86	3.91	4.88
ZNZ127	0.282	0.244	0.586	81.5	0.686	157	6.87	19.4	1.02	1.02	1.15	54.6	7.71	4.02	2.26	4.09
ZNZ128	0.298	0.191	0.611	83.1	0.647	176	7.59	18.1	1.12	2.66	1.27	59.1	8.43	4.08	3.39	4.61
ZNZ129	0.294	0.308	0.583	76.4	0.551	177	7.81	20.2	1.28	1.92	1.28	61.6	9.13	4.21	3.43	4.81
ZNZ133	0.461	0.295	0.628	101	0.581	197	7.53	19.5	1.39	3.78	1.17	57.9	8.08	3.98	3.86	4.06
ZNZ139	0.285	0.208	0.620	82.1	0.432	163	7.41	17.5	1.31	2.94	1.38	57.4	8.47	3.78	3.91	4.08
ZNZ146	0.521	0.287	0.704	104	0.444	232	9.09	17.5	1.26	4.21	1.27	54.5	7.88	3.76	4.22	4.04
ZNZ147	0.358	0.175	0.656	98.6	0.434	177	7.05	15.9	1.04	4.18	1.14	54.1	7.71	3.86	3.39	4.01
ZNZ154	0.319	0.179	0.618	86.7	0.443	239	8.52	15.5	1.00	5.48	1.13	50.3	7.14	3.62	3.25	3.74
ZNZ156	0.272	0.158	0.631	87.0	0.457	204	6.92	16.5	0.92	5.76	1.23	53.7	7.36	3.89	3.28	3.85
ZNZ162	0.505	0.217	0.666	110	0.371	183	7.30	21.1	1.22	7.51	1.45	56.2	8.05	3.74	3.62	4.09

续表

Sc ppm	Cr ppm	Co ppm	Zn ppm	Rb ppm	Sr ppm	Cs ppm	Ba ppm	Ce ppm	Nd ppm	Eu ppm	Tb ppm	Lu ppm	Hf ppm	Ta ppm	Th ppm
13.6	104	7.25	37.9	76.2	ND	7.09	310	78.3	35.3	1.35	1.00	0.51	11.1	1.87	18.5
16.0	95.3	7.01	85.2	108	ND	13.6	436	94.1	49.3	1.49	1.48	0.75	8.75	2.81	22.3
14.4	65.8	5.62	49.9	140	ND	14.0	461	96.2	50.1	1.59	1.26	0.61	9.36	1.94	21.0
13.4	54.2	6.71	69.2	113	ND	10.2	583	111	55.6	1.94	1.38	0.66	9.28	1.67	19.1
14.9	63.3	7.38	56.4	105	ND	12.1	493	110	53.7	1.84	1.28	0.62	8.09	1.59	19.6
13.9	49.3	5.51	68.5	103	ND	11.9	512	111	55.4	2.04	1.53	0.66	8.05	1.79	20.6
14.8	52.7	4.69	58.6	112	ND	11.9	502	114	57.8	1.97	1.32	0.64	7.98	1.64	20.7
14.7	55.3	5.17	54.1	111	ND	11.4	463	119	61.2	1.98	1.45	0.64	8.04	1.61	20.7
13.0	46.0	6.31	85.9	117	ND	9.75	692	110	62.8	2.12	1.61	0.74	9.53	1.96	19.8
11.7	47.0	5.65	69.1	104	ND	8.03	595	102	58.1	1.92	1.46	0.68	10.2	2.05	18.7
13.9	55.6	6.75	72.2	112	ND	9.19	567	110	61.1	1.94	1.44	0.66	9.35	1.94	19.8
13.7	51.6	6.29	74.6	118	ND	10.6	632	114	58.6	2.04	1.52	0.66	9.62	1.94	19.7
13.7	52.2	6.08	94.3	121	ND	10.7	660	115	61.8	1.97	1.56	0.66	9.87	1.97	19.9
14.1	72.2	6.76	45.0	86.1	ND	9.49	408	96.1	49.1	1.63	1.04	0.57	10.1	1.71	18.3
14.8	70.1	6.86	45.2	85.9	ND	10.6	443	105	49.0	1.81	1.22	0.61	9.54	1.82	19.5
15.7	65.8	6.49	60.2	94.1	ND	11.8	452	111	54.7	1.89	1.27	0.61	8.13	1.86	20.8
17.4	87.0	8.64	58.2	101	ND	10.9	450	101	44.9	1.89	1.41	0.61	8.55	1.83	19.5
15.6	68.0	6.42	62.2	91.1	ND	11.6	405	101	52.1	1.84	1.32	0.64	7.99	1.86	18.8
17.5	83.8	8.76	63.2	98.9	ND	11.0	454	97.4	53.2	1.84	1.22	0.59	8.62	1.67	18.4
16.6	80.8	8.36	55.3	93.5	ND	9.77	495	95.6	49.5	1.72	1.04	0.55	8.41	1.76	17.8
14.6	68.3	7.68	51.5	84.1	ND	9.46	426	86.4	44.8	1.56	0.95	0.51	7.67	1.66	15.8
14.9	71.4	7.68	60.6	90.4	ND	9.21	450	89.5	44.8	1.66	1.00	0.57	8.61	1.77	16.6
17.7	85.9	9.31	62.9	104	ND	12.1	489	101	52.3	1.88	1.13	0.58	8.22	1.61	18.1

附录四　原始瓷胎料粉末 X 射线衍射分析谱图

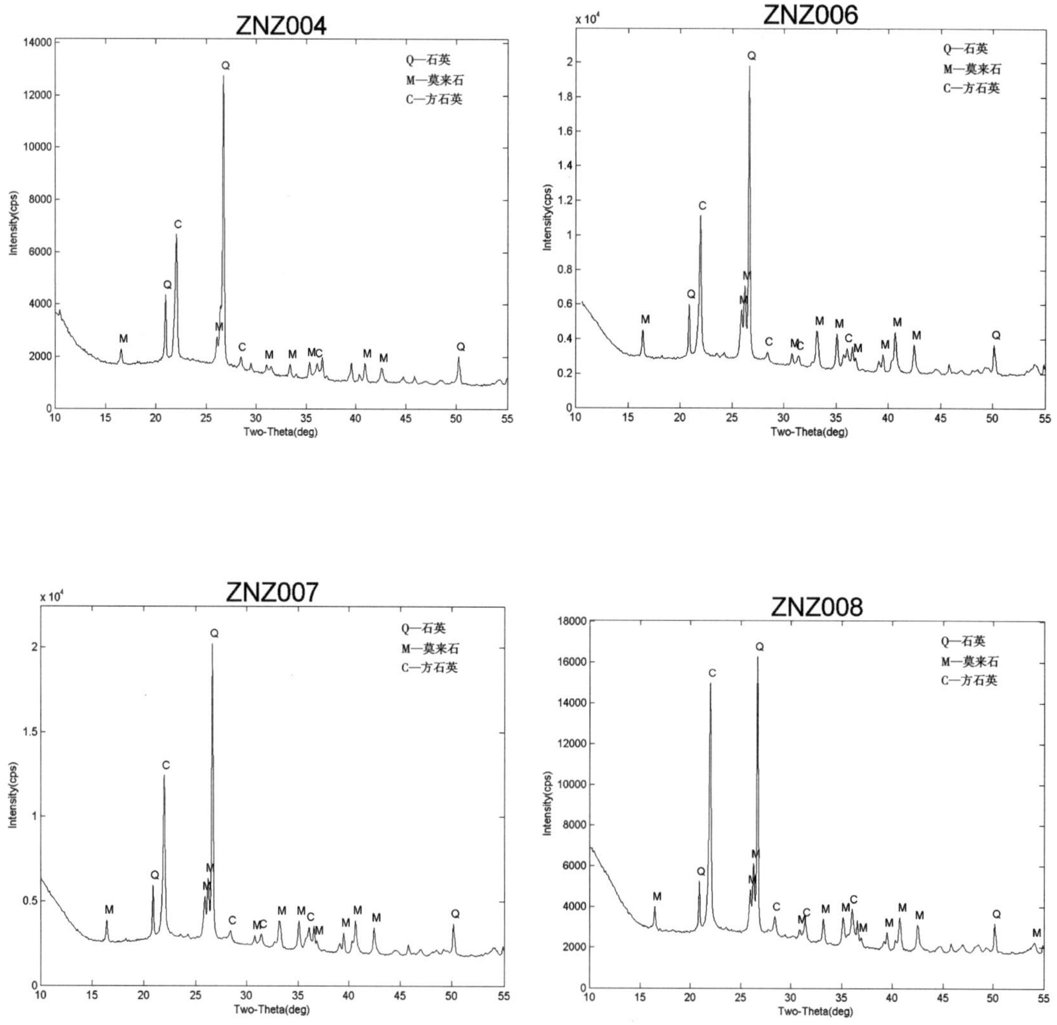

东苕溪流域原始瓷样品分析谱图（一）

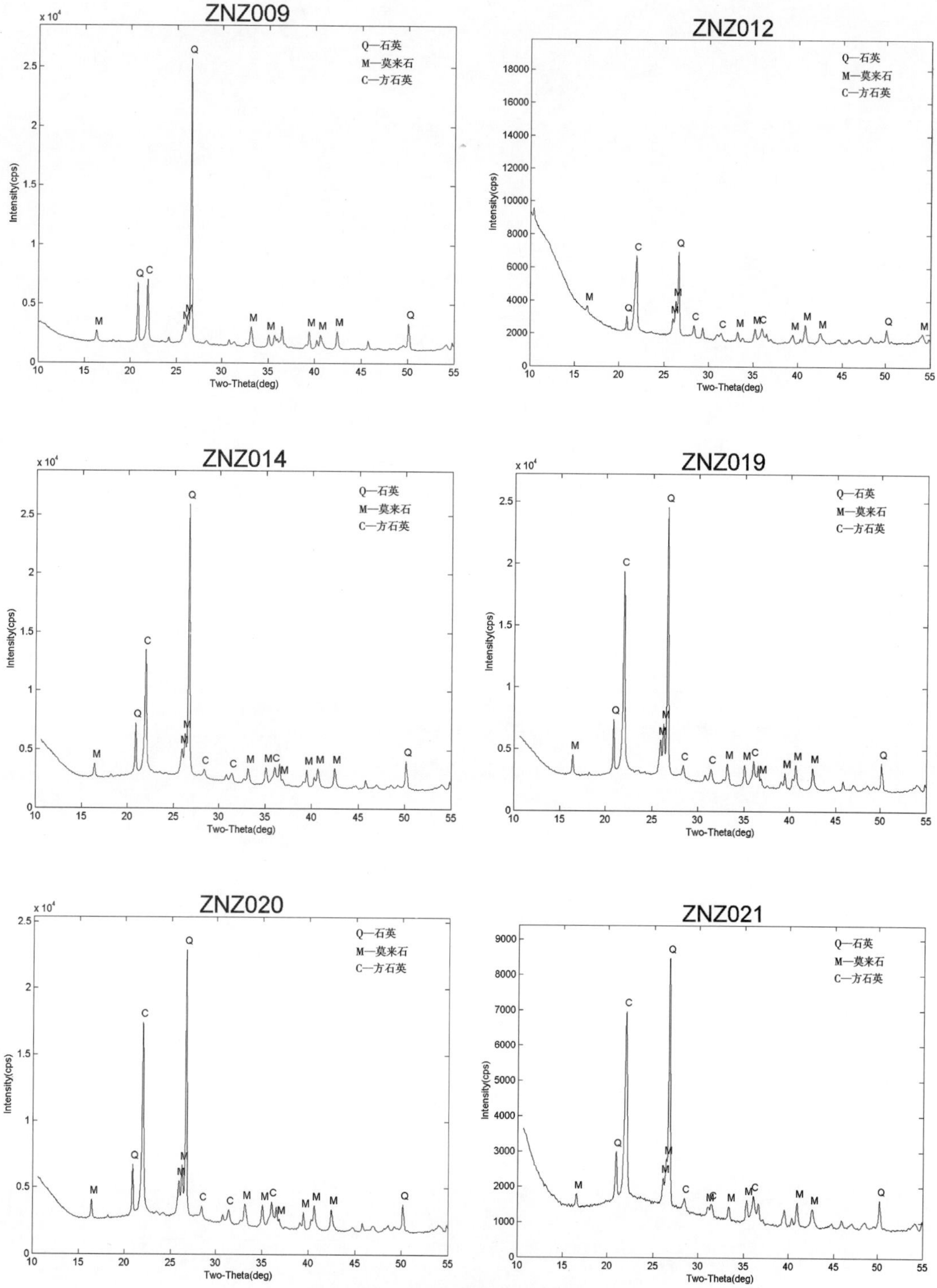

东苕溪流域原始瓷样品分析谱图（二）

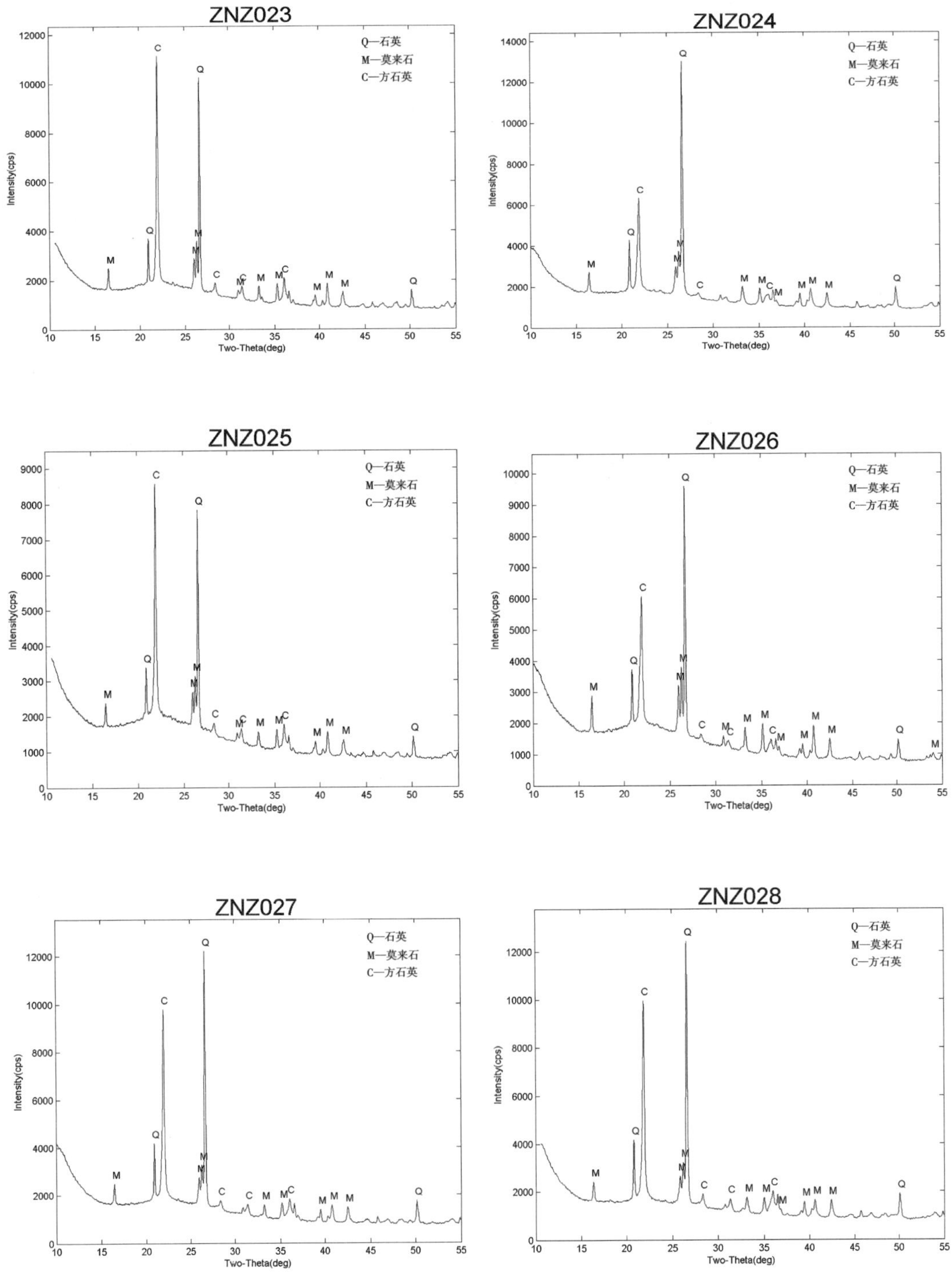

东苕溪流域原始瓷样品分析谱图（三）

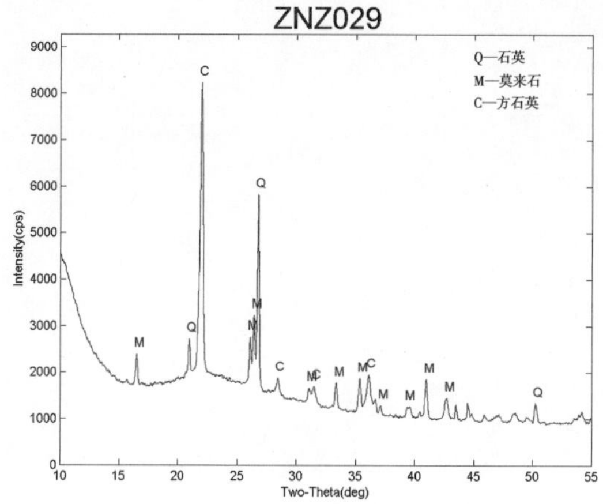

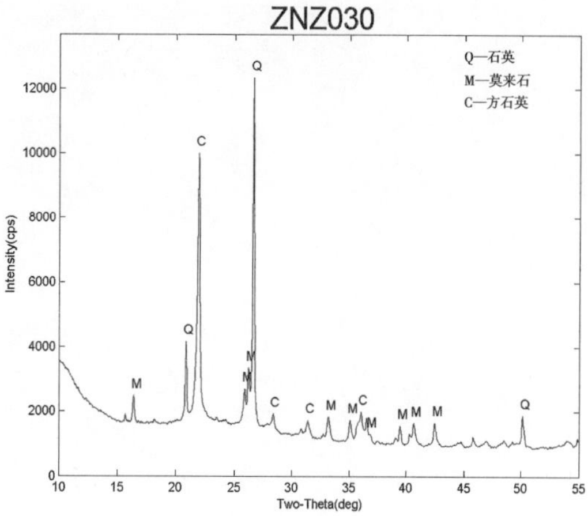

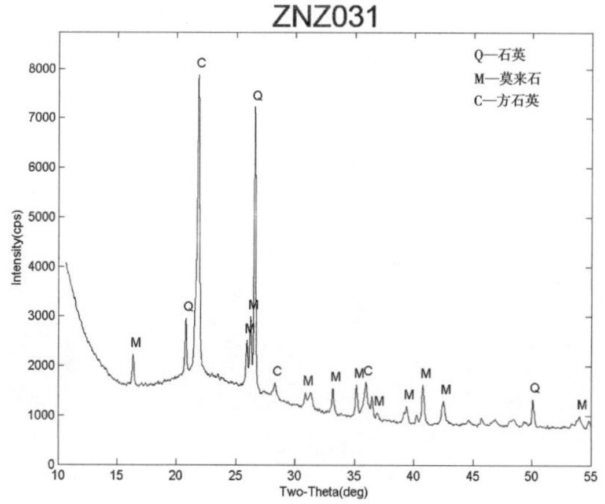

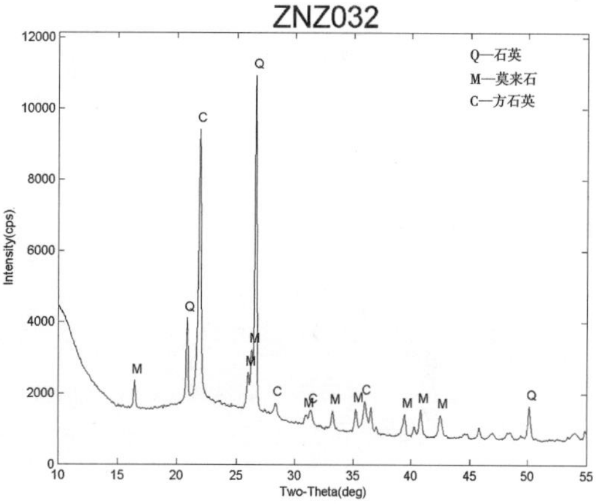

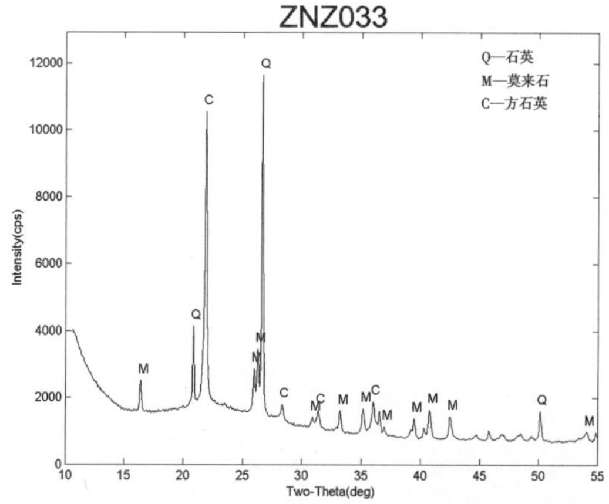

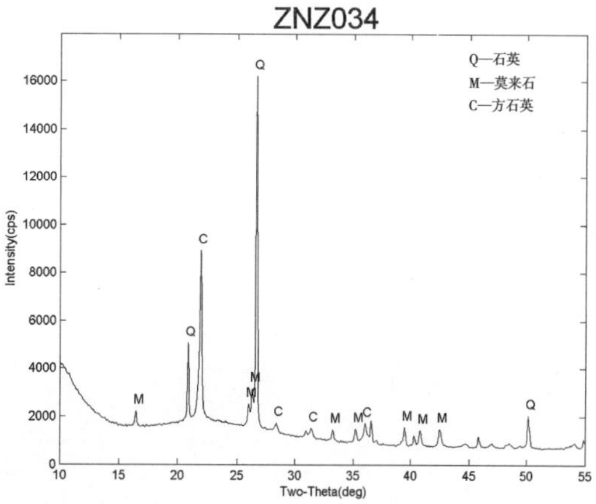

东苕溪流域原始瓷样品分析谱图（四）

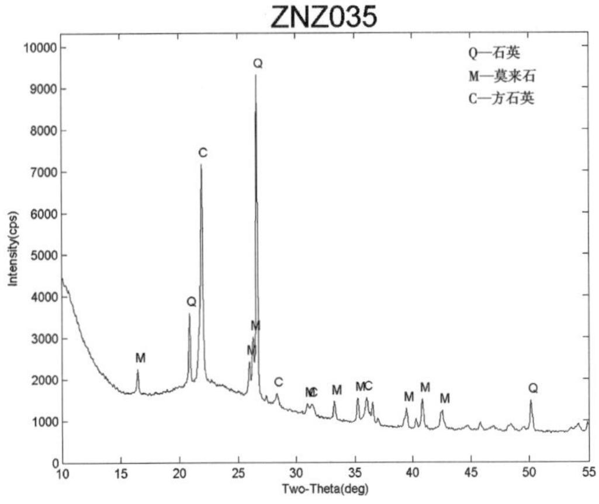

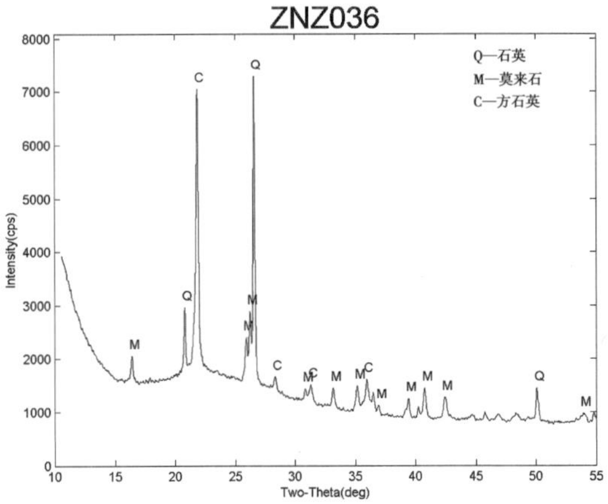

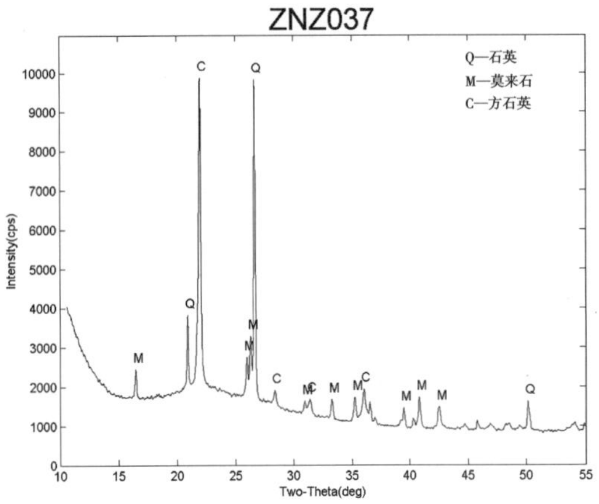

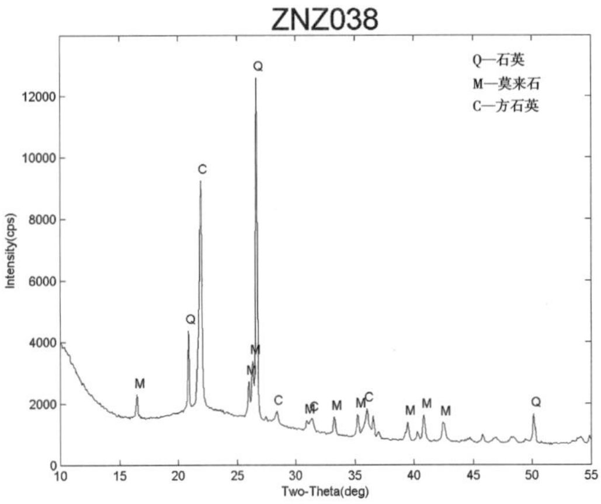

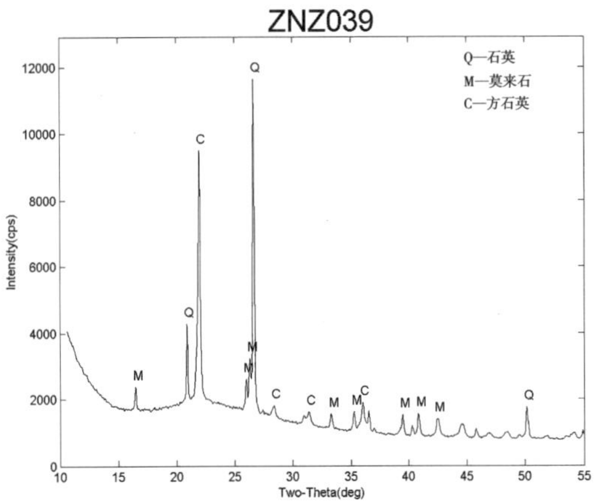

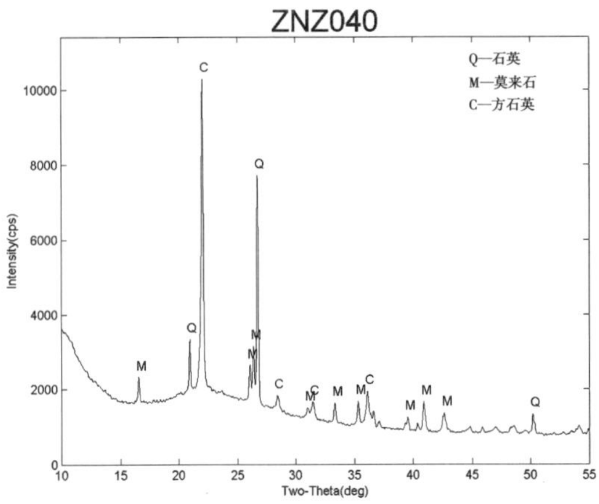

东苕溪流域原始瓷样品分析谱图（五）

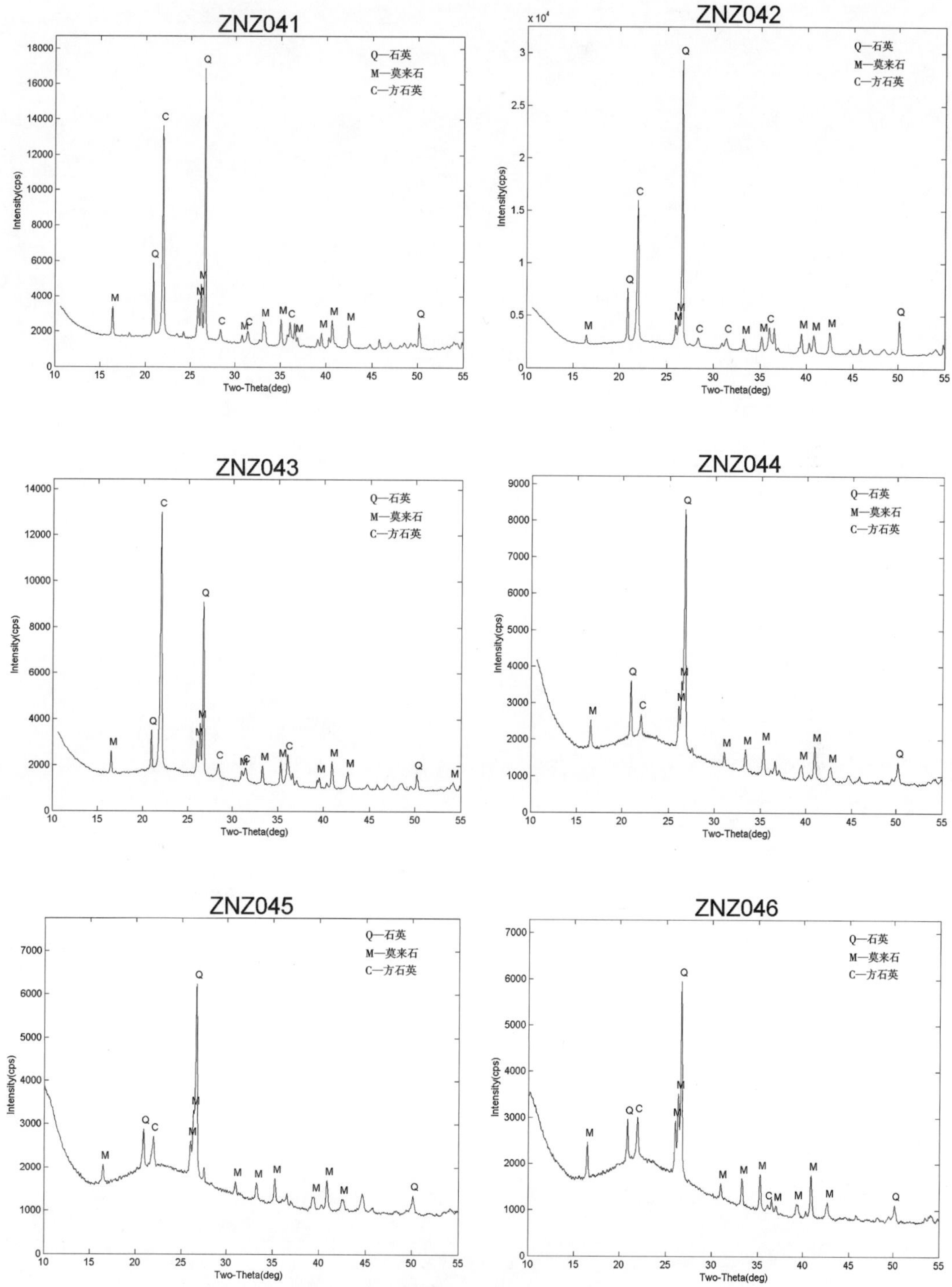

东茗溪流域原始瓷样品分析谱图（六）

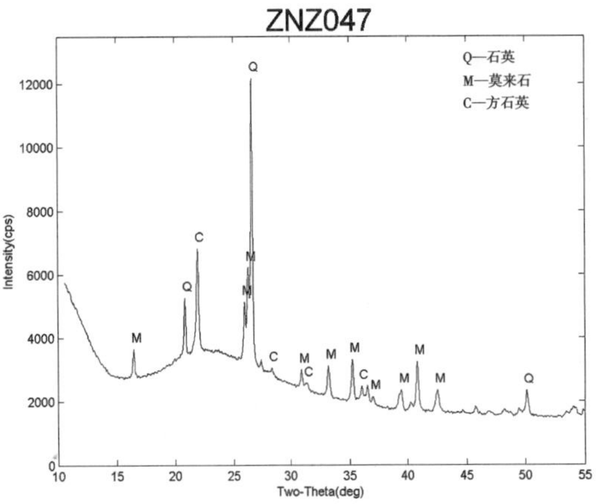

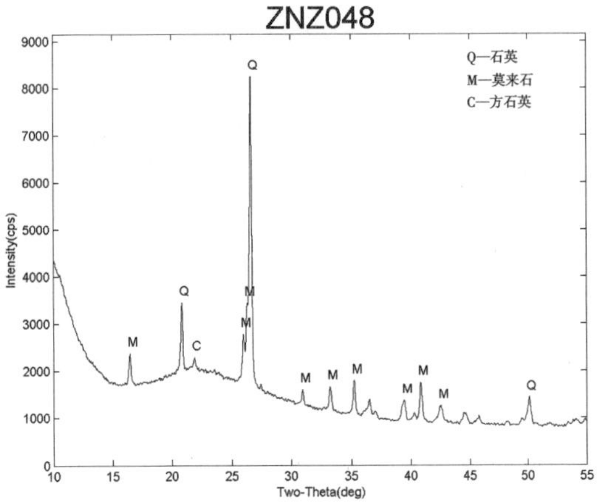

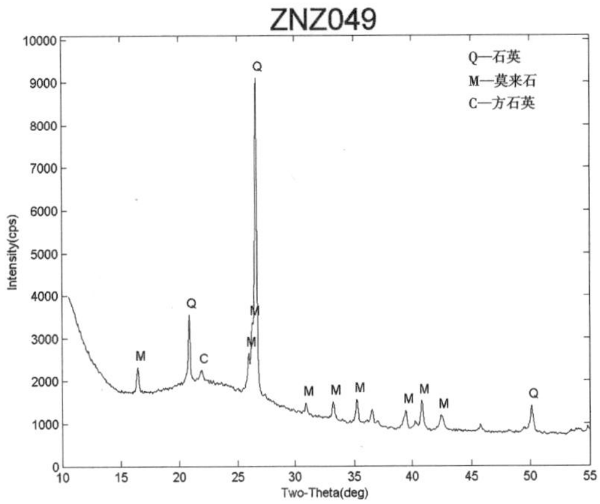

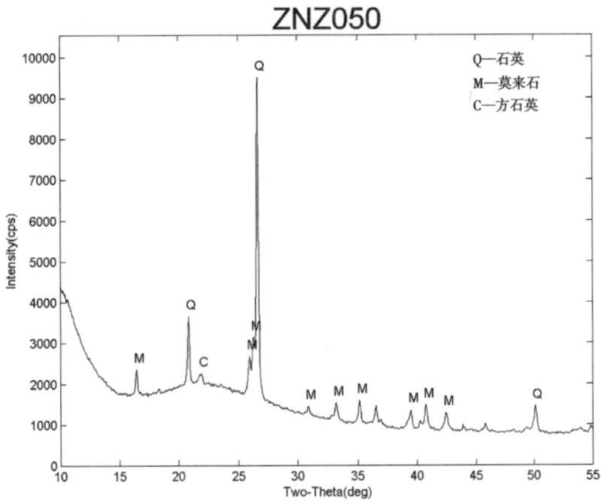

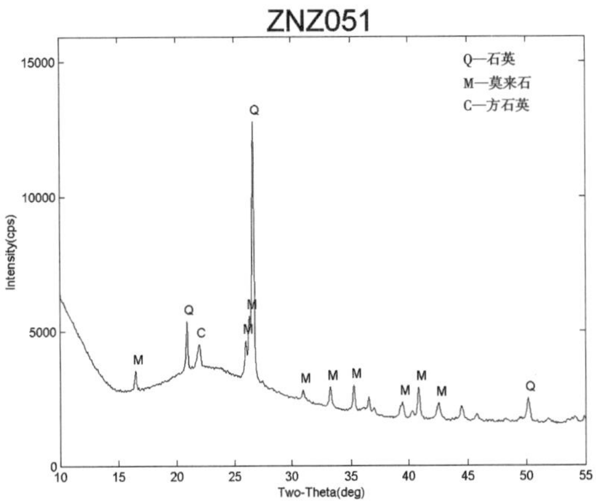

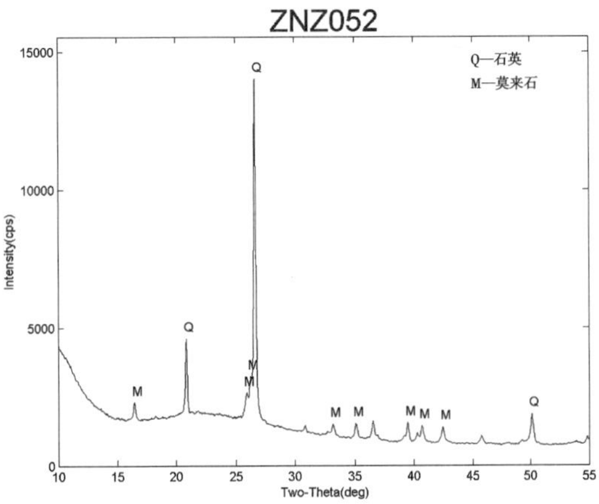

东苕溪流域原始瓷样品分析谱图（七）

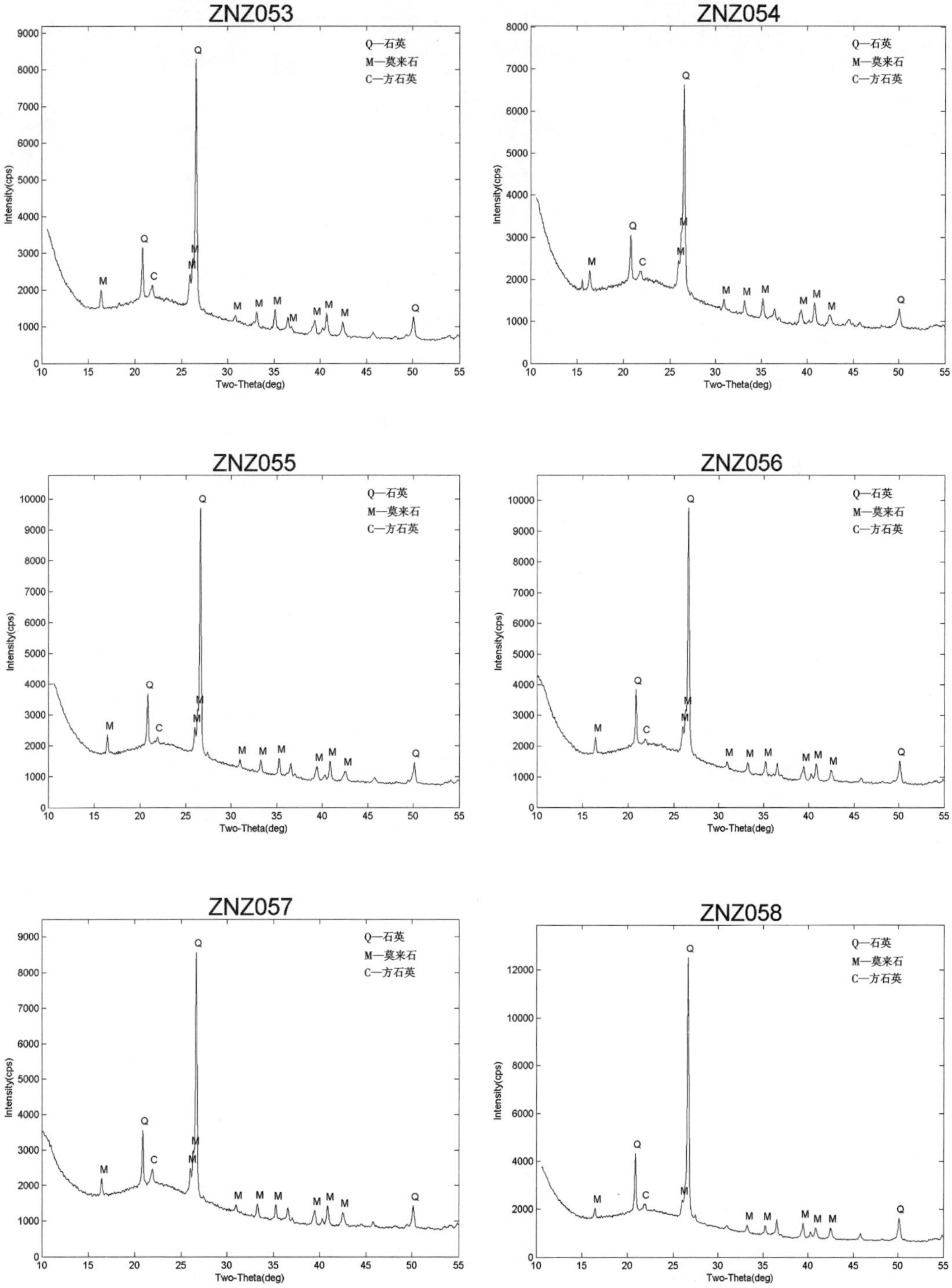

东茗溪流域原始瓷样品分析谱图（八）

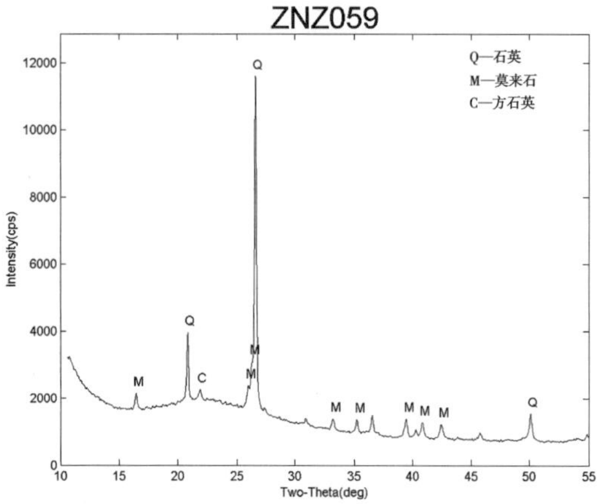

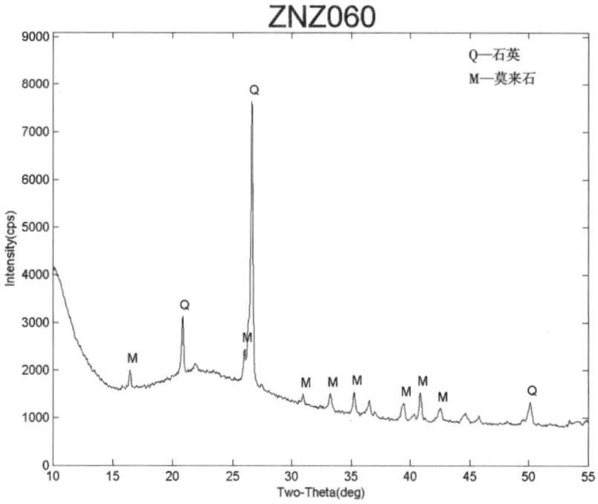

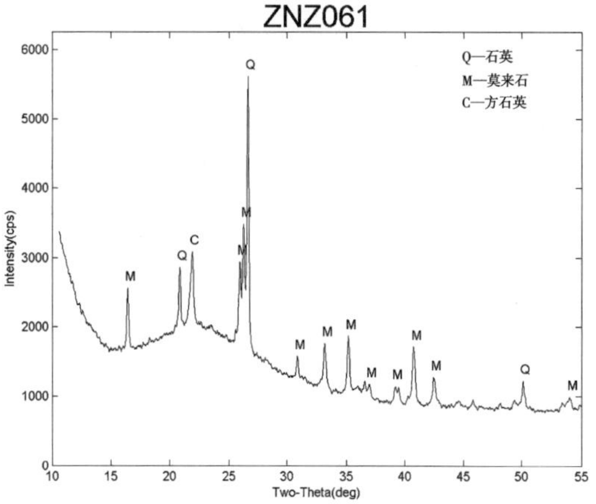

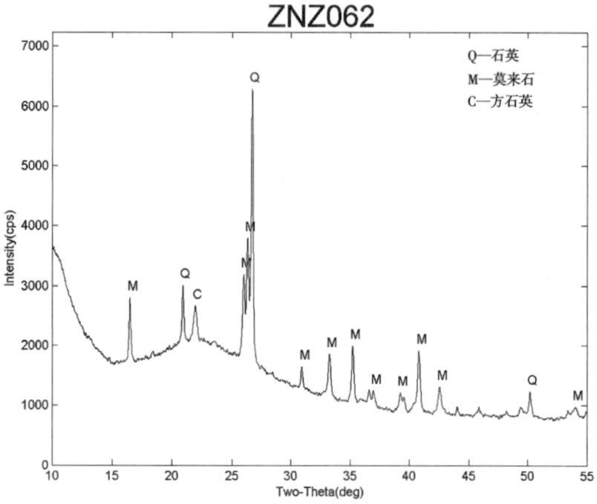

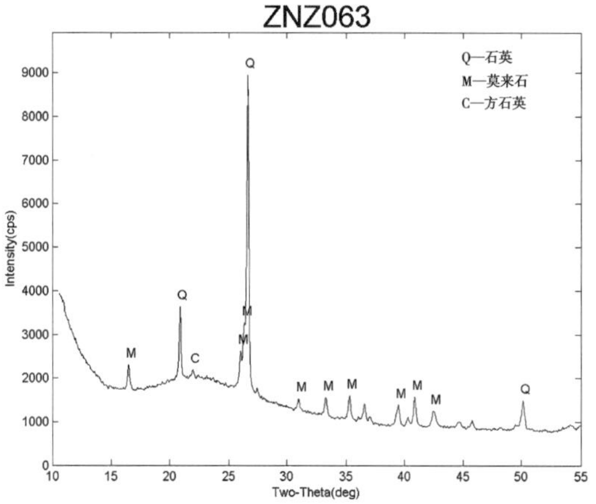

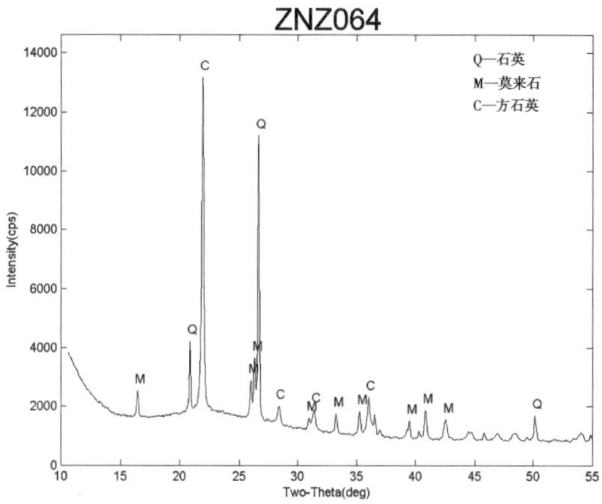

东苕溪流域原始瓷样品分析谱图（九）

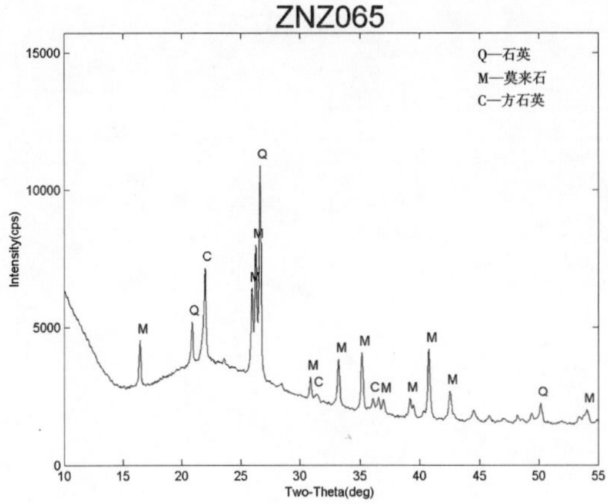

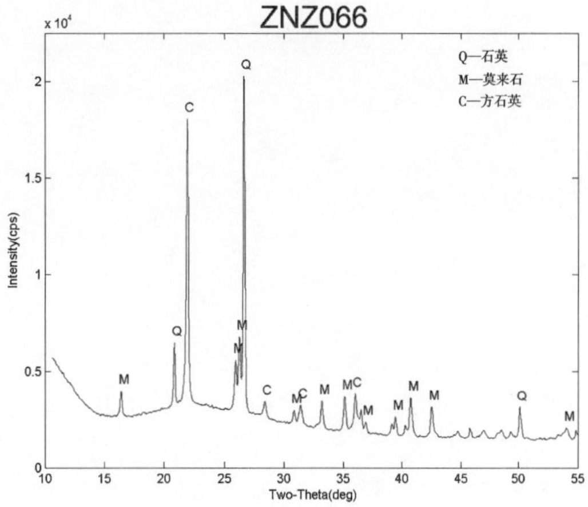

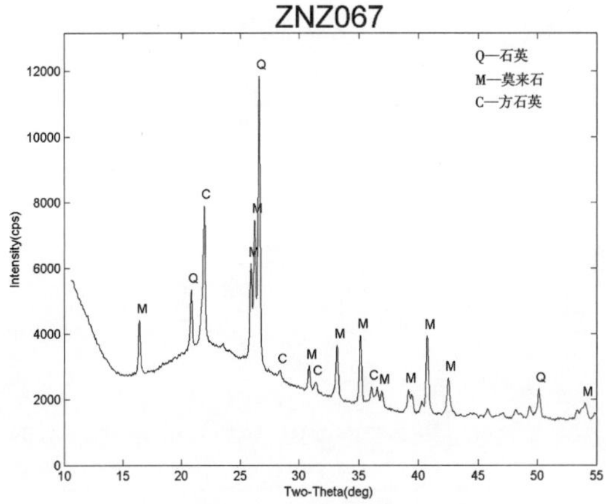

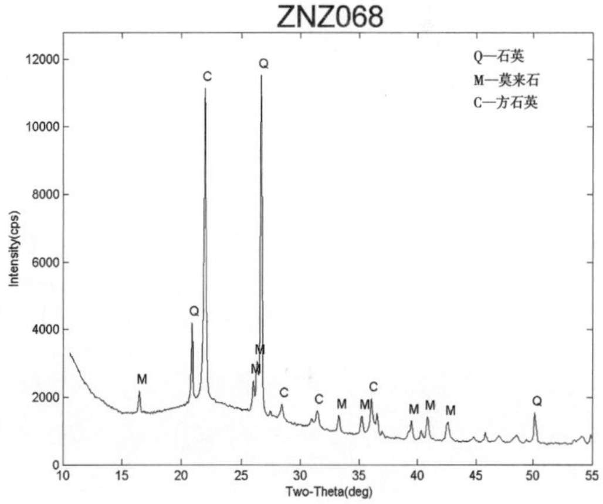

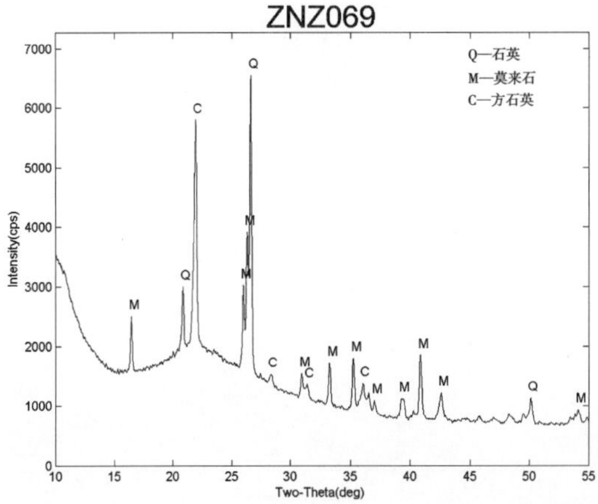

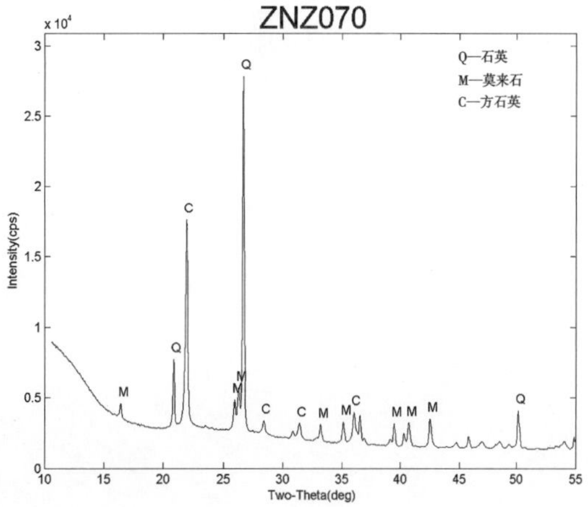

东苕溪流域原始瓷样品分析谱图（一〇）

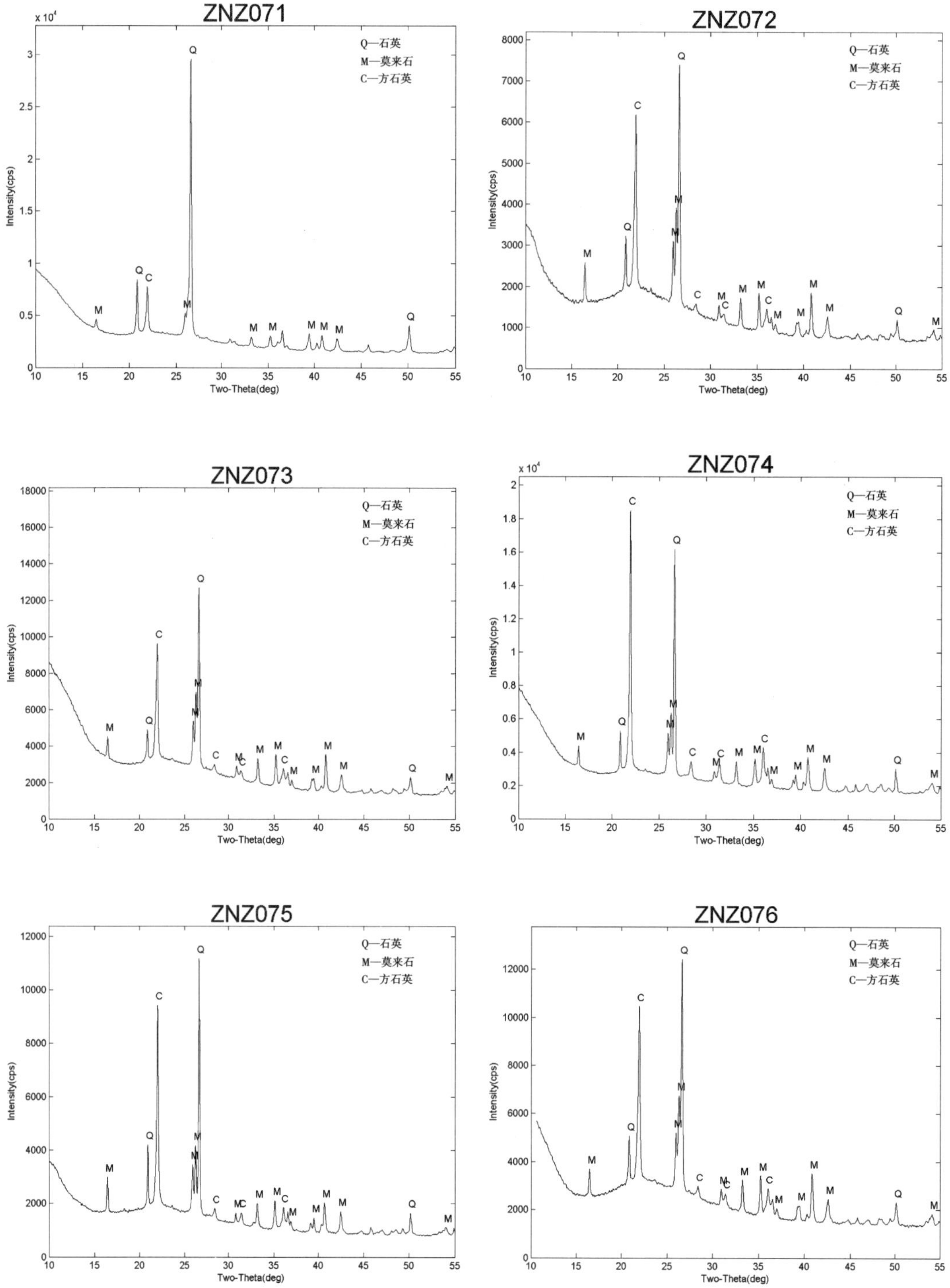

东苕溪流域原始瓷样品分析谱图（一一）

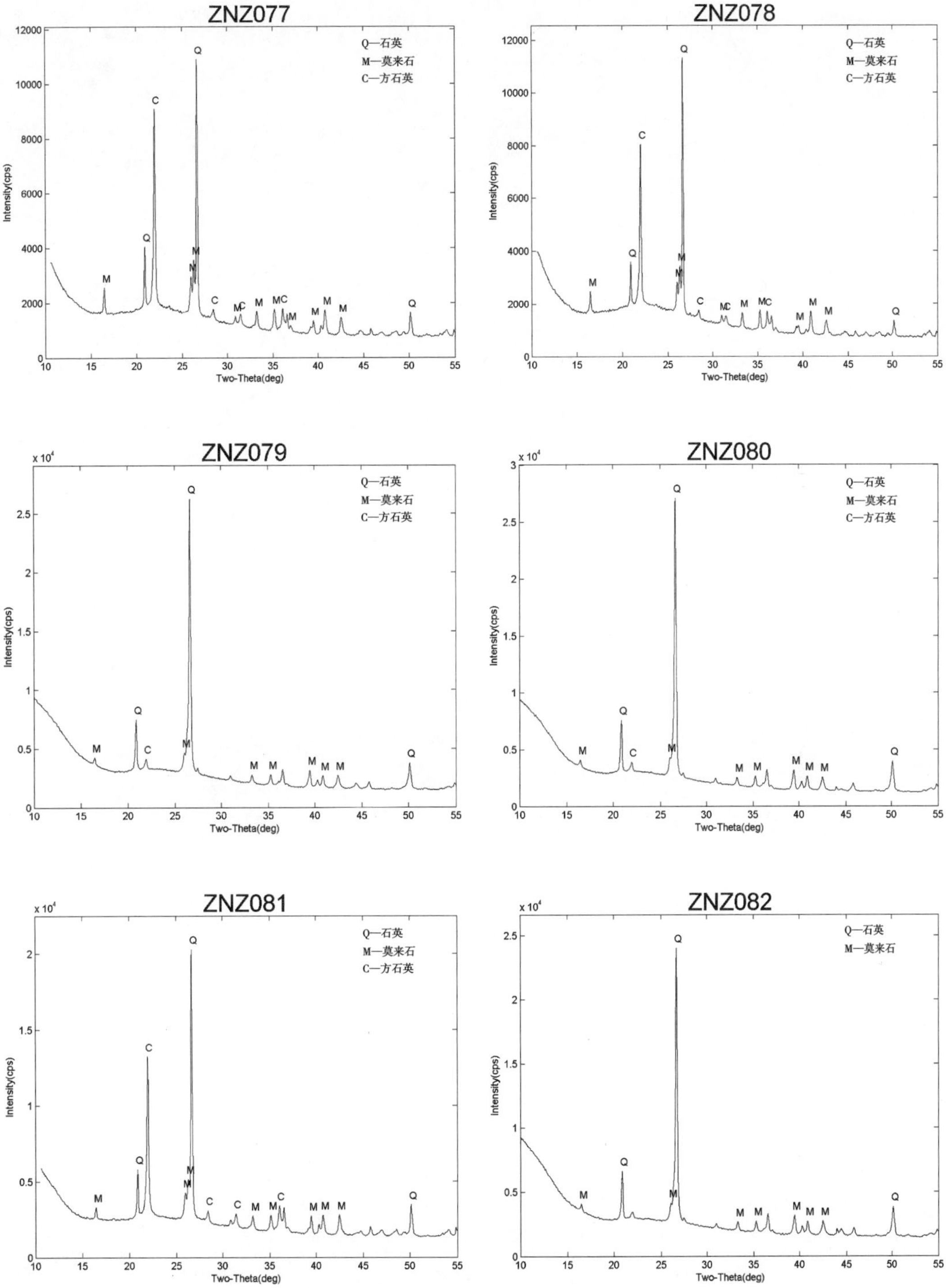

东苕溪流域原始瓷样品分析谱图（一二）

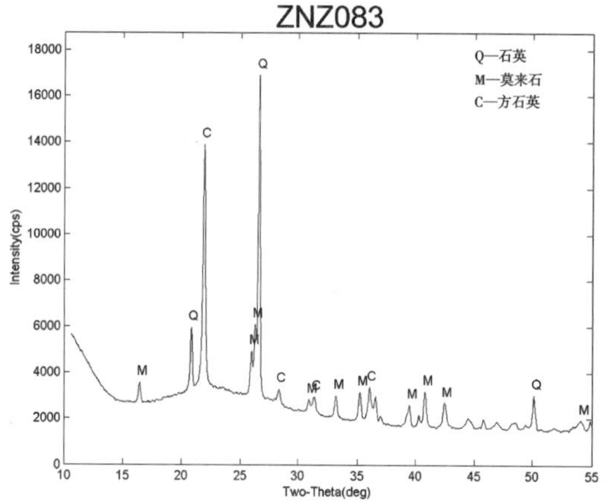

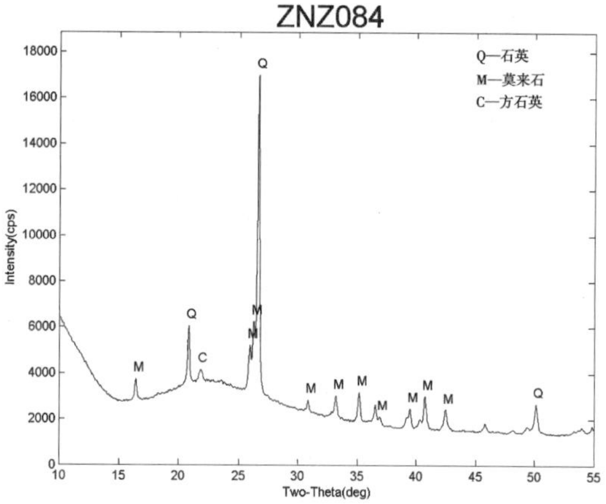

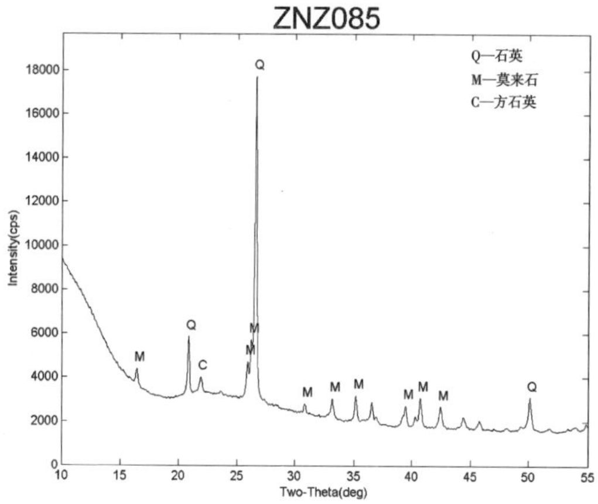

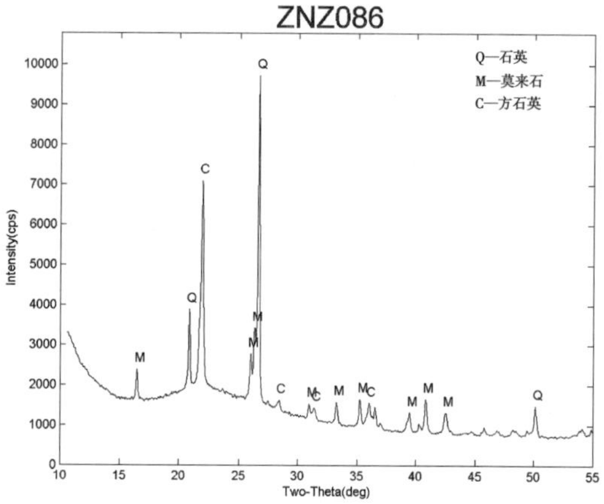

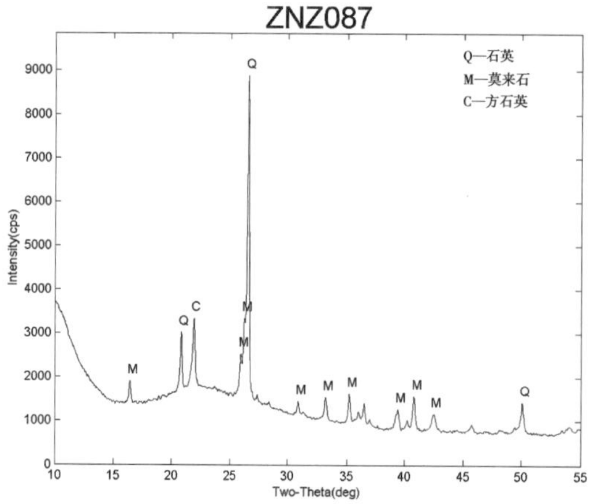

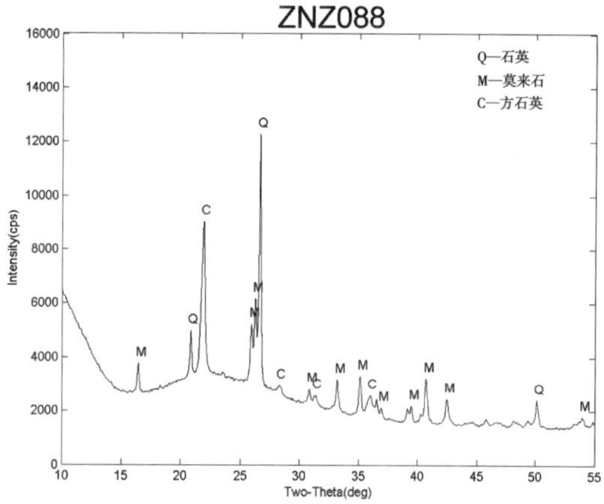

东苕溪流域原始瓷样品分析谱图（一三）

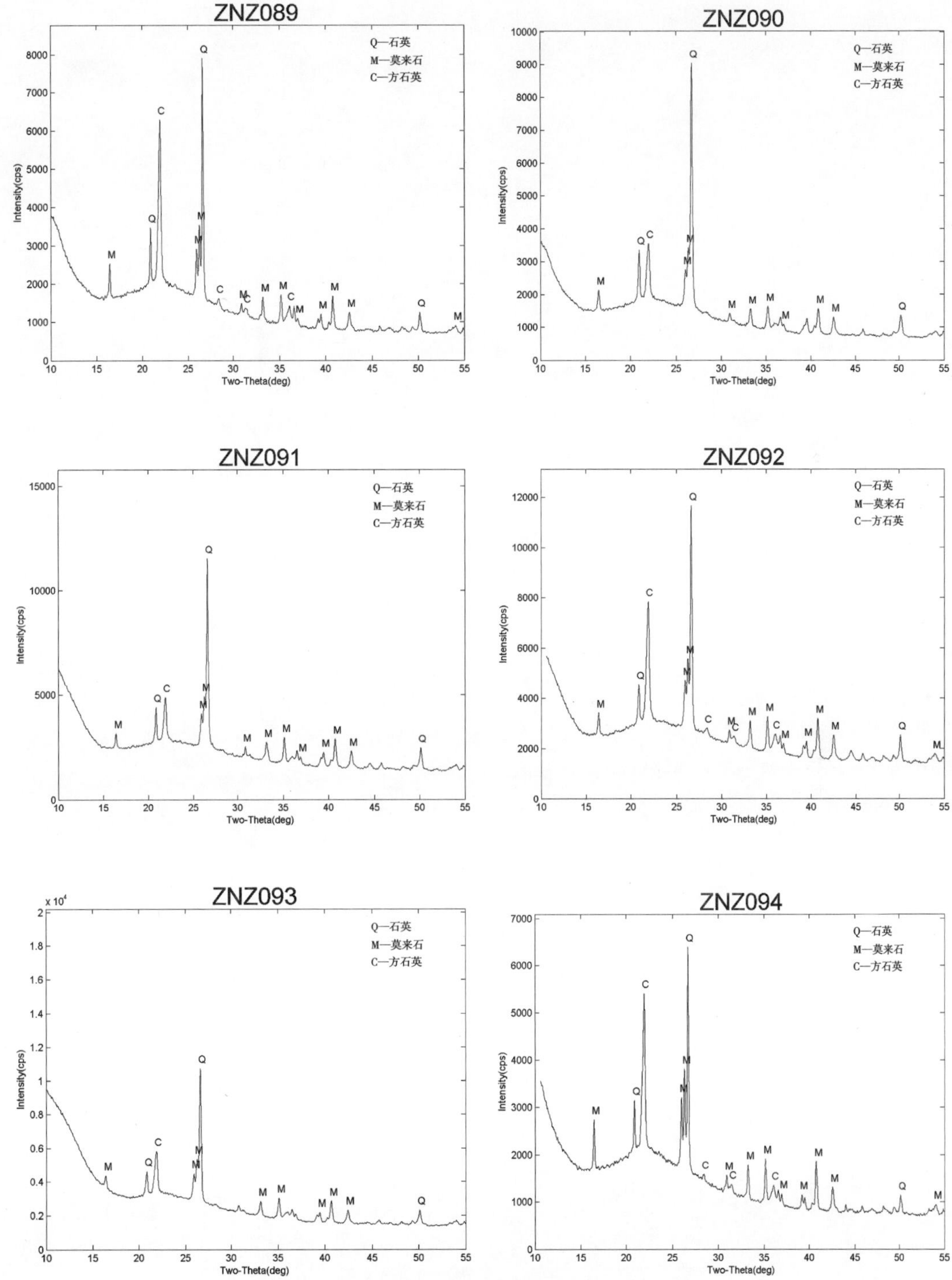

东苕溪流域原始瓷样品分析谱图（一四）

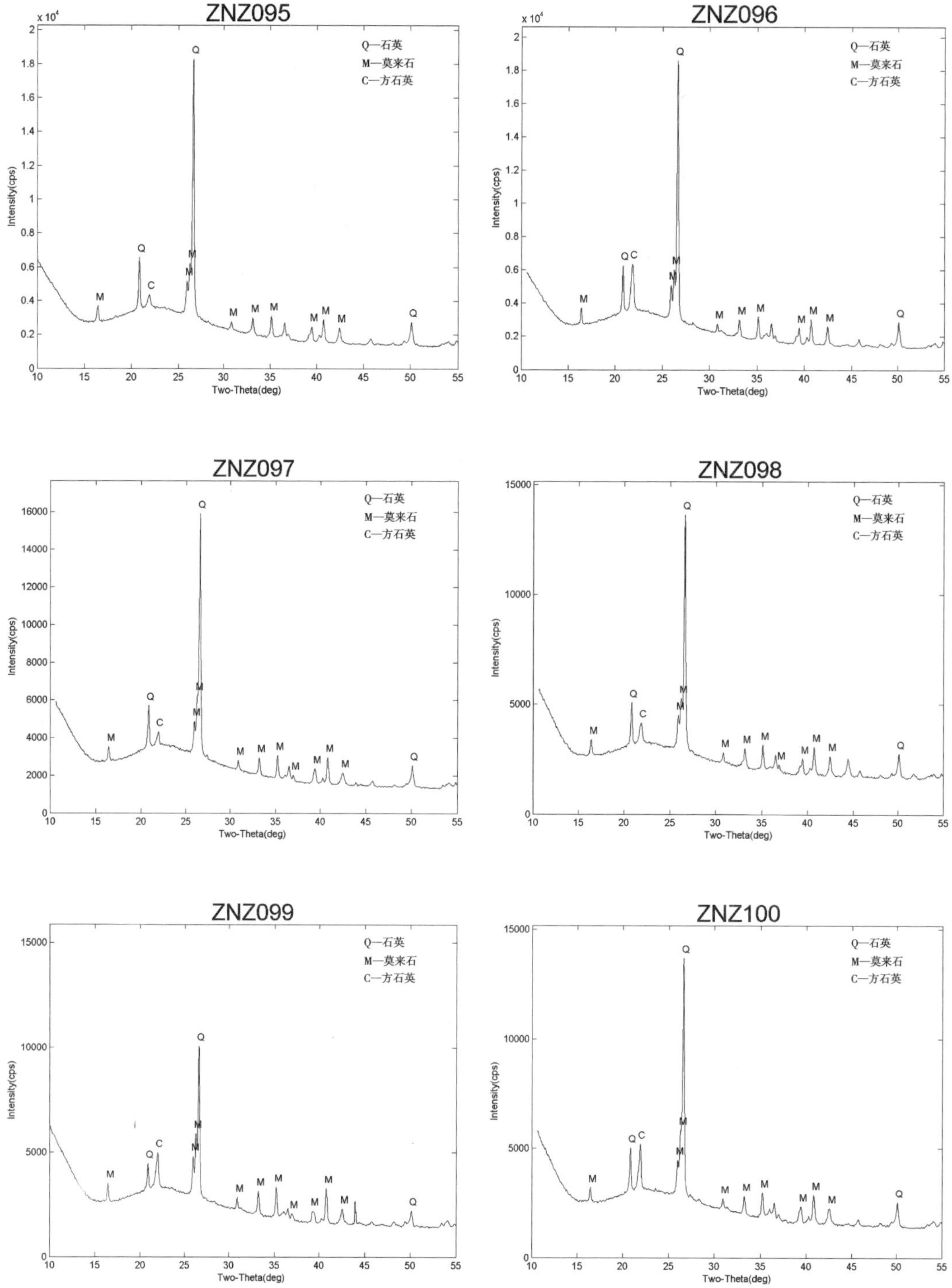

东苕溪流域原始瓷样品分析谱图（一五）

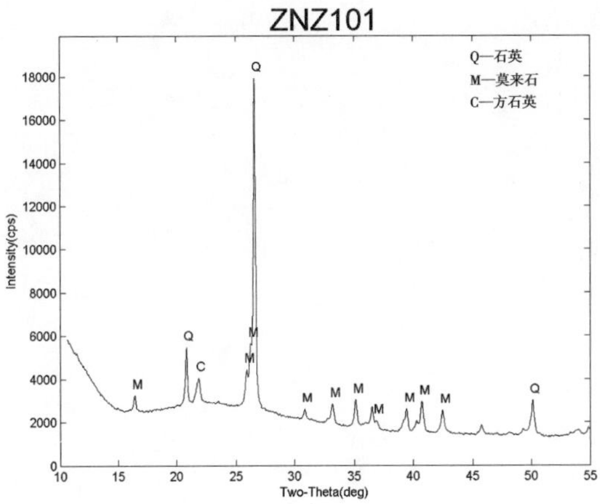

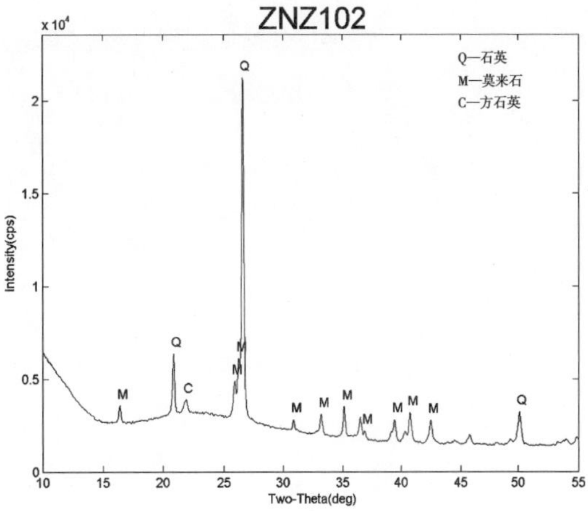

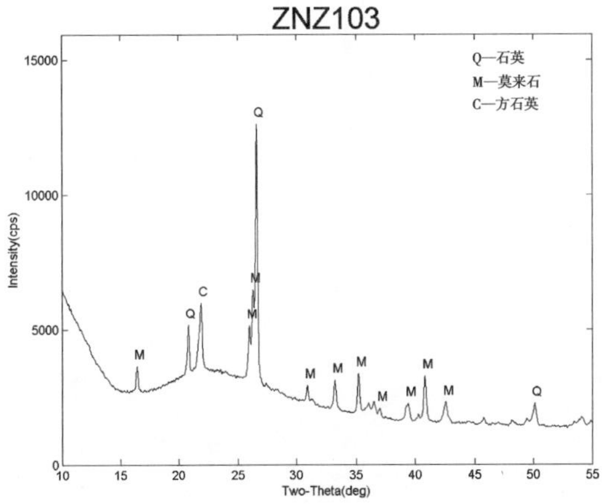

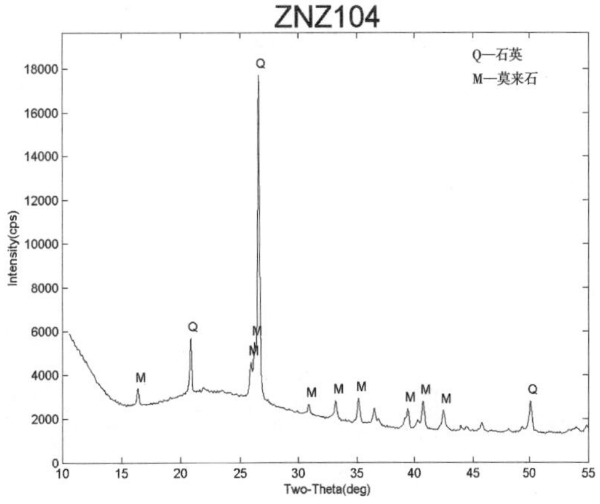

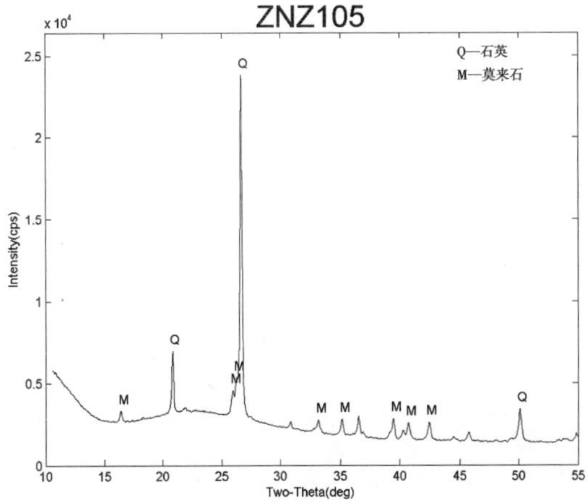

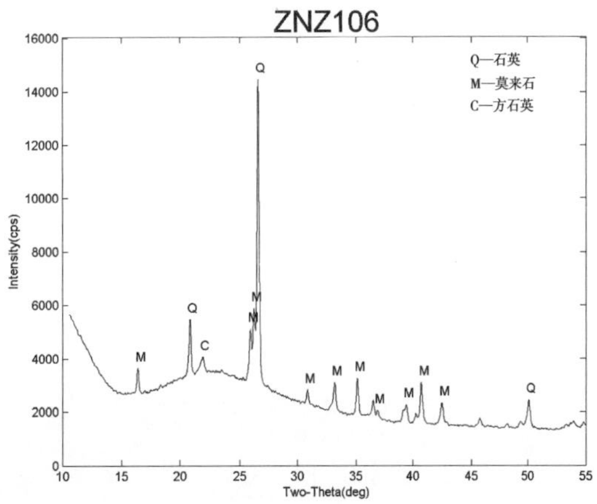

东苕溪流域原始瓷样品分析谱图（一六）

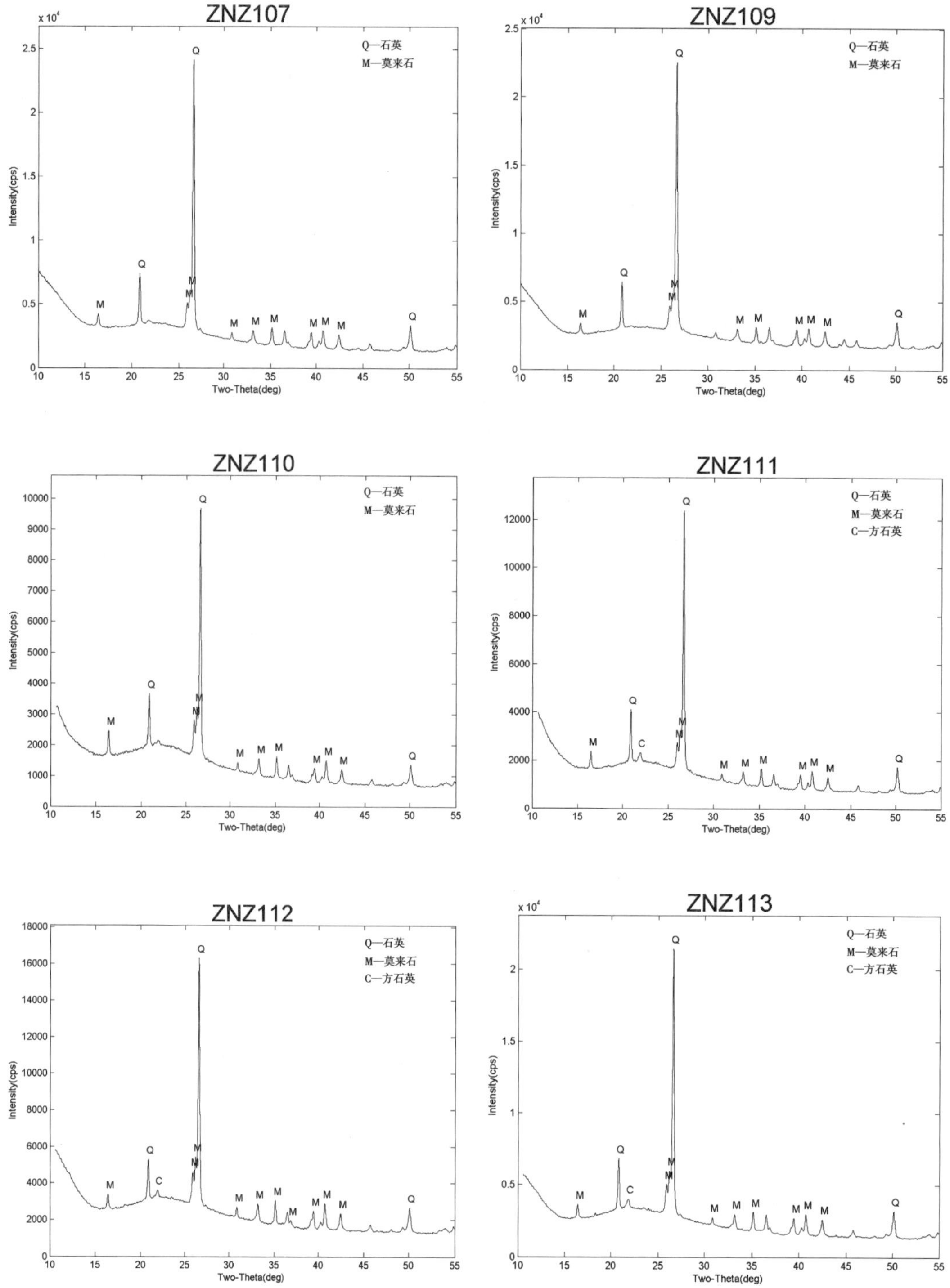

东苕溪流域原始瓷样品分析谱图（一七）

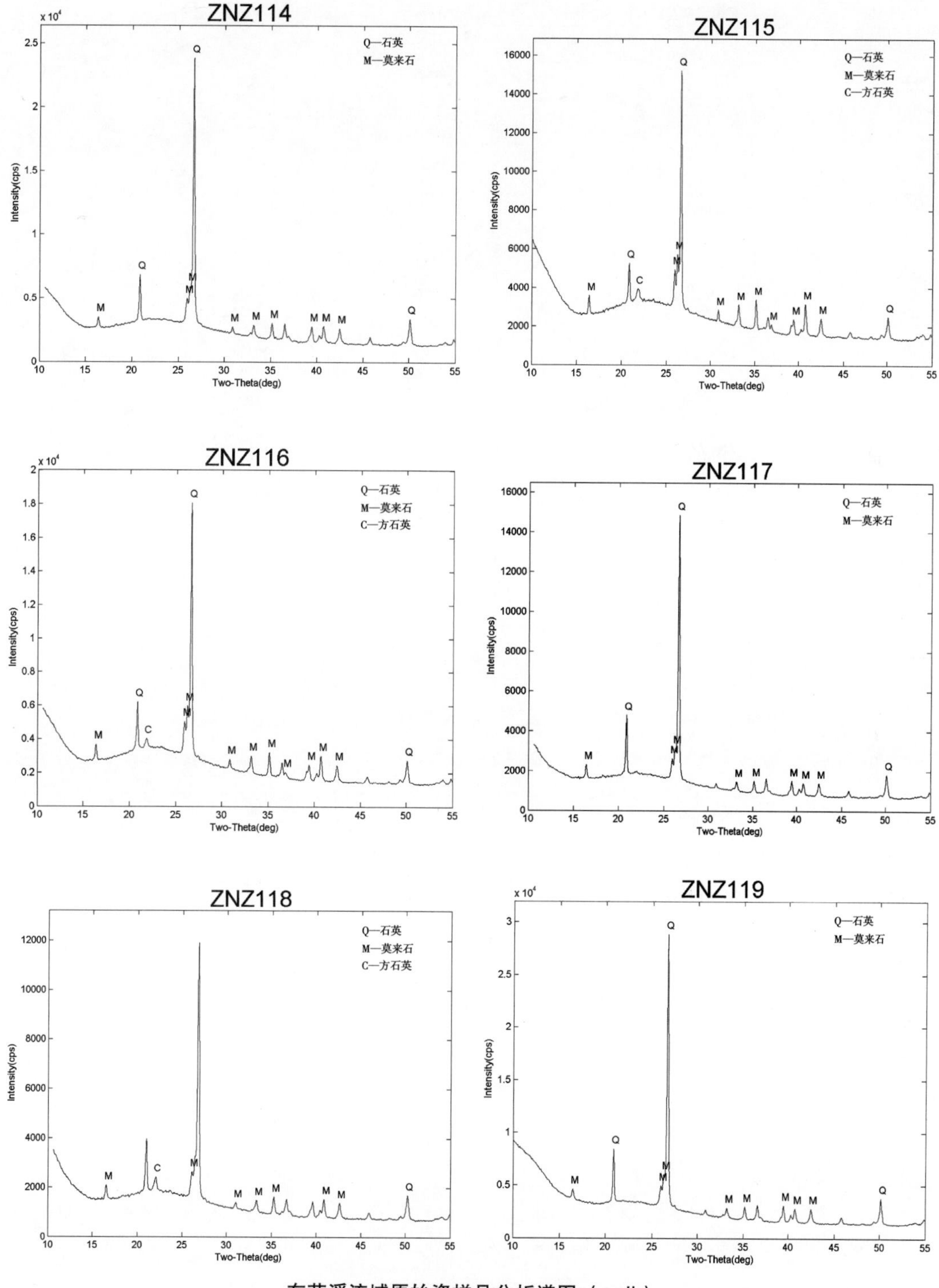

东苕溪流域原始瓷样品分析谱图（一八）

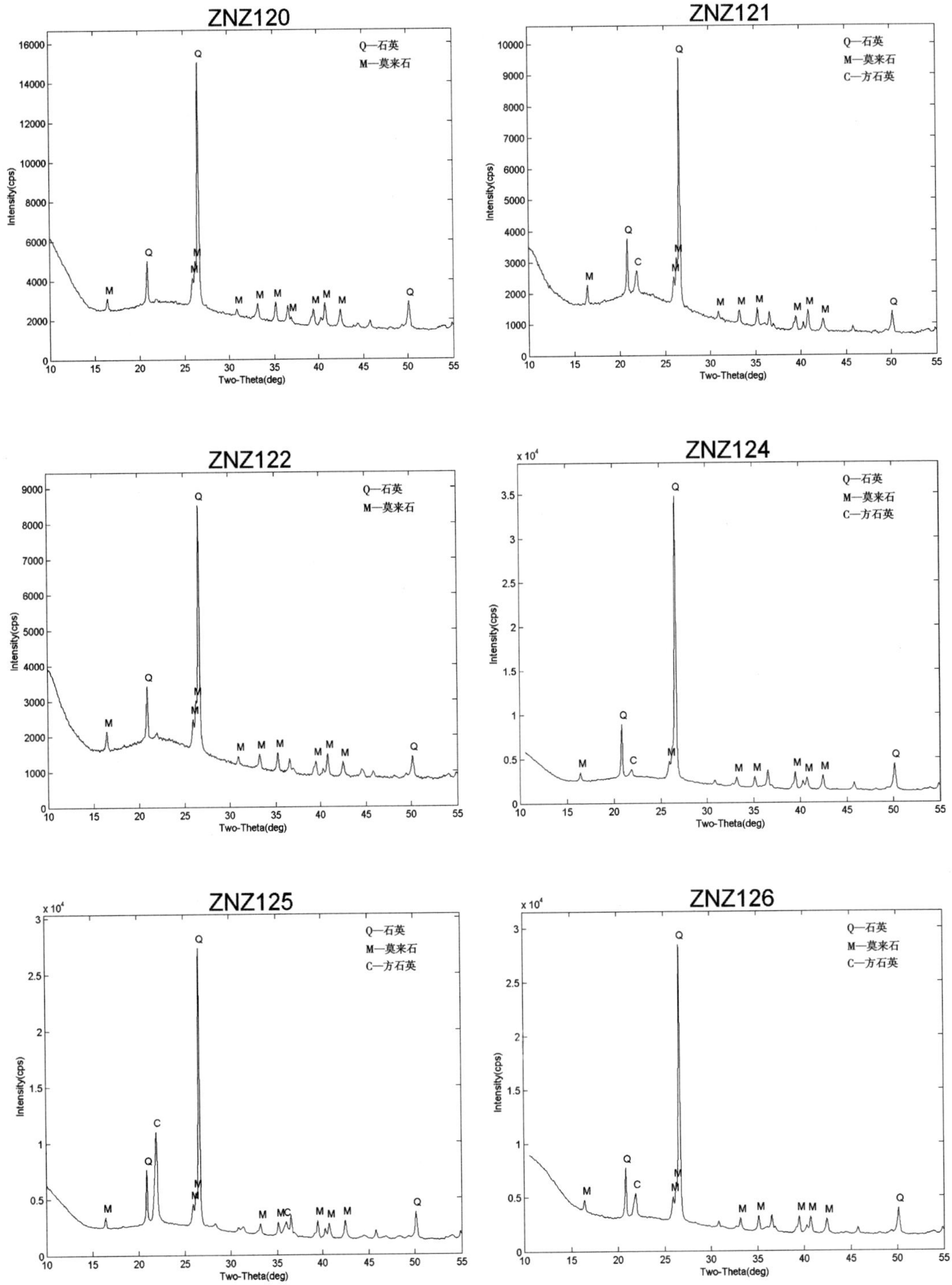

东苕溪流域原始瓷样品分析谱图（一九）

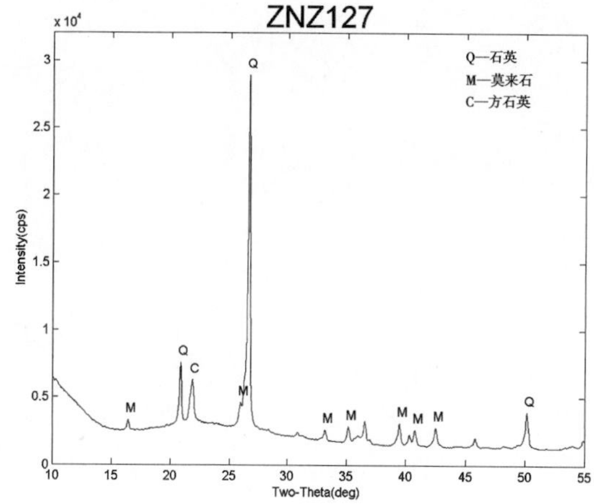

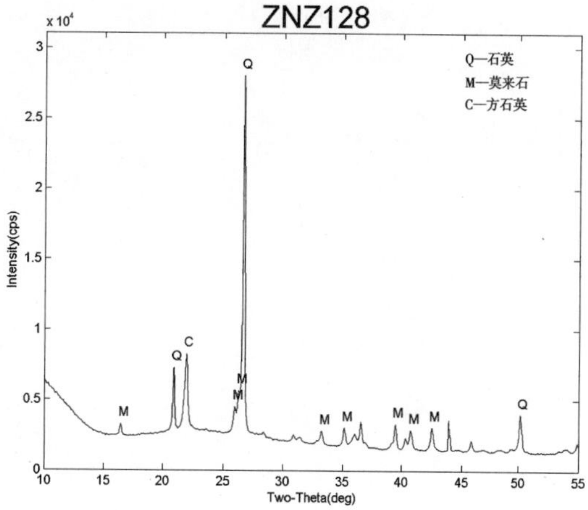

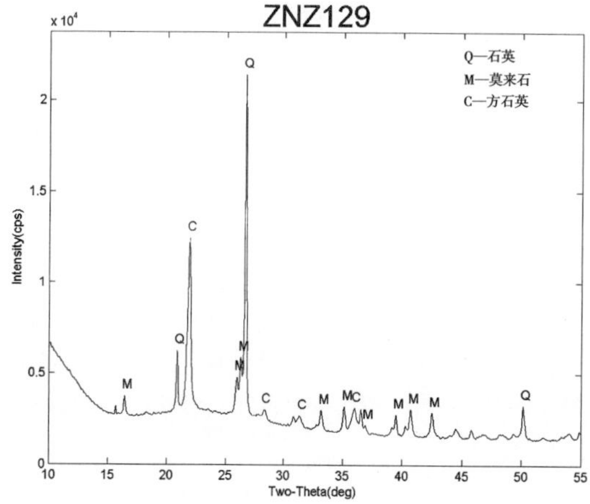

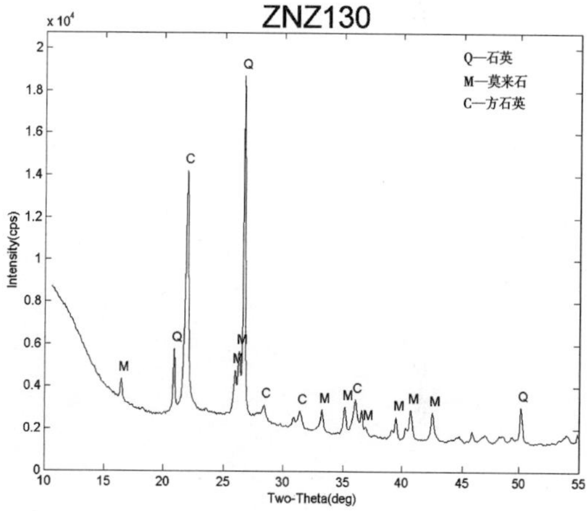

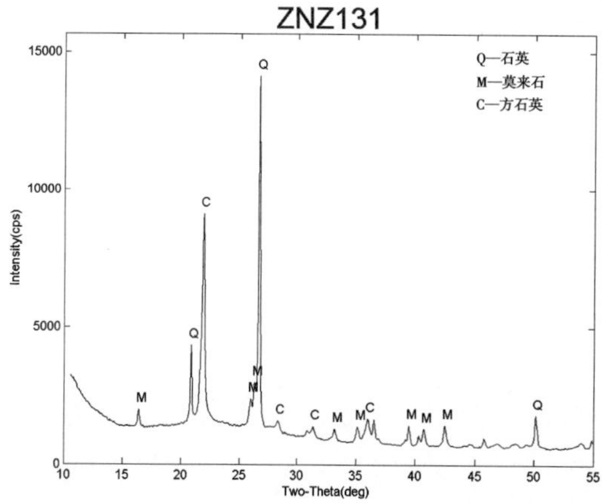

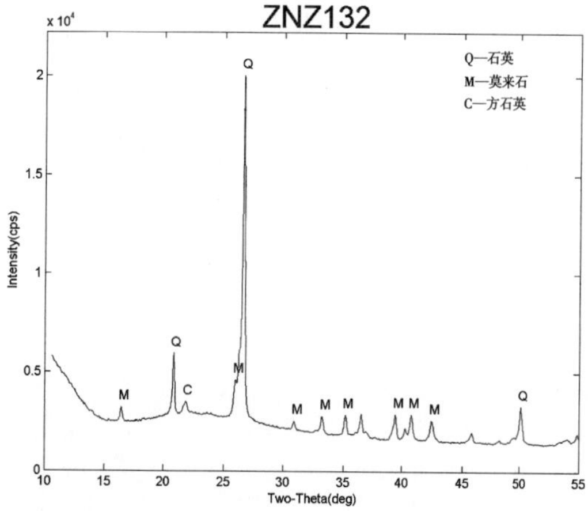

东苕溪流域原始瓷样品分析谱图（二〇）

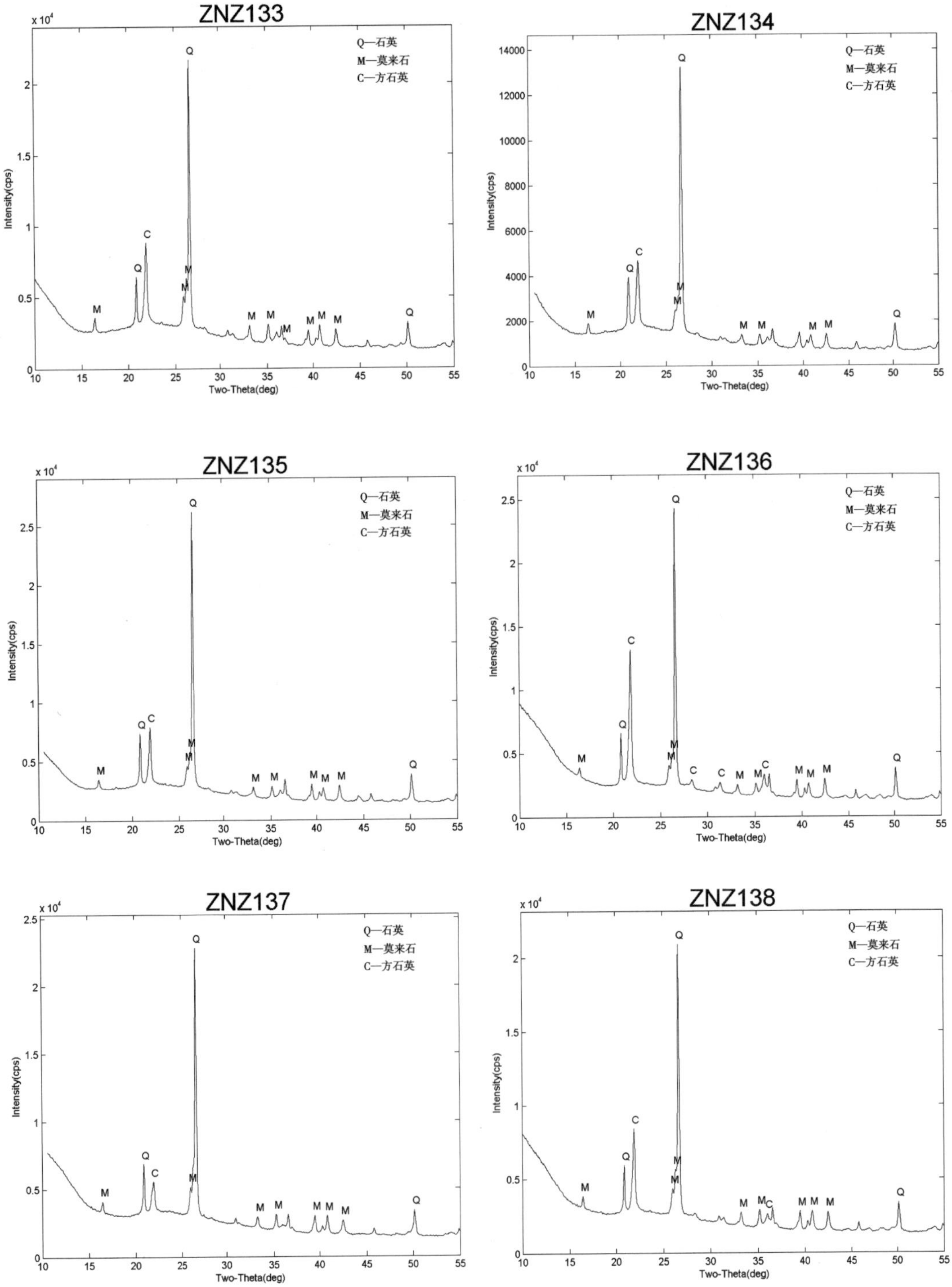

东苕溪流域原始瓷样品分析谱图（二一）

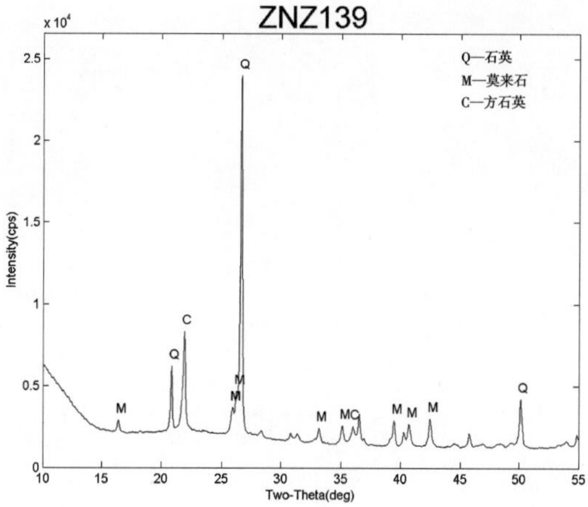

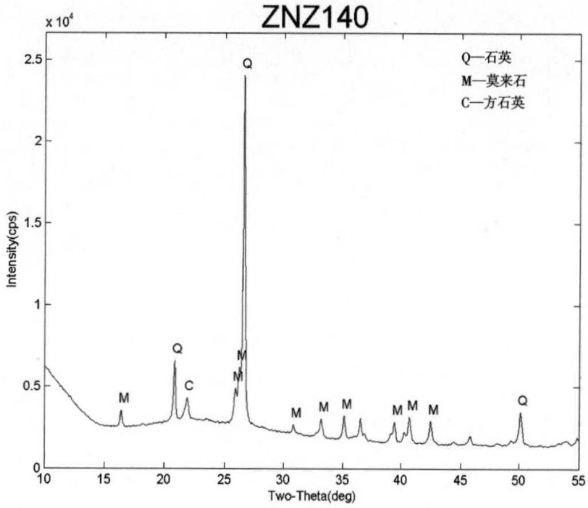

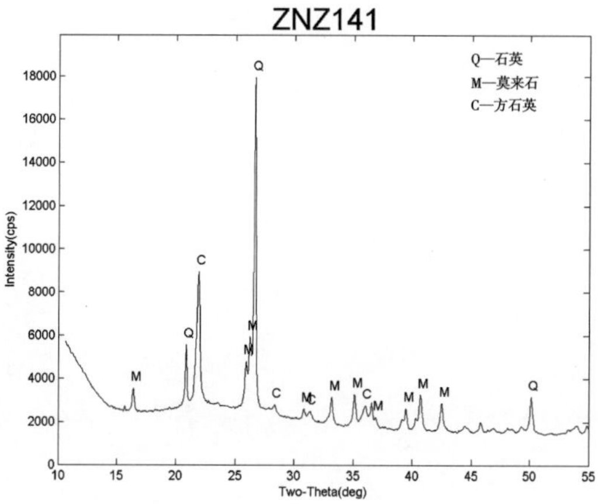

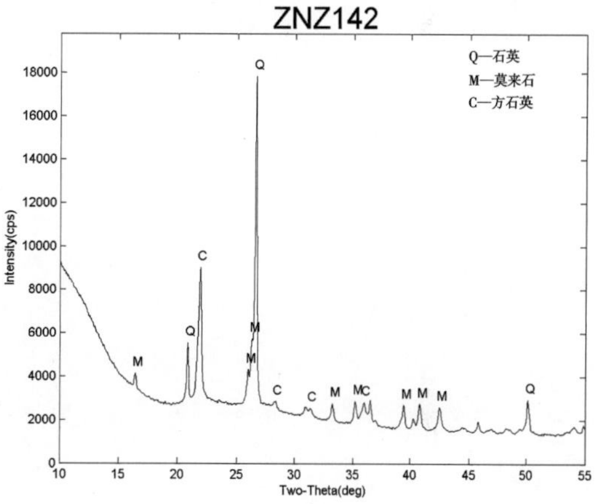

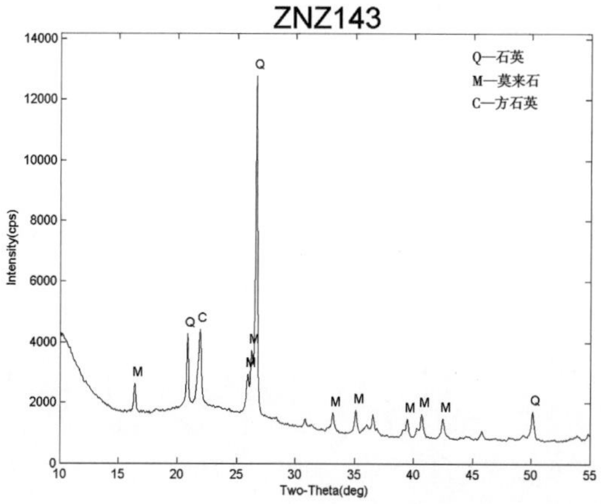

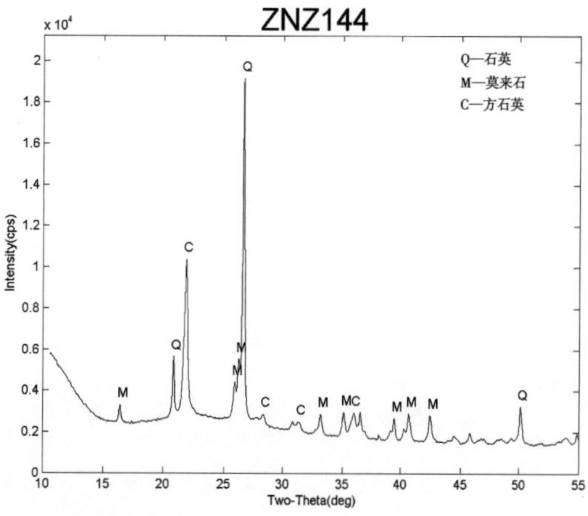

东苕溪流域原始瓷样品分析谱图（二二）

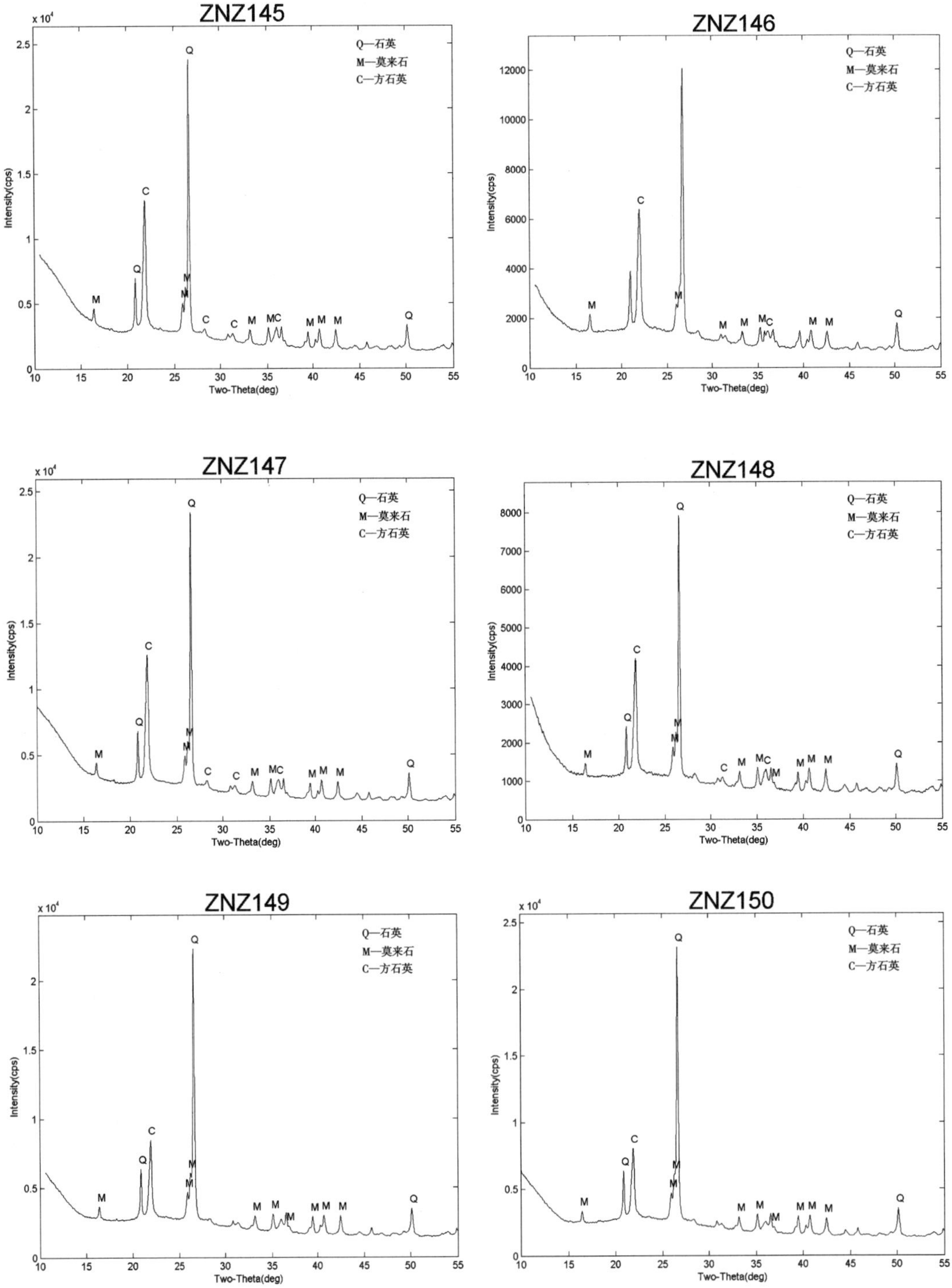

东苕溪流域原始瓷样品分析谱图（二三）

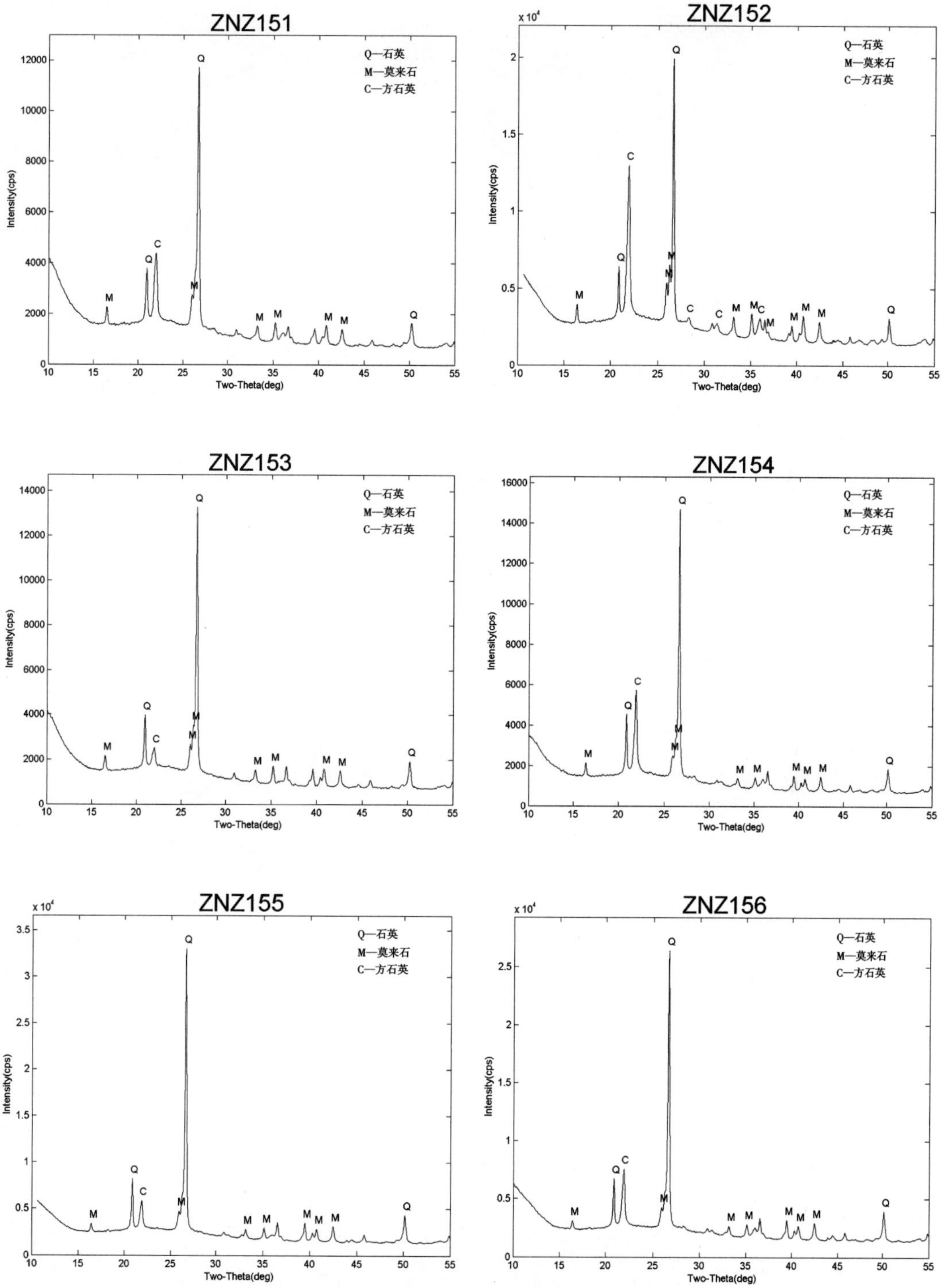

东苕溪流域原始瓷样品分析谱图（二四）

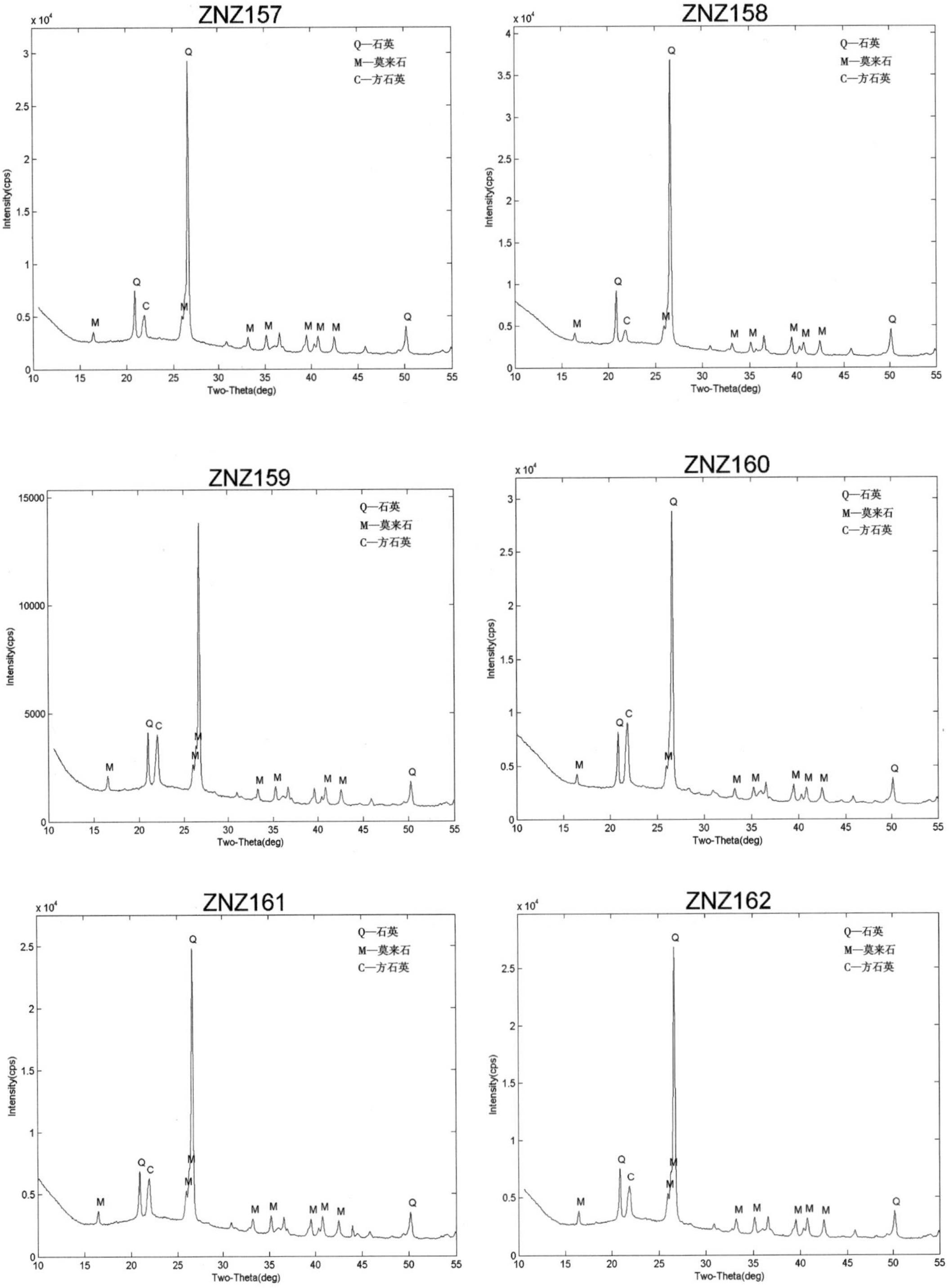

东苕溪流域原始瓷样品分析谱图（二五）

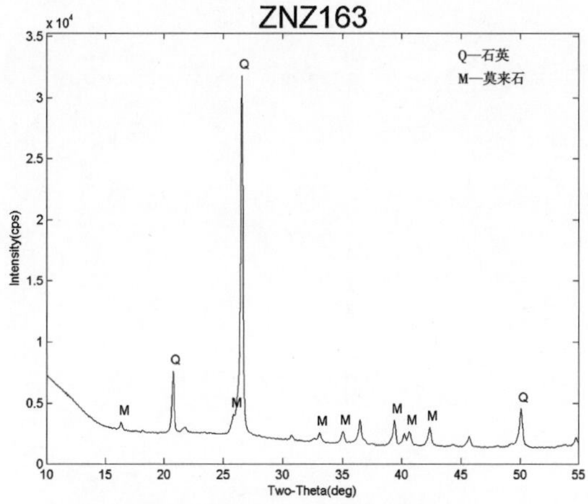

东茗溪流域原始瓷样品分析谱图（二六）

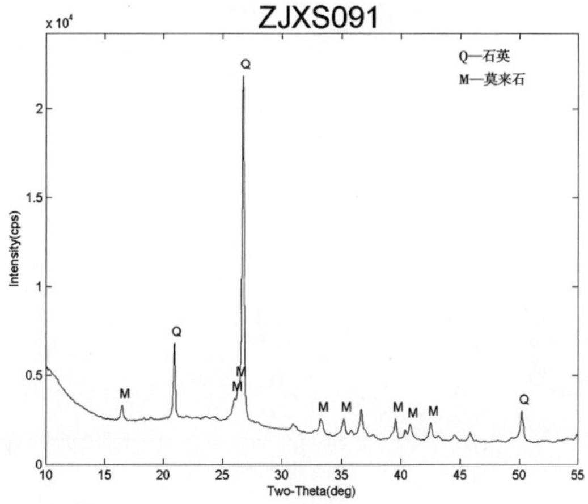

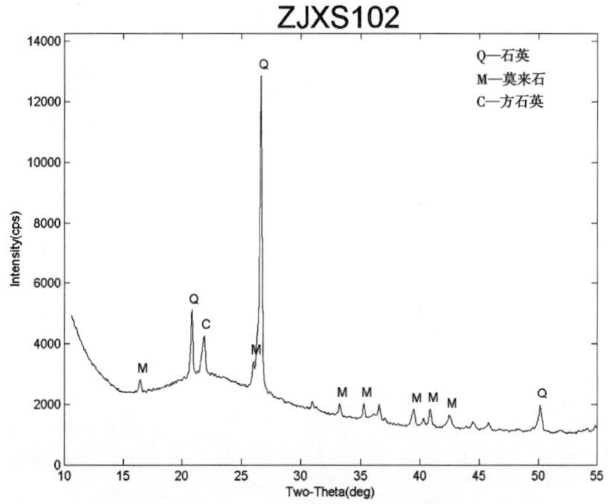

萧山墓葬印纹硬陶样品分析谱图（一）

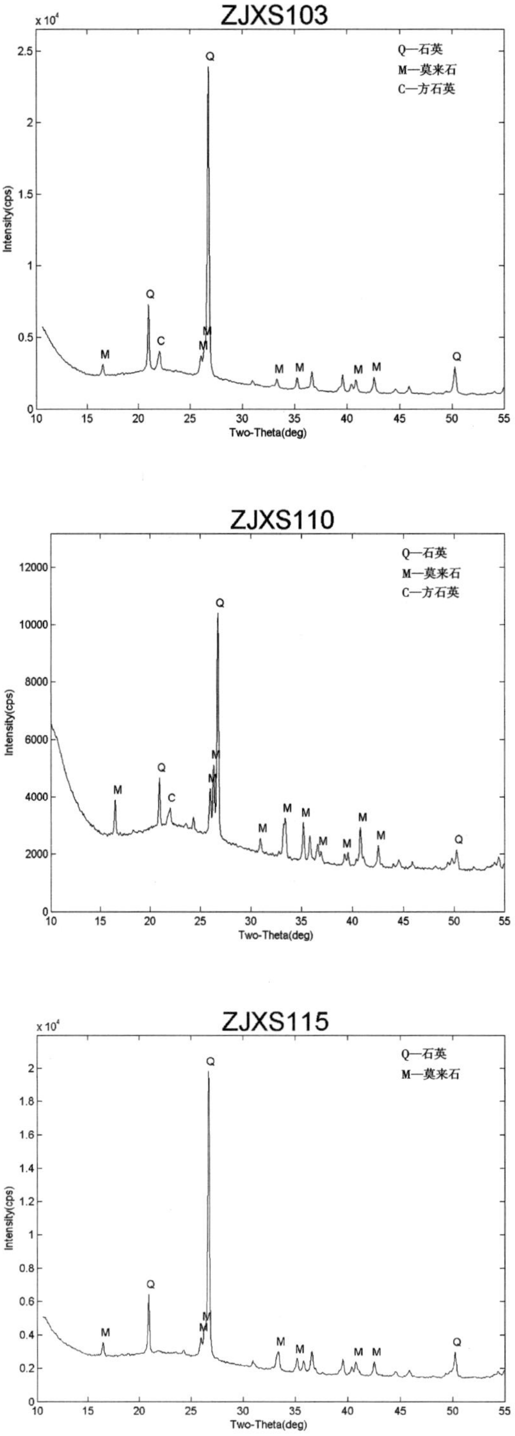

萧山墓葬印纹硬陶样品分析谱图（二）

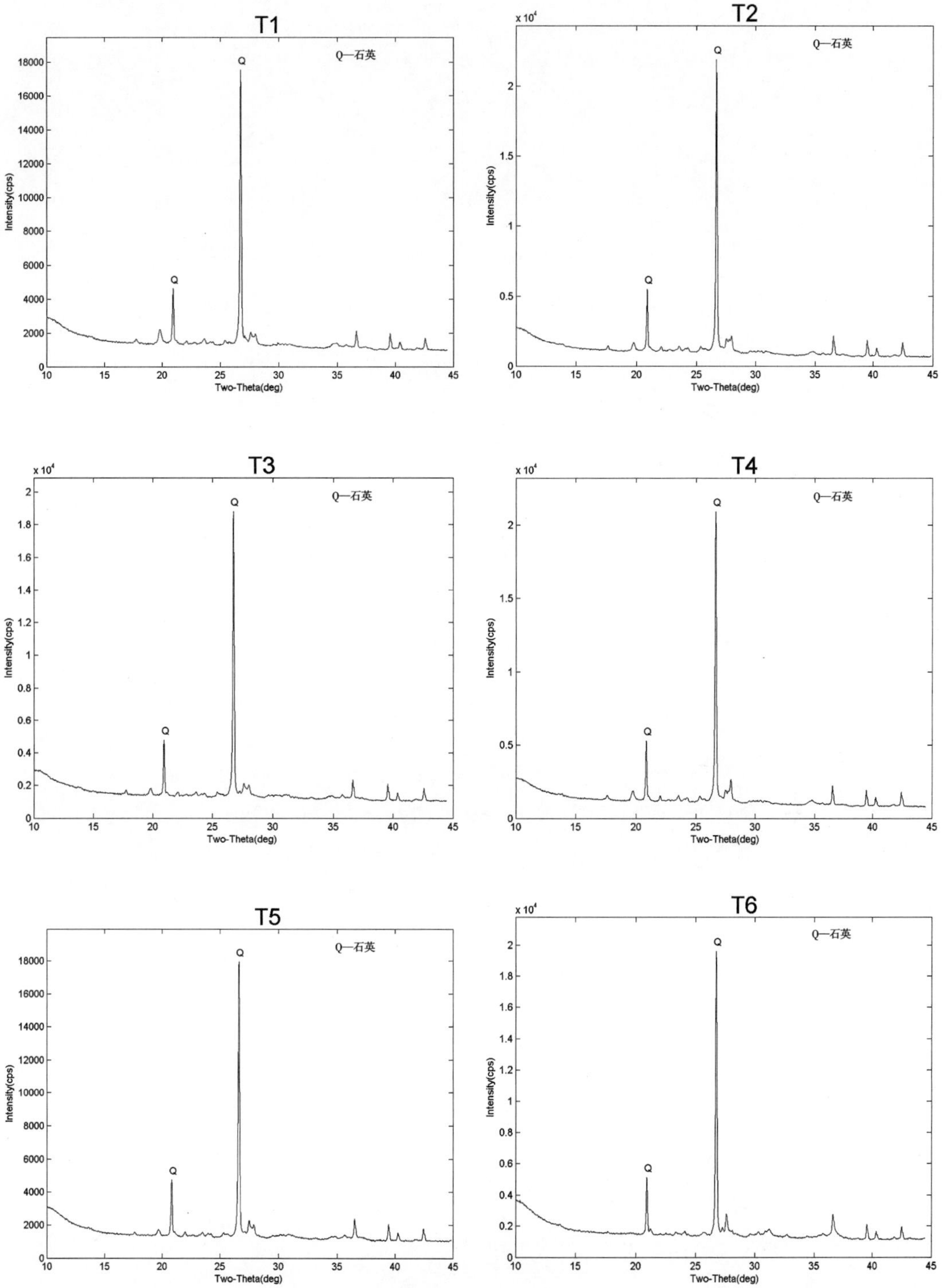

良渚陶器样品分析谱图（一）

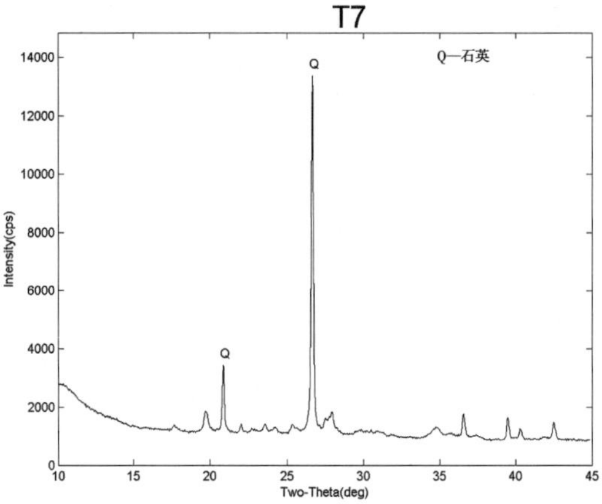

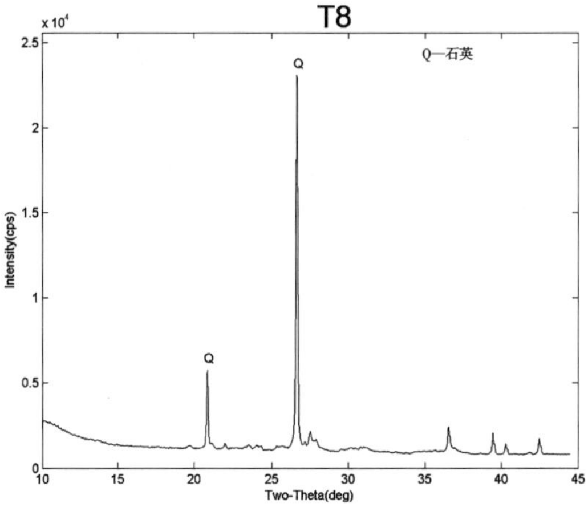

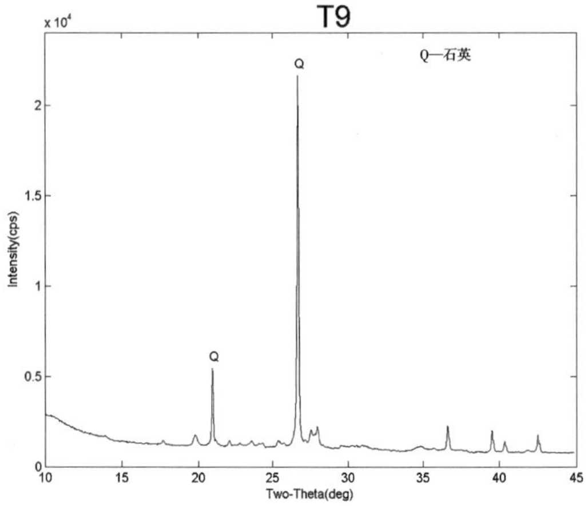

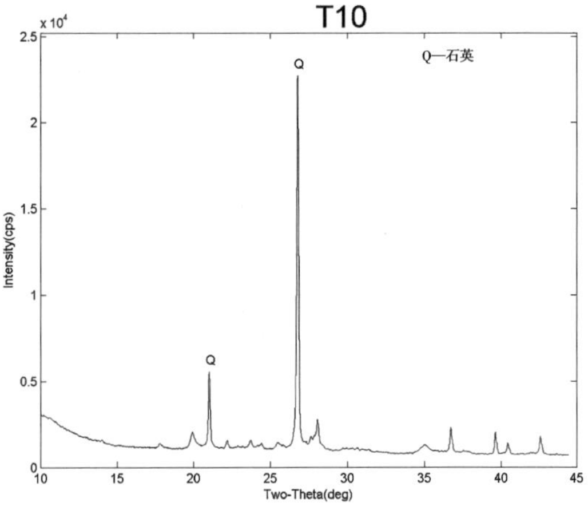

良渚陶器样品分析谱图（二）

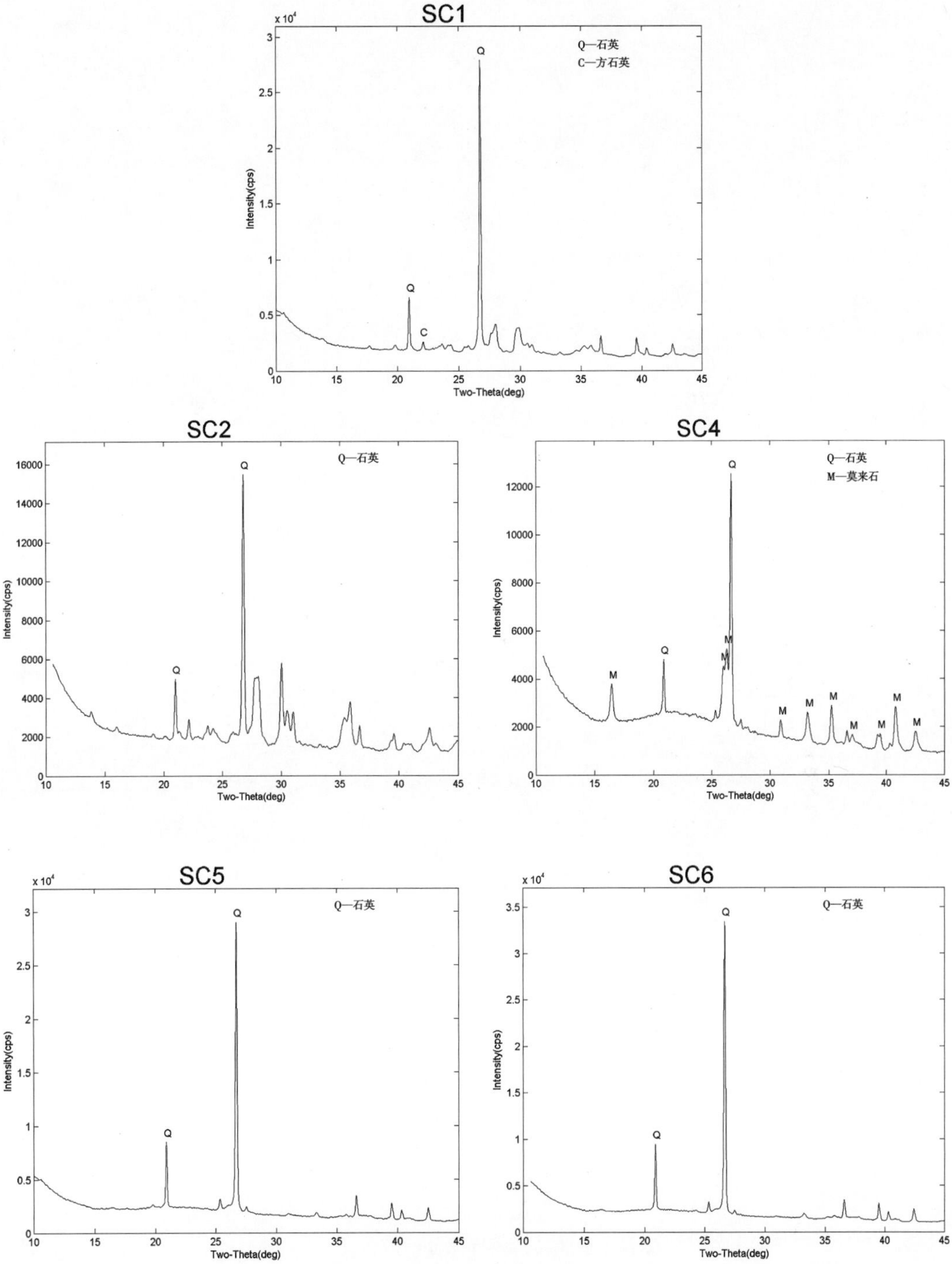
SC1
Q—石英
C—方石英
SC2
Q—石英
SC4
Q—石英
M—莫来石
SC5
Q—石英
SC6
Q—石英
Intensity(cps)
Two-Theta(deg)

唐三彩样品分析谱图

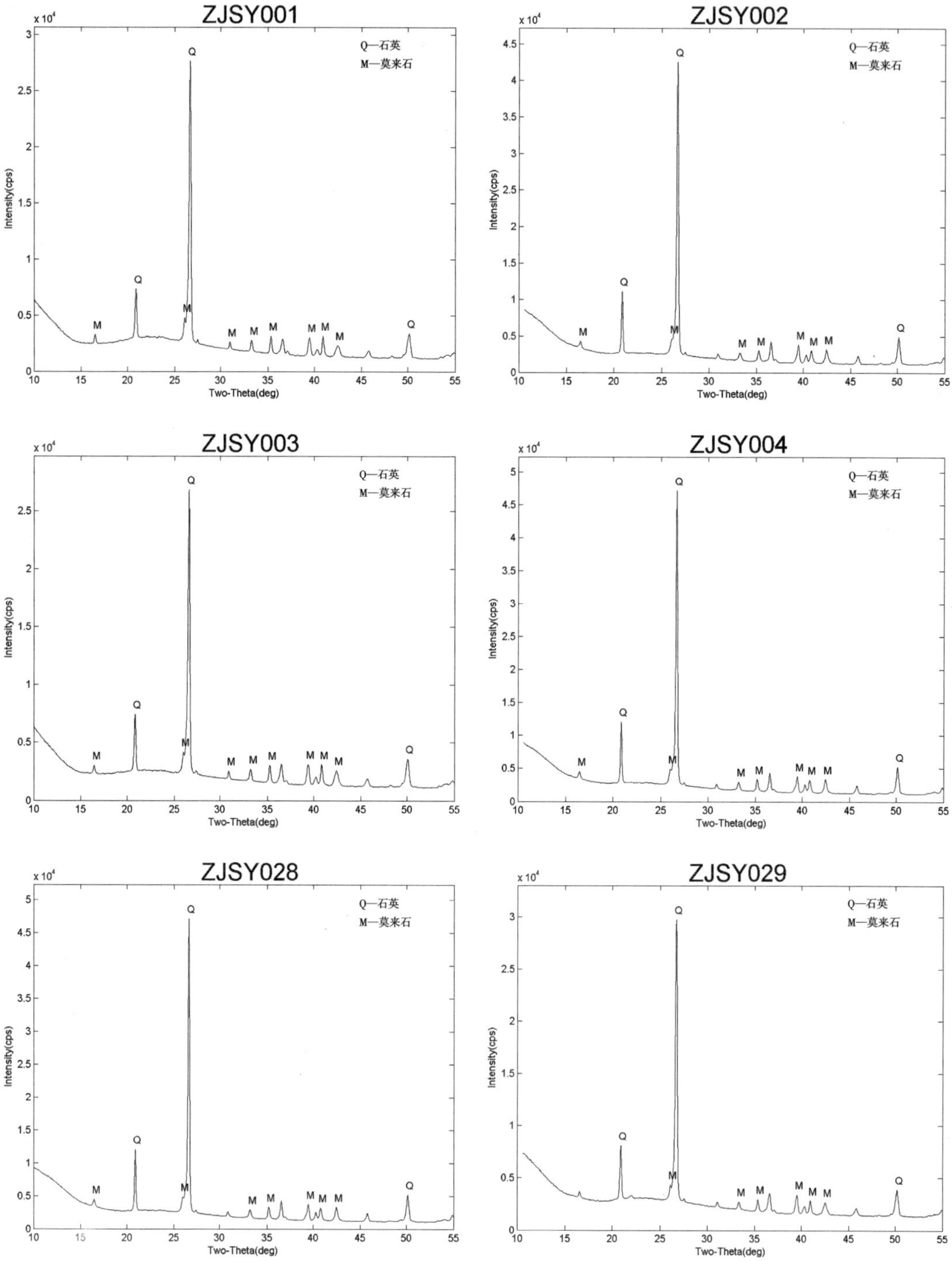

东汉上虞越窑青瓷样品分析谱图（一）

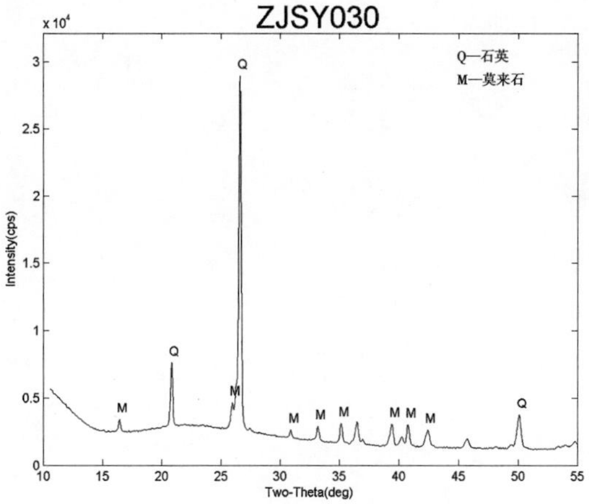

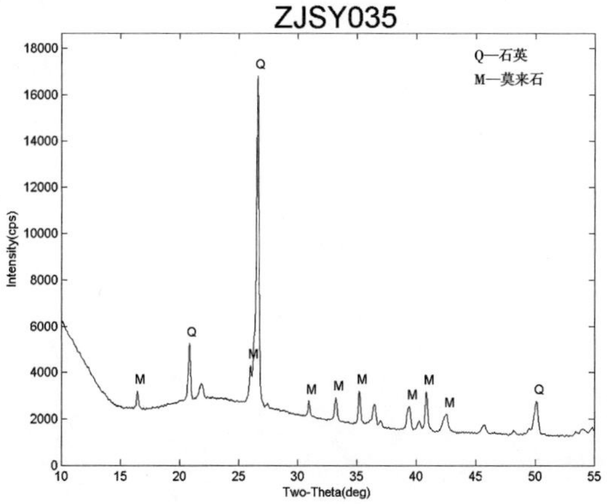

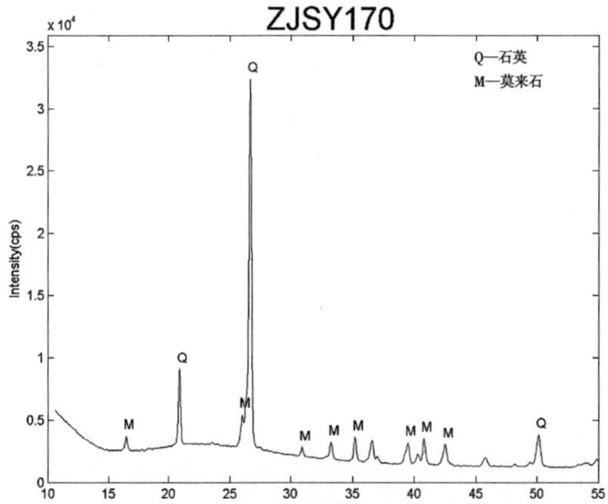

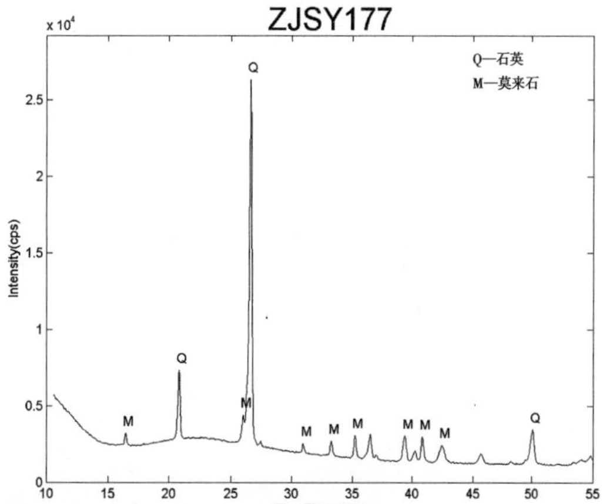

东汉上虞越窑青瓷样品分析谱图（二）

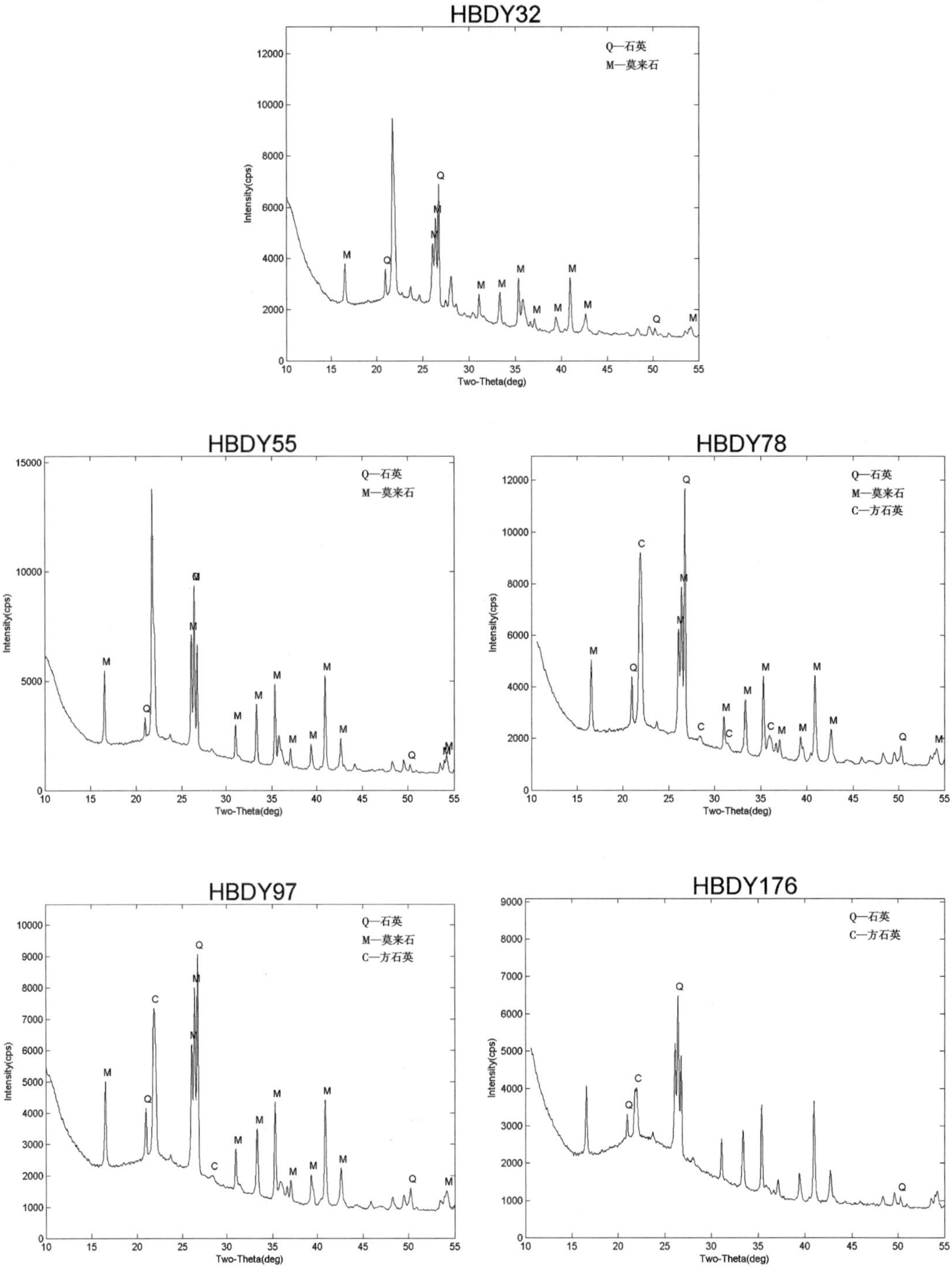

宋代定窑白瓷样品分析谱图

附录五　原始瓷 Fe 元素吸收谱精细结构谱图

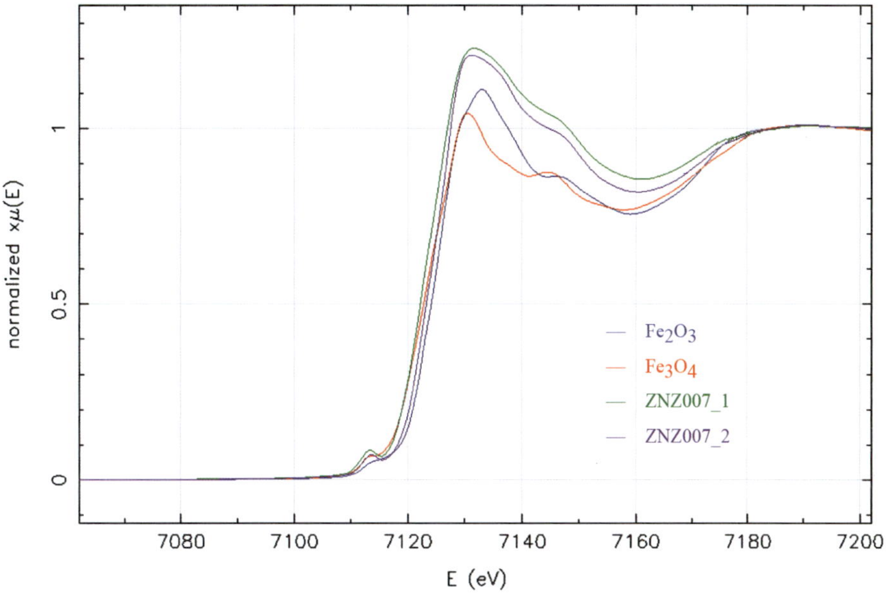

ZNZ007 表面不同位置谱图比较

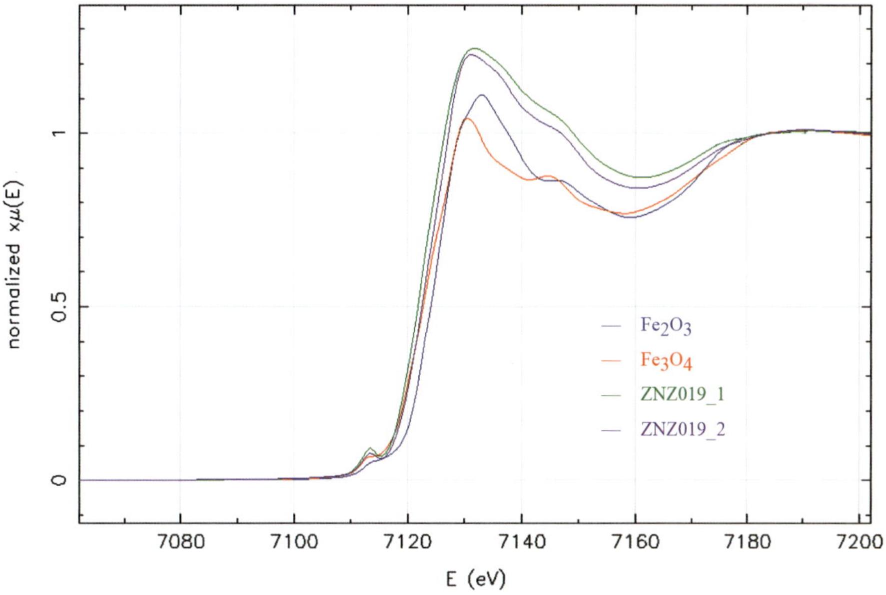

ZNZ019 表面不同位置谱图比较

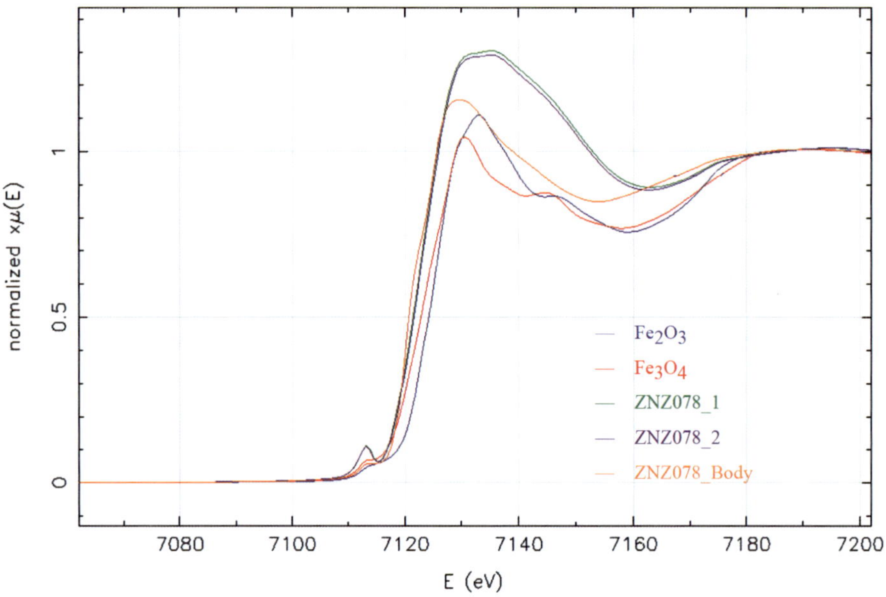

ZNZ078 表面不同位置谱图比较

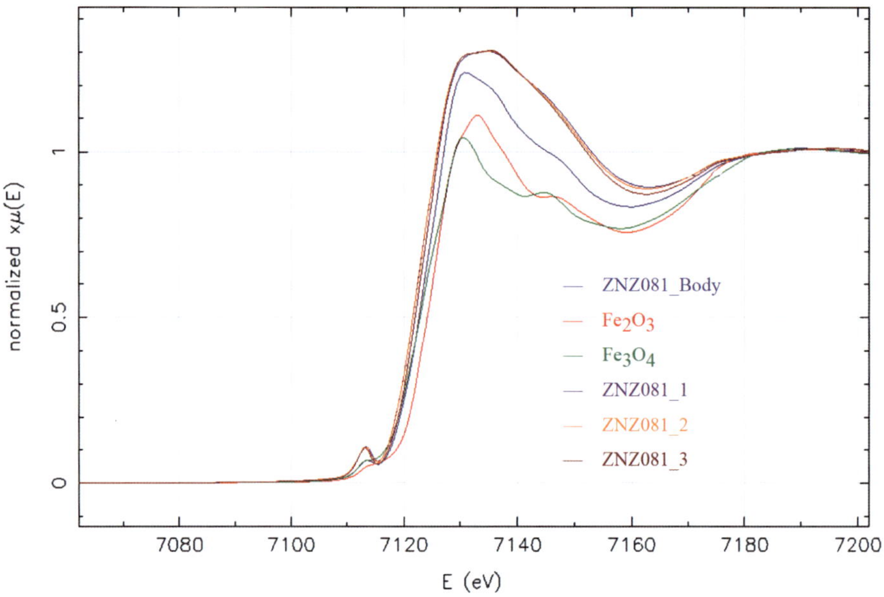

ZNZ081 表面不同位置谱图比较

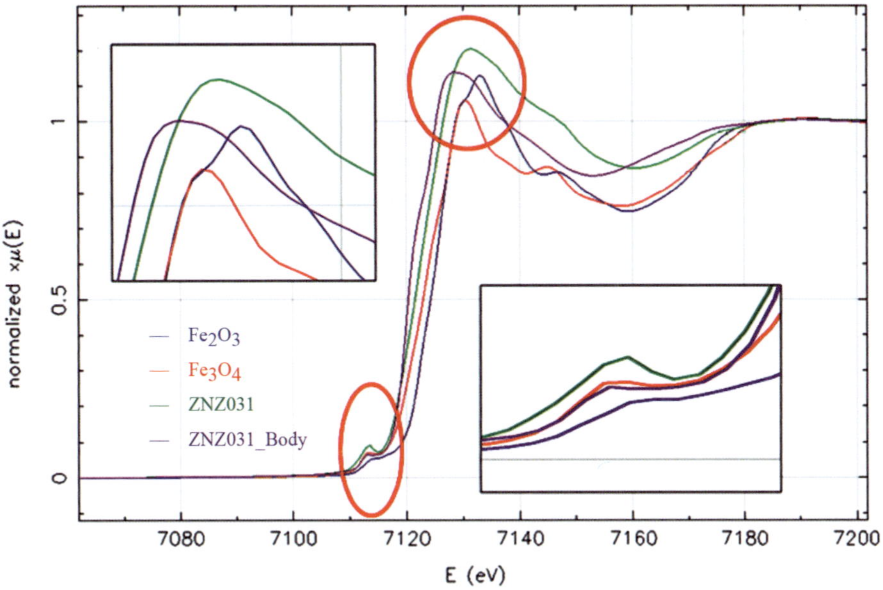

ZNZ031 胎与表面谱图比较

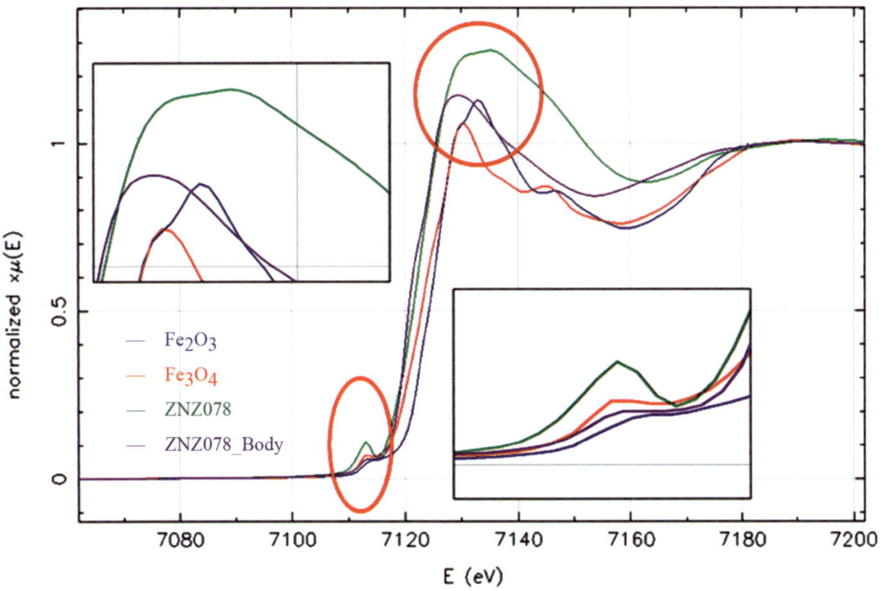

ZNZ078 胎与表面谱图比较

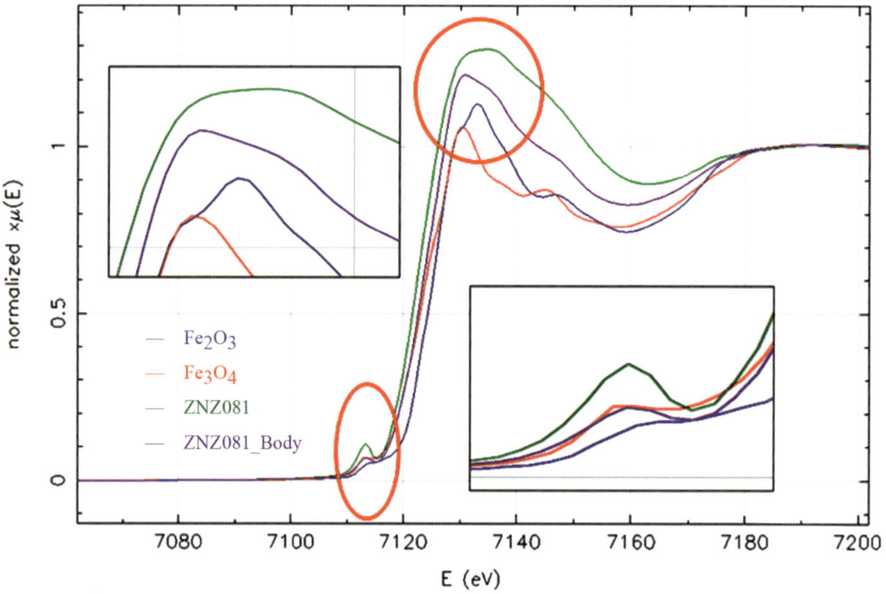

ZNZ081 胎与表面谱图比较

后　记

瓷器是人类历史上出现较早、应用广泛、影响深刻的伟大发明之一，渗透到了生活、生产的方方面面，极大地改变了人类的生存方式。中国是瓷器的故乡，瓷器的发明是中华民族对世界文明的杰出贡献。支撑中国作为世界瓷器起源地的重要证据，是大量古代瓷窑址资料，而中国早期青瓷窑址，从夏商至汉六朝时期，绝大多数均集中在浙江，规模庞大、产品质量高、种类丰富，浙江是当时制瓷业的中心。因此瓷器又是浙江对世界的伟大贡献，浙江早期青瓷的发明及其发展史几乎等同于世界瓷器的发明和早期发展史。

浙江的瓷器与瓷窑址的出现最早可以上溯至夏代，延续至明清时期，其整个主流发展过程可以划分成四个大的阶段：先秦时期的原始瓷青瓷、汉六朝时期的早期越窑青瓷、唐宋时期的越窑青瓷、宋元明时期的龙泉窑青瓷。其中制瓷史上的两个里程碑式技术跃进——原始瓷的起源与成熟青瓷的出现，均发生在浙江，浙江不仅在夏商时期代发明了原始瓷，而且在东汉时期成功烧造出了成熟青瓷。

原始瓷是瓷器的早期形态，是探索瓷器起源的重要内容。先秦时期浙江原始瓷窑址无论是窑场规模、窑业发展序列，还是产品种类、产品质量等，都是邻近省份所无法比拟的。目前发现的原始瓷窑址数量已超过150多处，主要分布在浙江北部以德清县为中心的东苕溪流域。这一窑区无论是从生产时间、窑址规模，还是产品种类、质量以及装烧工艺等方面，在全国都是独一无二、一枝独秀，在中国陶瓷史上占有非常重要的地位，是中国制瓷史上的第一个高峰，为汉代成熟青瓷的出现打下了坚实的技术基础。

瓷窑址考古研究也是浙江省文物考古研究所传统上的三大重点课题之一，2009年成立的“瓷之源”课题组，是对这一课题的深化。2012年7月，此课题正式列入国家指南针计划中，得到了进一步提升，它网罗了国内文理科学界的大量人才，对瓷器起源过程进行系统的研究，并取得了丰硕的成果。

《原始瓷起源研究论文集》正是浙江省文物考古研究所承担的指南针计划“运用现代科学技术开展原始瓷起源及先秦原始瓷制作技术发展综合研究”项目的研究成果汇编，收集了课题组成员的各项研究成果，内容涉及先秦时期原始瓷窑址考古调查与发掘、先秦时期原始瓷窑址的基本分布，以及原始瓷起源的考古学研究、现代物理学与化学研究、实验考古研究、现代地质研究等内容。通过以上的综合研究，课题组认为原始瓷起源于夏代、成熟于商代早期，其中浙江北部的东苕溪流域是最重要的起源地。

“瓷之源”课题从启动到项目的顺利推进，得到了国家文物局、故宫博物院、浙江省文物局、德清县人民政府、湖州市吴兴区人民政府、湖州市文广新局、德清县文广新局、吴兴区文广新局、武康镇人民政府、洛舍镇人民政府、东林镇人民政府等各级机构的高度重视与大力支持。时任文化部副部长、故宫博物院院长的郑欣淼先生与浙江省文物局局长的鲍贤伦先生等还到工地体验野外工作的艰苦生活，对考古人员进行了亲切慰问。张忠培、李伯谦、徐天进、赵辉、吴小红、张敏、宋建、王光尧等考古学家，耿宝昌、王莉英、吕成龙、冯小琦、陈克伦、李刚、李辉柄、沈琼华等古陶瓷学家以及浙江省博物馆陶瓷部诸位同仁先后到发掘、调查现场指导相关工作。德清县博物馆、湖州市博物馆为各项工作做了大量的协调工作，付出了艰辛的努力。浙江省文物考古研究所的大力支持是“瓷之源”课题得以设立和大步推进的根本，所领导对“瓷之源”课题的进展随时予以关注，所里的老一代瓷窑址考古专家朱伯谦、任世龙先生多次到发掘现场指导工作，任世龙先生还对课题的规划与设置提出许多建议与意见。以此，对所有关心、支持本课题实施的专家、学者、领导、朋友们表示衷心的感谢。

编者

2015 年 4 月

彩版

1. 德清火烧山窑址出土筒形卣

2. 德清亭子桥窑址出土的大型器座

3. 战国亭子桥窑址瓷片层

1. 瓢山窑址产品的胎

2. 北家山窑址产品的胎

3. 南山窑址产品的胎

4. 瓢山窑址产品的表面

6. 南山窑址产品的釉

5. 北家山窑址产品的釉

《夏商原始瓷起源的动力因素》 彩图三

1. 下菰城内城出土原始瓷 2~4. 德清小紫山商代中晚期墓葬出土原始瓷

《中国最早的高温釉瓷：商周时期浙江原始瓷成分分析》 彩图四

下漾山窑址中的炉壁残块

1. 临安青山湖畔采集的印纹硬陶罐

2. 余杭小古城出土
春秋早期原始瓷碗

3. 余杭小古城出土商代原始瓷钵

4. 余杭小古城出土
西周晚期原始瓷盂

6. 余杭石马抖战国墓出土
原始瓷鉴

8. 余杭石马抖战国墓出土
原始瓷句鑃

5. 余杭小古城出土
商代原始瓷罐

7. 余杭石马抖战国墓出土
原始瓷镇

彩图六

1. 德清塔山出土西周晚期至春秋早期原始瓷垂腹卣

4. 德清小紫山出土商代原始瓷罐

5. 德清小紫山出土商代原始瓷豆

2. 德清独仓山出土西周晚期原始瓷尊

6. 德清邱庄出土战国原始瓷带流罐

7. 德清皇坟堆出土西周晚期至春秋早期原始瓷筒形卣

3. 德清小紫山出土商代原始瓷尊

8. 湖州昆山出土商代早期原始瓷豆

9. 湖州塔地出土商代早期豆

ZNZ014（瓢山） ZNZ022（瓢山） ZNZ024（北家山）

1. 瓢山与北家山部分原始瓷表面显微图像

2. 用于电子探针分析的原始瓷切片样品

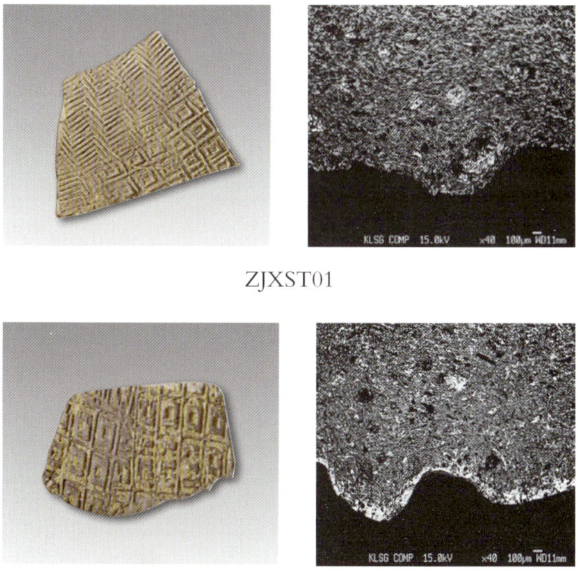

ZJXST01

ZJXST02

3. 萧山地区印纹硬陶表面与其背散射图像

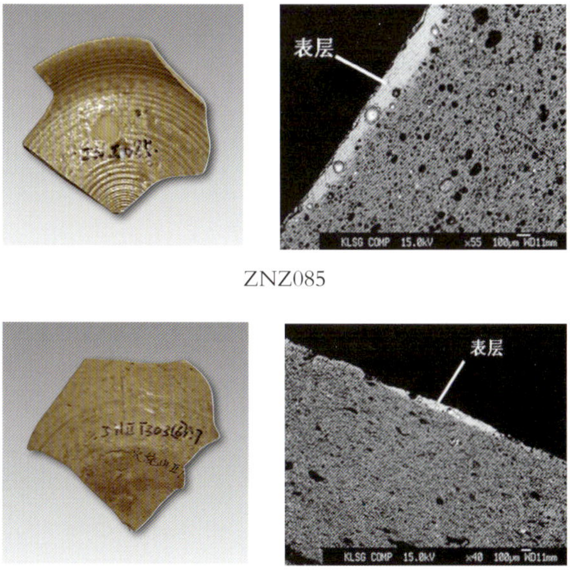

ZNZ085

ZNZ090

4. 火烧山春秋中期样品表面与其背散射图像

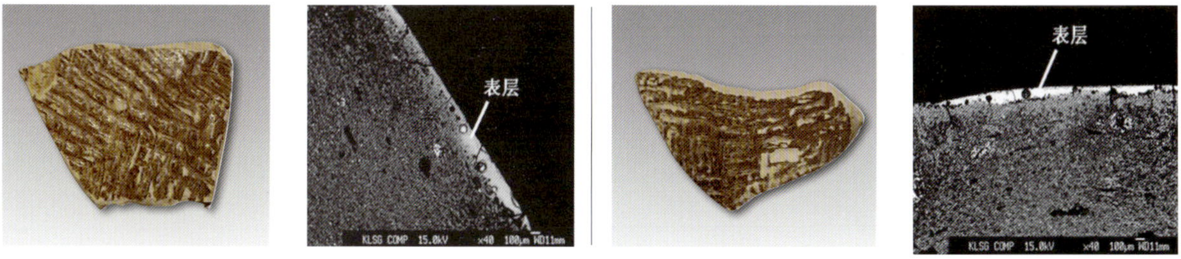

ZNZ019 ZNZ020

5. 瓢山有釉样品表面与其背散射图像

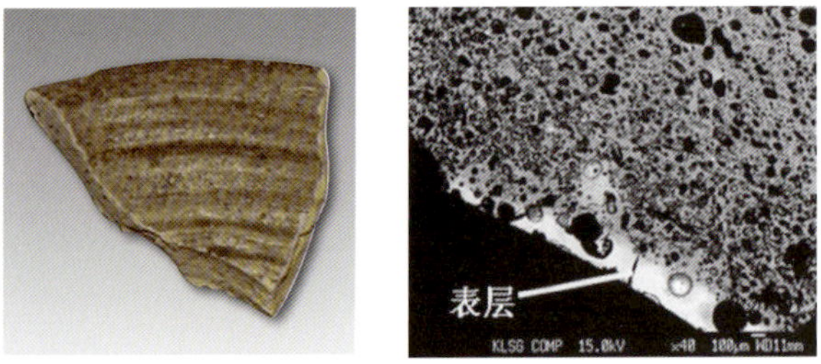

ZNZ025

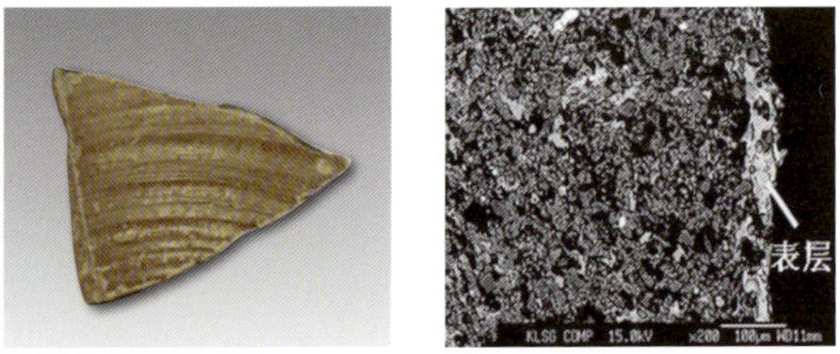

ZNZ028

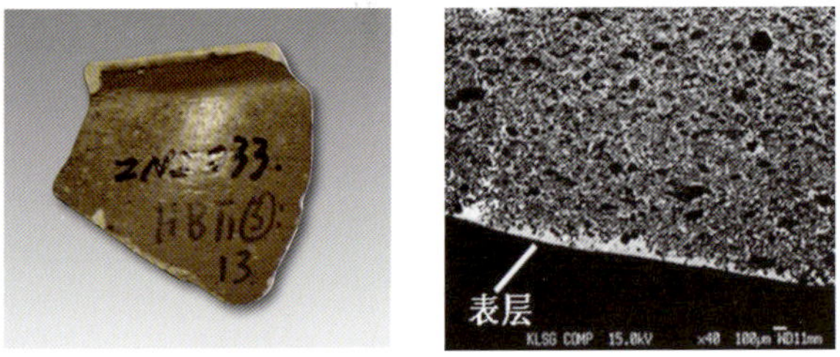

ZNZ033

1. 北家山样品表面与其背散射图像

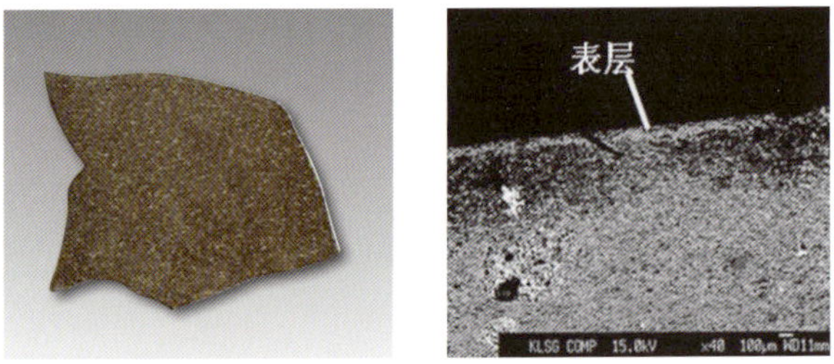

ZNZ005

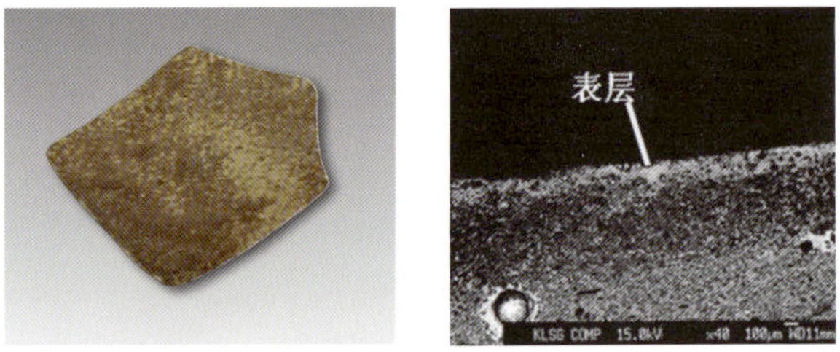

ZNZ010

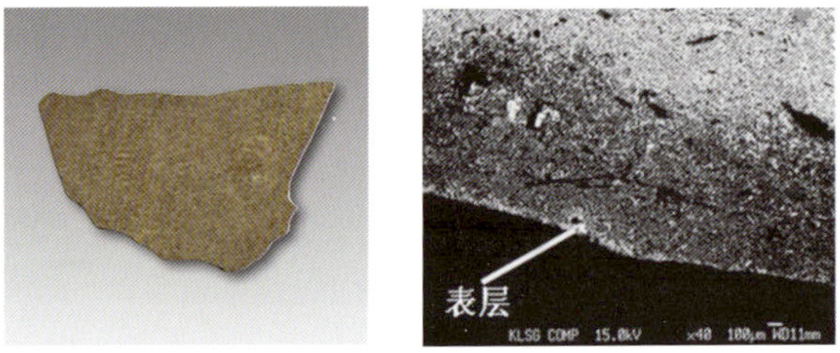

ZNZ017

2. 瓢山无釉样品表面与其背散射图像

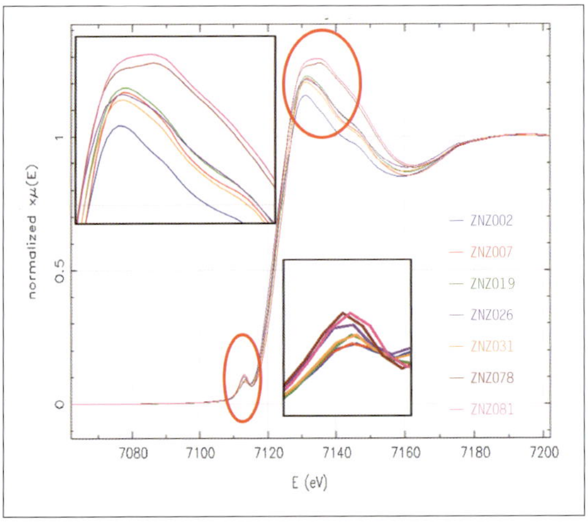

3. 原始瓷样品表面 Fe 元素吸收谱比较

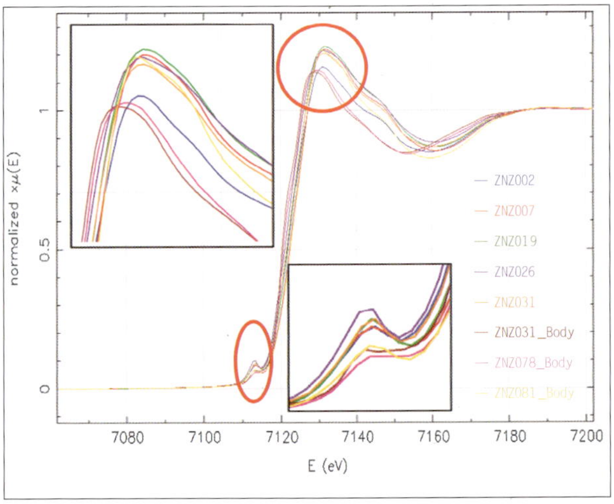

4. 原始瓷样品表面与胎料 Fe 元素吸收谱比较

1. 高钙釉样品

5. 特殊的南山窑样品（正面）

2. 高钾釉样品

6. 特殊的南山窑样品（背面）

3. 特殊的北家山窑样品（正面）

7. 火烧山窑的窑渣

4. 特殊的北家山窑样品（背面）

8. 南山窑的窑渣

1. HZ-PS-01

2. HZ-BJS-10

3. HZ-NS-14

4. DQ-HSS-43

5. DQ-TZQ-11

6. DQ-CS-08

7. 南山生土样

8. 火烧山表层土样

9. 火烧山 0.6M 深土样

10. HZ-PS-01

11. HZ-BJS-04

12. HZ-PS-16

13. HZ-BJS-12

14. DQ-HSS- 窑渣 1

15. DQ-HSS- 窑渣 2

16. DQ-HSS- 窑渣 3

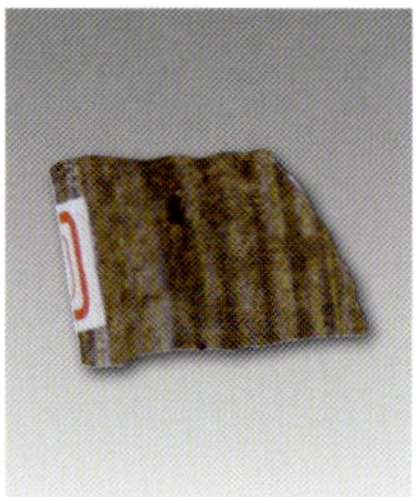
17. HZ-NS-10

18. DQ-HSS-11

19. DQ-TZQ-01

20. DQ-CS-11

21. HZ-PS-08

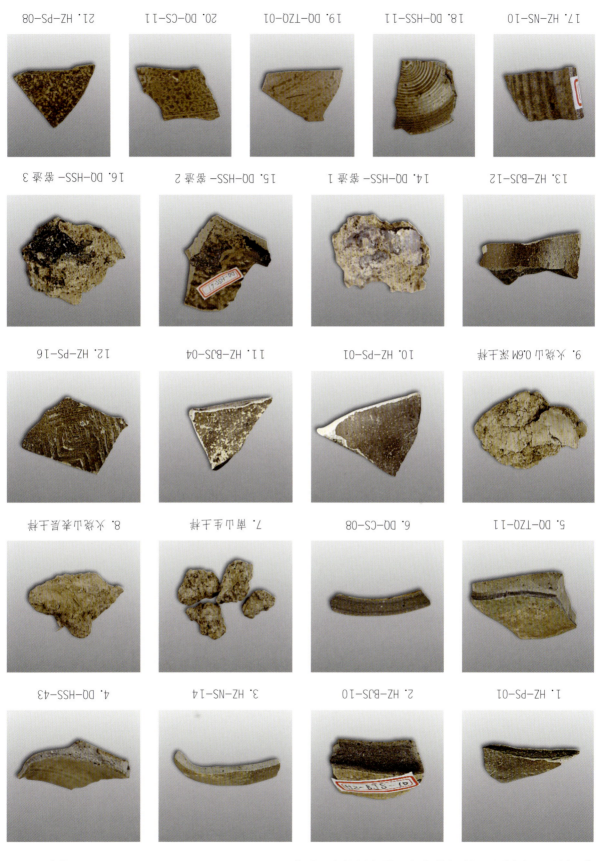

1. HZ-BJS-01

2. HZ-NS-05

3. HZ-NS-02

4. DQ-HSS-06

5. DQ-TZQ-04

6. DQ-CS-08

7. DQ-HSS-02

8. DQ-HSS-05

9. DQ-TZQ-09

10. DQ-CS-05

11. HZ-NS-16

12. DQ-HSS-12

13. HZ-PS-05

14. HZ-PS-06

15. HZ-BJS-10

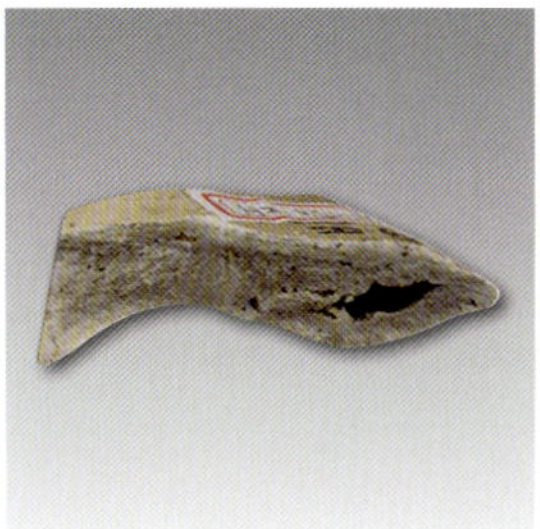
16. HZ-BJS-11

17. DQ-HSS-15

18. DQ-HSS-16

19. DQ-TZQ-12

20. DQ-TZQ-13

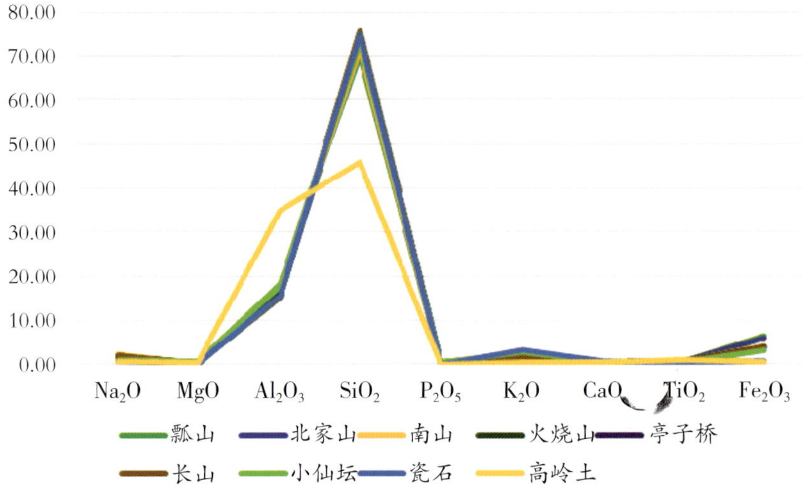

1. 样品与瓷石、高岭土化学成分平均值曲线图

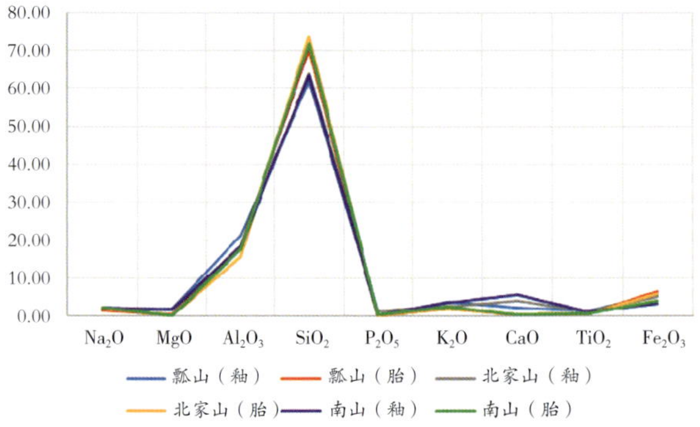

2. 瓢山、北家山、南山胎釉化学成分平均值曲线图

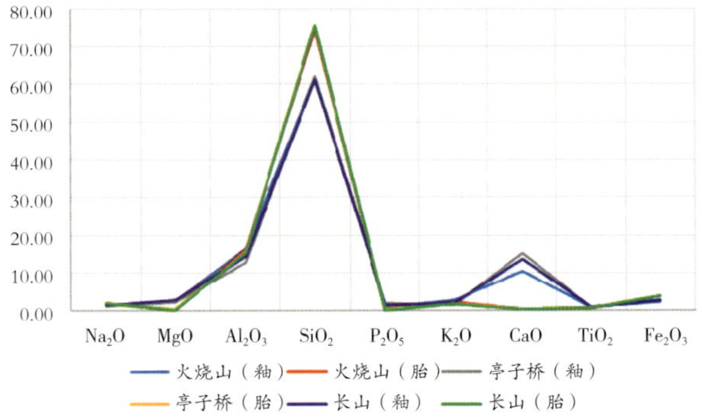

3. 火烧山、亭子桥、长山胎釉化学成分平均值曲线图

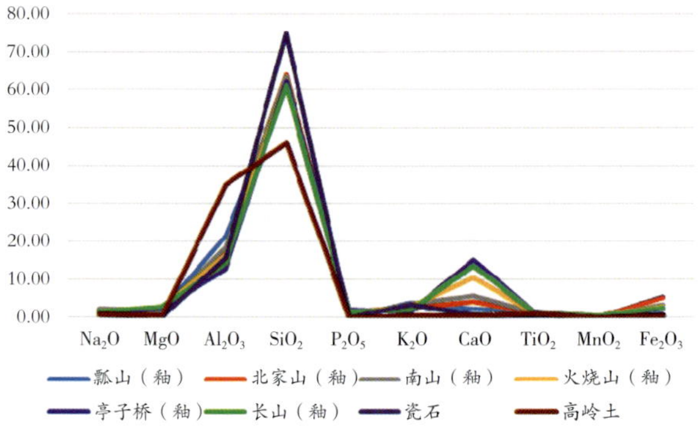

4. 样品釉与瓷石、高岭土的化学成分平均值曲线图

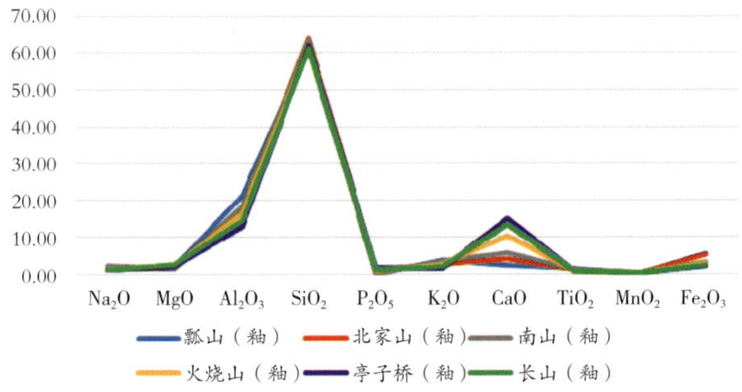

5. 样品釉主量元素的平均值曲线图

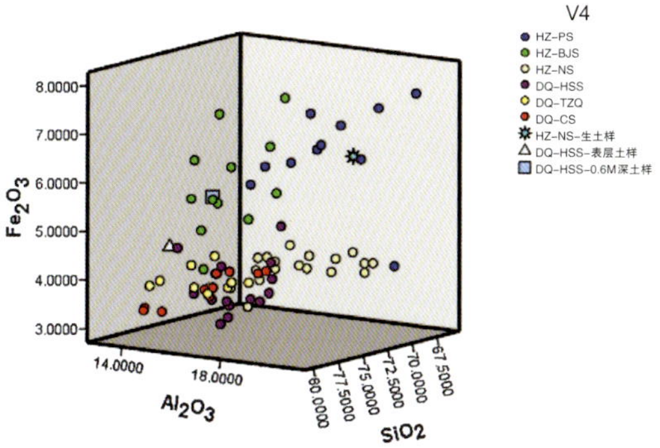

1. Fe_2O_3、Al_2O_3、SiO_2 含量三维散点图

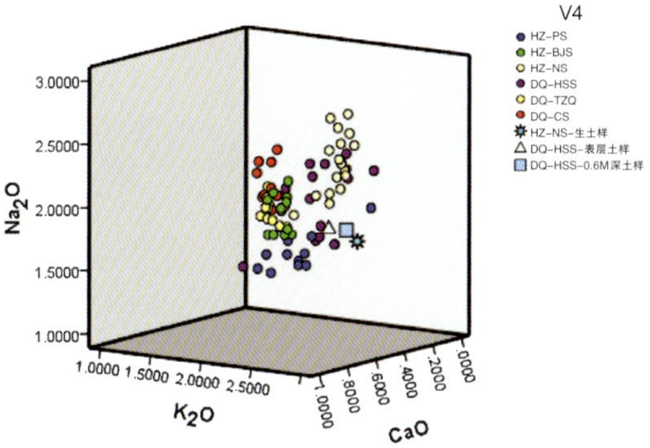

2. Na_2O、K_2O、CaO 含量三维散点图

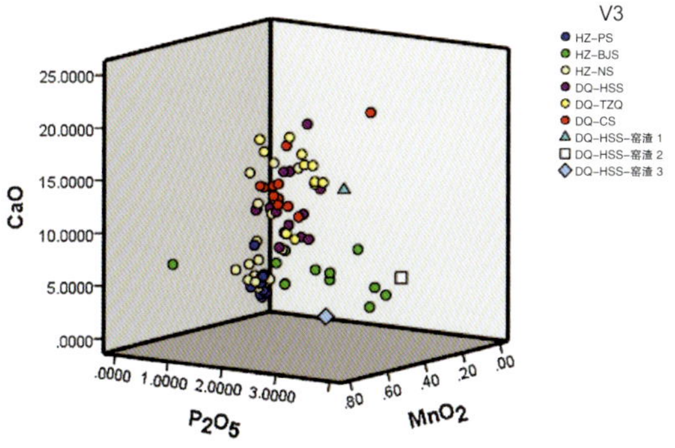

3. MnO_2、P_2O_5、CaO 含量三维散点图

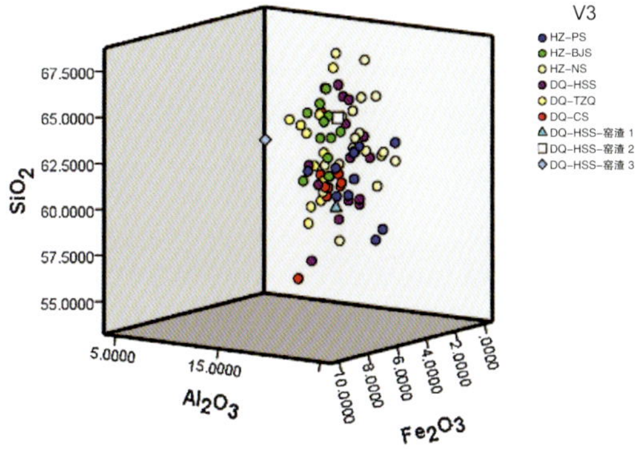

4. Al_2O_3、SiO_2、Fe_2O_3 含量三维散点图

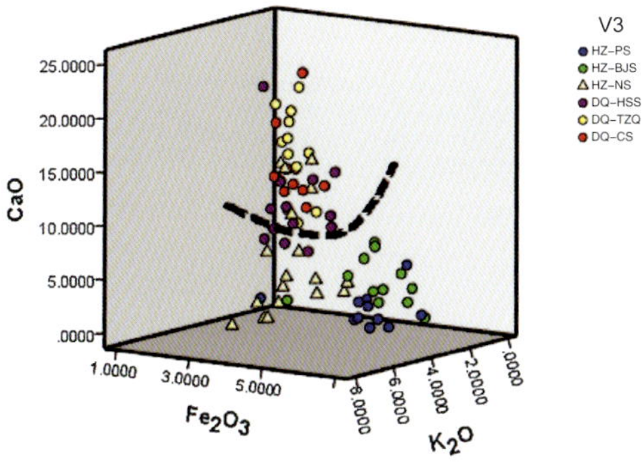

5. K_2O、CaO、Fe_2O_3 含量三维散点图

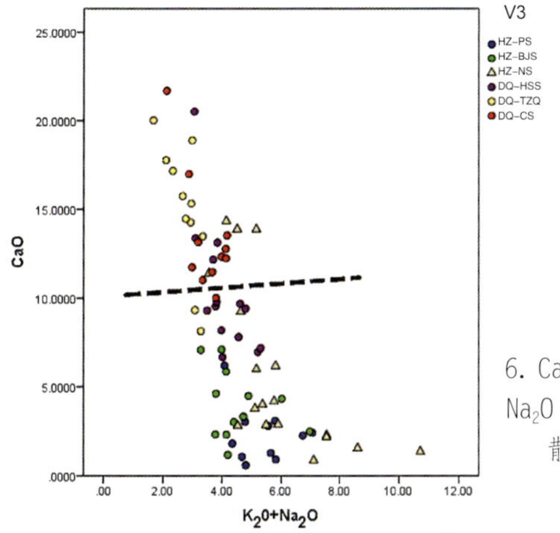

6. CaO、K_2O + Na_2O 含量二维散点图

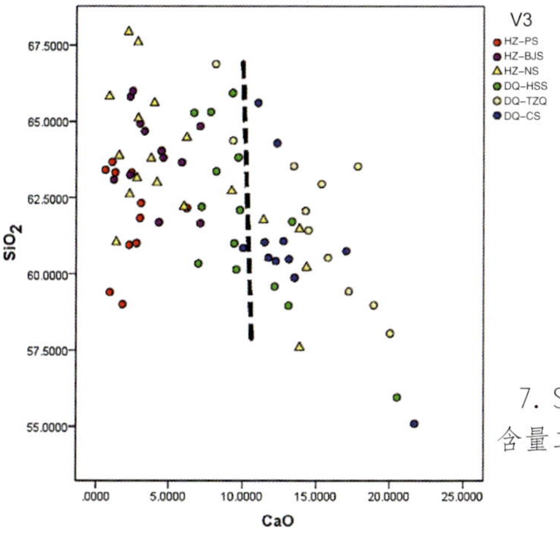

7. SiO_2、CaO 含量二维散点图

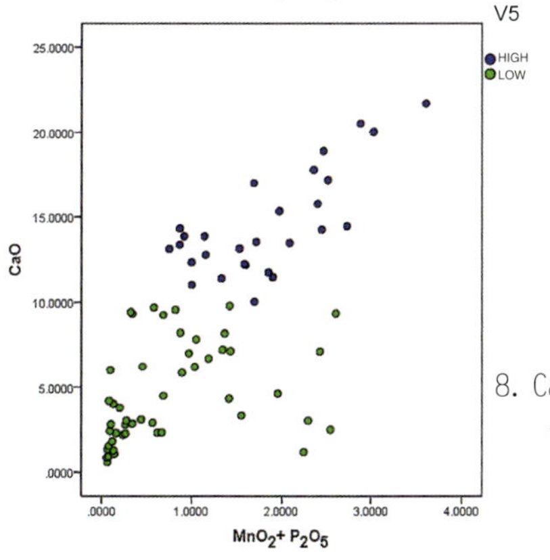

8. CaO、MnO_2+ P_2O_5 含量二维散点图

1. 第一批次试烧产品

2. 第二批次试烧产品（1）

3. 第二批次试烧产品（2）

4. 第三批次试烧产品 （1）

5. 第三批次试烧产品 （2）

6. 第三批次试烧产品（3）

1. 第四批次试烧产品（细胎质）

2. 第四批次试烧产品（细胎质自裂后）

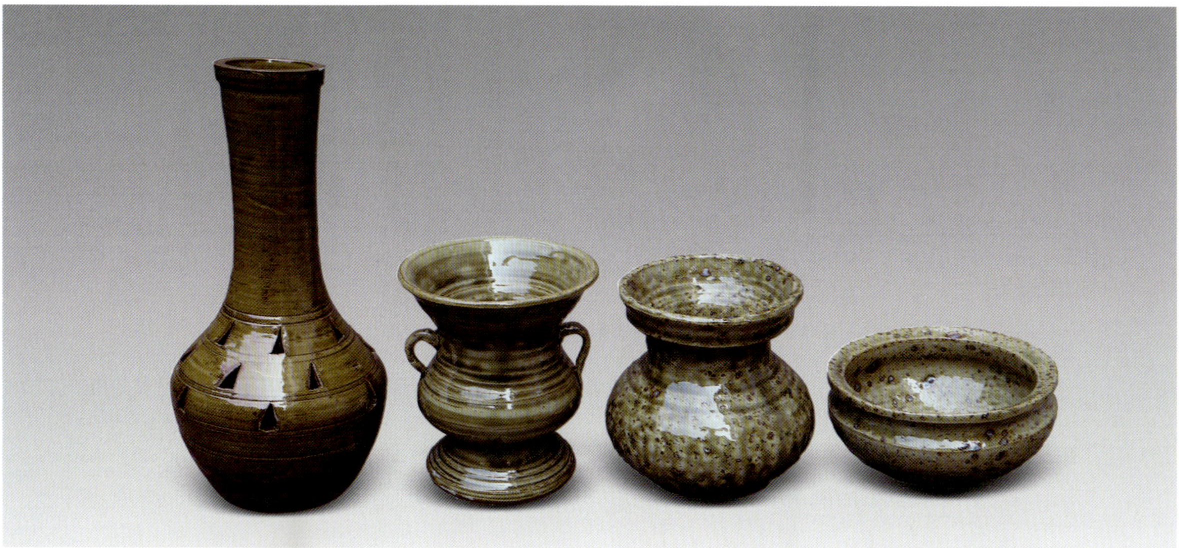

3. 第四批次试烧产品（细胎质与粗胎质）

4. 第五批次试烧产品（正烧器物）

5. 第五批次试烧产品（过烧器物）

1. 白瓷石、红泥、白田泥、黑田泥

2. 第一批次试烧产品

3. 第二批次试烧产品

4. 第三批次试烧产品

1. 第四批次试烧产品

2. 第五批次试烧产品

3. 第六批次试烧产品

4. 第七批次试烧产品

5. 龙窑中试烧的仿商代原始瓷